제3판 사회복지 프로그램 개발과 평가

김예랑 지음

머리말

'프로그램 개발과 평가'는 학생들과 함께 즐겁고 열정적인 에너지와 더 나은 사회에 대한 희망을 만들어낼 수 있어 참 좋아하는 과목입니다. 이 수업을 통해 학생들은 지역사회 주민들이 경험하고 있는 사회문제의 심각성에 대해 조사해 보고, 주민들의 문제해결과 역량 강화를 도울 수 있는 사회복지 프로그램을 직접 체계적으로 기획해 보게 됩니다. 또한, 사회문제를 해결하기 위해 프로그램을 실행하는 과정과 프로그램을 실행한 이후에 프로그램의 효과성 및 효율성 등에 대해 평가하는 전체적인 과정에 대해서도 공부합니다.

본서는 사회복지 프로그램 개발과 평가의 중요성과 필요성에 대하여 전반적인 이해를 도모하고, 실제적인 프로그램 기획 및 설계과정과 평가방법에 대한 학습 효과를 높이기 위해 노력하였으며, 특별히 다음과 같은 사항들에 중점을 두었습니다.

1. 사회복지 프로그램 개발과 평가의 최근 주요 이슈 및 동향 제시

본서는 사회복지 프로그램 개발과 평가 분야에서 최근 중요하게 다루고 있는 이슈와 동향을 정리하기 위해, 국내외 주요 저서 및 논문 자료를 광범위하게 수집하고 내용을 종합하였습니다. 사회복지 프로그램을 기획 · 실행 · 평가하는 내용과 관련하여 중요한 내용을 종합하여 제시하였으며, 사회복지 인력이나 사회복지 전공 학생들이 프로그램을 효과적으로 기획 · 실행하고 그에 대해 평가하는 능력까지 배양할 수 있도록 하였습니다.

2. 사회복지 현장의 프로그램 개발 및 평가 사례를 예시로 활용

본서는 프로그램 개발의 사례로 사회복지 현장에서 실제로 실행되었던 프로그램을 예시로 활용하였고, 프로그램 평가의 사례도 사회복지 현장의 평가방법과 결과를 예시로 활용하였습니다. 이를 통해 현재 제기되고 있는 사회문제와 관련하여 사회복지 프로그램 개입의 주요 대상과 개입 방안이 무엇이며, 사회복지 현장에서 어떠한 프로그램이 개발되고 있고, 어떠한 방법으로 평가가 이루어지고 있는지 살펴볼 수 있도록 하였습니다.

3. 사회복지 프로그램 개발과 평가의 주요 이슈에 대한 '생각해보기' 활동 제시

'프로그램 개발과 평가' 수업은 강의와 집단토론 및 발표를 병행하며, 학생들이 프로그램의 개발 및 평가의 과정과 주요 이슈에 대해 생각해 보고, 토론하고, 의견을 나누는 과정을 통해 학생들이 주체적으로 프로그램 개발과 평가에 대한 계획을 수립하는 것을 강조합니다.

이를 위해 학생들이 프로그램에 참여하였던 실제적인 경험을 바탕으로 프로그램을 성공으로 이끌었던 요인과 실패로 이끌었던 요인이 무엇일지 생각해 보고, 이를 바탕으로 성공적인 프로그램을 개발하기 위한 요건에 대해 정리해 보도록 하였습니다. 또한, 프로그램의 기획 · 실행 · 평가의 단계에서 중요하게 고려하고 결정해야 할 사항들을 '생각해보기' 활동으로 제시하였으며, 그러한 활동들을 순서대로 따라가면서 프로그램의 기획 · 실행 · 평가에 이르는 전체적인 단계에서 필수적으로 생각해 보아야 할 문제들을 짚어볼 수 있도록 하였습니다. 이를 위해 사회문제의 해결을 위해 개발하고자 하는 사회복지 프로그램은 무엇이고, 구체적인 프로그램 대상자는 누구이며, 프로그램이 달성하고자 하는 목적과 목표는 무엇인지에 대해 생각해 보도록 하였습니다. 또한, 프로그램의 활동 내용을 적절하게 구성하고, 예산 작성, 홍보 계획을 수립하는 것도 계획할 수 있도록 하였습니다. 프로그램의 평가와 관련하여서도 주요 평가방법인 성과평가, 과정평가, 효율성평가, 만족도 조사 등에 있어 중요하게 고려하고 살펴보아야 하는 이슈를 제시하고, 그에 대해 생각해 보는 과정을 통해 평가계획을 구체화할 수 있도록 하였습니다.

4. 사회복지 프로그램 개발의 실제: 프로그램 프로포절 작성법 제시(프로그램 공모전 준비)

최근 사회복지 전공 대학생들이 직접 사회복지 프로그램을 기획하고 평가계획을 수립하여 프로그램 공모전에 제출할 수 있는 기회가 많아지고 있습니다. 만약, 대학생들이 프로그램 공모전에 당선될 경우, 사회복지기관(단체)에서 예산을 받아 해당 프로그램을 직접 실행해 보는 기회를 얻게 되며, 해당 기관에서 그에 대한 슈퍼비전과 교육을 제공해 주므로 학생들은 현장 체험과 자기 성장을 위한 좋은 기회를 얻을 수 있습니다. 본서에서는 대학생들이 프로그램 공모전에 대비해 프로포절을 작성할 때 중요하게 다루어야 할 내용과 유의사항을 제시하고, 실제적인 프로포절 양식을 예시로 제시하여 참고하고 활용할 수 있도록 하였습니다.

5. 사회복지 프로그램 평가의 실제: 프로그램 평가 보고서 작성법 제시

사회복지 프로그램을 시행한 이후 평가를 통해 프로그램의 과정과 효과성을 검증하고, 보완 및 수정이 필요한 사항을 확인하는 것은 이후 프로그램을 발전시키고 효과성을 증진시키기 위해 매우 중요합니다. 본서에서는 프로그램에 대한 평가연구를 통해 프로그램의 효과성과 효율성을 증진시킬 수 있는 정보를 제공하기 위해, 프로그램 평가 보고서를 작성하는 방법을 제시하였습니다. 이를 위해 프로그램 평가 보고서에 포함되어야 할 주요 내용을 소개하고 논의하였으며, 보고서를 작성할 때 유의하여야 할 사항에 대해서도 다루었습니다.

본서가 나오기까지 한결같은 지지와 도움을 제공해 주신 창지사의 여러 관계자분께 감사의 마음을 전합니다. 또한, 본서가 사회복지 프로그램의 개발 및 평가와 관련하여 중요한 내용을 더 알차게 담아내는 교재가 될 수 있도록, 앞으로도 계속 노력해 나갈 것을 약속드립니다. 감사합니다.

2016년 6월

저자 김예랑 드림

목차

PART 2. 사회복지 프로그램 평가의 실제

Part 1

사회복지 프로그램 개발의 실제

Chapter 01

사회복지 프로그램의 개념

우리는 사회문제를 해결하기 위한 다양한 프로그램을 주변에서 살펴보았고 때로는 직접 체험해 보았을 것이다. 어린이가 자신과 타인의 감정을 더욱 잘 이해할 수 있도록 돕는 정서지원 프로그램, 청소년이 자신의 꿈을 찾는 과정을 지원하기 위한 진로탐색 프로그램, 노인의 활력 넘치는 생활을 위한 여가활동 프로그램 등 연령별 · 대상별로 정말 다양한 사회복지 프로그램이 존재한다.

사회복지 프로그램은 사회복지적 목적을 달성하기 위해 계획된 구체적인 활동이다. 사회복지 프로그램은 참여자들에게 긍정적인 변화가 일어나도록 돕고, 그들이 목표를 성취할 수 있도록 지원하는 역할을 하게 된다(Royse et al., 2006). 세심한 계획 없이 임시로 구성된 프로그램 활동은 인간의 사회복지 향상이라는 목적과 목표를 달성하는 데 있어 별다른 도움이 되지 않을 것이다. 사회복지 프로그램은 지역주민들이 겪고 있는 문제에 개입하여 그들의 문제해결을 돕고 긍정적인 변화를 유도하며, 그들의 사회적 욕구를 충족시킬 수 있도록 돕기 위하여 체계적으로 계획된 활동의 집합이다. 사회복지 프로그램은 개인, 가족, 집단, 조직 등의 삶의 질 향상을 목적으로 체계적으로 계획된 일련의 활동이므로, 프로그램 속에는 활동 기

간, 장소, 자원, 진행 내용과 구성 등에 관한 전체적인 계획이 담겨 있다(양정하, 임광수, 김치영, 황인옥, 이종운, 박남철, 2011).

사회복지 프로그램의 개념은 사회복지적 목적을 달성하기 위하여 체계적인 계획과 준비과정을 통해 만들어진 의도적인 활동의 집합이라고 간단히 말할 수 있다.

① 사회복지 프로그램은 사회적 프로그램이다.

사회복지 프로그램은 개인적 차원의 문제가 아니라 다수의 사회구성원이 경험하고 있는 사회문제를 해결하기 위해 만들어진 조직적인 대응이므로 사회적 프로그램이라 할 수 있다. 사회적 프로그램은 다수의 사람이 겪고 있는 사회문제나 다수의 사람이 지니고 있는 사회적 욕구에 대응하기 위한 목적으로 체계적으로 계획하고 만든 활동이다. 즉, 사회적 프로그램은 특정 개인의 욕구나 문제를 해결하고자 하는 차원이 아니라 사회구성원 다수의 욕구충족과 문제해결을 목적으로 하고 있다.

② 사회복지 프로그램은 체계적이고 과학적인 조사과정을 통해 개발된 활동의 집합체이다.

사회복지 프로그램은 사회문제를 해결하고 참여자들의 욕구를 충족시키기 위하여 체계적이고 과학적인 문제분석과 욕구조사를 바탕으로 개발된 활동의 집합체이다. 사회복지 프로그램을 개발하기 위해서는 사회문제에 대한 체계적인 조사와 정보수집, 문제분석 및 욕구조사가 이루어져야 하며, 그러한 조사내용을 바탕으로 문제해결을 위한 활동 내용을 개발하게 되는 것이다.

③ 사회복지 프로그램은 프로그램의 개발, 시행 및 평가의 전체 과정에서 프로그램 관련자들 간의 집단적 협력과 의사소통을 강조한다.

사회복지 프로그램은 사회문제를 해결하고 바람직한 변화를 불러오기 위한 과정이 된다. 사회복지 프로그램의 성공적인 수행을 위해서는 프로그램의 계획과 개발, 시행 및 평가의 전 과정에 걸쳐 사회복지조직 내외 관련자들(프로그램 개발자, 진행자, 평가자, 관리자, 외부 협력 기관 등) 간의 집단적 협력과 의사소통이 중요하다(양정하 외, 2011). 그러한 집단적 협력과 의사소통 과정을 통해 사회문제 해결에 더욱 효과적인 프로그램 활동을 개발하고 시행할 수 있으며, 중도에 문제점이나 장애요인이 발생했을 경우에도 적절히 대처할 수 있게 된다.

사회복지 프로그램의 개념은 '사회문제를 해결하고 사회구성원들의 삶의 질을 향상시키기 위해 구체적으로 설정한 목적과 목표를 달성하기 위하여 체계적이고 과학적인 조사와 계획을 바탕으로 고안된 활동의 집합'이라고 종합할 수 있다. 다수의 지역사회 주민들이 고통을 겪고 있는 사회문제에 대해 체계적이고 과학적인 조사와 분석을 시행하고, 사회복지 증진을 위한 목적을 설정하며, 그 목적을 성취하기 위해 필요한 프로그램 활동을 개발하여 시행하고, 그것의 효과성을 평가하고 보완하는 전체적인 과정을 통해 사회문제에 대한 해결이 도모될 수 있다.

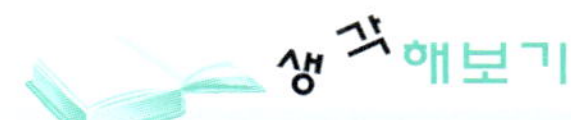

아래의 사례를 읽고 다음 문제에 대해 같이 생각해 봅시다.

1. 아래의 사례는 잠재적 범죄에 대해 두려움을 갖는 여성에 대한 이야기를 다루고 있습니다. 이는 개인적인 문제라고 생각합니까? 아니면 사회적인 문제라고 생각합니까? 그 이유는 무엇입니까?

2. 아래의 사례와 같이 낯선 남성에 대해 과도한 공포심을 갖는 여성들을 위한 프로그램을 개발한다면 누구를 대상으로, 어떠한 내용으로 구성하고 싶습니까?

혼자 사는 여성, 낯선 남자 방문에 대처하는 방법

지난 주말 이사를 했다. 내가 살던 아파트는 근로복지공단에서 운영하는 일하는 여성을 위한 여성근로아파트로 일하는 독신여성들이 값싼 보증금 때문에 낯선 룸메이트와 사는 것도 감내하면서 모여 사는 곳이다. 벌써 4년이 넘는 그곳 생활이 적응될 즈음 계약기간이 완료되어 무리해서 이사를 하게 된 것이다. 좁은 공간에서 몇 명이 살다 혼자 살게 되어 뿌듯함과 함께 왠지 자유로움이 기분 좋긴 했지만, 빌라로 오면서 불편한 점이 많다는 걸 알게 됐다.

험악한 세상 잠재적 범죄에 대한 두려움이 가장 큰 불편

나를 불편하게 하는 것은 전에 여성근로아파트에서는 남자는 짜장면 배달부도 못 올라오게 하는 (배달이 오면 관리실까지 나가서 받아야 했다) 금남의 집으로, 남자는 경비 아저씨들뿐이었고, 경비 아저씨들이 든든히 24시간 지켜 주고 있었으나 여긴 이 위험천만한 세상에 오직 나만이 나를 지켜야 한다는 것이다! 요 며칠 이사를 하고 이것저것 해야 할 일들이 많아 낯선 남자의 방문을 받아야 할 일이 생겼었다. 세상이 워낙 무법천지에 좀 외지기도 한 우리 동네는 나를 소심하고 경직되게 만들기 충분했다. 그렇지 않아도 20대 중반 처음 혼자 다세대 주택에서 살 때 도둑을 세 차례나 맞은 기억 때문에 여성 혼자 사는 집은 도둑의 타깃이 된다는 게 내 생각이다.

낯선 남자 방문에 대처하는 나의 방법 '파 썰기?'

그러다 지난 수요일 인터넷을 연결해 주러 오는 기사 아저씨가 6시 30분까지 집으로 오기로 했다. '요즘 5시면 캄캄해지는데 어쩌지?' 하며 방법을 강구한 끝에 집에 가는 길에 대파 한 단을 샀다. 그리고 아저씨가 온다는 6시 반 즈음에 맞춰 파를 썰기 시작했다. 즉, 아저씨가 인터넷 연결하는 동안 칼을 가지고 뭘 하고 있으면 아저씨가 다른 마음 안 먹겠지 싶었다. 하지만 바로 출발한다는 아저씨는 7시가 다 되어 가고 파도 절반을 다 썰어갈 무렵까지 올 줄을 몰랐다. 시간이 갈수록 마음은 조급해지고 안절부절이 되었다. 그리고 눈에서는 눈물이 났다. 그놈의 파가 너무 매웠기 때문이다. 눈물이 나니 이러고 있는 내가 우습기도 했다.

그러다 동네 언니의 전화에 난 다짜고짜 집으로 오라고 했다. 곧 초인종이 울리고 난 너무 반가운 나머지 확인도 하지 않고 문부터 열었으나 헉! 낯선 아저씨가 서 있는 것이다. 바로 인터넷 기사 아저씨였다. 너무 놀라 잠깐 멍하니 있다가 아저씨가 작업을 시작하자 다시 파를 썰기 시작했다. 파가 너무 매웠으나 절대 칼을 놓을 수 없었다. 그러다 아저씨가 거실로 얼굴을 내밀며 물었다. "저기요!", "네!", "근데, 이 집 왜 이렇게 매워요? 도배를 이제 막 하셨나요?" 그러는 것이다. 난 파, 아니 칼을 든 손을 보이며 얘기했다. "아뇨. 파를 썰고 있어서 그래요. 하하."

그러자 아저씨는 "네에~" 하고 다시 작업에 열중했다. 파를 얼마를 썰었나 매운 내가 온 집안을 매운 모양이었다. 바로 도착한 동네 언니 덕에 더 이상 파는 안 썰어도 되었고 아저씨는 옥상을 왔다 갔다 하면서 한참을 일하시다 8시가 다 될 무렵에야 갔다. 인터넷 연결이 이렇게 오래 걸릴 줄 몰랐다. 혼자 있었으면 파 한 단이 모자랐겠구나 싶었다.

그 얘기를 하니 주변에 혼자 살아본 언니들의 온갖 경험담들이 쏟아졌다. '오히려 칼 같은 무기가 될 것은 아예 안 보이는 곳에 숨겨야지 더 위험한 짓을 했다', '현관에 남자 신발 놔두는 것은 기본이다', '아무리 추워도 문을 활짝 열어 둬야 한다', '칫솔, 면도기, 남자 옷, 사진' 등. 나처럼 혼자 사는 회사 친구는 자기는 그런 아저씨들 오면 곧장 전화기를 들고 누군가와 통화한단다. 그리고는 "그래? 지금 온다고? 알았어. 기다릴게."라며, 혼자 연극을 하기도 하고, 지금 보일러도 말썽인데 웬만하면 참고 안 부르는 게 오히려 편하다고 한다.

사람에 대한 두려움 사람으로 풀어야..

그런 얘기들을 들으니 나 같은 사람 한둘이 아니구나 싶다가 모든 여성이 세상의 모든 남자를 잠재적 범죄자로 볼 수밖에 없는 현실이 참 안타깝기도 했다. 생각해 보면 그날 왔던 아저씨 또한 나랑 똑같은 노동자이고 고객의 시간에 맞춰 밤늦게까지 남의 집 방문하며 고생하는 사람일진데... 단지 남자라는 이유만으로 문을 열어 주는 사람의 경계의 눈빛이 기분 좋을 리 없었을 것이다. 그 아저씨도 퇴근 후 오늘 나 정말 이상한 아줌마 만났다고 얘기하지 않았을까 싶고, 어쩌면 나처럼 블로그에 '오늘 일하다 울면서 파 써는 이상한 아줌마 만나다' 라고 포스팅하고 있을지도...

하지만 어쩌겠는가. 하루가 멀다 하고 들리는 게 온갖 나쁜 사건 사고 소식뿐이고 세상의 모든 남자가 다 나쁜 사람이 아닐지라도 모든 사람이 다 좋은 사람이라고 믿기도 힘든 세상인 것을. 그래서 내가 생각한 낯선 남자 대처법은 멀리 찾을 필요 없이 바로 옆집, 앞집 언니들과 친해지는 것이다. 잠깐 지나가는 걸 보니 내 또래 언니 같던데 어쩌면 좋은 친구 하나 만들 수 있을지도 모르겠단 생각이 들기도 한다.

"멀리 있는 열 친구보다 가까운 이웃 하나"라고 하지 않던가. 오늘 퇴근길에 귤이라도 사 들고 인사라도 해야지 싶다.

출처: 일상다반사 홈페이지(www.jukown.com). 2014. 3. 13.

요 약

1. **사회복지 프로그램의 개념**: 사회문제에 개입하여 문제해결을 돕고, 설정한 목적과 목표를 달성하기 위하여 체계적으로 계획된 활동의 집합

① 사회복지 프로그램은 사회적 프로그램: 사회복지 프로그램은 다수의 사회구성원이 경험하고 있는 사회문제를 해결하고 구성원들의 삶의 질을 향상시키기 위해 만든 활동의 집합이다(집합적 이익과 만족의 추구).

② 사회복지 프로그램은 체계적이고 과학적인 조사과정을 통해 개발: 사회복지 프로그램은 체계적이고 과학적인 문제분석과 욕구조사를 통해 개발된 활동의 집합이다.

③ 사회복지 프로그램은 프로그램 관련자들 간의 집단적 협력과 의사소통 강조: 사회복지 프로그램은 목적과 목표를 성공적으로 달성하기 위해 프로그램의 개발, 시행 및 평가의 전체 과정에 있어 프로그램 관련자들(예: 프로그램 개발자, 진행자, 평가자 등) 간의 협력과 의사소통을 중요시한다.

Chapter 02

사회문제를 해결하는 사회복지 프로그램

사회복지 프로그램은 다양한 사회문제의 해결을 도모하기 위한 목적을 가지고 있으므로 프로그램의 대상, 실행내용과 구성, 접근 방법 등이 매우 다양하다. 그 예로 사회복지공동모금회(2018)가 선정한 우수 프로그램 목록을 살펴보면, 기초생계지원, 교육/자립 지원, 주거/환경 개선, 보건/의료 지원, 심리/정서 지원, 사회적 돌봄 강화, 소통과 참여 확대, 문화격차 해소 등 여러 분야별로 다양한 사회복지 프로그램이 존재하는 것을 살펴볼 수 있다(표 2-1).

〈표 2-1〉에서 다양한 대상별로 클라이언트의 역량 강화와 주체성을 강조하는 참여자 중심 프로그램을 제시하고 있다. 내용을 살펴보면 자립지원과 내적 역량 강화를 강조하는 프로그램, 참여자들이 스스로 문제해결의 주체가 될 수 있도록 지원하는 프로그램 등이 눈에 띈다. 예를 들어, 기초생계지원 분야의 프로그램을 보면, 위기가정이 스스로 가정의 위기를 해결하고 기능을 회복하여 자립할 수 있도록 지원하는 프로그램이 있다. 주거/환경 개선 분야에는 주민공동체의 욕구를 기반으로 주민들이 지역사회 환경을 함께 개선해 나가는 프로그램이 눈에 띈다. 심리/정서 지원 분야에서도 정신장애인의 개인적 회복 수준을 향상시키고, 역량

을 강화할 수 있도록 동료지원활동과 봉사활동의 주체가 되도록 지원하는 프로그램이 있다. 또한, 사회적 돌봄 강화 분야에서도 홀로 사는 빈곤 남성 노인의 일상생활자립 역량을 향상시키기 위해 필요한 교육과 지원을 제공하는 프로그램이 있다. 이처럼 사회복지 프로그램에서 클라이언트가 스스로의 역량 강화를 통해 문제해결과정의 주체가 되는 것을 강조하는 경향은 앞으로도 계속 지속될 것이다.

〈표 2-1〉 사회복지 프로그램 분야별 성과 목표와 프로그램 예시

사회복지 프로그램 분야	성과 목표	프로그램 예시
기초생계 지원	• 위기가정 발굴을 통한 지역 내 복지사각지대에 안전망 구축 • 위기가정의 경제적 어려움 해소 및 자립의지 강화 · 서비스 연계, 지역사회복지 민 · 관 협력 강화	• 저소득 가정의 위기해결 및 기능회복을 위한 위기가정 지원사업 **'응급조치24'** • 복지사각지대 저소득층의 위기상황 해소를 통한 통합 긴급 지원사업
교육/자립 지원	• 아동의 친사회성 향상 • 올바른 소비 습관 형성 및 자산 관리능력 향상 • 라이프 코치 파견을 통한 양육 · 가사 관련 과제 수행	• 아동의 독서를 통한 친사회성 향상 프로그램 **'프렌들리 북(friendly book)'** • 사회복지기관 시설 종사자와 경제취약계층을 위한 가계금융역량강화사업 **'복지, 금융을 만나다 II'** • 기혼 지적 장애 여성의 가정환경 개선을 위한 개인별 맞춤형 라이프 코치 파견사업
주거/환경 개선	• 저장강박 주민의 증상 완화 • 주거환경 개선으로 인한 주거공간 안전 확보 및 생활편리 증진 • 지역욕구가 반영된 환경 디자인 공 · 폐가 개선활동을 통한 지역 주민의 삶의 질 향상	• 강북구 내 저장강박증상 주민의 주거환경 문제해결을 위한 복지시스템 구축 **'강북청정(청소 & 정리정돈) 이웃지원센터'** • 저소득가구 맞춤형 주거환경 개선사업 • 주민공동체를 통한 지역 내 공 · 폐가 개선 및 지역욕구에 기반한 환경 디자인 프로젝트 **'공간의 재탄생'**
보건/의료 지원	• 치매 고위험군 어르신의 건강관리능력 강화 • 보건 · 의료 · 복지 통합 돌봄 지원을 통한 신체적 · 심리적 건강 개선 • 양육자의 이른둥이에 대한 발달 이해, 양육역량 및 자기효능감 향상	• 치매 위험군 어르신의 건강관리능력 강화 및 유지를 통한 치매예방 프로그램 **'뇌미(美)인'** • 공동체 돌봄을 통해 노인 스스로 존엄한 노년의 삶 만들기 • 이른둥이(조산아)의 장애 예방과 주 양육자의 역량강화를 위한 지역사회 자원 기반 찾아가는 가족중심 조기개입 서비스 개발 및 확대 'First Step Program'

사회복지 프로그램 분야	성과 목표	프로그램 예시
심리/정서 지원	• 동료지원활동 제공 및 자원봉사를 통한 개인적 회복 수준 향상, 역량강화 • 아동의 사회성 향상, 부모양육태도 향상	• 정신장애인의 개인적 회복 수준 향상과 역량 강화를 위한 동료지원활동 및 봉사활동 프로그램 **'마음 꽃 PEER 나니'** • 저소득 한부모가정 아동의 사회성 향상을 위한 집단 활동 프로그램 **'꿈꾸는 성장 놀이터'**
사회적 돌봄 강화	• 중학생의 재능배움활동 및 문화체험활동, 재능기부를 통한 자존감 향상 • 일상생활과 관련된 교육을 통해 남성 노인의 자립생활능력 향상 • 영유아 양육모의 양육효능감 향상	• 저소득 중학생의 방과 후 보호 · 학습지원 · 건강활동 · 진로체험 · 재능기부를 위한 사업 **'푸르미 청소년 공부방'** • 홀로 사는 빈곤 남성 노인의 임파워먼트 관점을 활용한 일상생활자립 역량강화 프로그램 **'독(獨)특(SPECIAL)한 남자 프로젝트'** • 취약계층 엄마들을 지원하는 영유아기 엄마들의 돌봄멘토 성장 프로젝트 **'배(배우는 맘) · 베(베푸는 맘) 멘토'**
소통과 참여 확대	• 은퇴부부의 친밀감, 생활만족도 향상 • 주민 조직을 통한 공동체 의식 향상, 공유경제 확산을 위한 주민 모임 조직	• 은퇴부부의 행복한 노후를 위한 부부관계증진 프로그램 **'영원한 나의 동반자'** • 지역주민이 함께 배우고, 모이고, 세우는 주민 주도형 공유경제 마을 만들기 프로젝트
문화격차 해소	• 육아용품 및 장난감 비용 지출의 경제적 · 심리적 부담 감소, 부모-자녀 상호작용 증진을 통해 긍정적 상호작용 형성 • 복지 사각지대에 놓인 노인들의 버스복지관을 통해 이용접근성 확보, 대인관계 역량 강화 • 다문화 여성의 자긍심 고취, 가족응집력 강화	• 영유아의 창의력과 상호작용 향상을 위한 육아용품 대여점 및 놀이교육 프로그램 **'아마존(아이들의 마음이 있는 ZONE)'** • 움직이는 노인복지관 **'해피(HAPPY) 버스(BUS) 데이(DAY)!!'** • 베트남 결혼이주여성 가족의 가족관계증진 및 문화 감수성 향상 프로그램 **'논(NON) 프로젝트'**

출처: 사회복지공동모금회(2018). 사회복지공동모금회 배분사례집.

01 사회복지 프로그램의 책임성

「사회복지사업법 시행령」 제6조에서는 사회복지사의 채용과 관련해 '사회복지 프로그램의 개발과 운영업무'를 주요 업무로 제시하고 있다. 사회복지 프로그램을 개발하고 운영하는 과정을 통해 지역사회 주민들의 욕구를 충족시키고 문제를 해결해 나가는 과정은 사회복지사로서 지니는 중요한 임무이자 책임이다.

사회복지 프로그램은 사회문제를 해결하고 지역사회 주민들의 욕구를 충족시켜 그들이 더욱 인간다운 삶을 누릴 수 있도록 돕기 위한 목적을 지니고 있으므로, 주어진 자원을 효율적으로 활용하여 구체적인 목적을 효과적으로 달성하는 것에 대한 책임이 크다. 그러므로 프로그램을 통해 적절한 활동과 서비스를 제공하고 목적 달성 여부에 대한 평가를 통해 프로그램의 정당성을 입증할 수 있어야 한다. 사회복지 프로그램은 사회문제를 해결하기 위해 효과적인 활동으로 구성되어야 하며, 자원을 효율적으로 사용하여야 한다. 사회복지계의 예산 부족 문제와 관련지어 볼 때 무조건 사회복지 프로그램의 예산을 최대한 절감하는 것이 중요하다고 생각하기 쉬운데, 자원 사용의 최소화보다는 자원의 적절한 사용이 강조되어야 한다.

사회복지 프로그램은 사회문제 해결에 효과적인 프로그램 활동을 통해 참여 대상자들의 삶에 긍정적인 변화를 이끌어 내기 위해 자원을 적절하게 활용하는 것을 강조한다. 프로그램을 기획하는 과정에서 고려하여야 할 사항은 다음과 같다(Lewis, Lewis, Packard, & Souflee, Jr., 2001).

- 프로그램을 기획하는 단계에서 누가 포함되어야 하는가?
- 잠재적 클라이언트의 욕구를 어떻게 파악할 것인가?
- 프로그램에 참여하게 될 클라이언트들이 성취하기 원하는 가장 중요한 변화는 무엇인가?

- 프로그램의 목표를 달성하는 데 도움을 줄 수 있는 자원으로 무엇이 있는가?
- 프로그램 기획단계에서 고려하여야 할 한계점(제한점)은 무엇인가?
- 프로그램이 활용할 수 있는 자원과 한계점을 고려할 때, 프로그램의 목표를 현실적으로 어떻게 설정할 것인가?
- 프로그램의 목표를 달성하기 위해 가능한 대안으로 무엇이 있는가?
- 프로그램의 목표를 달성하는 데 있어 가장 최선의 대안은 무엇인가?
- 프로그램의 목표를 달성하기 위해 추진하여야 하는 절차(단계)로 무엇이 있는가?
- 프로그램의 성공 여부는 어떻게 평가할 것인가?

위의 내용을 좀 더 간단하게 정리하자면, 프로그램을 기획할 때 고려하여야 할 사항은 다음과 같다.

- 프로그램 대상자: 프로그램에 참여하는 대상자의 특성과 욕구는 무엇인가?
- 프로그램 제공자: 프로그램을 진행하는 제공자의 특성은 무엇이며, 적절한 자격 요건을 갖추고 있는가?
- 프로그램 내용과 구성: 프로그램의 내용과 구성은 프로그램 목적에 부합하는가?
- 프로그램 기대효과: 프로그램을 통해 어떠한 개인적 · 사회적인 변화가 일어날 것으로 기대하는가?
- 프로그램 평가: 프로그램을 통해 계획하였던 목적과 목표가 달성되었는지 어떻게 평가할 것인가?

사회복지 프로그램을 기획하고 실행하는 가장 중요한 이유는 실행과정을 통해 참여자의 삶에 의미 있고 중요한 변화를 이끌어 내어 참여자들이 더욱 행복하고 인간다운 삶을 누릴 수 있도록 지원하기 위함이다. 그러므로 사회복지 프로그램이 인간의 사회복지를 향상시키는 것에 대한 책무를 다하였는지 알 수 있는 판단 기

준 중 하나는 그 프로그램이 참여자의 삶의 질을 향상시키는 데 어느 정도로, 어떠한 기여를, 어떻게 하였는가 하는 점이다. 그러므로 프로그램을 처음 기획하고 준비하는 단계에서부터 프로그램의 성과(효과)에 대해 어떻게 평가할 것인지에 대한 계획이 필요하다.

'좋은' 사회복지 프로그램은 지역주민들이 경험하고 있는 문제를 효과적으로 해결하고, 긍정적인 변화를 이끌어 내며, 지역주민들의 복지 수준을 적절하게 향상시킬 수 있는 프로그램이다. '좋은' 사회복지 프로그램, 즉 사회문제를 해결해 나가는 사회복지 프로그램이 되기 위해서는 다음 〈글상자 2-1〉의 내용에 대한 체계적인 준비와 계획이 필요하다.

〈글상자 2-1〉 '좋은' 사회복지 프로그램을 개발하기 위해 고려하여야 할 사항

- 인력
- 예산
- 일관성 있는 자원의 제공
- 프로그램 정체성
- 이론적 기반
- 서비스 철학
- 프로그램에 대한 체계적인 평가계획
- 증거 기반의 객관적 조사 계획

출처: Royse, D., Thyer, B. A., & Padgett, D. K. (2010). Program evaluation: an introduction(5th ed.). Belmont, CA: Wadsworth. p. 10.

클라이언트의 문제해결을 돕고, 삶의 질을 향상시키는 데 효과적인 '좋은' 프로그램이 되기 위해서는, 전문성을 갖춘 사회복지 인력과 프로그램 진행을 위해 적절한 예산이 뒷받침되어야 하며, 프로그램 실행과정에서 필요한 자원이 일관성 있게 제공되어야 한다. 또한, 특정 사회문제의 해결을 목적으로 하는 본연의 프로그램 정체성을 바탕으로 프로그램의 접근방법과 활동 내용이 구성되어야 하고, 그러한 프로그램 기획과정은 사회복지 이론에 기반을 두고 이루어져야 한다. 프로그램의 접근방법과 활동 내용 속에는 인간의 복지를 증진시킨다는 서비스 철학이 반영

되어 있어야 하며, 프로그램에 대한 체계적인 평가계획이 수립되어 있어, 증거를 기반으로 하는 객관적인 조사가 가능하여야 한다.

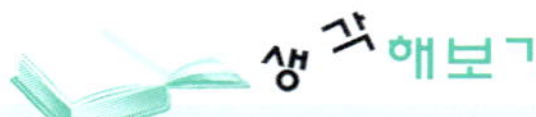

생각해보기

우리는 어린 시절부터 지금까지 학교, 단체, 종교기관(교회, 성당, 절 등), 사회복지 관련 기관 등에서 다양한 프로그램에 참여하였던 경험이 있습니다. 그런 프로그램 중에서 긍정적인 기억으로 남아있는 프로그램도 있고, 부정적인 기억이 더 많은 프로그램도 있을 것입니다. 프로그램의 참여경험에 영향을 미치는 요인들로서 다음과 같은 사항이 있습니다.

- 프로그램의 준비(사전조사)와 계획
- 프로그램의 개념적 · 이론적 기반 확립
- 프로그램의 정체성(가치, 철학 등)
- 프로그램의 목적과 목표
- 프로그램 일정과 활동 내용
- 프로그램의 예산(자원)
- 프로그램 진행인력의 특성
- 프로그램 참여자의 특성
- 프로그램 참여자의 신체적 · 정신적 안전 보장
- 장소
- 기간 및 시간
- 식사 및 간식
- 프로그램 과정과 성과에 대한 체계적 평가

위의 내용을 바탕으로 여러분이 참여하였던 프로그램 경험에 대해 같이 이야기해 봅시다.

1. 좋은 기억으로 남아 있는 프로그램 경험은 무엇입니까? 긍정적 프로그램 경험에 영향을 미친 요인은 무엇이라고 생각합니까?

2. 좋지 않은 기억으로 남아 있는 프로그램 경험은 무엇입니까? 부정적 프로그램 경험에 영향을 미친 요인은 무엇이라고 생각합니까?

02 프로그램 개발의 개념과 중요성

프로그램 개발이란 사회문제의 해결이나 변화라는 목적을 달성하기 위해 필요한 활동을 체계적으로 만들어내는 것으로 프로그램의 기획, 설계, 실행 및 관리, 평가, 평가를 통한 개선 과정을 포함한다(그림 2-1).

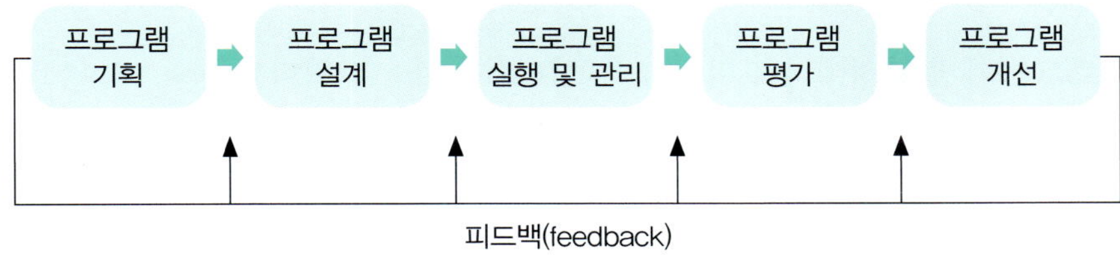

[그림 2-1] 프로그램 개발의 개념적 모형

출처: 김진화, 정진웅(2000, 양정하 외, 2011에서 재인용, p. 28).

프로그램 개발의 전체적인 과정은 다음과 같은 활동을 포함한다.

첫째, 프로그램 기획을 통해 사회문제에 대해 분석하고 이해하며, 지역주민의 욕구에 대한 사정을 바탕으로 프로그램의 기본적인 접근방향과 목적 및 목표를 설정한다.

둘째, 프로그램 설계를 통해 프로그램의 목적과 목표를 달성하기 위해 필요하고 중요한 프로그램 활동 내용을 선정하고 조직하여 실제로 실행하게 될 프로그램 활동 내용을 구체화시킨다.

셋째, 프로그램 실행 및 관리 과정은 계획한 프로그램 활동을 실제로 실행에 옮기는 단계로, 프로그램에 대한 지속적인 관리 과정(모니터링 및 평가)을 통해 프로그램을 더 적절하고 효과적으로 운영하기 위한 노력을 하게 된다.

넷째, 프로그램 평가 과정에서는 프로그램의 진행과정과 성과, 효율성, 참여자 만족도 등에 대한 평가를 시행한다.

다섯째, 프로그램 평가 결과를 활용하여 이후에 시행하게 될 프로그램을 개선시키고 향상시킨다.

프로그램 개발의 전체적인 과정인 프로그램 기획, 설계, 실행 및 관리, 평가 및 개선에 이르기까지 지속적인 모니터링과 평가가 필요하며, 그러한 평가 피드백을 통해 각각의 단계에서 발생하고 있는 문제점을 파악하고 적절한 조치를 취할 수 있게 된다.

프로그램 개발 과정에서 고려해야 하는 요소는 다음과 같다(Perlman & Gurin, 1972).

① 프로그램 활동의 내용:

- 어떠한 내용의 활동, 서비스, 프로그램을 제공할 것인가?
- 그러한 활동, 서비스, 프로그램을 어떠한 순서로, 어느 정도의 양으로, 어떠한 전달체계를 통해서 제공할 것인가?

② 자원:

- 프로그램 실행을 위해 필요한 시설, 인력, 자금 등의 자원은 어디에 있는가?
- 그러한 자원은 누가 관리하고 있으며, 어떻게 동원할 수 있는가?

③ 실행 가능성:

- 프로그램을 실행할 수 있는 가능성은 어느 정도인가?
- 프로그램을 실행하는 데 있어 어느 정도의 저항(혹은 수용)이 존재하는가? 저항이나 장애요인을 완화하고 필요한 변화를 유도하기 위해 무엇이 필요한가?
- 어떠한 자원이 존재하는가? 자원을 활용할 수 있는 가능성은 어떠한가?
- 새로운 자원이 필요하다면 어떻게 개발할 것인가?
- 자원은 어떻게 적절히 분배할 것인가?

〈글상자 2-2〉 프로그램 개발 모형의 예시

다음 그림에서 '북한이탈 청소년을 위한 상담개입 프로그램'을 개발하기 위하여 어떠한 절차가 진행되었는지 정리하였다(한국청소년상담복지개발원, 2012).

우선 프로그램 기획의 단계에서 사회문제에 대한 분석을 통해 목표를 수립하였으며, 문헌 연구와 현장요구분석(욕구 파악)을 통해 프로그램의 방향성을 설정하였다. 그 이후, 프로그램 구성 단계(프로그램 설계)를 통해 프로그램의 구성 요소와 내용을 선정하고 조직화하였다. 그다음 단계로 실시 및 평가의 단계를 통해 계획한 프로그램 활동을 실제로 실행하였으며, 프로그램 평가 과정을 통해 프로그램의 내용을 수정 및 보완하였다.

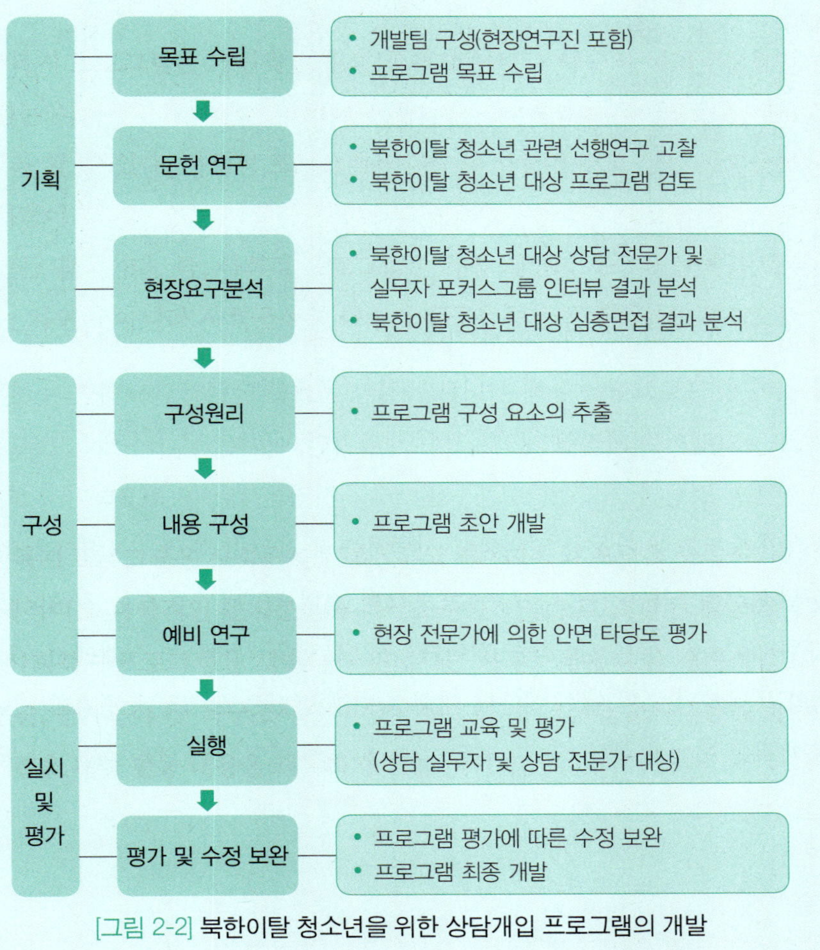

[그림 2-2] 북한이탈 청소년을 위한 상담개입 프로그램의 개발

출처: 한국청소년상담복지개발원(2012). 북한이탈 청소년 대상 상담개입 프로그램 개발: 대인관계 증진을 중심으로.

03 프로그램 기획의 개념과 중요성

프로그램을 기획한다는 것은 사회문제를 해결하고 클라이언트의 욕구를 충족시키는 목적을 성취하기 위하여 프로그램의 방향, 내용과 구조를 구체적으로 수립해 나가는 과정, 즉 프로그램에 대한 구체적인 계획을 수립하는 과정을 뜻한다. 프로그램 기획이란, 지역사회 문제를 해결하고, 주민들의 욕구를 충족시키기 위한 목적을 달성할 수 있도록 프로그램의 모든 요소(방향, 내용, 구조, 순서, 기간, 장소, 인력, 자원, 평가 등)에 대해 상세한 계획을 수립해 나가는 과정이다.

프로그램 기획의 과정(그림 2-3)은 지역사회 주민들이 경험하고 있는 ① 사회문제에 대해 이해하는 것에서 출발한다. 사회문제의 심각성에 대해 분석하고, 지역주민들이 어떤 욕구를 가지고 있는지 파악하여야 한다. 그 이후에 사회문제를 해결하기 위한 ② 개입계획을 수립하게 된다. 프로그램의 혜택을 받을 대상자를 누구로 정할 것이며, 프로그램을 통해 어떠한 목적과 목표를 달성하고자 하는지 계획하게 된다. 프로그램의 전체적인 개입계획이 세워지면, 어떠한 절차와 내용으로 프로그램을 진행할 것인지 ③ 프로그램 내용을 구체화시키는 과정이 필요하다. 이와 같이 구체적인 프로그램 활동을 결정하고 시행하는 과정을 통해 프로그램의 목적과 목표를 달성하게 되는 것이다. 또한, 프로그램 기획과정에서 중요한 것은 프로그램에 대한 ④ 평가계획을 수립하는 것이다. 프로그램을 기획하는 단계에서부터 프로그램의 목적과 목표의 달성 여부에 대해 어떠한 방법으로 어떻게 평가할 것인지에 대한 계획을 세워야 한다.

① 사회문제 이해	② 개입계획 수립	③ 프로그램 내용 구체화	④ 평가계획 수립
• 사회문제 분석 • 욕구사정	• 대상자 선정 • 목적과 목표 설정	• 프로그램 활동을 어떠한 내용, 방법, 순서로 진행할 것인지 계획 구체화	• 프로그램이 목적과 목표를 성취하였는지 평가하기 위한 계획 수립

[그림 2-3] 프로그램 기획과정

프로그램 '기획'과 프로그램 '계획'이라는 용어는 서로 혼용되어 사용되는 경우가 종종 있다. 그러나 앞에서 언급하였듯이 프로그램 기획은 '프로그램의 목적을 성취하기 위해 프로그램에 대한 전체적인 계획을 수립해 나가는 과정'을 뜻하며, 프로그램 계획은 '프로그램 기획을 통해 도출된 결론(결정된 사항)'을 의미한다(양정하 외, 2011). 즉, 프로그램 기획을 통해 프로그램의 목적을 달성하기 위한 전체적인 과정과 진행절차 등에 대한 계획이 세워지고, 그러한 기획 속에 프로그램의 세부적 계획(프로그램의 구체적인 활동, 단계, 진행절차 등)이 포함되는 것이다.

프로그램 기획에 대한 다양한 정의를 살펴보면 다음과 같다.

- 프로그램 기획은 사회문제와 클라이언트의 욕구를 효과적으로 해결할 수 있도록 목적과 기대에 도달하기 위해 계획을 수립하는 과정이다(표갑수, 이재완, 유옥현, 이화정, 김현진, 2013: 45).
- 프로그램 기획은 계획을 세워가는 활동과 과정을 말하며, 미래지향적, 계속적인 과정, 의사결정과 연결, 목표지향적, 목표를 위한 수단이라는 특징을 지닌다(정무성, 2005; 양정하 외, 2011에서 재인용: 30).
- 프로그램 기획은 사회문제와 욕구를 해결하기 위한 계획을 수립하는 과정으로, 합리적인 의사결정을 통해 미래를 예측하고 최적의 대안을 설계하는 체계적인 노력을 말한다(김상곤, 최승희, 안정선, 2014: 33).

- 프로그램 기획은 사회복지조직(기관)과 서비스 이용자의 욕구들을 진단 · 분석하여 그것들을 충족할 수 있도록 돕는 일련의 협동적인 활동을 마련하는 것이다(김종명, 구재관, 김성철, 김재원, 신기원, 윤춘모, 2013: 51).

프로그램 기획은 사회문제를 해결하고 클라이언트의 욕구를 충족시키는 목적을 달성하기 위하여 프로그램에 대한 전체적인 계획을 세워 나가는 과정으로 개념을 정리할 수 있다. 본서에서는 앞으로 프로그램 '기획'이라는 용어를 사용하게 될 것이다.

사회복지 프로그램을 기획하는 것이 중요하고 필요한 이유는 다음과 같다.

첫째, 사회복지 프로그램의 목적을 달성하기 위해서 프로그램을 기획하는 것이 필요하다.

프로그램 기획이 신중하고 체계적으로 이루어진다면 프로그램의 효과성을 높일 수 있으며, 잘 기획된 프로그램은 클라이언트의 삶에 변화를 가져오고, 나아가 사회문제의 해결과정에도 기여할 수 있다. 프로그램이 클라이언트의 욕구를 잘 해결하고 프로그램의 목적을 효과적으로 달성하고 있다는 것을 증명하는 것을 통해 프로그램의 정당성이 입증될 수 있다.

둘째, 사회복지 프로그램의 자원을 효과적으로 할당하고 적절하게 사용하기 위해서 프로그램을 기획하여야 한다.

프로그램에 대한 기획이 제대로 이루어지면 프로그램을 효과적으로 구성하고 필요한 요소에 자원을 적절하게 할당하는 것이 가능해진다. 자원의 효과적인 할당과 적절한 사용은 사회복지 프로그램의 기획과정에서 중요하게 강조되는 부분이다. 효과적인 프로그램 기획은 프로그램의 예산 절감을 위해 무조건 자원의 사용을 최소화시키는 것이 아니라, 자원을 필요한 곳에 효과적으로 할당하고 배치하는 것이다.

셋째, 사회복지 프로그램을 효과적으로 전달하기 위해서 프로그램 기획이 중요하다.

프로그램 기획은 프로그램을 수행하는 전체 과정을 체계적으로 잘 계획하는 것이므로, 프로그램 수행과정에서 방해가 될 수 있는 요인이나 장애요인을 미리 파악하고 대비하는 데 도움을 줄 수 있다.

넷째, 프로그램을 기획하고 진행하는 사람들의 동기, 책임감, 참여의식을 높이기 위해 프로그램을 기획하는 것이 중요하다.

프로그램을 실제로 진행하는 인력들이 프로그램의 목적과 필요성에 대해 잘 이해하고 공감하고 있으며, 프로그램에 대한 적극적인 의욕과 동기를 가지고 있는 것은 프로그램의 성공적인 진행을 위해 매우 중요하다. 그러므로 프로그램 기획과정에 그 프로그램을 실제로 진행하게 될 인력들을 참여시켜 그들이 프로그램의 목적과 목표, 내용과 구성, 기대효과 등에 대해 충분히 이해하고 동의할 수 있도록 하는 것이 필요하다. 또한, 프로그램 기획과정에서 프로그램 진행자들의 아이디어와 생각을 수용하여 함께 프로그램을 만들어 나가는 과정도 중요하다. 이러한 과정을 통해 프로그램 기획자와 진행자들의 프로그램에 대한 동기, 책임감과 참여의식, 그리고 성취감을 증진시킬 수 있게 된다.

04 사회문제 해결의 과정

사회복지 프로그램은 개인, 집단, 가족과 지역사회가 겪고 있는 문제를 해결하고 욕구를 충족시키며 역량을 강화하기 위한 활동의 집합체이다. 사회복지 프로그램을 개발하여 시행하는 과정은 사회문제를 해결해 나가기 위한 과정이 되며, 다음 [그림 2-4]와 같은 절차를 거친다.

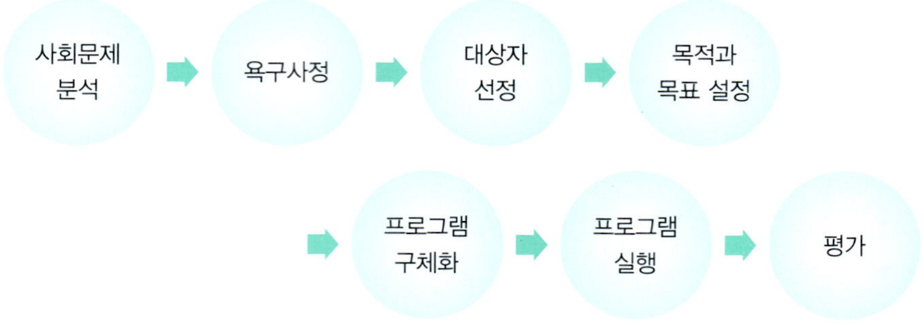

[그림 2-4] 사회문제 해결의 과정

1) 사회문제 분석

사회문제를 해결하는 사회복지 프로그램을 개발하는 데 있어 가장 우선적으로 이루어져야 하는 것은 사회문제에 대한 분석이다. 지역사회가 겪고 있는 사회문제가 무엇이며, 어느 정도로 심각한지에 대한 분석을 통해 해당 문제를 해결하기 위해 어떠한 사회복지 프로그램을 개발할 필요가 있는지 확인할 수 있다.

2) 욕구사정

사회문제에 대한 분석 이후의 단계에서는 사회문제를 겪고 있는 사람들이 지니고 있는 욕구를 파악하여야 한다. 사회문제가 대상 집단에 어떠한 영향을 미치고 있으며, 대상 집단은 무엇이 어떻게 변화되기를 바라는지에 대한 조사가 필요하다.

3) 대상자 선정

사회문제에 대한 분석과 대상 집단이 지니고 있는 욕구에 대해 파악한 이후에는 실제로 프로그램의 혜택을 받을 클라이언트 집단이 누구인지 구체적으로 결정하여야 한다.

4) 목적과 목표 설정

사회문제에 대한 분석과 대상자 욕구사정의 결과를 바탕으로 프로그램이 달성하고자 하는 목적과 목표를 설정하여야 한다. 만약 사회문제 분석이나 대상자의 욕구사정이 잘못 이루어졌다면, 그를 토대로 만들어진 프로그램 목적과 목표도 사회문제를 해결하는 데 있어 적절한 목적과 목표가 아닐 것이다. 그러므로 사회문제와 욕구에 대한 정확한 사정이 필요하며, 그것을 바탕으로 프로그램 목적과 목표가 명확하게 설정되어야 한다.

5) 프로그램 구체화

사회문제를 해결하기 위해 설정된 목적과 목표를 토대로 프로그램의 내용과 구성을 구체화시켜야 한다.

6) 프로그램 실행

사회문제를 해결하고 대상 집단의 욕구를 충족시키기 위한 개입전략으로서 계획된 프로그램을 직접 실행하는 단계이다.

7) 평가

프로그램을 실행하는 과정이나 종결한 이후에 프로그램의 진행과정과 성과, 참여자 만족도 등에 대하여 조사하게 된다. 이러한 평가 내용을 바탕으로 프로그램의 내용과 구성을 수정하고 보완할 수 있게 되며, 클라이언트의 문제해결과 욕구충족에 더 효과적이고 만족스러운 프로그램으로 거듭날 수 있게 된다. 그러므로 프로그램 평가가 지니고 있는 중요성은 매우 크다.

이에 대한 좀 더 자세한 내용은 본서의 제3~13장에서 다루게 될 것이다.

요 약

1. **사회복지 프로그램의 책임성**: 사회복지 프로그램은 사회문제를 효과적으로 해결하고, 참여 대상자들의 삶에 긍정적인 변화를 이끌어 내기 위한 책무성을 지닌다.

- 사회복지 프로그램은 기획과정에서부터 프로그램 대상자, 제공자, 내용과 구성, 기대효과, 평가 계획 등에 대해 고려하여야 한다.
- 사회복지 프로그램은 자원 사용의 최소화보다 자원의 적절한 사용을 강조한다.

2. **프로그램 개발의 개념과 중요성**

- **프로그램 개발의 개념**: 프로그램 개발은 사회문제를 해결하고, 삶의 질을 향상시키기 위해 필요한 활동을 체계적으로 만들어 내는 것이다.
- **프로그램 개발의 중요성**: 프로그램 개발의 전체 과정은 프로그램 기획, 프로그램 설계, 프로그램 실행 및 관리, 프로그램 평가, 그리고 평가를 통한 프로그램의 개선 과정을 모두 포함한다. 프로그램 개발의 과정은 사회문제의 해결이나 변화라는 목적을 성공적으로 달성하기 위해 중요성이 크다.

3. **프로그램 기획의 개념과 중요성**

- **프로그램 기획의 개념**: 프로그램 기획은 프로그램의 목적을 성취하기 위해, 프로그램에 대한 구체적인 계획(방향 내용, 구조, 순서, 기간, 장소 등)을 수립하는 과정을 뜻한다.

- 프로그램 기획의 중요성:
  ① 사회복지 프로그램의 목적 달성을 위해 프로그램 기획이 필요하다.
  ② 사회복지 프로그램의 자원을 효과적으로 할당 · 사용하기 위해 프로그램 기획이 필요하다.
  ③ 사회복지 프로그램을 효과적으로 전달하기 위해 프로그램 기획이 중요하다.
  ④ 사회복지 프로그램을 기획하고 진행하는 사람들의 동기, 책임감, 참여의식을 높이기 위해 프로그램 기획이 중요하다.

4. 사회문제 해결의 과정

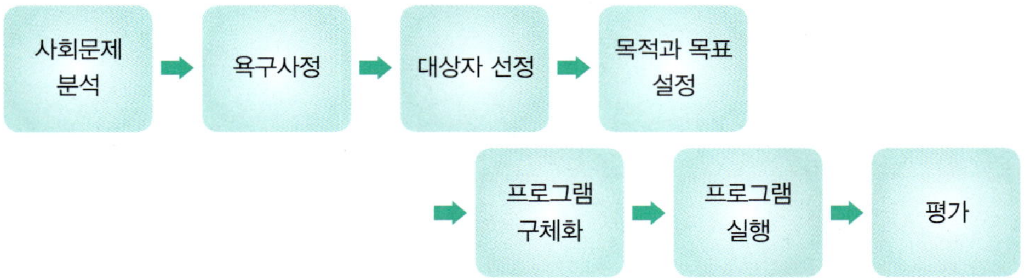

Chapter 03

사회문제의 분석

01 사회문제의 규정

사회문제는 개인적 수준을 넘어 사회적으로 다수의 사람에게 지속적으로 부정적인 영향을 미치고 있는 문제이다. 사회문제는 지역사회 구성원들이 건강하고 안정적인 삶을 누리기 위해 필요한 사회적인 조건이나 환경 등이 결핍된 상태일 때 발생한다. 지역사회에서 어떠한 조건이나 환경이 문제를 야기하고 있는 경우, 그것의 종류와 심각성에 따라서 집단구성원에게 가해지는 위협의 정도가 달라질 것이다. 사회문제별로 상태나 규모, 심각성의 수준 자체에는 차이가 있을 수 있으나 분명한 것은 사회문제는 사회 전체의 안정과 복지를 위협하므로 개인적 차원이 아닌 사회적 차원에서 대응하고 해결하여야 하는 문제라는 점이다.

사회복지 프로그램은 사회문제를 해결하기 위한 구체적인 활동 내용을 모아서 적절하게 구성한 것이다. 그러므로 프로그램 개발의 초기 단계에서 사회문제에 대

한 정확한 분석과 이해가 중요하다. 사회문제에 대해 명확하게 분석한 내용을 바탕으로 프로그램이 성취하여야 할 목적과 나아가야 할 방향 등을 결정할 수 있기 때문이다. 사회문제에 대한 분석이 충분하지 않거나, 제한적이거나, 정확하지 않다면 문제에 대한 분석도 잘못 이루어질 것이고 그것은 곧 잘못된 목표설정과 잘못된 프로그램 전략 및 개입으로 이어져 사회문제 해결에 부정적인 결과를 낳을 것이다.

사회문제를 규정하는 기준은 개인적 배경, 소속 집단, 이익 단체, 전문분야, 지역사회 조직과 체계 등의 특성에 따라 달라질 수 있다. 기존의 집단, 단체, 전문분야, 조직과 체계 등에서 제시하고 있는 사회문제에 대한 분석을 그대로 수용할 것인지, 혹은 추가적으로 객관적인 자료수집과 조사를 통해 사회문제를 새로 규정할 필요가 있는지 생각해 보아야 한다.

사회문제의 분석을 위해 사회복지사(프로그램 기획자)가 고려하여야 할 점으로 다음과 같은 사항이 있다(최일섭, 1993).

첫째, 사회복지사는 사회문제와 관련된 집단, 지역 특성, 문제의 범위와 심각성, 지역주민의 욕구 등에 대해 객관적인 자료를 수집하고 분석하여야 한다. 만약, 그 사회문제에 대한 구체적인 통계나 실태조사 자료가 없을 경우에는 사회복지사가 직접 체계적으로 자료를 수집하고 조사하여야 한다.

둘째, 사회문제에 대한 깊이 있는 이해와 분석을 위해 사회복지사는 관련된 사회과학 이론을 살펴보아야 한다. 물론, 하나의 사회과학 이론을 통해 복합적인 사회문제의 원인을 파악하고 해결방안의 지침을 마련하는 것은 어려운 일이다. 그러나 사회복지, 사회학, 심리학, 문화인류학, 경제학, 정치학 등의 다양한 사회과학 이론과 모델 중에서 특정 사회문제와 관련이 있는 이론과 모델을 살펴보는 것은 그 문제에 대해 더욱 깊게 이해하고 분석하기 위해 필요한 과정이다. 사회문제의 이해를 위해 살펴보아야 할 사회과학 이론의 종류는 매우 다양하다. 예를 들어, 인간의 행동과 사회환경을 이해하기 위한 이론(인간의 성장과 발달단계, 과업, 역할과 행동, 대인관계와 상호작용, 의사소통, 집단행동, 사회화, 인간과 환경의 상호영향력 등)과 지역사회체계와 조직을 이해하기 위한 이론(지역사회문제의 형성과정, 사회문제 분석과 이해, 지역사회조직, 지역사회 체계와 구조 등)이 있다.

사회문제를 분석하기 위해 사회복지사(프로그램 기획자)가 사전에 고려하여야 할 사항, 사회문제, 사회문제의 사회적 맥락, 클라이언트와 관련하여 조사하여야 할 사항을 살펴보면 〈글상자 3-1〉과 같다.

〈글상자 3-1〉 사회문제 분석을 위해 사회복지사(프로그램 기획자)가 조사하여야 할 사항

〈사전에 고려하여야 할 사항〉

① 사회복지사 과업의 개요
- 사회복지사가 수행하여야 할 과업은 무엇인가?(무엇에 대한 조사와 자료수집, 분석이 필요한가?)

② 사회복지사가 소속되어 있는 기관의 특성
- 기관의 목적, 가치, 윤리적 원칙
- 공식적이고 비공식적인 구조
- 활용 가능한 자원, 지역사회 네트워크 등

③ 사회복지사 개인적 차원
- 부과된 과업을 수행하기 위한 동기, 역량, 자원은 어떠한가?
- 역할에 대한 모호성, 갈등, 긴장이 존재하는가?

〈사회문제〉

① 문제분석: 문제의 성격, 소재, 범위, 정도

② 문제해결을 위해 과거에 어떠한 노력이 있었는가?
- 누가 시도하였는가?
- 효과는 어떠하였는가?
- 성공 혹은 실패의 원인은 무엇인가?

③ 문제에 대한 외부의 견해:
- 사회복지사와 동일하게 문제를 '문제'로 보는 사람(집단, 단체, 조직, 기관 등)은 누구인가?
- 사회문제를 다르게 파악하고 있고 다르게 보고 있는 사람(집단, 단체, 조직, 기관 등)은 누구인가?

〈사회문제의 사회적 맥락〉

① 문제의 원인

② 문제의 구조와 기능에 대한 분석

- 문제를 유지하거나, 증가 혹은 감소시키는 사회구조는 무엇인가?
- 사회문제의 존재가 사회에 미치는 영향은 무엇인가?(사회문제의 존재로 인해 이익을 얻는 집단은 누구인가? 피해를 받는 집단은 누구인가?)

〈클라이언트〉

① 지리적 소재와 크기
② 사회적 · 경제적 · 정치적 및 인구학적 특성
③ 클라이언트를 위한 공식기구 및 조직이 있는가?
④ 클라이언트 집단 내부에 불화나 갈등이 존재하는가?
⑤ 클라이언트 집단은 외부 사회구조(체계, 조직, 기관 등)와 어떠한 관계를 형성하고 있는가?
⑥ 시간의 흐름에 따라 ①~⑤ 사항이 어떻게 변화했는가?

출처: 최일섭(1993). 지역사회복지론. 서울대학교 출판부(pp. 146-147 내용 인용 및 재정리).

사회복지사는 체계적이고 객관적인 자료수집과 조사 및 분석을 통해 사회문제에 대해 조사하고, 그와 관련된 다양한 사회과학 이론과 모델을 살펴보는 과정을 통해 사회문제에 대해 이해하고, 해결방안과 전략을 모색할 수 있는 기반을 찾아 나가게 된다. 사회문제를 규정하는 과정에서 프로그램을 설계하는 사회복지사의 역할이 매우 중요하다. 지역사회에서 사람들의 삶에 부정적인 영향을 미치고 있는 사회문제를 찾고 규정하며, 지역주민들의 욕구를 해결할 수 있는 프로그램을 설계하는 것은 사회복지 개입전략에서 중요한 부분이다. 그러므로 사회복지사는 이미 사회적으로 규정되고 확인된 사회문제만을 바탕으로 프로그램을 설계하는 것에 그치지 않고, 아직 밝혀지지 않은 새로운 사회문제를 찾아 규정하고 해결방안을 모색하는 부분에 있어서도 역할을 담당하여야 한다(최호윤, 2007).

사회복지사는 자율적으로 사회문제에 대해 규정하고 분석할 수 있다. 그러나 자신이 속한 사회복지 전문분야의 가치와 윤리, 지식과 기술 등이 사회복지사의 그러한 판단과 재량에 영향을 미치게 되는 것도 사실이다. 사회복지사가 자신이 속해 있는 기관의 가치나 방향, 의사결정 내용에 반하여 독립적으로 사회문제를 규정하고 그에 대한 개입방안을 실천해 나가기에는 한계가 있다. 그러므로 사회복지사가 그가 속한 기관(또는 전문분야)과 반하여 특정 사회문제를 규정하고 있는 경우, 그러한 갈등을 해결하기 위한 의사소통과 토론 및 합의와 같은 조정과정이 필요하다.

1) 사회문제의 조작화

사회문제에 대한 해결방안을 모색하고 필요한 프로그램을 개발하기 위해서는 개입이 필요한 사회문제를 확인하고 그에 대해 명확하게 정의하여야 한다. 사회문제를 측정하고 평가할 수 있도록 구체적으로 정의하는 것, 즉 사회문제를 조작적으로 정의하는 것이 필요하다. '빈곤'이라는 사회문제를 예로 들어보자. 사회복지학사전(인터넷판)에 제시된 '빈곤'에 대한 사전적 정의(이철수, 2009)를 살펴보면, "빈곤은 일반적으로 기본수요의 부족현상으로 생활필수품의 결핍과 그것이 가져오는 육체적 · 정신적 불안감을 포함하는 생활상태"이다. 이러한 사전적인 정의는 빈곤의 개념을 이해하도록 하는 것에는 도움이 되지만, 사전적 정의를 가지고 빈곤에 대한 구체적인 측정과 평가를 하는 것은 어렵다. 그러므로 빈곤이라는 사회문제에 대해 구체적인 조치와 개입을 하기 위해서는 빈곤을 실제적으로 측정하고 평가할 수 있는 조작적 정의가 필요하다. '빈곤'에 대한 조작적 정의는 조사의 성격과 특성에 따라 다양하게 제시될 수 있으나, 한 가지 예를 들어본다면 '최저생계비'를 기준으로 설정하는 방법이 있다. 최저생계비가 건강한 국민생활을 위해 적절한 수준인가에 대해 비판적인 시각도 존재하고 있으나, 빈곤가정을 결정하는 기준으로 활용되고 있는 방법 중 하나이다. 「국민기초생활보장법」에 의하면, "최저생계비란 국민이 건강하고 문화적인 생활을 유지하기 위하여 필요한 최소한의 비용으로서(2조), 보건복지부 장관이 국민의 소득 · 지출 수준과 수급권자의 가구 유형 등 생활실태, 물가상승률 등을 고려하여 결정하는 것(6조)"이다. 그러므로 '빈곤'에 대한 조작적 정의는 '가구의 소득이 최저생계비보다 낮은 상태'라고 제시할 수 있다.

이와 같은 빈곤의 조작적 정의를 활용하면, 최저생계비를 기준으로 빈곤가정 수와 빈곤의 정도를 측정하는 것이 가능해진다.

02 사회문제의 형성

사회문제는 장기간에 걸쳐 다수의 사람에게 부정적인 영향을 미치고 있는 문제이다. 그럼에도 불구하고 어떠한 사회문제에 대해 지역사회 전체가 합의된 마음으로 그것을 사회문제로 인정하지 않는 경우도 있다. 사회문제의 형성은 다양하고 복합적인 요인의 상호작용을 통해서 이루어지는데, 개인의 위치와 상황에 따라 그러한 요인에 대한 평가가 달라지기 때문이다. 지역사회의 어떤 사람들에게는 특정 사회문제가 심각한 사회문제로 인식되지만, 또 다른 사람들에게는 그것이 문제로 인식조차 되지 않을 수도 있다. 이처럼 사회문제를 인식하는 데 있어 개인별로 차이가 나타나는 것은, 인간은 각자 개인적으로 가지고 있는 관점과 가치관을 바탕으로 사회문제를 바라보기 때문이다.

사회문제가 사회문제로 규정이 되기 위해서는 다음과 같은 조건이 충족되어야 한다(정무성, 2014).

- 사회문제는 다수의 지역사회 주민들에게 바람직하지 않고 해결이 필요한 상황으로 인식되어야 한다.
- 사회문제는 현재의 상태보다 훨씬 더 바람직한 상태로 변화될 수 있는 대안과 해결방안이 있는 것으로 인식되어야 한다.
- 사회문제는 현재의 상황을 변화시키고 개선하고자 하는 동기를 다수의 지역사회 주민들이 가질 만큼 중요하고 시급한 문제로 인식되어야 한다.

사회문제가 사회문제로 형성되기 위한 과정은 다음과 같다(그림 3-1).

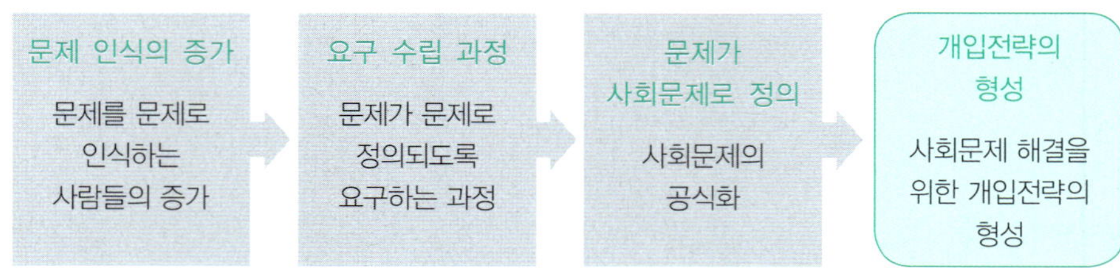

[그림 3-1] 사회문제의 형성 과정

1) 문제 인식의 증가(문제를 문제로 인식하는 사람들의 증가)

사회문제가 형성되는 과정에서 첫 번째로 필요한 것은 지역사회 내에서 문제가 문제로 인식되도록 하는 과정이다. 어떠한 특정 문제가 사회문제라는 것을 다수의 지역사회 주민들이 깨닫고 인정하는 것이 출발점이다.

2) 요구 수립 과정

사회문제가 문제로 인식되기 시작한 다음에는 지역사회 구성원들에게 사회문제의 심각성을 더 상세하게 알리고 문제가 문제로 정의되도록 요구하는 요구 수립 과정이 필요하다. 사회복지사는 이 과정에서 사회복지적인 문제의식을 바탕으로 사회문제가 문제로 규정될 수 있도록 노력하여야 한다. 사회복지사는 이미 제시되어 있고 밝혀진 사회문제에 대해 개입하고 해결하는 것에만 집중하는 것이 아니라, 지역사회에서 새롭게 드러나고 있는 사회문제에 대해서도 적극적으로 파악하고 그것을 사회문제로 공식화하기 위해 행동하여야 한다. 이를 위해 지역사회 주민, 집단, 단체, 기관, 조직 등과의 의사소통이 중요하며, 지역사회 네트워크를 통해 필요한 자원과 원조 및 지지를 얻어낼 수 있어야 한다.

사회문제와 관련된 주민, 집단, 단체, 기관, 조직 등의 체계는 각자의 입장과 이해관계에 따라 문제의 원인과 정의, 목표, 해결방안의 제시 등에 상이한 견해를 가

지고 있을 것이다. 이것은 자연스러운 상황이며, 그러한 입장과 견해 차이 속에서 조정과 타협 및 협상의 과정을 통해 함께 합의점을 찾아 나가도록 노력하여야 한다. 사회복지사는 다양한 체계가 사회문제에 대해 공통적인 초점과 목표, 전략을 설정할 수 있도록 중재하는 역할을 수행하게 된다. 그 과정에서 합의가 이루어지는 체계들과 연합하여 함께 문제를 해결해 나갈 수 있는 행동체계를 구축할 수 있게 되는 것이다. 사회복지사는 이 과정에서 그가 설정한 방향과 성격 및 특성이 일치하는 체계가 무엇이고, 합의된 의견을 바탕으로 함께 할 수 있는 체계는 무엇이며, 어떠한 조합으로 행동체계를 구성하는 것이 바람직할지에 대해 결정하여야 한다.

3) 문제가 사회문제로 정의

요구 수립 과정이 원활하게 진행이 되었다면, 다음 단계에서는 지역사회 내에서 특정 문제가 사회문제로서 공식적인 인정을 받고, 다수의 사람이 그 문제가 사회적 문제라고 합의하는 상태가 된다.

4) 문제해결을 위한 개입전략의 형성

사회문제 형성의 마지막 단계는 문제해결을 위해 구체적인 개입전략을 세워나가는 단계이다. 사회문제를 해결하기 위한 개입전략의 하나로서 사회복지 프로그램이 있다.

03 사회문제와 가치관

사회문제를 규정하는 기준은 그 시대의 가치, 문화, 특성 등의 영향을 받게 된다. 그러므로 사회문제는 고정되어 있는 것이 아니라 시간의 흐름과 상황의 변화에 따라 계속 변화된다.

사회문제에 대한 규정이 개인적 가치관을 바탕으로 이루어진다는 점을 고려한다면, 사회문제는 상대적인 개념이라고 할 수 있다. 그러므로 사회문제에 대한 평가는 개인의 입장과 가치체계에 따라 달라지게 되는 것이다. 같은 조건의 사회적 상황이나 현상을 관찰한 이후, 어떤 개인은 특정 문제를 심각한 사회문제로 규정하고, 또 다른 개인은 그것을 개입의 우선순위가 낮은 문제로 인식하거나, 혹은 전혀 사회문제가 아닌 것으로 결론짓는 것을 볼 수 있다. 한 개인이 성장과정과 환경에서 습득한 개인적 가치체계와 그 개인이 소속되어 있는 기관이 지향하고 있는 전문적 가치체계 등이 개인이 사회문제에 대해 평가하는 과정에 영향을 미치게 된다. 개인이 특정 사회문제와 관련해 직접적인 영향을 받고 있는지, 그리고 그러한 사회문제의 심각성에 대해 개인적으로 인식하고 그것을 해결하기 위한 개입과 활동을 실천하고 있는지에 따라 사회문제에 대한 개별적 평가가 달라진다. 또한, 개인이 속해 있는 기관이나 전문분야에서 제시하고 있는 방향과 가치체계 등에 따라서도 사회문제에 대한 평가는 달라질 수 있다.

스퍼겔(Spergel, 1969)은 사회문제를 규정하고 해결해 나가는 과정에서 가치가 매우 큰 영향을 미친다고 강조하였으며, 사회문제와 가치에 대해 이해하기 위해서 사회복지사가 고려하여야 할 사항을 〈글상자 3-2〉와 같이 제시하였다. 사회문제를 선정하고, 문제해결을 위한 목적을 설정하고, 문제해결 단계와 절차를 실천해 나가는 전체 과정은 가치중립적으로 이루어지지 않으며, 문제해결을 위해 노력하는 행동체계(단체, 조직, 기관 등)가 지니고 있는 가치와 윤리적 원칙들이 반영될 수밖에 없다.

〈글상자 3-2〉 사회문제와 가치에 대한 이해를 위해 사회복지사(프로그램 기획자)가 고려하여야 할 사항

① 사회문제를 '문제'로 보는 사람(집단, 단체, 조직, 기관 등)은 누구인가? 그것을 '문제'로 보지 않는 사람(집단, 단체, 조직, 기관 등)은 누구인가?

② 사회문제를 발생 · 유지시키는 가치와 제도는 무엇인가?

③ 특정 사회문제에 대해 사회적 권력층(문제해결에 필요한 자원 통제권과 정책결정권을 가지고 있는 계층)이 가지고 있는 견해와 가치는 무엇인가?

④ 특정 사회문제에 대해 사회복지사가 소속되어 있는 기관이나 단체가 가지고 있는 견해와 가치는 무엇인가?

⑤ 특정 사회문제에 대해 사회복지 전문분야가 가지고 있는 견해와 가치는 무엇인가?

출처: Spergel(1969). Community problem solving, The delinguency example. Chicago, IL: The University of Chicago Press.

가치와 행동은 이론적으로는 구별이 가능하지만 실제로는 따로 분리하여 생각하기 어렵다. 문제를 해결하기 위한 결정과 행동의 바탕에는 언제나 가치가 존재하고 있으며, 그러한 가치가 반영되기 때문이다. 그러므로 사회복지사는 지역사회 내에 있는 다양한 사회적 계층이 가지고 있는 가치, 관점, 문화 등에 대해 파악하고 이해하고자 노력하는 것이 필요하다. 그것을 통해 사회문제에 대해 합의된 기준을 설정하고 문제해결을 위한 공통의 전략을 세워 나가는 것이 가능해진다.

요 약

1. **사회문제의 규정**: 사회문제는 개인적 수준을 넘어 사회적으로 다수의 사람들에게 부정적인 영향을 미치고, 사회를 위협하는 문제이다.

- 사회문제는 지역사회 구성원들이 건강하고 행복한 삶을 누리기 위해 필요한 사회적 조건, 환경 등이 결핍되어 있을 때 발생한다.
- 사회문제는 개인적 차원이 아니라 사회적 차원에서 대응하고 해결하여야 한다(사회적 욕구의 해결을 위한 사회적 대응).

2. **사회문제의 형성**: 사회문제의 형성은 다양하고 복합적인 요인의 상호작용을 통해 이루어진다. 개인적 위치, 상황, 가치관 등에 따라 사회문제에 대한 평가가 달라질 수 있다. 사회문제가 사회문제로 형성되기 위한 과정은 다음과 같다.

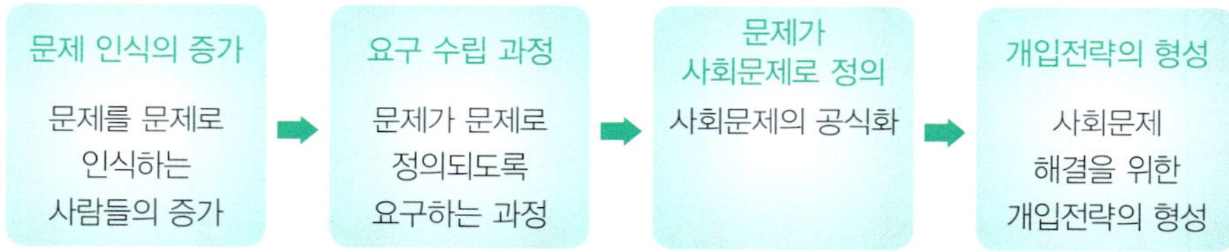

3. **사회문제와 가치관**: 사회문제를 규정하는 기준은 해당 시대의 가치관, 문화, 특성 등의 영향을 받으며, 시간의 흐름과 상황의 변화에 따라 계속 바뀐다(사회문제는 상대적인 개념).

- 사회문제에 대한 이해를 위해 지역사회 내의 다양한 사회적 계층이 가지고 있는 가치, 관점, 문화 등에 대한 이해가 필요하다.
- 사회문제에 대한 합의된 기준을 바탕으로 사회문제 해결을 위한 공통의 전략 수립을 할 수 있다.

Chapter 04

욕구사정

사회문제에 대해 규정하고 분석한 이후의 중요한 단계는 지역사회 주민들이 사회문제와 관련해 어떠한 욕구를 가지고 있는지에 대하여 욕구사정(needs assessment)을 하는 것이다. 지역사회 주민들이 그들의 생존, 성장과 발달을 위해 꼭 필요하고 중요한 환경(조건)이 결핍되어 불편을 겪을 때, 그러한 결핍상태를 충족시키기 위해 바라고 원하는 것이 바로 욕구이다. 이러한 욕구가 특정 개인이나 소수의 개인이 원하고 있는 차원이라면 개인적 욕구가 되지만, 다수의 사람이 원하고 있는 차원이라면 사회적 욕구가 된다(최호윤, 2007). 사회적 욕구는 지역사회에서 다수의 사람이 불편을 겪고 있으면서 충족되기를 바라는 것이므로 사회적 문제라 볼 수 있으며, 그에 대한 대응은 개인적 차원이 아닌 사회적인 차원에서 이루어져야 한다.

욕구사정의 단계에 대해 다음 〈글상자 4-1〉에서 제시하고 있다. 욕구사정을 위해서는 지역사회 내에서 해결되어야만 하는 사회문제가 무엇이며, 그것에 대해 지역사회 주민들이 무엇을 원하고, 무엇이 충족되기를 바라고 있는지 조사하여야 한다. 사회복지사는 지역주민들과 함께 지역사회 내에 존재하고 있는 욕구가 무엇인지에 대해 조사하도록 노력하여야 한다.

〈글상자 4-1〉 욕구사정의 단계

1. 다음 사항에 대해 명확히 파악한다.
   a. 욕구조사의 목적
   b. 욕구조사의 범위: 전국, ○○도, ○○구, ○○동
   c. 욕구조사에 참여할 프로그램 관계자: 클라이언트, 잠재적 클라이언트, 프로그램 진행자, 지역사회 주요 인사, 정부기관 관계자 등
   d. 예산과 활용 가능한 자원
   e. 욕구조사를 위해 할당된 시간

2. 조사하고자 하는 정보를 구체적으로 설정한다.

3. 조사하고자 하는 정보에 대한 확인:
   - 조사하고자 하는 정보가 이미 수집되어 있는가?
   - 아니면 본 조사를 통하여 수집하여야 하는가?(본 조사를 통해 정보 수집하는 것이 가능한가?)

4. 욕구조사방법의 설정, 측정도구 선정

5. 정보수집, 정보 분석

6. 욕구조사 보고서 초안 작성

7. 욕구조사 보고서 초안에 대하여 프로그램 관계자의 검증 받기(피드백 반영)

8. 욕구조사 보고서 최종본 작성 및 배포

출처: Royse, D., Thyer, B. A., & Padgett, D. K. (2010). Program evaluation: an introduction(5th ed.). Belmont, CA: Wadsworth. p. 60.

욕구조사 과정은 지역사회의 다양한 집단과 계층을 포함하여 이루어져야 하며, 조사과정에서 소외되거나 낙오되는 집단이 없는지 확인하여야 한다. 앞으로 욕구조사를 하기 위한 다양한 방법에 대해 살펴볼 것이다.

01 욕구의 개념

욕구(needs)는 인간이 그들의 생존과 성장 및 발달을 위해 꼭 가지고 있어야 하고 필요한 것을 구하는 것이다. 욕구는 인간의 생존과 성장 및 발달을 보장하기 위해 반드시 충족되어야 하는 조건이 결핍되어 어려움을 겪고 있을 때 발생한다.

1) 욕구의 정의

욕구에 대한 다양한 정의를 살펴보면 다음과 같다.

- 욕구란 개인, 가족, 집단, 지역사회, 국가 등의 다양한 사회체계가 생존이나 성장 발전을 위해 필요하여 구하는 것을 말한다(표갑수 외, 2013: 71).
- 욕구란 개인이 느끼고 있는 무엇인가의 결핍상태를 충족시키기 위하여 필요로 하거나 원하는 상태 또는 상황을 말한다(정무성, 2010: 175).
- 욕구란 바람직하지 못한 위험(risk) 혹은 문제(problem)가 해결되지 못해 특정 서비스를 필요로 하는 상태를 의미한다(김상아, 김장권, 이원지, 정현태, 2013: 33).
- 욕구란 '당연히 갖추어져야 할 상태'와 '현재 갖추어진 상태' 사이에 존재하는 격차 또는 차이를 줄이기 위하여 필요로 하거나 원하는 상태 또는 상황을 말한다(최호윤, 2007: 64).

욕구는 인간다운 삶을 영위하는 데 필수적인 사항이나 조건이 부족하거나 결핍되어 있어 불편을 겪고 있을 때 발생하며, 그러한 결핍상태를 극복하고 만족감을 얻기 위해 현재 원하고 있는 것을 뜻한다. 다시 말해 욕구는, 인간다운 삶을 누리기 위해 꼭 필요한 기준이나 조건이 부족하거나 결핍되어 있어 어려움을 겪고 있는 상황에서, 그러한 기준이나 조건을 충족시키기 위하여 바라고 있는 것이라 할 수 있다(정무성, 2014).

지역사회 주민들이 그들의 생존과 성장과 발달을 위해 꼭 필요하다고 '원하는 상태'와 '현재 상태' 사이에 차이가 존재할 때 욕구가 발생하게 된다(그림 4-1).

[그림 4-1] 욕구

2) 욕구의 기준

욕구는 바라보는 기준에 따라 절대적인 의미의 욕구와 상대적인 의미의 욕구로 나눌 수 있다.

(1) 절대적인 욕구

절대적인 욕구는 사회적 상황이나 조건과 관계없이 인간다운 삶을 위해 언제나 꼭 필요한 것을 뜻한다(예: 인간다운 삶을 위해 항상 필요한 음식, 의복, 주택, 물 등).

(2) 상대적인 욕구

상대적인 욕구는 사회적 상황이나 조건을 바탕으로 결정되는 욕구이다. 욕구가 설정되는 기준이 사회에 있으므로, 사회적 상황과 조건에 따라 특정 욕구가 욕구가 되기도 하고 욕구가 되지 않기도 한다. 즉, 다른 지역이나 다른 사람들과의 비교를 통해 다른 지역이나 다른 사람들은 이미 갖추고 있는 조건이 자신에게 결핍되어 있을 때 발생하는 욕구는 상대적인 욕구이다(예: 장애인의 이동권, 여성의 참정권 등).

그러나 엄밀하게 말한다면, 욕구는 사회적인 상황이나 조건에서 생겨나는 것이므로 절대적인 욕구와 상대적인 욕구 모두 사회적인 상황과 조건을 바탕으로 결정된다는 사실을 부인할 수 없다.

02 욕구사정의 중요성

욕구사정은 지역사회 주민들이 사회문제와 관련해 어떠한 어려움과 불편을 겪고 있으며, 필요한 욕구가 무엇인지 정확하게 조사하는 것이다. 욕구사정은 지역사회 주민들의 욕구를 파악하는 것이 기본적인 목적이며, 현재 지역사회 주민들이 인지하고 있는 욕구뿐만 아니라 아직 인지하고 있지 못하지만 잠재되어 있는 욕구나 앞으로 발생하게 될 욕구까지 포함하여 조사가 이루어져야 한다(정무성, 2014).

지역사회 주민들의 욕구에 대한 조사는 매우 중요하다. 사회문제를 해결하기 위한 구체적인 개입방안과 서비스, 프로그램 등은 지역사회 주민들의 욕구를 충족시키기 위해 존재하기 때문이다. 그러므로 객관적인 조사를 통해 지역사회 주민들의 욕구를 분명하게 정리하고 규정하여 제시하여야 한다.

조사된 욕구의 내용과 종류 및 수준이 어떠한가에 따라 욕구해결을 위한 전략과 정책이 달라지게 되고, 그에 따라 구체적인 문제해결방안과 서비스 및 프로그램의 내용도 달라지게 될 것이다. 욕구는 서비스와 프로그램의 결정과정에 전체적으로 영향을 미치게 되는데, 이는 욕구의 종류와 우선순위에 따라 프로그램 목표의 설정, 내용의 결정, 자원 할당 등이 결정되기 때문이다.

예를 들어, 노인들이 많이 거주하고 있는 지역사회에 '노인 건강문제'라는 문제와 관련하여 지역사회 주민 욕구조사를 했다고 가정해 보자. 욕구측정 결과, 주민들의 주된 욕구가 '열악한 주거환경과 식사 문제의 해결'이라면 주거환경을 개선하고 영양적으로 균형이 있는 식사를 지원하는 방안으로 서비스나 프로그램의 방향을 설정할 수 있을 것이다. 그러나 지역사회 주민들의 욕구가 '지역사회 내 의료 서비스의 확충'으로 나타난다면, 주민들이 필요할 때 쉽게 진료를 받을 수 있는 의료 서비스와 기관을 늘려 나가는 방향으로 개입의 전략이 만들어질 것이다. 또는 '건강에 대한 노인들의 의식 개선과 교육 제공'이 주요 욕구라면, 노인들이 스스로의 건강을 지키기 위한 지식과 인식을 갖출 수 있도록 노인대상 건강교육을 확충하는 개입 방안이 마련될 것이다.

지역사회 주민들의 욕구를 조사할 때 주의할 점은, 동일한 문제를 가지고 있는 집단의 주민일지라도 문제해결을 위해 바라는 욕구의 종류와 우선순위가 다를 수 있다는 것이다. 예를 들면, 다문화 가정에 대한 막연한 고정관념과 편견을 바탕으로 실제적인 욕구조사 없이 프로그램이나 서비스의 내용을 구성하는 오류를 범하지 않아야 한다. 다문화 가정이 많은 지역이라도 개별적인 가정이 가지고 있는 욕구는 가족관계 향상, 자녀 학습지원, 한국문화와 언어 학습, 자아 개발, 취업 교육, 문화 활동 기회 확대 등 다양하게 나타날 것이며, 가장 중요시하는 욕구의 순서도 다를 것이다.

지역사회 욕구사정 시 조사하여야 하는 내용은 다음의 〈표 4-1〉과 같다. 지역사회 주민들의 욕구를 파악하기 위해 조사할 내용으로 ① 기초자료(지역사회 주민의 일반적 특성 조사), ② 현재 생활실태(지역사회 주민의 현재 생활에 대한 조사), ③ 기존 서비스(프로그램) 평가, ④ 새로운 서비스(프로그램) 욕구조사, ⑤ 지역사회 자원조사 등이 있다. 이러한 내용에 대한 조사를 바탕으로 지역사회 주민들의 특성과 현재 겪고 있는 문제를 파악하고, 기존 서비스(프로그램)를 수정하고 보완하거나 새로운 서비스(프로그램)을 개발하기 위한 자료를 얻을 수 있다.

〈표 4-1〉 지역사회 욕구사정 시 조사할 내용

구분	항목	내용	활용
기초자료 조사	지역사회 주민의 일반적 특성 조사	• 주민 연령, 성별, 결혼 상태, 교육 수준 등의 분포 • 가족 수 • 주민 소득수준, 직업 구성 • 빈곤인구율 • 주택보급율 • 범죄율 등	• 지역사회 주민의 일반적 특성에 대한 정보의 파악
현재 생활 실태 조사	지역사회 주민의 현재 생활과 관련된 실태 조사	• 경제 생활(소득, 소비 형태, 자금 관리 등) • 가족 생활(가족 관계, 가족 문제 등) • 주거 생활(주택 상태, 밀집도 등) • 건강(신체적 · 정신적 건강 상태 등) • 직업(직업 종류, 경력, 실업율 등) • 교육(교육 수준, 교육 욕구 등) • 여가(여가활동, 여가 시간 등) • 지역사회 생활 만족도	• 지역사회 주민의 현재 상태 파악 • 기존 서비스(프로그램)의 보완 및 새로운 서비스(프로그램)의 개발을 위한 근거자료로 활용
기존 서비스 (프로그램) 평가	기존 서비스(프로그램)의 장단점에 대한 평가	• 기존 서비스 인지 정도 • 기존 서비스 활용 정도 • 서비스 인지 및 활용을 방해하는 장애 요인 파악 • 서비스 직원에 대한 태도 • 서비스 이용으로 인한 낙인에 대한 우려 • 서비스 비용 • 서비스 자격요건	• 기존 서비스(프로그램)의 수정 및 보완을 위한 자료로 활용
새로운 서비스 (프로그램) 욕구조사	새로 개발이 필요한 서비스(프로그램)에 대한 욕구조사	• 현재 필요한(개발되어야 하는) 서비스(프로그램) • 장기적으로 볼 때(예: 5년 이내), 앞으로 개발되어야 하는 서비스(프로그램)	• 새로운 서비스(프로그램)를 개발하기 위한 자료로 활용
지역사회 자원 조사	지역사회조직, 서비스 자원, 정치적 자원 조사	• 표적 집단에 서비스를 제공할 수 있는 지역사회조직 • 활용 가능한 서비스 자원(인적자원과 물적자원) • 개발이 필요한 서비스 자원(인적자원과 물적자원) • 서비스 개발과 시행을 위한 정치적 자원(찬성하는 세력 vs 반대하는 세력)	• 서비스(프로그램)의 개발 및 시행과 관련된 지역사회 자원의 파악

출처: 최호윤(2007). pp. 74-75의 내용을 바탕으로 재정리.

03 욕구의 유형

무엇을 기준으로 누가 지역사회 주민의 욕구를 규정하는가에 따라 욕구의 유형을 다음 네 가지로 나눠 살펴볼 수 있다(Bradshaw, 1972). 다음에서 제시하는 네 가지 욕구의 유형은 욕구가 규정되는 방법은 다르지만, 상호 배타적인 욕구로 볼 필요는 없다. 오히려 욕구의 네 가지 유형은 상호 보완적인 성격을 지니고 있으므로, 욕구를 종합적으로 파악하기 위해서는 다양한 욕구의 유형에 대하여 함께 조사하는 것이 바람직하다(정무성, 2014).

1) 규범적 욕구: 사회문제에 대한 전문가를 통해 규정된 욕구

규범적 욕구(normative need)는 특정 사회문제에 대해 경험과 지식을 갖추고 있는 전문가 집단의 판단을 바탕으로 규정된 욕구이다. '규범적'이라는 용어는 상황이나 환경에 대해 어떤 표준적인 기준이나 규범이 존재한다는 것을 의미한다. 현 지역사회의 상황이나 환경을 양적 또는 질적으로 측정하고 그것을 사회적인 일반 기준(표준)과 비교해 보면, 현재 지역사회에서 부족하고 결핍되어 있는 자원과 서비스가 무엇인지 파악할 수 있을 것이다. 규범적 욕구는 특정 사회문제에 대한 전문적 경험과 지식을 갖춘 전문가 집단이 비교연구를 통해 객관적으로 제시하고 규정하는 욕구이다. 즉, 사회문제 전문가가 사회의 일반적인 기준과 비추어 봤을 때 현 지역사회에서 기준에 미달되고 결핍되어 있는 요소가 무엇인지 파악하고, 그 부분에 욕구가 있다고 제시하는 것이 규범적 욕구이다.

2) 인지적 욕구: 지역사회의 개개인이 느끼는 욕구

인지적 욕구(felt need)는 지역사회 내에서 문제를 경험하고 있는 개개인들이 느끼는 욕구이다. 인지적 욕구는 지역사회에서 사람들이 그들의 욕구라고 생각하거나, 욕구가 되어야 한다고 느끼는 부분이라고 할 수 있다(최호윤, 2007).

인지적 욕구에 대한 조사는 사회조사를 통해 지역사회 주민들이 어떠한 욕구를 가지고 있는지 직접적으로 조사하는 방식으로 이루어진다. 그러나 인지적 욕구는 지역사회 주민에 따라 개별적으로 다를 수 있기 때문에 지역사회 주민 전체의 실질적인 욕구가 무엇인지 파악하는 데 어려움이 있을 수 있다. 인지적 욕구는 지역사회 주민 개개인의 답변에 따라 욕구의 기준과 내용이 바뀌고, 상황에 따라 변화될 가능성도 크기 때문이다. 그러므로 서비스 이용자에 대한 전문가의 판단과 지역사회 주민들(잠재적인 서비스 수요자)을 통해 조사한 욕구를 균형적으로 반영하고, 무엇이 지역사회 주민들의 '진정한 욕구'인지 모색해 나가는 과정이 중요하다(정무성, 2014).

3) 표출적 욕구: 지역사회 서비스 수요를 바탕으로 조사된 욕구

표출적 욕구(expressed need)는 지역사회 서비스 수요에 대한 조사를 바탕으로 규정된 욕구이다. 지역사회 주민들이 어떠한 것에 욕구가 있다면, 그 욕구를 충족시켜 줄 수 있는 서비스를 찾기 위해 노력하게 될 것이고, 그러한 노력은 서비스를 신청하는 행동으로 표출될 것이다. 지역사회에서 사람들이 어떠한 서비스에 집중되고, 어떠한 서비스를 많이 이용하는지를 바탕으로 지역주민들의 욕구를 파악하는 것이 표출적 욕구이다. 즉, 지역사회에서 서비스 수요가 많고, 다수의 주민이 찾고 활용하는 서비스가 곧 주민들의 주요 욕구라고 규정하는 것이다.

그러나 이 방법을 통해 욕구를 조사할 때에는 주의하여야 할 점이 있다. 지역사회에서 욕구를 지니고 있는 모든 사람이 그들의 욕구를 해결하기 위해 적극적으로 서비스를 찾거나 이용하지는 않는다는 점이다. 즉, 서비스 수요를 바탕으로 하는 표출적 욕구는 전체 지역주민의 종합적인 욕구를 반영하지 못할 수 있으며, 전체적인 욕구의 일부분만을 기반으로 하고 있을 수 있다.

4) 상대적 욕구: 다른 지역사회와의 비교를 통해 규정된 욕구

상대적 욕구(relative need)는 다른 지역사회와의 비교 과정을 통해 규정되는 욕구이다. 즉, 한 지역사회의 주민들에게 주어진 자원과 서비스를 다른 유사 지역사회에 주어진 자원 및 서비스와 비교해 볼 때 어떠한 차이가 있는지 살펴보는 것이다. 한 지역사회에 존재하는 자원과 서비스가 다른 유사 지역에는 부족하거나 존재하지 않는다면 그 지역에도 같은 서비스가 필요할 것이라 보는 것이다. 그렇게 다른 유사 지역사회와의 비교를 통해 현재 지역사회의 자원이나 서비스에 어떠한 결핍이 존재하는지 찾아보고, 그것을 바탕으로 욕구를 규정하는 것이 상대적 욕구이다.

04 욕구의 위계

매슬로우(Maslow, 1965)는 욕구의 종류를 다양하게 제시하면서, 그러한 욕구 간에는 위계적 관계가 있다고 주장하였다. 그는 〈표 4-2〉와 같이 욕구의 종류에는 ① 생리적 욕구, ② 안전에 대한 욕구, ③ 애정 및 소속에 대한 욕구, ④ 자존의 욕구, ⑤ 자아실현의 욕구가 있음을 제시하였으며, 그러한 욕구가 하위욕구(생리적 욕구)부터 상위욕구(자아실현의 욕구)까지의 위계적 구조로 이루어져 있다고 설명하였다.

'생리적 욕구'와 '안전에 대한 욕구' 등 낮은 수준의 욕구일수록 우선적인 욕구충족이 필요한 강렬한 욕구이며, 이러한 하위욕구에 대한 충족이 어느 정도 이루어졌을 때 그보다 높은 수준의 상위욕구에 대한 충족이 추구될 수 있다고 하였다.

〈표 4-2〉 매슬로우의 욕구 위계 5단계

	욕구	예시
상위차원 ▲	⑤ 자아실현의 욕구	자아만족, 잠재력 향상
	④ 자존의 욕구	존중, 인정
	③ 애정 및 소속에 대한 욕구	소속감, 사랑과 우정
하위차원 ▼	② 안전에 대한 욕구	안전, 안정, 일관성
	① 생리적 욕구	공기, 물, 의·식·주, 수면 등

매슬로우는 처음 제시하였던 욕구 위계 5단계에 2단계(인지적 욕구, 심미적 욕구)를 덧붙여 이후에 욕구 위계 7단계를 제시하였으며(그림 4-2, 표 4-3), 욕구를 결핍욕구와 성장욕구로 구분하였다.

결핍욕구는 욕구가 충족되기 이전에는 매우 강렬한 욕구로서 그것이 충족될 때까지 요구하게 되는 것들이지만, 일단 어느 정도 만족이 되고 나면 욕구충족에 대한 동기가 감소되는 것이라 하였다. 결핍욕구에 해당되는 욕구는 생리적, 안전, 애정 및 소속, 자존의 욕구이다. 반면에 성장욕구는 욕구가 어느 정도 만족이 되어도 욕구충족에 대한 동기가 줄어드는 것이 아니라 오히려 더 많은 충족을 바라게 되는 것이다. 성장욕구에 해당되는 욕구로는 인지적 욕구, 심미적 욕구, 자아실현의 욕구가 있다. 만약에 개인적 또는 사회적인 조건이나 상황으로 인해 성장욕구에 대한 충족이 좌절된다면 사람들은 그에 대한 불안, 긴장, 욕구불만 등을 경험하게 될 것이다.

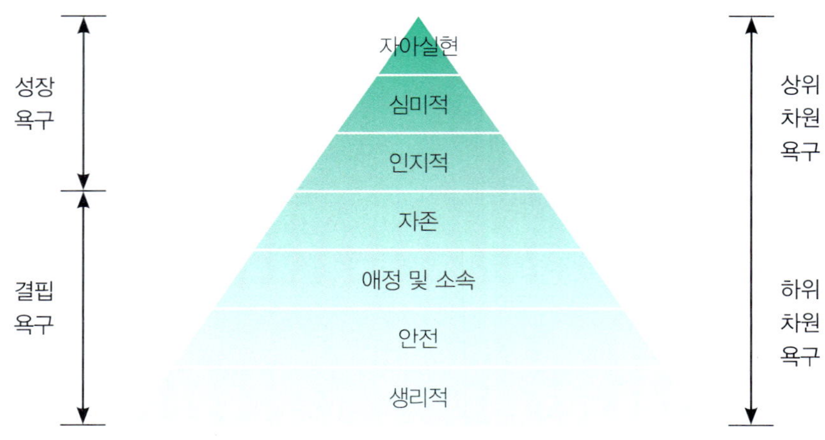

[그림 4-2] 매슬로우의 욕구 위계 7단계

〈표 4-3〉 매슬로우의 욕구 위계 7단계

	욕구	예시
상위차원 ↑	⑦ 자아실현의 욕구	자아만족, 잠재력 향상
	⑥ 심미적 욕구	질서, 균형, 조화, 아름다움
	⑤ 인지적 욕구	지식, 문화, 탐구
	④ 자존의 욕구	존중, 인정
	③ 애정 및 소속에 대한 욕구	소속감, 사랑과 우정
	② 안전에 대한 욕구	안전, 안정, 일관성
하위차원 ↓	① 생리적 욕구	공기, 물, 의·식·주, 수면 등

매슬로우의 욕구 위계는 인간의 욕구를 유형별로 정리하고 욕구의 우선순위를 제시하여, 어떠한 욕구가 가장 우선적인 충족이 필요한지 결정할 수 있도록 하는 데 도움이 될 수 있다. 매슬로우의 욕구 위계에 따른다면, 저소득 지역주민에 대한 프로그램을 기획할 때 우선적으로 생리적 욕구(생존과 관련된 욕구)를 충족시킬 수 있는 의 · 식 · 주 지원 프로그램을 제공하고, 그러한 욕구가 충족된 이후에 정

서적 지원이나 자존감 회복, 자아실현 향상 등의 상위차원 욕구에 대한 개입을 하게 될 것이다.

그러나 모든 사람이 매슬로우의 욕구 위계에서 제시하고 있는 유형의 욕구만 가지고 있지 않으며, 욕구 위계의 순서대로 욕구의 우선순위를 가지고 있지도 않을 것이므로 지역사회 주민의 욕구를 정확하게 사정하고 조사하고자 하는 노력이 중요하다.

05 욕구사정의 방법

지역주민이 욕구를 사정하는 방법은 크게 질적조사방법과 양적조사방법으로 나눌 수 있다.

1) 질적조사방법

질적조사방법은 소수의 개인이나 집단을 대상으로 인터뷰, 관찰, 토론 등의 방법을 통해 욕구를 조사하는 방법이다. 질적조사방법을 통해서는 개인이나 집단의 욕구에 대해 심층적이고 풍부한 정보를 얻을 수 있는 장점이 있으나, 그러한 정보가 전체 주민의 욕구를 대변하지 못할 수 있다.

(1) 비공식적 인터뷰

조사자가 현장에서 쉽게 만날 수 있거나 조사에 참여하는 것이 가능한 사람들을 대상으로 체계적인 계획 없이 비공식적 대화를 나누는 형식으로 이루어지는 조사방법이다. 길거리를 지나가는 사람, 학교, 학회, 모임 등에 참석하고 있는 사람들, 시장에 있는 상인들 등과 같이 조사자가 있는 현장에서 만나게 되는 사람들을 대상으로 조사하는 것이 비공식 인터뷰이다. 조사자의 편의에 맞춰 이용가능한 사람들을 대상으로 조사하게 되므로 표집방법으로는 편의표집(convenience sampling)이 활용된다고 할 수 있다. 이 방법은 조사자가 손쉽게 연구대상자를 찾고 조사할 수 있다는 장점이 있지만, 결과를 일반화시키는 데 한계가 있다.

(2) 공식적 인터뷰

조사자가 관심 있는 분야에 대해 전문적인 지식이나 견해를 가지고 있는 주요 정보제공자를 대상으로 공식적인 만남을 갖고, 표준화된 인터뷰 도구를 활용하여 조사하는 방법이다.

공식적 인터뷰를 위한 표집방법으로 인원할당 표집방법(quota sampling)을 활용할 수 있다. 이 표집방법은 조사하고자 하는 대상의 특성(예: 성별, 연령, 교육 수준, 직업, 종교 등)을 사전에 구체적으로 설정하고, 그러한 특성을 지니고 있는 연구대상자를 의도적으로 찾아서 조사를 하는 방법이다.

공식적 인터뷰에서 활용할 수 있는 또 다른 표집방법으로 눈덩이 표집방법 또는 스노우볼 표집방법(snowball sampling)이 있다. 작은 눈덩이를 눈에 굴리면 눈덩이가 커지듯이, 구할 수 있는 소수의 조사대상자를 통해 새로운 조사대상자들을 확보해 나가는 방법이다. 이 표집방법은 조사대상자를 만나거나 찾기 어려울 경우에 자주 사용된다. 예를 들어, 희귀병에 걸린 어린이를 돌보고 있는 가족을 조사하고자 할 경우에 한 가정을 소개받아 조사를 하고, 그 가정을 통해 다른 가정을 소개받아 다시 연구를 하는 식으로 진행하는 하는 것이다. 눈덩이 표집방법은 조사하기 어려운 대상자들을 대상으로 탐색적 연구를 하고자 할 때 자주 사용되는 방법이다. 이 방법은 '표본의 대표성' 문제에 대해 주의를 기울일 필요가 있는데, 조사에 참여한 대상자들이 조사하고자 하는 모집단을 대표할 수 있는지 확인하여야 한다. 예를 들어, 치료가 어려운 희귀병에 걸린 어린이의 가정이 조사에 참여한 이후, 비교적 치료가 쉬운 질환에 걸린 어린이의 가정을 소개해 줄 수도 있고, 단일한 질환이 아니라 복합적인 질환을 앓고 있는 어린이의 가정을 소개해 줄 가능성도 있다. 물론 이러한 가정에 대한 연구도 중요하지만, 본래 조사하고자 했던 가정과는 다른 특성을 지니고 있는 집단이므로 이들을 조사대상자에 참여시키게 되면 조사 결과가 왜곡될 수 있으므로 주의가 필요하다.

(3) 민속학적 조사

민속학적 조사는 조사자가 조사대상자의 삶에 들어가서 그들과 함께 생활하며 관찰하고 심층적인 인터뷰를 하는 과정을 통해 조사대상자의 삶과 욕구에 대해 심도 있게 이해하는 방법이다. 사회문제가 조사대상자의 삶에 어떠한 영향을 미치고 있는지, 그리고 그 과정에서 어떠한 욕구가 발생되고 있는지 생생하게 포착하고 관찰하며 탐색해 보고자 할 때 민속학적 조사방법을 활용하게 된다.

민속학적 조사는 조사대상자의 삶과 욕구에 대해 풍부하고 깊은 정보를 얻을 수 있다는 장점이 있으나, 인력, 시간, 비용에 대한 투자가 많이 이루어져야 한다는 단점이 있다.

(4) 초점집단기법

지역사회의 문제, 욕구, 복지 체계 등에 대해 지식과 경험이 많은 주요 정보제공자 6~8명을 선출하여 이들을 개별적으로 조사하는 방법이다. 이러한 주요 정보제공자들은 그 지역사회에서 오랜 기간 거주하면서 그 지역의 상황, 실정과 문제에 대해 잘 알고 있는 사람으로서 지역사회 주민들을 대표할 수 있어야 한다.

초점집단기법에서는 주요 정보제공자들을 개별적으로 인터뷰하게 되는데, 인터뷰 질문지를 바탕으로 지역사회 문제의 현황과 실태, 지역주민들의 경험과 욕구 등에 대해 정보제공자가 자유롭게 답변하도록 하는 것이다.

지역을 대표하는 주요 정보제공자들을 선정할 때 지역사회 주민들 각 계층의 욕구와 의견을 골고루 공평하게 대변할 수 있는 사람으로 선정하는 것이 좋다. 만약, 지역사회에서 실제적으로 서비스나 프로그램을 계획하고 실행하였던 사람들을 지역대표로 선정한다면, 그들은 자신이 기관에서 접했던 클라이언트들의 문제와 욕구에 더 집중하고 그들을 대변하는 데 초점을 맞추게 될 가능성이 있음을 감안하여야 한다.

초점집단기법은 지역사회에서 주민들이 경험하고 있는 문제와 그들이 가지고 있는 욕구를 잘 파악하고 있는 지역대표들을 조사하는 과정을 통해 지역사회 문제와 우선적으로 초점을 두어야 할 주민 욕구에 대해 파악할 수 있다는 장점이 있다.

반면에 선정된 지역대표가 지역사회가 경험하고 있는 문제와 주민들의 욕구를 적절하게 대변하지 못할 가능성이 있다는 단점이 있다. 주요 정보제공자가 잘못 선정되었을 경우, 지역사회 특정계층의 의견과 입장만을 대변하게 될 수 있다. 그렇게 되면 일부 지역사회 주민들의 문제와 욕구에 대해서만 조사가 이루어지고, 그 외의 견해와 의견들은 소외될 우려가 있다.

(5) 지역포럼기법

지역사회 주민들을 특정한 시간과 장소에 모이도록 하고, 그들이 그곳에서 지역사회 문제에 대한 자신의 의견과 생각을 직접 표현하도록 하는 방법이 지역포럼기법이다.

지역사회의 광범위하고 다양한 구성원들을 모아서 한 번에 의견을 들을 수 있다는 점과 주민들을 통해 그들이 생각하는 문제와 원하는 해결방안, 욕구 등을 직접 들을 수 있는 장점이 있다.

그러나 지역포럼기법을 개최해도 그러한 모임에 참석하는 사람들은 한정되어 있고, 모임에 참석해도 실제로 발언을 하는 사람들은 더 소수이므로 모아지는 의견 자체가 지역주민 전체의 합의된 의견이라고 보기 어렵다. 또한, 모임을 통해 다양한 의견과 견해들을 모을 수는 있으나 그러한 것들을 종합하여 모두가 합의하는 결론으로 정리하지 못하는 경우도 자주 발생한다. 즉, 지역사회 주민들 속에 다양한 생각과 의견이 존재한다는 사실을 확인하는 것은 가능하나, 문제해결을 위해 합의된 의견을 도출하는 것까지는 연결되지 못할 수 있다.

(6) 명목집단기법

명목집단기법은 지역포럼기법과 마찬가지로 지역사회 주민들을 특정한 시간과 장소에 모이도록 초대한 다음에 지역사회 문제에 대한 그들의 견해와 욕구 등을 듣는 방식이지만 그러한 의견에 대한 목록을 만든다는 점에서 차이가 있다. 모임의 서기는 지역사회 주민들이 표출하는 욕구나 의견을 칠판에 적으면서 정리를 한다. 그러한 방식으로 주민들이 표현하는 욕구와 생각을 종합한 목록이 만들어지면, 토론을 통해 다시 그 목록의 우선순위를 결정하게 된다. 이를 통해 지역사회가 당면한 문제 중 가장 우선적인 개입이 필요한 문제의 순위, 주민들 욕구의 우선순위, 주민들이 원하는 해결방안의 우선순위 등을 결정할 수 있게 된다. 가장 중요한 문제, 욕구, 해결방안 등의 우선순위에 대해 합의가 이루어지지 않는다면, 합의가 될 때까지 토론하는 과정을 반복한다.

이 방법은 주민들의 다양한 의견과 생각을 모으고 문제와 욕구, 해결방안의 우선순위를 파악할 수 있다는 장점이 있다.

그러나 지역포럼기법의 단점과 마찬가지로 명목집단기법도 모임에 참석하는 사람들이 제한적이고 그 안에서도 의견을 제시하는 사람들은 더 제한적이므로 전체 지역사회 주민들에 대한 조사가 이루어지지 못할 수 있다는 점을 기억하여야 한다. 또한, 우선순위를 결정하는 과정에서도 공정하고 공평하게 모든 주민이 동의하는 합의점을 찾을 수 있는가에 대해서도 주의를 기울여야 한다. 지역사회 주민의 나이, 연륜, 지위, 권력 등의 영향으로 인해 좀 더 발언권이 센 주민의 의견이 반영될 가능성이 크기 때문이다.

(7) 델파이 기법

델파이 기법은 특정 문제나 사안에 대한 전문가들의 견해를 수집하고, 이를 종합하여 전문가 집단의 결론으로 정리하는 집단협의방식이다. 델파이는 아폴로 시대 도읍지의 명칭으로, 그 당시 델파이에서 집단적 토론을 통해 집단적 의견을 도출하였던 과정을 본떠 델파이 기법이라 명하게 되었다. 이 기법에서는 지역사회의 문제나 사안, 주민들의 욕구 등과 관련해 전문적인 정보와 지식을 가지고 있는 전문가 집단을 확보하고, 이들에게 열린 형태의 질문지를 우편이나 이메일을 통해 개별적으로 발송하고 답변을 회수한다. 이때 전문가들의 신분을 노출하지 않으며, 익명성을 보장한다. 전문가들이 질문지에 대한 답변 내용을 보내주면 이를 종합하고 정리하여 다시 전문가 집단 전체에 개별적으로 발송한다. 전문가 집단이 이를 보고 내용을 추가하거나 수정한 이후에 다시 답변을 보내주면, 그 내용을 다시 종합하고 정리하여 전문가 집단 전체에 개별 발송한다. 1차 질문지, 2차 질문지, 3차 질문지 등의 발송과 회수 및 정리 과정을 반복하는 과정을 통해 모든 전문가 집단이 동의하는 집단적 결론을 만들어내는 것이 목표이다. 이 기법은 지역사회의 문제나 사안에 대한 극단적인 견해를 조정하고 정리하기 위해 사용한다.

델파이 기법은 전문가 집단의 신분이 공개되지 않으므로, 각자 자신의 솔직한 의견을 자유롭게 제시할 수 있다는 장점이 있다. 나이나 권력 등에 의해서 발언권이 센 사람과 그렇지 않은 사람이 나뉘지 않기 때문이다. 그러므로 소수의 의견이 무시되거나, 특정방향으로 결론이 만들어지도록 압박이 가해지거나, 특정 집단이 영향력을 행사하게 되는 경우가 발생하지 않는다.

반면에 1차, 2차, 3차 등에 걸쳐 여러 차례 질문지를 보내고 답변을 받는 반복 과정에서 전문가들이 계속 그 과정에 참여하지 못하게 될 수도 있고, 후반으로 갈수록 답변의 내용이 부실해질 가능성도 있다. 또한, 전문가 집단의 익명성을 보장한다고 하지만, 견해나 의견의 내용을 살펴보는 과정을 통해 특정 개인의 신원이 드러나게 될 가능성을 완전히 배제할 수 없다는 단점이 있다.

2) 양적조사방법

양적조사방법은 다수의 지역주민을 대상으로 설문조사 등의 방법을 통해 지역주민의 전체적인 욕구에 대해 광범위하게 조사하는 방법이다. 양적조사방법은 지역주민에 대한 광범위한 조사가 가능하여 주민들의 욕구를 폭넓게 조사할 수 있는 장점은 있으나, 욕구의 내용과 수준에 대하여 깊이 있고 자세한 정보를 얻는 데에는 한계가 있다.

(1) 설문지 조사

설문지 조사는 전체 지역주민 가운데 추출된 표본을 대상으로 구조화된 설문지를 활용하여 욕구조사를 하는 것이다. 설문지 조사를 통해 얻을 수 있는 정보는 ① 지역사회 주민 개개인이 인식하고 있는 지역사회 문제, ② 지역사회 문제를 경험하고 있는 주민들의 특성, ③ 지역사회에 존재하는 서비스와 프로그램에 대한 평가(장단점, 장애요인 등), ④ 지역사회에 개발될 필요가 있다고 생각하는 서비스와 프로그램에 대한 조사 등이다.

(2) 사회지표분석

사회지표는 한 사회의 발전 정도 및 사회복지 수준을 나타내는 총체적 기준으로 가정, 경제, 사회, 환경, 삶의 질 등을 포괄하는 지표이다(유종해, 1993). 사회지표를 통해 특정 지역주민의 사회적, 경제적, 인구학적 특성에 대하여 파악할 수 있다(예: 가족관계, 성별, 연령, 소득, 교육, 직업, 건강, 빈곤율 등).

사회지표분석은 민간단체, 정부조직, 기관 등에 의해서 조사된 통계적 자료를 바탕으로 조사하는 것이다. 사회지표에 대한 분석을 통해 지역주민들의 특성이나 조건을 파악하면, 지역사회의 전반적인 상황이나 문제에 대한 정보를 얻을 수 있다.

3) 기타 조사방법

(1) 인터넷 자료의 활용

인터넷에 개방되어 있는 자료와 정보를 활용하여 특정 문제나 사안에 대해 조사할 수 있으므로 편리하나, 조사자가 원하는 조사의 항목이나 내용을 모두 인터넷을 통해서 찾는 것은 쉽지 않을 것이다.

(2) 지역지도 그리기

지역주민들과 지역사회 지도를 함께 그려보는 과정을 통해 자원(사회복지 서비스, 기관, 센터 등)이 어디에 배치되어 있으며 자원의 분포가 적절한지, 자원에 대한 접근성은 어떠한지 등에 대한 정보를 파악할 수 있다. 이를 통해 지역사회에서 자원으로부터 소외된 지역이 어디이며, 문제에 노출된 지역이 어디인지 확인할 수 있다.

요 약

1. **욕구의 개념**: 인간이 인간다운 삶을 누리기 위해 꼭 가지고 있어야 하고, 필요한 것을 구하는 상태 또는 상황이다.

- 절대적인 욕구: 사회적 상황이나 조건과 상관없이 늘 필요한 것을 의미한다.
- 상대적인 욕구: 욕구의 기준이 사회적 상황이나 조건에 의존해서 결정되는 것이다.

2. **욕구사정의 중요성**: 욕구사정은 지역사회 주민들이 겪고 있는 어려움은 무엇이고, 어떠한 욕구가 있는지 조사하는 것이다. 욕구사정은 향후 프로그램 내용의 결정, 우선순위 설정, 자원의 할당, 평가 계획의 수립 등 문제해결의 전체 과정에 큰 영향을 주게 되므로 중요성이 크다.

3. **욕구의 유형**: 무엇을 기준으로 누가 욕구를 규정하는가에 따라 네 가지의 욕구 유형이 있다.

① 규범적 욕구: 사회문제에 대한 전문가의 판단에 의해 규정된 욕구
② 인지적 욕구: 지역사회의 개개인이 느끼는 욕구
③ 표출적 욕구: 지역사회 서비스의 수요를 바탕으로 조사된 욕구
④ 상대적 욕구: 다른 지역사회(타 지역이나 다른 사람들)와의 비교를 통해 규정된 욕구

4. **욕구의 위계**: 매슬로우는 인간의 욕구를 유형별로 정리하고 충족의 우선순위를 제시하였다(매슬로우의 욕구위계 7단계). 그러나 모든 사람들이 매슬로우가 제시한 욕구의 유형과 위계에 맞춰 욕구를 지니고 있지 않으므로, 지역사회 주민

의 욕구에 대한 정확한 조사가 필요하다.

	욕구	예시
상위 차원 ↑	⑦ 자아실현의 욕구	자아만족, 잠재력 향상
	⑥ 심미적 욕구	질서, 균형, 조화, 아름다움
	⑤ 인지적 욕구	지식, 문화, 탐구
	④ 자존의 욕구	존중, 인정
	③ 애정 및 소속에 대한 욕구	소속감, 사랑과 우정
	② 안전에 대한 욕구	안전, 안정, 일관성
하위 차원 ↓	① 생리적 욕구	공기, 물, 의 · 식 · 주, 수면 등

5. 욕구사정의 방법

1) 질적조사방법

① 비공식적 인터뷰: 조사자가 쉽게 만날 수 있는 사람들을 대상으로 비공식적으로 인터뷰하는 방법(결과의 일반화에 한계 존재)

② 공식적 인터뷰: 조사자가 전문적 지식이나 견해를 가지고 있는 주요 정보제공자를 대상으로 표준화된 인터뷰 도구를 사용하여 인터뷰하는 방법

③ 민속학적 조사: 조사자가 조사대상자들과 함께 생활하며 심층적인 관찰과 인터뷰를 하는 방법

④ 초점집단기법: 조사자가 주요 정보제공자 6-8명을 선출하여 이들을 개별적으로 인터뷰하는 방법

⑤ 지역포럼기법: 조사자가 지역사회 주민들을 특정 시간과 장소에 모이도록 하고, 이들의 의견과 생각에 대해 조사하는 방법

⑥ 명목집단기법: 조사자가 (지역포럼기법에서와 같이) 지역사회 주민들을 모이도록 하고, 욕구나 문제의 목록을 작성하고 해결방안의 우선순위를 결정하는 방법

⑦ 델파이기법: 조사자가 특정 문제에 대한 전문가 집단의 견해를 수집하고 종합하여 정리하는 집단협의의 방법(1차, 2차, 3차 등의 질문지 발송과 회수 및 정리의 방식을 통해 집단적 결론을 도출해내는 방법)

2) 양적조사방법

① 설문지 조사: 표본을 대상으로 구조화된 설문지를 활용하여 조사하는 방법
② 사회지표분석: 민간단체, 정부조직 등이 조사한 통계적 자료를 분석하고 조사하는 방법

3) 기타 조사방법

① 인터넷 자료의 활용
② 지역지도 그리기

Chapter 05

프로그램 대상자의 선정

사회문제에 대한 분석과 욕구조사를 통해 사회복지 프로그램을 기획하였다면 '그 프로그램에 참여하여 실제로 혜택을 받게 되는 대상자가 누구인가'를 결정하는 과정이 필요하다. 사회복지 프로그램은 지역사회 내에서 특정 집단이 겪고 있는 문제를 해결하고 욕구를 충족시켜주기 위해서 실행하게 되므로, 프로그램의 혜택을 받을 대상자를 명확하게 선정하는 과정은 매우 중요하다.

프로그램 대상자를 선정하기 위해서는, 일반 집단(프로그램이 포함하는 전체 대상) 〉 위기 집단(프로그램과 관련된 사회문제에 특히 취약한 집단) 〉 표적 집단(위험 집단 중에서 프로그램의 구체적인 개입 대상) 〉 클라이언트(CT) 집단(표적 집단 중에서 실제로 프로그램에 참여하는 집단)으로 점차 그 범위를 좁혀나가는 과정을 밟게 된다. 즉, 각 집단의 규모에 대한 추정을 바탕으로 점차 범위를 좁혀가며 실제로 프로그램의 혜택을 받게 되는 클라이언트 집단을 구체적으로 선정하게 되는 것이다(그림 5-1).

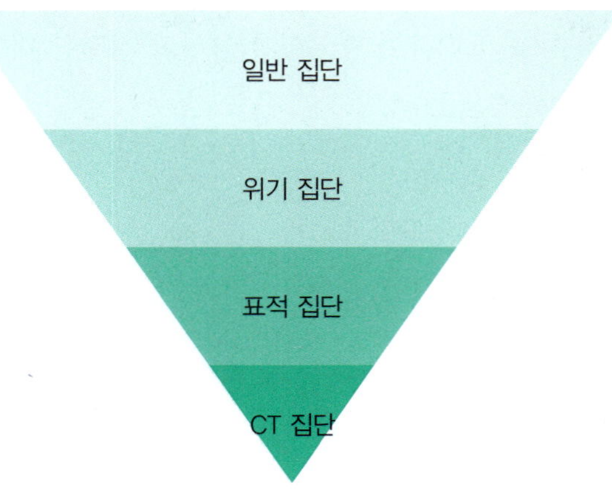

[그림 5-1] 프로그램 대상자의 선정

1) 일반 집단

프로그램의 일반 집단은 특정 사회문제를 경험하고 있는 전체 인구 집단을 의미하며, 프로그램이 포함하는 인구 집단 전체가 해당된다.

2) 위기 집단

위기 집단은 일반 집단 중에서 특별히 프로그램과 관련된 사회문제에 더욱 취약한 집단이다. 이는 프로그램이 해결하고자 하는 사회문제와 관련하여 어려움을 겪고 있으며, 취약한 상태에 놓여 있는 집단을 의미한다.

3) 표적 집단

표적 집단은 위기 집단 가운데 직접적으로 프로그램의 혜택을 받을 수 있는 자격요건을 갖추고 있는 집단이다. 그러나 지역사회에서 취약한 위치에 놓여 있는 위기 집단이 모두 다 표적 집단이 될 수 있는 것은 아니다. 집단이 위기에 빠지게 되는 원인은 매우 복잡하고 다양한데, 그중에서도 기관이 제공하는 프로그램의 개입전략, 자원, 성격 등을 고려하여 개입이 가능하고 적절한 대상이 프로그램의 표적 집단으로 선정된다(정무성, 2014).

4) 클라이언트(CT) 집단

클라이언트 집단은 표적 집단 중에서 실제로 서비스나 프로그램을 제공받게 되는 집단, 즉 프로그램의 대상자가 되는 집단이다. 현실적으로 프로그램의 표적 집단 전체를 대상으로 프로그램을 진행하기는 어렵다. 그러므로 표적 집단 중에서 프로그램의 혜택을 받을 대상자를 선정하게 된다. 이때, 클라이언트 선정기준이나 자격요건은 공정하고 공평하게 설정되도록 주의하여야 한다.

클라이언트를 선정할 때 대개의 경우 자발적인 자기결정권에 의해 프로그램을 신청하는 사람들을 대상으로 하게 되지만, 특정 경우에는 특별한 자격요건을 갖춘 사람들을 선별하여 결정하기도 한다. 프로그램 시행과정에서 실질적으로 혜택을 받는 CT 집단을 선정할 때에는, 적절성, 평등, 형평의 원칙이 어느 정도 반영되었는지, 그리고 주민의 역량 강화, 시민참여의 원칙이 어느 정도 반영되었는지도 함께 고려하여야 한다.

〈글상자 5-1〉 프로그램 대상자의 선정 예시

〈○○시 종합사회복지관의 저소득층 독거노인 프로그램의 대상자 선정〉

- 프로그램명: 저소득층 독거노인을 위한 여가활동 지원 프로그램

집단	대상
일반 집단	○○시에 거주하는 65세 이상 노인 인구(32,000명)
위기 집단	○○시에 거주하는 65세 이상 노인 중 저소득 가정(기초생활 수급권자 및 차상위계층 포함)(4,000명)
표적 집단	위기 집단 중에서 독거노인 세대(450명)
클라이언트 집단	표적 집단 중에서 프로그램에 자발적으로 참여하기로 동의하고 프로그램을 신청한 노인(30명)

- 일반 집단: 종합사회복지관이 위치한 ○○시에 거주하고 있는 65세 이상의 노인을 대상으로 선정하고, 시청의 인구통계자료를 바탕으로 ○○시에 거주하고 있는 65세 이상의 노인 32,000명을 일반 집단으로 선정한다.

- 위기 집단: ○○시에 거주하고 있는 65세 이상의 노인 중에서 저소득 가정(기초생활 수급권자 및 차상위계층 포함)의 수를 시청의 인구통계자료를 바탕으로 파악하여, 4,000명을 위기 집단으로 선정한다.

- 표적 집단: 위기 집단 중에서 독거노인의 수를 시청의 인구통계자료를 바탕으로 파악하여, 450명을 표적 집단으로 선정한다.

- 클라이언트 집단: 표적 집단 중에서 프로그램에 참여하고자 하는 자발적 의지가 있으며, 프로그램을 신청한 노인 30명을 클라이언트 집단으로 선정한다.

1. 여러분이 개발하고자 하는 프로그램의 대상자는 누구입니까?

2. 여러분이 앞으로 개발할 프로그램에서 일반 집단 〉 위기 집단 〉 표적 집단 〉 클라이언트 집단은 각각 누가 됩니까?

- 일반 집단: 프로그램이 포함하는 영역의 모든 집단
- 위기 집단: 사회문제에 영향을 받을 수 있는 취약한 하위집단
- 표적 집단: 위기 집단 내에서 프로그램에 혜택을 받을 자격이 있는 하위집단
- 클라이언트 집단: 표적 집단 중에서 프로그램의 클라이언트가 되는 집단

- 일반 집단:

- 위기 집단:

- 표적 집단:

- 클라이언트 집단:

3. 클라이언트 집단은 서비스나 혜택을 공정하게 배급하기 위한 자격기준에 의거하여 선정하게 됩니다.
   - 클라이언트 집단을 선정하는 과정에서 어떠한 기준과 자격요건을 고려하였습니까?
   - 그러한 기준과 자격요건은 공정하고 공평하게 설정되었습니까?

요 약

1. **프로그램 대상자의 선정**: 사회복지 프로그램은 지역사회 주민들의 문제를 해결하고 욕구를 충족시키기 위한 목적을 지니므로, 프로그램의 혜택을 받을 대상자(클라이언트 집단)를 결정하는 과정이 중요하다.

일반 집단	프로그램이 포함하는 전체 대상
위기 집단	프로그램과 관련된 사회문제에 특히 취약한 집단
표적 집단	프로그램의 혜택을 받을 수 있는 자격요건을 갖춘 집단
CT 집단	표적집단 중에서 실제로 프로그램에 참여하는 집단

프로그램 계획의 설정

지역사회 욕구사정을 통해 주민들의 '현재의 상태(욕구충족이 되지 않은 상태)'와 '원하는 상태(욕구충족이 된 바람직한 상태)'에 대하여 파악할 수 있다. 현재와 같이 욕구가 충족되지 않는 상태를 변화시켜 욕구가 적절히 충족되는 바람직한 상태가 되도록 돕는 것이 프로그램의 목적이다. 즉, 지역주민들이 겪고 있는 문제를 해결하고, 그들의 욕구를 충족시킬 수 있도록 '무엇을', '어떻게' 변화시킬 것인가를 제시해 주는 것이 프로그램의 목적인 것이다.

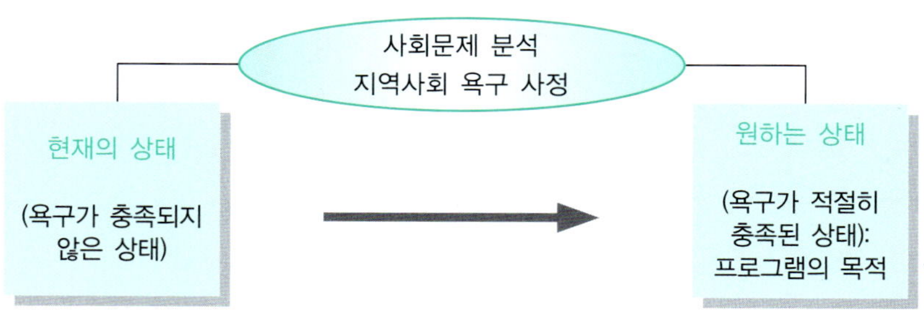

[그림 6-1] 프로그램 목적의 설정

01 개념화와 조작화

프로그램 계획을 세우는 과정에서 중요한 것은 프로그램에서 관심을 두고 있는 주요 변수에 대해 명확하게 정의하는 것이다. 주요 변수의 의미에 대해 분명하게 파악하고 있을 때, 프로그램을 통해 그 변수에 어떤 변화가 발생하였는지 조사하고 평가할 수 있게 된다.

1) 개념화

변수를 관찰하고 측정하기 위해서 우선적으로 필요한 것은 변수에 대한 개념화 과정이다. 개념화는 우리가 조사나 연구에서 사용하는 특정 변수의 개념에 대해 그것이 무엇을 의미하는지 분명하게 구체화시키는 것이다. '직무만족'이라는 변수를 예로 들어보자. 일단 '직무만족'의 사전적 정의는 "자신의 직업 혹은 직무에 대해 만족하는 정도(한국심리학회, 2014)"라고 할 수 있는데, 관련된 요인들은 임금, 근무시간, 직원 복지, 직무특성, 근무환경 등 매우 다양하다. 우리가 조사에서 사용하게 될 '직무만족'에 대한 개념적 정의를 예를 들어 제시해 보면, '수입과 근무환경과 직장 내 대인관계에 대한 만족'과 같이 구체화할 수 있다.

2) 조작화

특정 개념에 대해 개념화시킨 다음에는 그 개념을 직접 관찰, 측정하고 평가할 수 있도록 정의하는 조작화 과정이 필요하다. '직무만족'에 대한 조작적 정의는 수입과 근무환경과 직장 내 대인관계의 만족도를 측정하도록 만들어진 직무만족척도라고 할 수 있다. 우리가 이 척도를 사용한다면 실제적으로 직무만족이 어느 정도로 만족스러운지, 또는 불만족스러운지에 대해 관찰하고 측정하는 것이 가능해진다.

정리하자면, 우리가 조사하고 평가하고자 하는 개념에 대해 개념화, 조작화의 과정을 거쳐 실제적으로 개념을 측정할 수 있게 되는 것이다(그림 6-2).

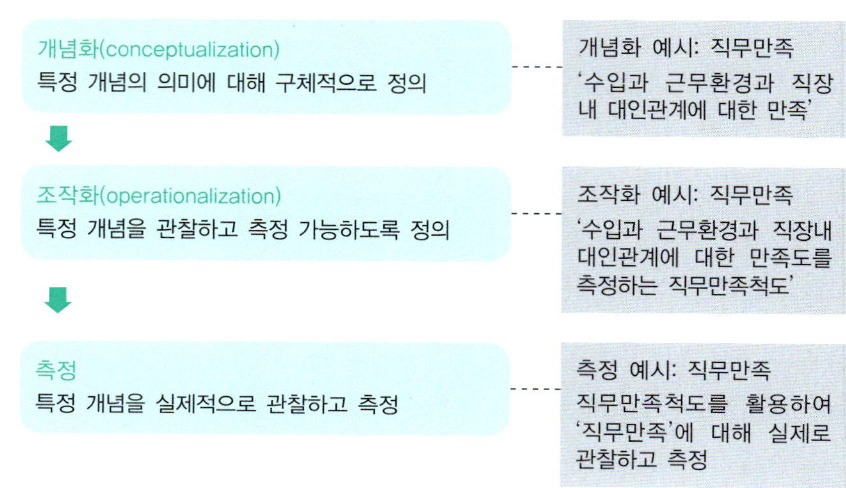

[그림 6-2] 개념화, 조작화와 측정

02 프로그램 가설의 설정

프로그램 가설은 여러 연구를 통하여 검증되고 축적된 지식과 정보를 기반으로 프로그램을 실시한 결과가 어떠할 것이라고 미리 가정하는 것이다. 프로그램 가설은 프로그램 개입의 목적과 방향 및 범위가 무엇이며, 기대효과는 무엇일지에 대한 진술이다.

개입하고자 하는 사회문제와 관련 프로그램에 대한 선행연구가 많아서 축적된 정보와 지식이 많이 있다면, 그것을 기반으로 프로그램 개입의 결과(효과)가 어떠할 것이라는 가설을 제기할 수 있다. 그러나 아직 연구가 많이 이루어지지 않은 사회문제나 프로그램과 관련해서는 프로그램의 결과에 대해 예측하는 가설을 제기하기 어렵다.

가설은 다른 연구자들의 연구결과 및 선행연구의 이론 등을 바탕으로 설정하게 되지만, 아직은 그것이 참인지 입증되지 않은 것이다. 프로그램을 실제로 실행하고 체계적인 관찰, 측정 및 평가를 통해 가설이 참인 것으로 입증된다면 가설의 범위를 벗어나 이론이 될 수 있다.

가설에 대한 다양한 정의는 다음과 같다.

- 가설은 규정된 서비스와 예상되는 결과 사이의 관계를 포함하는 일련의 기술이다(표갑수 외, 2013: 92).
- 가설은 '특정 문제나 상황'이 '특정 형태의 개입'에 반응할 것이라는 실천적 경험을 토대로 작성되는 진술이다(최호윤, 2007: 95).
- 가설은 개입전략과 수단이 클라이언트의 욕구총족과 문제해결과 어떤 관련성이 있는지를 확인하기 위해 작성하는 진술이다(김상아 외, 2013: 55).

프로그램 가설의 정의에 대해 다시 정리하자면, 프로그램 가설은 아직 증명되지 않은 가정으로서, '문제에 대한 프로그램 개입(원인)'과 '개입의 효과(결과)'를 나타내는 진술이다. 이러한 가설은 이후 프로그램 평가 결과에 대한 분석을 통해 참인지 거짓인지가 밝혀지게 되며, 이에 따라 채택되기도 하고 기각되기도 한다.

프로그램 가설은 다음의 [그림 6-3]과 같은 형태를 취하게 된다. 가설의 기본적인 형태는 '(만약 If) 이러한 프로그램 개입을 한다면, (그러면 then) 이러한 효과가 있을 것이다'와 같다. 가설은 표적문제에 대해 어떠한 프로그램을 시행한다면, 그 결과로서 어떠한 효과가 있을 것인지에 대한 예측을 제시하는 것이다.

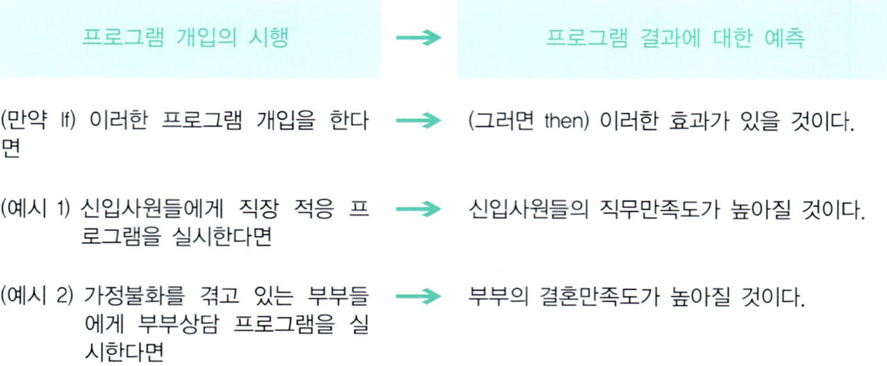

[그림 6-3] 프로그램 가설의 형태

위 [그림 6-3]의 예에서도 직장의 신입사원들을 대상으로 직장 적응을 돕는 목적의 프로그램을 시행한다면, 신입사원들의 직무만족도가 높아질 것이라는 가설을 제시하고 있다. 이러한 가설을 바탕으로 프로그램의 목적과 목표를 구체화시킬 수 있다. 직장 적응 프로그램을 통해 신입사원의 무엇을, 어떻게, 어느 정도로 변화시키고자 하는가와 관련된 목적과 세부적인 목표를 설정할 수 있다.

또한, 가설은 프로그램 평가를 위한 틀이 될 수도 있다. 프로그램 평가를 통해 가설에서 예측했던 결과가 나왔는지에 대하여 평가하게 되기 때문이다. 예를 들어, '직장 적응 프로그램'에 대하여 평가를 한다면, 가설에서 예측하였듯이 실제로 '직장 적응 프로그램을 시행한 이후, 신입 사원들의 직무만족도가 향상되었는가?'에 대한 평가를 하는 것이 가능해진다.

03 프로그램 목적과 목표의 설정

프로그램을 통해 성취하고자 하는 것이 목적과 목표이며, 프로그램의 계획, 내용과 과정(진행), 평가의 모든 과정에서 목적과 목표는 매우 큰 영향을 끼치는 요소가 된다.

프로그램의 목적은 프로그램이 궁극적으로 달성하고자 하는 거시적이고 포괄적인 목표로서 프로그램이 문제를 해결하기 위해 나아가고자 하는 거시적 방향을 설정해 주는 것이다.

- 프로그램의 목적은 서비스의 사명에 대한 의도적인 표현으로서 프로그램 실천의 이념적 틀을 제시하고, 장기적인 방향의식을 제공하고, 거시적 · 관념적 · 철학적 · 추상적 · 이상적인 특성을 지닌다(김종명 외, 2013).
- 프로그램의 목적은 프로그램을 통해 성취하고자 하는 것을 하나의 총괄적인 진술로 표현한 것으로 프로그램이 추구하는 방향점을 보여 준다(표갑수 외, 2013).

프로그램의 목표는 목적을 세분화하여 구체적으로 진술한 내용으로서, 목적을 성취하기 위해 달성하여야 할 세부적인 사항을 보여 주는 것이다. 즉, 목적 달성을 위해 클라이언트가 성취하여야 구체적인 사항이 목표가 된다.

- 프로그램의 목표는 이미 설정되어 있는 목적을 구체적으로 세분화하는 것으로서 단기적인 방향의식을 제공하고, 미시적 · 구체적 · 부분적인 특성을 지닌다(양정하 외, 2011).
- 프로그램 목표는 목적을 달성하기 위해 필요한 세분화된 추구 방향으로서, 프로그램이 일정기간 내에 성취하고자 하는 구체적인 변화양상을 진술한 것이다(김영종, 2013).

〈표 6-1〉 프로그램 목적과 목표의 특성

	목적	목표
정의	• 프로그램이 추구하는 장기적 방향에 대한 거시적이고 궁극적인 진술	• 목적을 관찰 가능하고 측정 가능하도록 세분화시킨 구체적인 진술
특성	• 일반적, 거시적, 궁극적, 포괄적	• 구체적 세분화, 단기적(시간제약적), 현실적
관찰과 측정 여부	• 관찰과 측정의 대상이 아니다	• 목표의 달성 여부와 관련해 관찰과 측정의 대상이 된다

〈글상자 6-1〉 프로그램 목적과 목표의 설정 예시

- 프로그램명: 저소득층 독거노인(65세 이상)을 위한 여가활동 지원 프로그램
- 목적: 저소득층 독거노인(65세 이상)을 대상으로 여가활동 지원 프로그램을 시행하여 노인들이 건강하고 즐거운 여가활동을 할 수 있도록 지원하며, 이를 통해 노인들이 일상생활에서 삶의 만족도를 높이고, 정신건강을 회복할 수 있도록 한다.
- 목표 1: 여가활동 지원 프로그램을 통해 12회기까지(또는 ○○○○년 ○월 ○일까지), 90% 이상의 노인들이 일상생활에서 꾸준히 실행할 수 있는 여가활동을 찾도록 한다.
  목표 2: 여가활동 지원 프로그램을 통해 12회기까지(또는 ○○○○년 ○월 ○일까지), 80% 이상의 노인들이 그들의 삶의 만족도를 15% 이상 향상시키도록 한다.
  목표 3: 여가활동 지원 프로그램을 통해 12회기까지(또는 ○○○○년 ○월 ○일까지), 80% 이상의 노인들이 그들의 정신건강을 15% 이상 향상시키도록 한다.

〈글상자 6-1〉에서는 프로그램의 목적과 목표를 설정하는 예시를 제공하고 있다. 프로그램명은 '저소득층 독거노인(65세 이상)을 위한 여가활동 지원 프로그램'으로, 프로그램에 참여하게 되는 노인들은 다양한 여가활동에 대한 경험을 하며 서로 교류하게 될 것이다.

이 프로그램의 목적에서는 프로그램이 궁극적으로 달성하고자 하는 것이 무엇인지를 거시적으로 보여 주고 있으며, 여가활동 지원 프로그램을 통해 노인들이 건강하고 즐겁게 여가활동을 하고, 그를 통해 일상생활에서 삶의 만족도를 향상시키고 정신건강의 회복을 도모하고자 하고 있다.

프로그램의 목적을 달성하기 위해 필요한 세부적이고 구체적인 사항은 목표 1, 2, 3으로 제시되어 있다. 프로그램 목표는 시간제약적인 특성을 지니며, 어느 기한까지 어느 정도의 변화를 목표로 하는지 구체적으로, 측정 가능하도록 진술하여야 한다. 〈글상자 6-1〉의 예시에서 볼 수 있듯이, 목표에서는 어느 기한까지(프로그램 몇 회기까지, 또는 ○○○○년 ○월 ○일까지) 프로그램 전체 참여자 중 몇 %의 참여자들에게 몇 % 이상의 향상(또는 몇 점 이상의 향상)을 목표로 하는지 제시하여 그에 대한 측정과 평가가 가능하도록 하고 있다.

프로그램 목표를 설정할 때 유의하여야 할 사항을 살펴보면 다음과 같다.

① 목표는 목적과 관련성이 있어야 한다.

목표는 목적을 세분화한 것이므로 목적의 내용과 연관성이 있게 설정되어야 한다. 즉, 세부적인 목표들의 달성을 통해 궁극적으로 목적의 달성이 이루어질 수 있어야 한다. 구체적이고 현실적인 목표를 설정하는 것은 결과적으로 목적을 성취하는 데 도움이 된다.

② 목표는 클라이언트에 대한 성과목표, 과정목표 등을 포함한다.

프로그램의 목표는 클라이언트에게 나타나기를 기대하는 성과목표(프로그램을 통해 무엇을 성취하고자 하는가?)와 그러한 목표가 성취되는 변화과정에 대한 목표(프로그램의 수행과정에서 무엇을 어떻게 하여야 하는가?) 등이 포함될 수 있다.

③ 목표는 현실적으로 성취 가능하여야 한다.

목표는 지나치게 이상적이거나 낙관적으로 설정되지 않아야 하며, 클라이언트의 특성과 환경 등에 맞춰 현실적으로 달성이 가능한 수준에서 설정되어야 한다.

④ 목표는 측정 가능하여야 한다.

목표는 클라이언트의 목표 달성 여부(성취수준)를 측정 가능하도록 설정되어야 한다. 클라이언트가 목표를 달성하였는지 그렇지 않은지에 대해 평가가 가능하도록 작성되어야 한다.

⑤ 목표는 명확한 평가기준을 활용하여 평가되어야 한다.

프로그램 수행 이후 목표가 달성되었는지에 대해 평가할 수 있어야 한다. 그러므로 성공적으로 목표가 달성되었는지를 평가할 수 있기 위해, 목표를 설정하는 단계에서부터 명확한 평가의 기준(척도, 질문지 등)을 준비하여야 한다.

⑥ 목표는 단기적(시간제약적)으로 달성이 가능하여야 한다.

프로그램의 목표는 어느 정도 시간적 제약을 염두에 두고 설정하여야 한다. 각각의 목표 달성을 위해 현실적으로 어느 정도의 시간이 필요할 것인지를 결정하고, 시간제한에 맞춰 목표의 성취를 위해 노력하게 되는 것이다.

⑦ 목표 설정 시, 긍정적인 용어를 사용하는 것이 바람직하다.

목표는 부정적인 용어보다는 긍정적인 용어를 사용하여 설정하는 것이 좋다. 즉, '무엇이 감소된다, 사라진다, 존재하지 않는다' 등과 같은 용어보다는 '무엇이 높아진다, 향상된다, 성취된다'와 같은 용어를 사용하여 설정하는 것이 바람직하다. 긍정적인 용어로 설정된 목표는 클라이언트가 문제가 해결된 상황에 대해 상상할 수 있도록 유도하며 동기부여와 역량 강화에 도움이 될 수 있다.

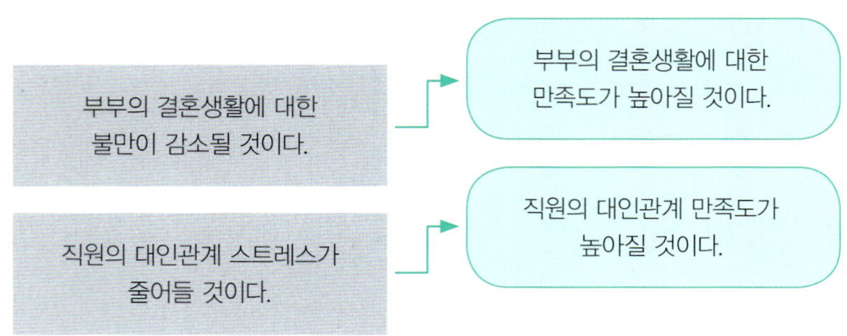

[그림 6-4] 프로그램 목표설정 시 긍정적인 용어의 사용

프로그램의 목표 설정에 대한 이해를 돕기 위해, 목표를 잘못 설정한 예시와 목표를 적절하게 설정한 예시를 살펴보자(글상자 6-2). 다음의 〈글상자 6-2〉에서는

초등학교 1학년 학생들의 학교생활 적응을 돕기 위한 프로그램("하하하 학교")을 제시하고 있다. 이 프로그램의 목적은 프로그램이 장기적으로 추구하고 있는 것으로서, 거시적이고 포괄적인 진술로 제시되어 있다. 즉 초등학교에 입학하는 1학년 학생들의 학교생활 어려움을 완화하고 적응을 지원하여, 학교생활을 즐겁고 안정적으로 영위할 수 있도록 돕는 것이 프로그램 목적이다.

프로그램 목표는 프로그램의 목적을 성공적으로 달성하기 위해 구체적으로 무엇을 어떻게 하여야 하는지, 관찰 가능하고 측정 가능하도록 진술하는 것이다. 우선 프로그램 목표의 '부적절한 예시'(1)과 (2)를 보면 '매주 30분 이상씩' 또는 '매주 30분 이하로' 학교생활 적응 프로그램을 진행할 것이라고 제시하고 있는데, 정확한 프로그램 진행시간을 파악하기 어려우므로 적절하지 않다고 볼 수 있다. 그러므로 '적절한 예시' (1)과 (2)에 제시되어 있는 것처럼 '매주 30분씩' 학교생활 적응 프로그램을 진행한다고 명확하게 제시하는 것이 바람직하다.

또한 '부적절한 예시'(1)과 (2)에서와 같이 '학교생활의 어려움에서 빨리 벗어날 수 있도록 돕는다'거나 '학교생활에 안정감을 느낄 수 있도록 정보를 제공한다'와 같이 애매하게 목표를 제시하는 것은 적절하지 않은데, 목표의 성공여부에 대한 측정과 평가가 어렵기 때문이다. '부적절한 예시'(1)에서 1학년 학생들이 학교생활의 어려움에서 "빨리" 벗어난다는 것이 어느 정도의 기간을 의미하는 것인지 알 수 없고, 실제로 학교생활의 어려움에서 벗어날 수 있었는지 평가할 수 있는 기준이 없다. '부적절한 예시'(2)의 경우에도 1학년 학생들이 학교생활에 안정감을 느낄 수 있도록 정보를 제공하는 것만이 프로그램의 목표는 아닐 것이다. 실제로 1학년 학생들의 학교생활 안정감이 향상되었는지에 대한 측정과 평가가 불가능하게 목표가 설정되어 있는 것이 문제이다.

그러므로 이러한 내용들을 수정하여 '적절한 예시'(1)과 (2)에서와 같이, '학교생활 적응능력 점수를 10점 이상 향상시킨다' 또는 '학교생활에 대한 안정감을 15% 이상 향상시킨다'처럼 목표를 제시하는 것이 좋다. 목표가 성공적으로 달성되었는지를 측정하고 평가할 수 있는 명확한 기준이 함께 제시되어 있기 때문이다.

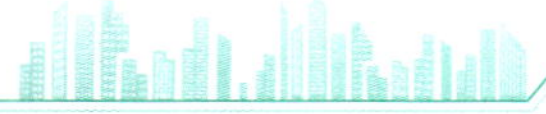

〈글상자 6-2〉 프로그램 목적과 목표의 작성 예시

<table>
<tr><th colspan="2">프로그램 명</th></tr>
<tr><td colspan="2">초등학교 1학년의 학교생활 적응을 지원하는 프로그램 '하하하 학교'</td></tr>
<tr><th colspan="2">프로그램 목적</th></tr>
<tr><td colspan="2">초등학교에 입학하는 1학년 학생들이 학교에서 처음 겪게 되는 어려움을 해소하고, 잘 적응할 수 있도록 지원하여 학교생활을 즐겁고 안정적으로 할 수 있도록 돕는 것을 목적으로 한다.</td></tr>
<tr><th colspan="2">프로그램 목표</th></tr>
<tr><th>부적절한 예시</th><th>적절한 예시</th></tr>
<tr><td>(1) 초등학교 1학년 학생들에게 매주 1회 30분 이상씩 학교생활 적응 프로그램을 시행하여 학교생활의 어려움에서 빨리 벗어날 수 있도록 돕는다.</td><td>(1) 초등학교 1학년 학생들에게 매주 1회 30분씩 학교생활 적응 프로그램을 시행하여, 학교생활 적응능력 점수를 10점 이상 향상시킨다.</td></tr>
<tr><td>(2)초등학교 1학년 학생들에게 매주 1회 30분 이하로 학교생활 적응 프로그램을 시행하여, 학교생활에 안정감을 느낄 수 있도록 정보를 제공한다.</td><td>(2) 초등학교 1학년 학생들에게 매주 1회 30분씩 학교생활 적응 프로그램을 시행하여, 학교생활에 대한 안정감을 15% 이상 향상시킨다.</td></tr>
</table>

목표설정의 방법에 대해 참고하도록 사회복지공동모금회(2023)에서 제시한 목표설정 팁에 대해 다음에 제시할 것이다. 사회복지공동모금회에서는 목표설정과 관련하여 목표를 산출목표와 성과목표로 나눠서 설명하였다.

산출목표는 성과목표를 달성하기 위한 수단과 관련된 목표이다(예: 초등학생 적응력 증진 프로그램을 6주간 주 1회 40분간 시행, 6주간 프로그램 참여자 출석률을 평균 70% 이상 유지 등).

성과목표는 프로그램을 통해 변화시키거나 성취하기를 원하는 목표이다(예: 초등학교에 처음 입학한 1학년 학생들의 학교적응력을 10% 이상 증진 등).

〈글상자 6-2〉 목표 설정 방법

1. 산출목표란?

산출목표는 성과목표 달성에 기여하는데 필요한 수단적 성격의 목표를 말한다.

2. 산출목표로 설정될 수 있는 것은?

가. 활동(Activities)에서 기재한 사업내용을 실제로 수행한 것

예를 들어 주 2회 A프로그램을 실시하겠다는 것은 활동내용이지만, 실제 주 2회 실시한 것은 산출로 간주될 수 있다.

나. 활동(Activities) 결과, 프로그램 공급자(기획자)가 마음대로 하기는 어렵지만 실제 성과 목표를 달성하는데 반드시 필요한 목표치인 경우

예를 들어 A프로그램의 출석유지율을 90% 이상 유지한다는 목표는 공급자가 임의로 조작할 수 없고 참석자가 꾸준히 A프로그램에 나와야 가능한 것이다. 아울러 출석률이 낮으면 출석한 사람이 아무리 A프로그램으로 인해 긍정적인 변화가 있었다 하더라도 이는 참여인원의 일부에 불과한 것이므로 의미가 반감되고 이로 인해 성과목표를 충분히 달성했다고 보기 어렵기 때문에 출석유지율은 매우 중요한 산출목표로서 다루어질 수 있다.

다. 실제 쓰임새

첫 번째의 예로는 "A프로그램 주 2회 실시"를 들 수 있으며, 두 번째의 예로는 프로그램 탈락률, 프로그램 출석률 등을 들 수 있다.

하지만 첫 번째의 경우는 활동(Activities)에서 정한 내용을 큰 외부적 영향이 없으면 보통 그대로 시행하므로 주요한 산출목표로 정하지 않고 대부분 두 번째를 주요한 산출목표로 설정하게 된다.

3. 성과목표란?

성과목표란 인적 · 물적 노력과 시간을 조직 · 투여하여 최종적으로 달성하고자 하는 목표를 말한다.

4. 성과목표로 설정될 수 있는 것은?

'어떤 성과목표를 설정할 것인가'는 전적으로 그 사업이 지향하는 가치와 대상, 사업내용과 밀접하게 관련되어 있다.

성과목표의 차원과 초점은 매우 다양하게 설정될 수 있다.[1]

분류	초 점	예 시	비 고
개인차원	내적기능 향상	• 자아존중감 향상 • 우울 감소 등	척도 사용
	인식	• 차별에 대한 인식 • 요양보호사의 전문성 인식 • 제도적 환경변화에 대한 사회복지관의 인식[2] • 인식에 대한 다양한 질적 연구[3]	척도 사용 인터뷰 실시
	태도	• 성역할 태도변화 • 어머니의 양육태도 등	척도 사용
	행동	• 아동의 공격행동 변화 • 문제행동 변화 • 사회적 행동변화 • 건강행동 변화 • 노인의 운동행동 변화 등	척도 사용
사회차원	사회적 인식	• 지역사회 인식 변화	
	지역사회	• 지역주민의 응집력 • 네트워크 강화 • 지역사회빈곤율 변화	과정평가 척도 사용 네트워크 분석

※ 아래로 내려갈수록 개인 내부에서 개인 외부로, 집단 및 지역사회로 확장

5. 산출목표인가, 성과목표인가?

사업 예시

- 중학생 10명에 대한 진로성숙도를 향상시키는 프로그램에서 사업담당자는 직업탐색, 진로탐색 등 다양한 세부프로그램을 기획하지만 이에 덧붙여 '학생에 대한 부모의 이해도 증진이 진로성숙도에 영향을 미친다'는 점에 착안하여 부모에 대한 세부프로그램도 기획하였다고 한다면,

1) 표는 김상곤·최승희·안정선(2012)「사회복지 프로그램 개발과 평가」의 내용을 참고하여 재구성하였음.

2) 조미형. 2011. "제도적 환경변화에 대한 사회복지관의 인식과 대응에 관한 연구". 『한국사회복지행정학』. 13(1). 103-132. 동 논문에서 인식을 파악하기 위해 사회복지관의 관리자 100여명에 대해 설문조사 실시.

3) 김주현. 2015. "한국 고령자의 연령차별 경험과 노년기 인식 질적 연구". 『한국인구학』. 38(1). 69-104.

목표의 성격은?

- 이 때 핵심참여자는 중학생 10명이며, 그 중학생의 부모는 주변참여자로 간주될 수 있다.
- 그런데 자녀에 대한 부모의 이해도 증진이 산출목표인지, 성과목표인지 궁금해진다.
  - 최종적인 성과목표는 진로성숙도 향상이기 때문에 부모의 이해도 증진은 최종적인 성과목표로 보기는 어렵다. 진로성숙도 향상에 기여하는 중간목표(매개목표)이기 때문이다.
  - 그렇다고 하여 부모의 이해도향상은 통상 이야기하는 세부프로그램 시행횟수, 참여율이나 탈락률과는 다소 차원을 달리하는 것처럼 보이기 때문에 이들과 동급의 산출목표로 간주하기도 어색하다.

만약 부모의 자녀에 대한 이해도 증진을 산출목표로 간주하면 아래와 같다.

세부 사업내용	산출목표
1. 자기이해와 진로주체성 향상	1-1. 자기 이해와 진로주체성 프로그램 총 10회기 진행
	1-2. 동 프로그램 탈락률 5% 미만
2. 진로탐색 및 진로계획 설계	2-1. 자신의 주도적 활동에 따른 탐색활동 15회기 진행
	2-2. 진로계획 수립하기
3. 부모의 자녀 이해 증진	3-1. 개별상담 5회기 및 집단프로그램 5회기 진행
	3-2. 부모의 자녀에 대한 이해도 증진(10%p 증가)

↓

성과목표
참여 학생의 진로성숙도를 향상시킨다.

만약 부모의 자녀에 대한 이해도 증진을 하위성과목표로 간주하면 아래와 같다.

세부 사업내용	산출목표
1. 자기이해와 진로주체성 향상	1-1. 자기 이해와 진로주체성 프로그램 총 10회기 진행
	1-2. 동 프로그램 탈락률 5% 미만
2. 진로탐색 및 진로계획 설계	2-1. 자신의 주도적 활동에 따른 탐색활동 15회기 진행
	2-2. 진로계획 수립하기
3. 부모의 자녀 이해 증진	3-1. 개별상담 5회기 및 집단프로그램 5회기 진행
	3-2. 동 프로그램 참여율 90%이상 유지

↓

최종 성과목표	하위성과목표
참여 학생의 진로성숙도를 향상시킨다	1. 참여학생의 진로주체성을 향상시킨다
	2. 참여학생의 진로 및 직업탐색 능력을 향상시킨다.
	3. 부모의 자녀에 대한 이해를 증진시킨다.

※ 성과목표는 반드시 측정 가능해야 하는가?

수량적으로 측정 가능한 목표만 성과목표로 제시하도록 한다면, 측정하기 어려운 내용의 성과목표는 목표에서 제외시키거나 삭제해야 될 것이다. 특히, 사업 기간 내에 최종적인 목표치에 도달하는 것이 현실적으로 어렵거나, 사업이 진행되는 기간이 목표치에 도달하는 과정(변화의 과정)에 해당된다면, 측정 가능한 성과 목표만을 목표로 설정하기 어렵다. 이러한 경우, 긍정적인 변화가 나타나고 있는 정도를 파악할 수 있도록, 질적인 평가과 관련된 목표를 제시할 수 있다.

예: 중학생에 대한 진로탐색 지원 프로그램의 운영을 통해, 중학생의 진로탐색에 대한 개별적 이해도를 향상시킨다(중학생이 진로탐색과 관련된 자신의 상태변화를 나타낼 수 있도록 전후 비교 그림(또는 사진)을 제시하고, 이에 대한 자기 설명을 덧붙이도록 하는 방법을 통해 평가한다).

출처: 사회복지공동모금회(2019, 2023) 내용 인용 및 재정리.

생각해보기

1. 여러분이 개발하는 프로그램의 목적은 무엇입니까?

2. 여러분이 개발하는 프로그램의 목표는 무엇입니까?

– 목표 1:

– 목표 2:

– 목표 3:

※주의사항※

- 목적은 프로그램을 통해 성취하고자 하는 결과에 대한 거시적 · 포괄적 · 일반적인 진술이다. 목표는 앞서 설정한 목적을 세분화한 것으로, 미시적 · 구체적 · 단기적인 진술이다.
- 목적을 구체적으로 세분화한 것이 목표이다. 그러므로 구체적인 목표들을 달성하는 과정을 통해 궁극적으로 목적의 달성이 가능해져야 한다.
- 간혹 목적의 내용과 목표의 내용을 전혀 다르게 설정하는 경우가 있는데, 목적의 내용을 세분화할 때 목표가 되고, 목표의 내용들을 종합할 때 목적의 내용이 될 수 있어야 한다.

요 약

1. **개념화와 조작화**: 프로그램을 준비하는 과정에서 중요한 것은 우리가 조사하고 평가하고자 하는 개념에 대해 개념화와 조작화의 과정을 거쳐 실제로 측정할 수 있도록 하는 것이다.

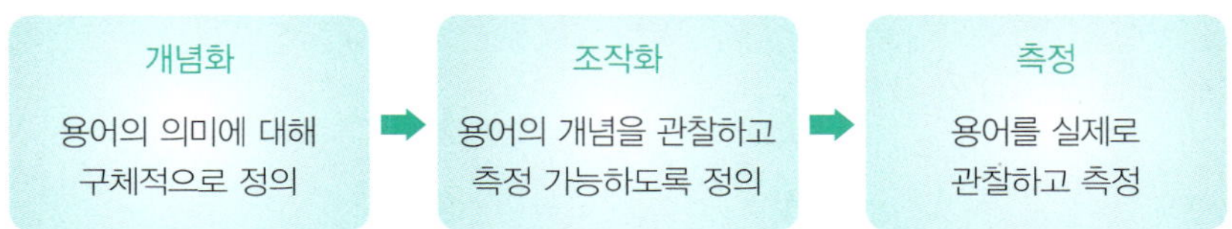

2. **프로그램 가설의 설정**

- 프로그램 가설은 이론을 바탕으로 도출되며, 아직 증명되지 않은 가정이다.
- 프로그램 가설은 '문제에 대한 프로그램 개입(원인)'과 '개입의 효과(결과)'를 보여 주는 진술이다. "(이러한 개입을 한다면), (이러한 효과)일 것이다."
- 프로그램 가설은 프로그램을 시행한 결과가 어떠할 것이라고 가정(예측)하는 것이다. 그러므로 프로그램 가설은 프로그램의 방향, 범위, 목적, 기대할 수 있는 효과 등을 보여 준다.

3. **프로그램 목적과 목표의 설정**

- **프로그램 목적**: 프로그램을 통해 궁극적으로 달성하고자 하는 거시적이고 관념적인 진술(프로그램이 성취하고자 하는 장기적 방향점, 포괄적, 궁극적, 일반적)
- **프로그램 목표**: 프로그램의 목적을 달성하기 위해 필요한 사항에 대한 구체적이고 세분화된 진술(단기적, 세분화, 구체적)

※ 목표 설정 시 유의사항

- 목적과의 관련성
- CT에 대한 성과목표, 과정목표 등을 포함
- 현실적 성취 가능성
- 측정 가능성
- 명확한 평가기준(평가 계획)을 바탕으로 설정
- 단기적(시간제약적)으로 달성 가능
- 긍정적인 용어를 사용하여 설정

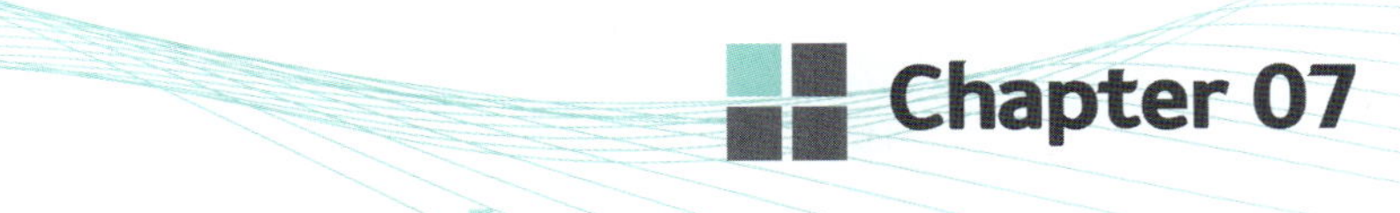

Chapter 07

프로그램 내용의 구체화

사회문제를 해결하기 위한 프로그램의 목적과 목표를 설정한 이후에는 그 목적과 목표를 달성하기 위해 프로그램의 내용을 구성하고 구체화하는 작업이 필요하다. 클라이언트에게 제공할 프로그램의 내용을 구체적으로 선정하는 이 단계는 프로그램 기획과정에서 매우 중요한 핵심 단계라고 할 수 있다.

프로그램의 내용을 선정할 때에는 프로그램 목적과 목표를 달성하는 데 효과적인 활동으로 구성하여야 하며, 클라이언트의 욕구, 필요, 흥미, 역량 등에 부합하고, 현실적으로 수행이 가능한 활동이어야 한다.

루이스와 그의 동료들(Lewis et al, 2001)은 프로그램의 내용을 구체적으로 기획할 때 다음 사항에 대한 고려가 필요하다고 하였다.

- 프로그램의 실행과정에서 어떠한 프로그램 활동이 필요한가?
- 각각의 프로그램 활동을 실제로 진행하는 프로그램 진행자는 누가 될 것인가?
- 프로그램 활동의 시작일과 종료일은 언제로 정할 것인가?
- 각각의 프로그램 활동을 진행하기 위해 기본적으로 필요한 자원은 무엇인가?

프로그램의 내용을 구체화시키는 과정에서 고려하여야 할 프로그램 구성요소에 대해서는 다음에서 좀 더 자세히 살펴볼 것이다.

01 프로그램의 구성요소

프로그램을 구성하는 요소는 〈글상자 7-1〉과 같이 다양하며, 프로그램을 기획하는 과정에서 이러한 요소들에 대해 고려하여야 한다.

〈글상자 7-1〉 사회복지 프로그램의 구성요소

① 프로그램의 목적과 목표
② 프로그램 참여자
③ 프로그램 실시 주체
④ 프로그램 진행자
⑤ 프로그램 진행기간, 시간, 장소
⑥ 자원, 장비 및 도구
⑦ 프로그램 활동 내용
⑧ 프로그램 예산
⑨ 프로그램에 대한 평가계획

1) 프로그램의 목적과 목표

- 표적문제를 해결하기 위해 적절한 목적과 목표가 설정되었는가?

2) 프로그램 참여자(클라이언트)

- 프로그램 참여자의 특성(연령, 성별, 발달단계, 교육 수준, 신체적/정신적 능력 등), 프로그램 참여에 대한 동기(자발적/비자발적 참여), 프로그램 참가경험(유사 프로그램에 대한 참여 경험, 활동의 수준 등)에 대해 체계적으로 파악하였는가?

- 프로그램에 참여하는 클라이언트 집단에 대한 이해를 바탕으로 프로그램 내용이나 구성의 적절성을 점검하는 작업은 프로그램의 성공을 위해 필수적이다.

3) 프로그램 실시 주체

- 프로그램을 실시하는 주체(기관, 조직 등)는 어떠한 가치와 방향을 제시하고 있는가?
- 그러한 가치와 방향이 프로그램의 내용에 반영되어 있는가?

4) 프로그램 진행자

- 프로그램 진행자는 프로그램을 적절히 수행하기 위한 자격요건(교육, 훈련, 경력 등)과 능력을 갖추고 있는가?

5) 프로그램 진행기간, 시간, 장소

- 프로그램 목적과 목표, 클라이언트의 특성 등을 고려할 때, 프로그램 진행의 기간과 시간 및 장소가 적절한가?

6) 자원, 장비 및 도구

- 프로그램의 원활한 진행을 위해 필요한 자원, 장비 및 도구가 잘 갖춰져 있는가?
- 만약 부족한 부분이 있다면 대체할 자원, 장비 또는 도구가 있는가?

7) 프로그램 활동 내용

- 프로그램의 활동 내용을 통해 프로그램 목적과 목표의 달성이 가능한가?

8) 프로그램 예산

- 프로그램의 시행을 위해 적절한 예산이 편성되었는가?

9) 프로그램에 대한 평가계획

- 프로그램의 효과성을 평가하기 위한 평가계획이 수립되어 있는가?

02 프로그램 활동 내용의 선정

프로그램 활동 내용을 선정하는 과정에서는 합목적성, 현실성, 성취 가능성, 다양성, 동기유발, 지역성 등 다양한 요인에 대한 고려가 필요하다(글상자 7-2).

〈글상자 7-2〉 프로그램 활동 내용의 선정

① 합목적성: 프로그램 목적 및 목표에 부합하는 프로그램 내용
② 현실성: 사회문화적 상황에 맞는 현실성 있는 프로그램 내용
③ 성취 가능성: 클라이언트가 성공적으로 수행할 수 있는 프로그램 내용
④ 다양성: 클라이언트의 흥미와 관심의 유발, 동기부여 및 적극적인 참여를 돕기 위한 다양한 프로그램 내용
⑤ 동기유발: 클라이언트의 특성, 욕구, 흥미와 능력에 부합하여 참여 의지를 일으키는 프로그램 내용
⑥ 지역성: 프로그램 시행 지역의 역사, 문화, 지리적 특성 등을 고려하고 그것을 반영한 프로그램 내용

1) 합목적성

프로그램의 내용은 프로그램의 목적 및 목표와 관련이 있으며, 그것들을 달성시킬 수 있는 활동으로 선정되어야 한다.

2) 현실성

프로그램의 내용은 사회적 상황과 특성을 바탕으로 선정되어야 하며, 현실적으로 수행 가능하고 도움이 되는 내용이어야 한다.

3) 성취 가능성

프로그램의 내용은 참여자의 특성과 능력 수준에 비추어 성취가 가능한 내용으로 선정되어야 한다.

4) 다양성

프로그램의 내용은 참여자의 흥미와 주의집중을 유발하고, 참여에 대한 동기를 높일 수 있도록 다양한 활동으로 구성되어야 한다.

5) 동기유발

프로그램 내용은 참여자의 내적인 욕구 및 목적에 부합하는 내용으로 선정하여 참여자가 적극적으로 프로그램에 임할 수 있도록 동기유발을 할 수 있어야 한다.

6) 지역성

프로그램의 내용은 프로그램이 시행되는 지역의 특성(환경, 위치, 날씨 등)을 반영하여 선정하는 것이 프로그램의 성공적인 수행을 위해 도움이 된다.

※ 프로그램 활동 내용 선정하기 연습

다음 프로그램 사례는 북한이탈 청소년의 사회적응과 대인관계증진을 지원하기 위해 개발된 프로그램이다(한국청소년상담복지개발원, 2012).

프로그램 개발과정에서 프로그램 방향을 설정하기 위해 북한이탈 청소년 상담 전문가 11명과 북한이탈 청소년 12명(10대 중반~20대 초반)을 사전 인터뷰하였으며, 인터뷰 질문은 아래의 〈표 7-1〉과 〈표 7-2〉에 제시되어 있다.

〈표 7-1〉 북한이탈 청소년 상담 전문가 대상 인터뷰 질문

질문 내용
1) 북한이탈 청소년의 특성
2) 북한이탈 청소년 상담의 특성
3) 북한이탈 청소년의 주요 호소문제
4) 도움이 되었던 상담 방식은?
5) 북한이탈 청소년에게 적합한 상담 방식은?(개인상담 vs 집단상담)
6) 상담 진행의 어려움: 대상자 모집의 어려움
7) 상담 시 어려움에 대한 대처방식
8) 북한이탈 청소년 상담과 관련된 사전 교육은?
9) 북한이탈 청소년 상담자가 갖추어야 할 자질은?
10) 북한이탈 청소년 대상 상담 프로그램 개발 시 고려 사항은?

〈표 7-2〉 북한이탈 청소년 대상 인터뷰 질문

질문 내용
1) 남한 사회 적응 시 어려웠던 점은?
2) 심리적인 어려움에 대한 해결 방식은?
3) 북한이탈 청소년이 생각하는 상담이란?(상담자 역할/상담에 대한 기대)
4) 북한에서의 상담 경험은?
5) 남한에서의 상담 경험은?
6) 도움이 되었던 상담자 태도는?
7) 전문적 심리상담에 대한 의사는?

북한이탈 청소년 대상 프로그램의 목표, 참여 대상, 프로그램 구성과 목표를 살펴보면 다음과 같다. 프로그램 활동 내용은 위의 사전 인터뷰 내용(표 7-1, 7-2)을 바탕으로 구체화시켰다(표 7-3).

① 프로그램의 목표

본 프로그램을 통해 달성하고자 하는 구체적인 목표는 다음과 같다.

첫째, 긍정적인 자기 이해를 통해 자존감 향상을 도모한다.
둘째, 대인관계 기술을 증진하여 남한생활 적응을 돕는다.

② 프로그램 참여 대상

본 프로그램은 남한에 입국한지 3년 미만의 북한이탈 청소년 중 문제영역 체크리스트에서 대인관계 영역에 주요 어려움을 호소하는 청소년을 대상으로 한다.

③ 프로그램 구성 및 내용

대인관계 증진을 위한 프로그램은 총 8회기로 구성되어 있으며, 한 회기당 약 50분으로 진행될 수 있게 구성하였다. 프로그램의 세부 구성은 〈표 7-3〉과 같다.

〈표 7-3〉 프로그램 활동 내용

구분	회기명	목표 및 내용
1회기	친해지기	• 상담에 대한 이해 및 참여 동기 고취시키기 • 상호 신뢰감 형성 – 상담에 대한 소개 및 친밀감 활동 – 상담 프로그램 설명 – 약속 정하기 – 자기소개하기 – 상담 프로그램에 대한 기대와 목표
2회기	나, 너, 우리	• 친구관계 이해하기 • 친구관계 특성 인식하고 남한 친구관계에 대한 두려움 해소하기 • 청소년 시기의 발달 특성 및 자신의 친구관계 특성 이해하기 – 친구의 의미(남북한 비교를 통한) – 청소년기 이해 – 친구관계 살펴보기

구분	회기명	목표 및 내용
3회기	숨은 보물 찾기	• 남북한 대인관계에 대한 차이 수용하기 • 남한 친구관계의 특성을 인식하고 남한 친구관계에 대한 두려움 해소하기 • 청소년 시기의 발달 특성 및 자신의 인간관계 특성 이해하기 – 인간(대인)관계에서의 장단점 – 인간(대인)관계 어려움에서 느껴지는 감정 인식
4회기	나의 감정과 생각을 알기	• 나의 경험을 통해 감정과 생각을 인식하기 – 나의 감정 알기 – 감정과 생각에 대한 교육 – 나의 감정과 생각을 인식하기 – 나의 경험에서 감정과 생각을 인식하기
5회기	생각 점검하기	• 도움되지 않는 생각에 대한 생각 점검 방법을 학습하기 • 생각 점검 후 달라지는 감정 및 생각을 파악하고 새로운 행동을 선택하기 – 도움이 되지 않는 생각과 부정적인 감정의 관계 탐색 – 생각 점검하기 – 적용해 보기
6회기	사회기술 습득 1	• 관계형성을 촉진할 수 있는 다양한 사회기술 습득하기 – 경청하기 – 허락하기 – 칭찬하기
7회기	사회기술 습득 2	• 관계형성을 촉진할 수 있는 다양한 사회기술 습득하기 – 사과하기 – 자기표현하기 – 자기마음 열기
8회기	프로그램 마무리 및 다지기	• 프로그램을 통해 새롭게 배우고 느꼈던 점을 나누고 상담 종결 후 문제 발생 시 대안 행동에 대해 정리하기 – 지난 상담 내용 정리 – 장애물 극복 방법 생각해 보기 – 상담 평가

북한이탈 청소년 대상 프로그램의 활동내용과 관련하여 다음 사항들을 생각해 보자. 어떠한 점이 강점이라고 생각하는가? 어떠한 점을 수정하고 싶은가?

① 합목적성: 프로그램의 활동 내용을 통해 프로그램 목표를 달성시킬 수 있는가?
② 현실성: 프로그램의 활동 내용이 북한이탈 청소년의 사회적 상황과 특성을 바탕으로 선정되었는가? 현실적으로 수행 가능한가?
③ 성취 가능성: 프로그램의 활동 내용이 북한이탈 청소년들의 특성과 능력 수준으로 성취 가능한 것인가?
④ 다양성: 프로그램의 활동 내용이 흥미와 주의집중을 유도할 수 있는 다양한 활동으로 구성되어 있는가?
⑤ 동기유발: 프로그램의 활동 내용이 북한이탈 청소년들의 관심과 동기를 이끌어 낼 수 있는 내용인가?
⑥ 지역성: 프로그램의 활동 내용이 남한 지역의 특성을 반영하여 선정되었는가?

03 프로그램 활동 내용의 조직

프로그램 활동 내용을 선정한 이후에는, 그러한 프로그램 활동을 어떠한 순서로 조직할 것인가에 대해 결정하여야 한다. 프로그램 활동 내용의 조직은 프로그램 전체 회기의 내용을 어떻게 구성할 것인지, 특정 활동에 어느 정도의 시간을 배당할 것인지 등을 결정하여 프로그램 전체의 구조를 설정하는 것이다. 프로그램의 활동 내용에 따라 초기 단계에 적절한 활동이 있고, 중기 단계, 또는 종결 단계에 시행하는 것이 더 바람직한 프로그램 활동 내용이 있을 것이다. 이처럼 프로그램의 활동을 어떠한 순서로 배열하고, 각 활동에 어느 정도의 시간을 할애하는가 하는 것은 프로그램의 목적과 목표를 달성하기 위해 매우 중요하다.

프로그램 활동 내용을 조직하는 단계에서 고려하여야 하는 사항은 다음과 같다.

1) 단계성

프로그램의 활동 내용은 클라이언트들이 잘 이해하고 받아들일 수 있으며, 문제해결과정을 도울 수 있는 순서로 조직되어야 한다. 프로그램 내용의 수준과 깊이, 난이도에 있어서 초기에는 쉬운 단계부터 시작하여 점차 그 수준이 깊어지도록 내용을 조직하여야 한다(그림 7-1).

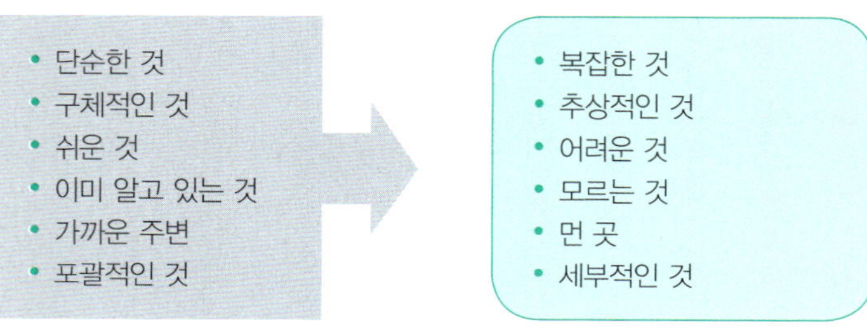

[그림 7-1] 프로그램 활동 내용 조직의 단계성

프로그램 활동 내용을 조직할 때에는, ① 단순한 내용으로 시작하여 점차 복잡한 내용으로, ② 구체적인 내용에서 점차 추상적인 내용으로, ③ 쉬운 내용에서 어려운 내용으로, ④ 이미 알고 있는 내용에서 모르는 내용으로, ⑤ 가까운 주변(예: 나 자신, 가족, 이웃 등)에 대한 내용으로부터 먼 곳(예: 지역사회, 조직, 국가 등)에 대한 내용으로, ⑥ 포괄적인 내용으로부터 세부적인 내용으로 조직하는 것이 좋다(최호윤, 2007).

다음의 〈글상자 7-3〉에서는 성폭력피해를 경험한 여자 청소년들의 내면적 상처를 치유하고 그들의 자아존중감을 향상시키기 위한 목적으로 만들어진 프로그램 활동을 제시하고 있다. 〈글상자 7-3〉에 제시되어 있는 프로그램 활동을 살펴보고, 어떠한 순서로 프로그램 활동 내용을 조직하는 것이 프로그램의 목적을 달성하기 위해 가장 바람직할 것인지에 대해 생각해 보자.

※ 프로그램의 활동 내용 조직하기 연습 1

다음은 청소년쉼터에 일시보호 중인 여자 청소년(성폭력피해) 10명을 대상으로 성폭력 경험과 관련된 상처를 치유하고 그들의 자아존중감을 회복하기 위해 만들어진 프로그램 활동이다(한국청소년상담원, 2002).

- 프로그램 진행기간: 총 11회기 활동(주 1회, 2시간씩)
- 프로그램 대상자: 청소년쉼터에 일시보호 중인 여자 청소년(중 · 고등학생) 10명
- 프로그램 활동 내용:

차수	제목	내용
1	시작하기 목표설정하기	• 개요: 집단원들을 반갑게 맞이하며, 편안함과 안정감을 느끼도록 여건을 조성하는 데 주력한다. 집단상담의 전체 목표를 고찰해 보고 집단원 개인 목표를 설정한다. 성학대 피해자들은 일관성(consistency)과 구조(structure)가 결핍된 가정환경에서 자란 경우가 대부분이고, 이러한 혼란스럽고 예견할 수 없는 환경 속에서 분노 감정, 무력감을 경험하며 살아왔기 때문에 개인별 목표를 설정해 봄으로써 집단원들에게 힘을 실어 주기 위함이다. • 주요 활동: 반갑게 맞이하기 / Warm-up activity / 안정감 조성하기 / 집단규칙 정하기 / 개인별 목표 설정하기 / 소감 나누기
2	자기 이해	• 개요: 내면의 정서를 표출하는 등 적극적으로 자기개방을 할 수 있는 기회를 제공하며, 집단참여자들이 서로의 특성을 알게 되어 친밀감이 생기고, 다른 사람들의 내면세계를 알게 되어 타인에 대한 이해를 증진시킨다. 자신의 현재의 삶에 영향을 미친 경험들을 되돌아보게 한 후, 자신의 과거를 토대로 현재를 바르게 인식하고자 한다. 자신의 현재 감정과 생활 상태, 그리고 현재에 영향을 미쳤던 과거, 앞으로 희망하고 기대하는, 한편으로 두렵고 불안한 미래를 함께 탐색함으로써 서로에 대한 이해를 높이고, 자신을 돌아보는 계기로 삼는다. 그러한 자기이해, 타인이해 과정을 통해 다음 회기에 진행될 성폭력 사건 노출에 대한 두려움과 불안을 준비한다. • 주요 활동: 비언어적인 감정 표현 / 아름다운 나 / 나의 나무 소감 나누기
3	자기 노출에 대한 두려움 극복하기	• 개요: 이전 성폭력 사건이 폭로되었을 때의 주변 사람들의 반응을 통해 자기 노출에 대한 두려움과 불안, 수치심을 이해하고, 이러한 감정을 표현함으로써 노출에 대한 저항을 줄이고자 한다. 성폭력 사건을 부인하고, 표현하기를 거부하고자 하는 마음을 이해하고, 자연스러운 감정임을 정당화시켜 주며, 이로 인해 자기 노출에 대한 저항으로부터 벗어나고자 한다. • 주요 활동: 자기 노출에 대한 두려움 표현하기 / 소감 나누기

차수	제목	내용
4/5	비밀 깨뜨리기 Ⅰ, Ⅱ	• 개요: 치유를 위한 결정적인 단계로서, 아동기 성학대와 관련하여 어떤 일이 발생했으며, 어떤 감정을 경험하고 억압해 왔는지를 표현하는 단계이다. 집단원들은 수년 동안 두려움, 분노, 수치심을 경험해 왔으며, 자신을 보호하기 위한 수단으로 이러한 감정을 억압하며 살아왔고, 이렇게 감정을 억압하면서 다른 사람과 세상으로부터 거리를 두는 삶을 지탱해 왔다. 그러므로 집단경험 중에 성학대와 관련된 비밀을 깨뜨릴 때 억압된 감정으로부터 해방될 수 있으며, 서로 비슷한 경험을 가진 집단원임을 확인함으로써 집단 내 동질성을 형성하게 되고, 집단원들끼리 함께 나누는 즐거움을 느끼게 된다. 과거 성학대 경험을 나누는 과정은 성학대와 관련하여 그동안 억압한 감정을 느끼고 표현하는 중요한 계기가 된다. 중요한 치유 과정이므로 각 개인의 삶에서 성학대 사건이 미친 영향들을 심도 깊게 이야기할 수 있도록 충분한 시간을 할애한다. • 주요 활동: 상징 인형 선택 / 인형을 통한 자기 내면세계 투사 / 성학대 관련 경험 노출하기(사건, 생각, 느낌) / 발표자에 대한 집단원들의 피드백 / 지원자를 중심으로 비밀 깨뜨리기 / 소감 나누기
6	수치심 다루기	• 개요: 성학대 피해자들이 겪고 있는 수치심을 다룬다. 생존자들이 성학대 사건이 끝난 뒤에서 성학대에 얼마나 많이 매여 있는지, 그리고 이러한 수치심이 치유를 얼마나 방해해 왔는가를 살피게 된다. 마지막으로 수치심으로부터 풀려나는 경험을 해 본다. • 주요 활동: 수치심으로 표현하기 / 수치심으로부터 빠져나오기 / 소감 나누기
7	자기 내면의 어린아이와 접촉하기	• 개요: 피해자들은 집단상담을 진행하면서 자신의 내면에 있는 상처받은 아이를 발견하게 된다. 즉, 이제껏 살아오면서 늘 창피하게 생각하여 숨겨온 내면의 아이가 자각된다. 진정한 치료는 이 숨겨진 내면의 아이와 접촉하여 받아들임으로써 이루어진다. 내면의 어린아이의 존재에 대해 인정하고 눈길을 주기 시작하면 변화가 일어난다. 그 아이가 얼마나 힘들었는지를 이해하게 되고, 또한 어려움 속에서도 얼마나 용감하게 버텨오고 얼마나 훌륭하게 문제를 해결해 왔는가를 알게 되면 그 아이를 진정으로 사랑하게 되고 받아들일 수 있게 된다. 내면의 아이와 날마다 대화하면서 보살펴 주는 것이 좋다. 오늘은 무엇이 필요한지, 무엇이 하고 싶은지, 기분은 어떤지 물어보면서 아이가 성장할 수 있도록 사랑과 인내심을 갖고서 보살펴 주는 것이다. 첫째, 자기 내면의 숨겨진 아이를 자각할 수 있다. 둘째, 슬픔, 즐거움, 분노 등의 감정을 느끼고 표현할 수 있다. • 주요 활동: 자기 내면의 어린 아이에게 편지 쓰기 / 사진 속에 깃든 자기 내면 만나기 / 소감 나누기

차수	제목	내용
8	억압된 감정 탐색하기	• 개요: 집단원들은 상처와 고통으로부터 자신을 보호하기 위한 방어기제로서 그들의 감정을 억압하거나 유리시키는 것을 배워 왔다. 자신의 있는 그대로의 감정을 느끼고 표현하는 기회를 갖는다. 어린 나이에 친족성폭행을 당한 집단원들은 타인을 신뢰하지 못하고, 충분히 신뢰가 가지 않는 상황에 자기를 던지는 모험을 시도하지 않는다. 또한, 적절한 대인관계를 맺지 못하고, 늘 집단 속에서 이방인의 느낌을 가지고 소외감과 유리감을 가지고 살아가는데 집단활동을 통하여 이러한 자신의 모습을 경험하고, 충분히 이해하는 시간을 갖는다. 집단원들은 상처와 고통으로부터 자신을 보호하기 위하여 그들의 감정을 억압하는 걸 배워 왔다. 자신의 있는 그대로의 감정을 느끼고 표현하는 기회를 갖는다. • 주요 활동: 억압된 감정 탐색하기 / 소감 나누기
9	분노 터뜨리기 직면하기	• 개요: 집단원들은 이 기회를 통하여 그들 속에 내면화된 분노가 정당한 것임을 알게 된다. 이 회기에서는 분노를 터뜨리고자 하는 그들의 욕구를 지지해 주고, 안정된 방법으로 분노를 표현할 수 있는 방법을 모색해 본다. 한편, 이 단계에서 건강한 방법으로 가해자들에게 분노를 표현할 수 있는 기회를 가져 본다. 집단 내에서 집단원들 간 가해자와 직면하는 걸 연습해 보는 건 중요한 경험이다. 비록, 생존자들이 자기 나름의 방법으로 가해자와 직면하였다 할지라도 이 과정에서 전적으로 개입할 수 있도록 유도해 나간다. 가해자와 직면하는 역할연기를 통하여 실제 삶에서 가해자와 직면했을 때 어떤 말과 행동을 할 수 있을 것인지 연습해 본다. 집단원들의 도움을 통하여 가해자와 건강하게 직면하는 행동을 연습해 본다. • 주요 활동: 분노를 그려 내기 / 가해자에게 편지 쓰기 / 분노와 관련된 심리교육 / 소감 나누기
10	자존감 회복하기	• 개요: 성폭력피해자들은 종종 무력감과 자기 불신과 싸워야 한다. 자신이 소중하고, 사랑받을 자격이 있고, 능력이 있고, 지금 있는 그대로의 모습이 좋다는 사실은 어렸을 때 성폭행을 당하면서 이미 부정되었다. 자신은 쓸모없고, 잘할 수 없다는 생각, 무가치감을 경험했을 것이다. 집단의 종결 부분으로 내담자들이 자신을 사랑하고 희망과 자존감과 만족감을 느낄 수 있는 시간을 갖고자 한다. 그러기 위해 자기 욕구에 충실하고 앞으로 되고 싶은 모습과 자신이 가진 긍정적인 측면에 초점을 맞출 때 긍정적인 자아상을 형성하게 된다. 무엇보다 고통스럽고 힘겨운 현실에서 벗어나서 미래의 어느 날 내가 무엇을 원하는지 상상해 보는 것만으로도 현재를 견뎌 나갈 수 있는 힘을 얻게 된다. 성폭력피해자들은 어린 시절 내가 통제할 수 없는 상황에서 성폭력을 당했으므로 미래의 삶은 내가 선택하고 책임질 수 있는 삶, 즉 자기가 통제할 수 있는 삶을 살 수 있다는 기대만으로도 행복하다. 여기에서 집단원들이 원하는 미래의 삶은 어떤 것인지를 살펴보고, 그러한 삶들을 꾸려 나가기 위해서 현재 무엇을 어떻게 준비할 수 있을 것인지 생각하는 기회를 갖는다. • 주요 활동: 장점 찾기 / 자기-초상화 그리기 / 내 인생을 영화로 / 미래 자기와의 대화 / 소감 나누기

차수	제목	내용
11	종결	• 개요: 이번 회기는 종결 회기로서 그동안 집단경험들을 통해 이루어진 내면적 혹은 외현적인 변화를 확인하고, 그러한 변화들을 유지하고 지속시켜 나가기 위하여 집단원의 자존감을 회복시켜 주는 데 역점을 두고자 한다. 이를 위하여 현재의 마음 상태, 주고받고 싶은 욕구 지각, 나아가 미래의 어느 하루를 상정하여 구체적으로 떠올려 봄으로써 자신의 미래상을 알아보고, 이것을 좀 더 긍정적이고 흡족한 모습으로 바꾸기 위한 구체적인 전략들도 함께 생각해 보는 시간을 갖는다. 그리고 그동안 집단상담을 하면서 느꼈던 집단원들에 대한 장점 및 자원들을 찾아 들려줌으로써 긍정적인 자아상을 형성하는 데 도움을 주고자 한다. 무엇보다 이번 회기가 종결회기인 만큼 집단 이후 혼자 남겨졌을 때의 소외감, 미래에 대한 막연한 불안감과 두려움, 종결에 대한 이중적인 감정(시원함, 아쉬움, 상실감, 비애) 등을 집중적으로 탐색하고자 한다. 성폭력피해자들이 기존에 맺어 왔던 인간관계의 종결 방식은 상대방에 의해 일방적으로 관계가 단절되는 경우가 많았었다. 그러나 이번 집단상담에서는 서로가 동의하고 예측할 수 있는, 종결에 대한 이중적인 감정을 충분히 다루어 주는, 기존과 차별화된 방식으로 상담을 종결하고자 한다. • 주요 활동: 왼손과 오른손 / 거울 보고 자신에게 말하기 / 장점 세례 / 소감 나누기

(1) 프로그램 활동 내용을 어떠한 순서로 조직하는 것이 프로그램의 목적을 달성하기 위해 효과적인가? 위의 프로그램 활동을 초기~종결 단계에 걸쳐 순서대로 재배치해 보고, 그렇게 배치한 이유에 대해 설명해 보자.

(2) 여러 회기에 걸쳐 반복이 필요한 프로그램 활동이 있는가? 있다면 무엇이며, 그 이유는 무엇인가?

(3) 삭제하거나 대체하고 싶은 프로그램 활동이 있는가? 있다면 무엇이며, 그 이유는 무엇인가?

(4) 특정 프로그램 활동을 삭제하거나 대체하고자 한다면, 어떠한 프로그램 활동을 새롭게 제안하고 싶은가? 그 이유는 무엇인가?

2) 통합성

프로그램의 초기 단계부터 종결 단계에 이르기까지의 다양한 프로그램 활동 내용은 서로 분리되어 있거나 독립적인 것이 아니라 상호 관련된 특성을 지녀야 한다. 프로그램의 목적과 목표의 달성과 관련하여 여러 프로그램 활동 내용이 연결되어 있고 통합될 수 있어야 한다. 즉, 프로그램의 활동 내용은 프로그램 목적 및 목표와 관련이 있어야 하며, 그러한 프로그램 활동을 수행하는 과정을 통해 프로그램의 목적과 목표의 성취가 가능하여야 한다.

3) 균형성

프로그램 활동 내용은 개별적인 프로그램 목표의 달성을 고려하여 균형적으로 조직되어야 한다. 특정 목표의 달성과만 관련이 있는 프로그램 활동 내용으로 치우쳐지지 않아야 하며, 각각의 프로그램 목표를 성공적으로 달성할 수 있도록 프로그램 활동 내용이 균형 있고 조화롭게 구성되어야 한다.

4) 다양성

프로그램에 참여하는 클라이언트들은 함께 해결하고자 하는 목표를 공유하고 있지만 그들의 개인적인 성격, 특성, 흥미, 관심분야는 다양할 수 있다. 그러한 다양성을 반영하여 프로그램의 활동 내용도 클라이언트의 특성과 욕구, 흥미와 능력 수준을 고려하여 다양하게 구성되어야 한다. 클라이언트는 본인의 특성과 흥미에 맞는 프로그램 활동이 있을 경우, 동기를 가지고 더욱 적극적이고 자발적으로 참여하게 될 것이다. 그러므로 프로그램 활동은 목적과 목표를 달성하기 위해 적절한 활동이면서도 다양한 클라이언트의 특성과 욕구에 부합하는 내용으로 다양하게 구성되는 것이 좋다.

5) 반복성

프로그램의 활동 내용은 매 회기마다 다른 목표를 중심으로 설정하지 않아도 된다. 목표의 달성을 위해 중요한 주제나 내용의 경우, 한 회기의 활동으로 끝내기보다는 클라이언트들이 그 내용을 더욱 잘 습득하고 이해할 수 있도록 관련 활동을 반복적으로 제공하는 것이 필요할 수 있다. 이때 똑같은 프로그램 활동을 복습하는 것이 아니라 동일한 목표를 달성하기 위한 다른 프로그램 활동을 진행하는 것이다. 예를 들어, 클라이언트의 내면에 있는 감정을 살펴보기 위해 한 회기에서는 클라이언트에게 의미가 있는 사진을 가지고 와서 그 사진과 관련된 이야기와 감정을 나누는 시간을 가져봤다면, 또 다른 회기에서는 클라이언트의 내면에 어떠한 감정이 있는지에 대한 그림을 그려보고 이야기를 나누도록 해 볼 수 있을 것이다. '클라이언트의 내면 감정 살펴보고 이해하기'라는 동일한 목표를 달성하기 위해, 본인의 사진에 대한 이야기를 나누는 활동과 본인의 내면에 대한 그림을 그려보는 활동을 진행할 수 있다는 것이다.

※ 프로그램 활동 내용 조직하기 연습 2

다음은 인터넷 중독으로 어려움을 겪고 있는 초등학교 4~6학년 학생들과 부모를 위해 개발한 청소년 가족치유 캠프 프로그램 활동이다(e-세상 가족행복단 캠프)(여성가족부, 2012).

- 프로그램 진행기간: 2박 3일
- 프로그램 대상자: 인터넷 중독 초등학생 4~6학년 학생 및 부모(30가정)
- 프로그램 유형: 청소년 프로그램 / 부모 프로그램 / 가족 프로그램(청소년+부모)

청소년 가족치유 캠프 프로그램의 목표, 구성, 그리고 프로그램 세부 내용은 다음과 같다.

① 프로그램의 목적과 목표

'e-세상 가족행복단 캠프' 프로그램을 통해 달성하고자 하는 목적은 가족관계 개선을 통해 청소년의 인터넷 중독을 치료하는 것으로 구체적인 목표는 다음과 같다.

■ 청소년

- 인터넷 과다 사용에 대한 문제를 인식하고, 미래 꿈 찾기를 통해 인터넷 사용 조절을 위한 변화동기를 마련한다.
- 스스로 인터넷 사용 조절을 할 수 있다.
- 부모와 효과적으로 의사소통을 할 수 있다.
- 인터넷을 대신할 수 있는 대안활동을 경험하고 개발한다.

■ 부모

- 자녀의 인터넷 이용동기를 이해하여 인터넷 사용에 따른 문제해결방법을 강구할 수 있다.
- 자신의 양육태도 특징을 이해하여 효과적인 인터넷 사용 지도를 할 수 있다.
- 자녀와 효과적으로 의사소통을 할 수 있다.

② 프로그램의 구성

본 프로그램의 내용은 기존의 선행연구, 선행 프로그램, 부모 및 청소년 요구조사, 부모 포커스그룹 결과를 바탕으로 청소년 개입, 부모 개입, 가족 개입, 체험활동 영역으로 구성하였다. 이 중 흥미유발을 주요한 과정요소로 채택하였고, 청소년의 인터넷 사용 조절에 변화동기를 마련하고 유지할 수 있도록 동영상 활동, 직업스피트 퀴즈, 마법의 토크비법 등 흥미로운 활동을 포함하였다.

③ 프로그램 세부 내용

■ 프로그램 일정

2박 3일간의 'e-세상 가족행복단 캠프'에 대한 일정은 아래의 표와 같다.

<table>
<tr><th>시간</th><th colspan="2">1일 차</th><th colspan="2">2일 차</th><th>3일 차</th></tr>
<tr><td>8:00~9:00</td><td colspan="2" rowspan="5"></td><td colspan="2">아침</td><td>아침</td></tr>
<tr><td></td><td colspan="2">[행복 다가가기]</td><td rowspan="3">e-세상 가족행복단
행복 다지기</td></tr>
<tr><td>9:00~10:00</td><td>e-세상
슈퍼스타 되기</td><td>나는 부모다 I
-자녀일기-</td></tr>
<tr><td>10:00~11:00</td><td>슈퍼스타
Training 1
-나는야,
만능연예인-</td><td>나는 부모다 II
-아이와 궁합,
그것이 문제다-</td></tr>
<tr><td>11:00~12:00</td><td>슈퍼스타
Training 2
-인터넷,
너는 나를
막을 수 없어-</td><td>나는 부모다 III
-소통편-</td><td>가족행복단 출정식</td></tr>
<tr><td>12:00~13:00</td><td colspan="2">등록</td><td colspan="2">점심</td><td rowspan="8">집으로~</td></tr>
<tr><td>13:00~14:00</td><td colspan="2">입소식 및 OT</td><td colspan="2" rowspan="2">[행복 만들기 1단계]
지역별 특색 활동</td></tr>
<tr><td>14:00~16:00</td><td colspan="2">[e-세상 열어보기]
단원을 소개합니다</td></tr>
<tr><td rowspan="2">16:00~18:00</td><td colspan="2">[e-세상 들어가기]</td><td colspan="2" rowspan="2">[행복 만들기 2단계]
보드게임</td></tr>
<tr><td>e-세상의
나는?</td><td>e-세상의
우리 가족은?</td></tr>
<tr><td>18:00~19:00</td><td colspan="2">저녁</td><td colspan="2">저녁</td></tr>
<tr><td>19:00~21:00</td><td colspan="2">[e-세상 살펴보기]
e-세상 바로알기</td><td colspan="2">[행복 만들기 3단계]
톡! 톡! 톡!</td></tr>
<tr><td>21:00~22:00</td><td colspan="2">취침 준비</td><td colspan="2">취침 준비</td></tr>
</table>

■ 청소년 프로그램

청소년 프로그램은 4회 60~120분씩 진행된다. 세부 구성은 아래와 같다.

	프로그램명	목표	활동내용
e-세상 들어가기	[청소년] e-세상의 나는? (2시간)	1. 집단구성원 간 서로에 대해 알고 친밀감을 형성한다. 2. 인터넷이 자신에게 어떠한 영향을 미치고 있는지 인식한다. 3. 자신의 인터넷 사용 동기에 대해 인식한다.	1. 프로그램 진행자 소개 2. Ice-Breaking 3. 집단규칙 설명 4. e-세상에 나는 ○○○입니다 5. 인터넷을 하면~♬ 6. 인터넷 이용동기 알아보기 7. 소감 나누기
행복 다가가기	[청소년] e-세상 슈퍼스타 되기 (1시간)	1. 직업에 대한 이해를 높인다. 2. 나에게 맞는 직업을 탐색한다. 3. 꿈을 정하는 것을 통해 인터넷 사용 조절을 위한 행동변화 동기를 마련한다.	1. 프로그램 소개 2. 이 세상 슈퍼스타의 종류 3. 내일을 꿈꾸는 당신은 슈퍼스타! 4. 소감 나누기
	[청소년] 슈퍼스타 Training 1 나는야, 만능연예인 (1시간)	1. 자신의 감정과 요청사항을 부모님께 기능적 의사소통을 통해 표현할 수 있다.	1. 프로그램 소개 2. 만능연예인의 마법의 토크비법 1 : I-message 3. 만능연예인의 마법의 토크비법 2 : 요청하기 4. 만능연예인의 마법의 토크비법 3 : 통하지 않을 때는 잠깐 기다려라! 5. 소감 나누기
	[청소년] 슈퍼스타 Training 2 인터넷, 너는 나를 막을 수 없어	1. 자기조절의 중요성과 의미를 인식한다. 2. 인터넷 사용 조절을 위한 행동목록을 세운다.	1. 프로그램 소개 2. 인터넷, 내 친구 혹은 원수? 3. 다짐의 말 정하기 4. 소감 나누기

■ 부모 프로그램

부모 프로그램은 4회 60~120분씩 진행된다. 세부 구성은 아래와 같다.

	프로그램명	목표	활동내용
e-세상 들어가기	[부모] e-세상의 우리 가족은? (2시간)	1. 인터넷 사용과 관련한 자녀양육의 어려움을 나누며 부모의 감정을 표현한다. 2. 부모 자신의 어려움에 대한 공감을 통해 감정을 추스르고 자녀 이해를 위한 준비를 한다.	1. 프로그램 소개 2. 소개합니다! 3. 자녀의 인터넷 사용지도와 관련한 어려운 점은? 4. 자녀의 인터넷 사용지도 이것이 어렵다! 맞아맞아 TOP 5! 5. 소감 나누기
행복 다가가기	[부모] 나는 부모다 I 자녀 알기편 (1시간)	1. 초등학교 자녀의 발달적 특징을 이해한다. 2. 자녀의 인터넷 이용동기를 이해한다. 3. 인터넷 이용동기별 자녀 조력 방법을 이해한다.	1. 프로그램 소개 2. 연령에 따른 뇌 발달과정 알아보기 3. 우리 아이는 왜 인터넷에 빠져들까? 4. 소감 나누기
	[부모] 나는 부모다 II 아이와 궁합, 그것이 문제다 (1시간)	1. 부모 자신의 양육태도를 이해한다. 2. 자녀의 인터넷 이용동기를 어떤 방식으로 활용, 조정해야 할지 알 수 있다.	1. 프로그램 소개 2. 나의 양육태도 점검해 보기 3. 나의 양육태도 알아보기 4. 아이와 궁합, 그것이 문제다 5. 소감 나누기
	[부모] 나는 부모다 III 소통편 (1시간)	1. 자녀에 대한 이해를 넓히고 효과적으로 소통할 수 있는 방법을 습득한다.	1. 프로그램 소개 2. 무엇으로 보이나요? 3. 자녀와 효과적으로 소통하기 1) 마법의 토크비법 1 경청과 공감 활용하기 2) 마법의 토크비법 2 I-message 활용하기 3) 마법의 토크비법 3: 타협하기

■ 가족 프로그램

가족 프로그램은 4회 60~120분씩 진행된다. 세부 구성은 아래와 같다.

	프로그램명	목표	활동내용
e-세상 들어가기	[가족] 단원을 소개합니다. (2시간)	1. 참가자들 간에 친밀감을 형성한다. 2. 집단구성원을 소개한다.	1. 프로그램과 진행자 소개 2. 서로 알아가기 3. 이웃들의 이름 찾기 4. 우리 가족 소개하기 5. 가족 신문 만들기
e-세상 살펴보기	[가족] e-세상 바로알기 (2시간)	1. 부모-자녀가 상대방의 입장에서 생각해 봄으로써 상대방의 행동에 대해 이해할 수 있다.	1. Ice Breaking 2. 캐릭캐릭 체인지 3. 중독에 노출된 우리는? 4. 그래! 결심했어! 5. 소감 나누기
행복 만들기	[가족] 지역별 특색활동 (3시간)	1. 공동체 활동을 통한 가족 간 친밀감/응집력을 향상시킨다. 2. 인터넷 외에 다른 대안활동의 즐거움을 안다.	지역별 특색 활동 프로그램
	[가족] 보드게임 (2시간)		코리더(멘토)를 활용한 보드게임 실시
	[가족] 톡(Talk)! 톡(Talk)! 톡(Talk)! (2시간)	1. 부모는 의사소통훈련을 자녀에게 적용해 봄으로써 자녀와의 관계 회복 및 기능적 의사소통을 할 수 있다. 2. 청소년은 토크비법 훈련을 적용해 봄으로써 자신의 감정과 요청사항을 부모님께 잘 전달할 수 있다. 3. 집단 시간에 배운 의사소통을 연습하여 캠프 이후 가정 내에서도 적용할 수 있다.	1. 경청 연습하기 2. 마법의 토크비법 Review 3. 이런 상황일 때 마법의 토크비법을 써라! 4. 역할극 정하기 5. 역할극 발표 6. 소감 나누기

(1) 위의 청소년 가족치유 캠프 프로그램은 청소년 프로그램, 부모 프로그램, 그리고 가족 프로그램(청소년+부모)으로 나뉘어 진행되었다. 프로그램 활동 내용 조직의 단계성, 통합성, 균형성, 다양성, 그리고 반복성과 관련하여 생각해 볼 때, 각 프로그램 유형에 대해 어떻게 평가하는가?

(2) 프로그램의 목표 달성에 도움이 될 것이라 생각하는 프로그램 활동은 무엇인가? 그 이유는 무엇인가?

(3) 프로그램의 목표를 성공적으로 달성하기 위해 수정하고 싶은 프로그램 활동은 무엇인가? 그 이유는 무엇인가?

여러분이 개발하는 사회복지 프로그램에 포함시키고 싶은 프로그램 활동 내용에 대해 생각해 봅시다. 프로그램의 목적과 목표를 성취하기 위해 어떤 프로그램 활동을 제안하고 싶습니까?

1) 총 몇 회기 프로그램으로 구성할 예정입니까?

2) 프로그램의 초기, 중기, 종결 단계에 걸쳐 대략적인 프로그램의 활동 내용을 생각해 보고 제시해 봅시다.

① 초기(프로그램 활동 내용 예시 2~3개 제시하기)

•

•

② 중기(프로그램 활동 내용 예시 2~3개 제시하기)

•

•

③ 종결(프로그램 활동 내용 예시 2~3개 제시하기)

•

•

3) 위에서 예로 들은 초기, 중기, 종결 단계의 프로그램 활동을 통해 어떠한 효과를 얻고자 합니까?(프로그램 활동의 기대효과는 무엇입니까?)

요 약

1. **프로그램의 구성요소**: 사회복지 프로그램을 구성하는 요소는 다양하며, 프로그램의 기획 과정에서 다음 요소들에 대한 고려가 필요하다.

① 프로그램의 목적과 목표
② 프로그램 참여자
③ 프로그램 실시 주체
④ 프로그램 진행자
⑤ 프로그램 진행기간, 시간, 장소
⑥ 자원, 장비 및 도구
⑦ 프로그램 활동 내용
⑧ 프로그램 예산
⑨ 프로그램에 대한 평가계획

2. **프로그램 활동 내용의 선정**: 사회복지 프로그램의 활동내용을 선정할 때, 다음의 다양한 요소들에 대해 고려하여야 한다.

① 합목적성: 프로그램 목적 및 목표와의 연계성
② 현실성: 시대적 · 사회문화적인 현실 속에서 적합한 내용
③ 성취 가능성: CT의 성공적 수행 가능성
④ 다양성: CT의 흥미, 관심, 동기부여, 적극적 참여 등을 위한 다양한 프로그램 내용
⑤ 동기유발: CT의 특성, 흥미와 능력 수준 등을 고려한 프로그램 내용
⑥ 지역성: 프로그램 시행 지역의 역사, 문화, 지리적 특성 등의 반영

3. **프로그램 활동 내용의 조직**: 프로그램 활동 내용을 선정한 이후, 그러한 활동 내용을 어떠한 순서로 조직할 것인지 신중하게 결정하여야 한다. 이는 프로그램의 목적과 목표의 달성을 위해 중요하게 고려하여야 할 사항이다.

① 단계성: 프로그램 활동 내용의 단계성(내용의 수준, 깊이, 난이도 등)
② 통합성: 프로그램 활동 내용의 상호관련성(상호연결과 통합)

③ 균형성: 프로그램 활동 내용들 간의 균형과 조화

④ 다양성: CT의 성격, 특성, 욕구, 흥미, 능력 수준 등을 고려한 다양한 활동

⑤ 반복성: 프로그램의 주요 주제(내용)는 한 번으로 끝내지 말고 반복적으로 제공

Chapter 08 사회복지 프로그램 예산 수립

01 사회복지기관의 재정 지원

사회복지기관에서 시행하는 프로그램의 종류와 내용이 다양해지고 세분화되면서 프로그램을 계획하고 실행하기 위한 재원을 확보하는 것이 더욱 중요해지고 있다. 그러나 현실적으로 사회복지 프로그램을 실행하기 위한 재정적인 자원이 충분하지 않고 자원의 출처도 한정되어 있으며, 그러한 재원을 안정적으로 확보할 수 있는 시스템이 갖춰져 있지 않은 상황이다. 정부에서 사회복지기관에 제공하던 재정지원도 점차 축소되고 불안정해지고 있는 추세이다. 그러므로 사회복지기관은 다양한 통로를 통해 지원금과 후원금을 요청하고, 특별행사나 수익사업을 시행하여 기금을 마련하는 등 사회복지 프로그램 재원을 마련하기 위한 노력을 지속적으로 해 나가고 있다.

사회복지기관의 수입과 지출은 다음과 같이 다양한 형태의 재정으로 이루어진다(표 8-1).

〈표 8-1〉 사회복지기관의 수입과 지출

<table>
<tr><th>수입</th><th colspan="2">지출</th></tr>
<tr><td rowspan="2">• 수여금: 민간재단이나 정부로부터 받는 기금(기금 사용의 책임과 한계)
• 기부금: 후원금 등
• 서비스 이용료: 클라이언트 지불
• 보험선지급금: 보험 혜택에 앞서 받는 보험금
• 기업부담금: 기업이 복지 혜택이나 프로그램의 재정을 위해 부담하는 금액
• 기관 재정
• 기관 수익사업</td><td>직접비: 신규 인력, 신규 기구나 도구 등 신청 프로그램을 위해 새롭게 직접 지출되는 경비</td><td>프로그램 진행자(신규) 및 보조진행자(신규)의 임금, 프로그램에 사용되는 기구 및 도구 구입비용, 유인물 제작 및 복사비용, 자료 제작비용 등</td></tr>
<tr><td>간접비: 기관의 기존 시설(사무실, 집기 등)이나 인원(관장, 기존 스텝 등) 중 신청 프로그램에 활용될 부분</td><td>관리비, 청소비, 전기료, 냉·난방비, 전화비 등</td></tr>
</table>

1) 수입

사회복지기관의 수입으로 민간재단이나 정부로부터 받는 수여금, 기부금(후원금 등)이 있다. 수여금은 기금의 사용에 대해 민간재단이나 정부의 지도와 감독을 받으며, 기금의 사용 용도에도 제한이 있고, 기금 사용의 내역에 대해 보고하고 평가를 받아야 한다. 그에 비해 기부금(후원금 등)은 기금의 사용에 대한 엄격한 한계가 없는 경우가 많으며, 비교적 자유롭게 기관 예산으로 활용할 수 있다. 또한, 사회복지기관의 수입을 이루는 재정으로서 서비스 이용료(서비스나 프로그램을 이용하는 클라이언트가 지불하는 이용료), 보험선지급금(보험 혜택을 받기에 앞서서 받는 보험금), 기업부담금(기업이 복지 혜택이나 프로그램의 재정을 위해 부담하는 일정 금액), 기관 재정(기관 내 자체적인 예산), 기관 수익사업(장터, 홍보활동 등)이 있다.

2) 지출

사회복지기관의 지출은 직접비와 간접비로 나뉜다. 직접비는 프로그램을 계획하고 진행하는 데 있어 직접적으로 새롭게 지출되는 비용을 뜻하며, 신규 인력(외부 강사 등), 새로운 기자재나 기구 구입, 프로그램 자료 제작 등에 지출되는 비용을 뜻한다.

간접비는 프로그램의 계획과 진행에 직접적으로 관련되는 비용은 아니지만, 프로그램의 진행과 간접적으로 연관되어 발생하는 비용을 의미한다. 즉, 간접비는 기관의 기존 인력이나 시설 및 기구가 프로그램에서 활용되는 비율을 근거로 산출되는 금액이다(관리비, 전기료, 냉·난방비 등).

02 프로그램의 예산 수립

프로그램 예산은 프로그램을 시행하는 데 있어 드는 비용(인건비, 재료비, 장비 및 기구 구입비, 사업비 등), 즉 지출되어야 할 항목과 각각의 비용이 얼마가 될 것인지 예측하여 작성하는 것이다. 프로그램이 계획대로 진행되기 위해서는 필요한 예산이 확보되어 있어야 한다. 아무리 중요하고 좋은 프로그램이라고 해도 프로그램 실행을 뒷받침해 줄 수 있는 예산이 없다면 실행이 불가능하다.

예산을 작성할 때에는 한 항목에 대해 총비용이 얼마인지만 제시하지 말고, 항목을 세분화하여 어떻게 총비용이 그렇게 나왔는지 보여 주는 것이 좋다(표 8-2). 예를 들어, 프로그램 진행에 참여한 인력에 대한 인건비를 제시한다면, '인건비'의 총액 100만 원이라고만 제시하는 아니라 인건비의 항목을 세분화하여 각각의 비용을 제시해 주는 것이 좋다. 즉, 프로그램 진행 강사, 특강 강사, 미술치료사 등의 인건비를 각각 항목별로 제시하여 인건비 총액이 어떻게 책정되었는지 파악할 수 있어야 한다.

사회복지기관의 기존 인력 이외에 추가로 인력을 더 확보하기 위해 비용이 필요하거나, 전문가(고문)의 의견을 구하는 비용이 필요한 경우에도 그러한 비용을 요청하는 근거를 이해할 수 있게 제시해 주어야 한다. 후원단체로부터 받을 수 있는 지원금의 액수를 늘리겠다는 막연한 생각으로 필요하지 않은 비용을 포함시키는 것은 바람직하지 않다. 프로그램 예산은 신중하고 꼼꼼하게 계획하고 검토하여 작성해야 하는 것으로, 불필요한 항목이 근거 없이 들어가 예산 총액이 부풀려지지 않도록 주의하여야 한다(Locke, Spirduso, & Silverman, 1993).

외부기금의 경우 대부분 직접비에 대한 지원만을 원칙으로 하고 있으며, 경우에 따라 간접비에 대해 부분적인 지원을 제공하기도 한다. 프로그램 운영비에 있어 외부기금으로 충당이 안 되는 부분에 대해서는 자부담으로 기관이 감당하여야 한다. 일반적으로 자부담의 비중은 전체 예산의 20~50% 정도로 설정하게 되며, 기관은 자금 조달을 위해 수익사업, 기부금, 참여자 부담금(서비스 이용료) 등을 활용하게 된다(최호윤, 2007).

〈표 8-2〉 사회복지 프로그램 예산 예시

<table>
<tr><th rowspan="2" colspan="3">항목</th><th colspan="2">산출근거</th><th colspan="2">예산조달계획</th></tr>
<tr><th>내용</th><th>산출금액</th><th>신청금액</th><th>자부담</th></tr>
<tr><td rowspan="2">인건비</td><td colspan="2">외부 강사 특강비</td><td>시간당 100,000 x 1시간 x 3회</td><td>300,000</td><td></td><td></td></tr>
<tr><td colspan="2">(가) 소계</td><td></td><td>300,000</td><td>150,000</td><td>150,000</td></tr>
<tr><td rowspan="13">사업비</td><td rowspan="4">프로그램 진행비</td><td>사무용품 및 문구류 구입</td><td>30,000</td><td>30,000</td><td rowspan="4">360,000</td><td rowspan="4"></td></tr>
<tr><td>CT 개인 파일</td><td>3,000 x 10인</td><td>30,000</td></tr>
<tr><td>간식비</td><td>3,000 x 10인 x 10회</td><td>300,000</td></tr>
<tr><td>(1) 계</td><td></td><td>360,000</td></tr>
<tr><td rowspan="4">홍보비</td><td>홍보 포스터</td><td>300 x 20장</td><td>6,000</td><td rowspan="4">156,000</td><td rowspan="4"></td></tr>
<tr><td>팸플릿</td><td>1,000 x 50개</td><td>50,000</td></tr>
<tr><td>현수막</td><td>50,000 x 2개</td><td>100,000</td></tr>
<tr><td>(2) 계</td><td></td><td>156,000</td></tr>
<tr><td rowspan="4">평가비</td><td>평가 회의비</td><td>3,000 x 6인 x 10회</td><td>180,000</td><td rowspan="4">212,400</td><td rowspan="4"></td></tr>
<tr><td>평가 설문지</td><td>40 x 2장 x 10인 x 3회</td><td>2,400</td></tr>
<tr><td>평가 보고서 발간</td><td>2,000 x 15부</td><td>30,000</td></tr>
<tr><td>(3) 계</td><td></td><td>212,400</td></tr>
<tr><td colspan="2">(나) 소계</td><td>(1)+(2)+(3)</td><td>728,400</td><td>728,400</td><td></td></tr>
<tr><td rowspan="2">기타</td><td colspan="2">예비비</td><td>100,000</td><td>100,000</td><td></td><td></td></tr>
<tr><td colspan="2">(다) 소계</td><td></td><td>100,000</td><td></td><td>100,000</td></tr>
<tr><td colspan="3">총계</td><td>(가)+(나)+(다)</td><td>1,128,400</td><td>878,400
(77.8%)</td><td>250,000
(22.2%)</td></tr>
</table>

참고로 사회복지공동모금회(2023)에서 제시한 예산 편성 기준표의 내용을 살펴보면 다음의 〈표 8-3〉과 같다. 예산 편성 기준표는 예산을 계획할 때, 강사비, 회의참석비, 단순인건비, 자원봉사활동비 등의 금액을 어느 정도로 책정하여야 하는지에 대한 기준을 보여 주고 있다. 사회복지기관이나 단체마다 재정 상황에 차이가 있으므로, 이러한 예산 편성 기준표를 참고하여 기관의 여건에 맞는 예산을 계획하여야 한다.

〈표 8-3〉 사회복지공동모금회 2023 예산 편성 기준표

항목		기준	사용한도	비고
강사비*	특별강사	• 전/현직 장/차관(급) 이상 • 전/현직 대학총장(급) • 전/현직 국회의원 • 대기업 총수(회장) 또는 국영기업체장 • 활동경력 30년 이상의 문화예술, 시민단체, 기업교육 전문직 종사자 • 기타 이에 준하는 사회저명인사로 모금회가 인정하는 자	• 1시간 최대 350,000원 • 초과 매시간당 최대 150,000원	* 유급의 내부 직원에게는 지급 불가 (동일 법인이라도 사업장 위치가 다르고 독립회계를 하는 타 기관의 직원인 경우에는 지급 가능) * 강의에 필요한 교재의 원고료, 강사의 교통비(실비)는 필요 사유에 따라 별도 지급 가능 * 온라인 강의 강사비 지급기준은 p. 126 참고
	1급강사	• 대학 조교수 이상, 전문대학 부교수 이상 • 인간문화재, 유명예술인 및 종교인 • 정부출연 연구기관장 • 기업/기관 등의 책임급 연구원, 중역 • 판/검사, 변호사 등 전문자격증 소지자 • 전·현직 3급 이상 공무원 및 박사학위를 소지한 전·현직 4/5급 공무원 • 사회복지 등 해당 강의 관련분야 기관·시설장 • 활동경력 20년 이상의 문화예술, 시민단체, 기업교육 전문직 종사자 • 기타 모금회가 인정하는 자	• 1시간 최대 250,000원 • 초과 매시간당 최대 150,000원	
	2급강사	• 대학 전임강사 및 전문대학 조교수 • 전·현직 4/5급 공무원 • 중소기업체 임원급 • 기업·기관·단체의 부장급 • 인간문화재·유명예술인 등 보조출연자 • 통계이론, SAS, SPSS 등의 전문가 • 박사학위 소지자 • 특별강사, 일반 1급 및 일반 3급을 제외한 자 • 사회복지 등 해당 강의 관련분야 기관·시설 중간관리자로서 관련분야 석사이상 학위를 소지한 자 • 활동경력 10년 이상의 문화예술, 시민단체, 기업교육 전문직 종사자 • 기타 모금회가 인정하는 자	• 1시간 최대 230,000원 • 초과 매시간당 최대 120,000원	

항목		기준	사용한도	비고
강사비	3급 강사	• 전/현직 6급 이하 공무원 • 전임 이외의 외래시간 강사 • 외국어/전산 등 학원강사 • 체육, 레크레이션 등 전문강사 • 사회복지 등 해당 강의 관련분야 기관·시설 중간관리자로서 관련분야 석사학위가 없는 자 • 활동경력 5년 이상의 문화예술, 시민단체, 기업교육 전문직 종사자 • 기타 모금회가 인정하는 자	• 1시간 최대 170,000원 • 초과 매시간당 최대 100,000원	* 유급의 내부 직원에게는 지급 불가 (동일 법인이라도 사업장 위치가 다르고 독립회계를 하는 타 기관의 직원인 경우에는 지급 가능)
	보조 강사	• 각종 실기실습 보조요원	• 1시간 최대 50,000원 • 초과 매시간당 최대 30,000원	
	다수인 출강 **	• 2시간 이하	• 5인 이하 최대 33만 원 • 6~10인 최대 45만 원 • 11인 이상 최대 66만 원	
		• 2시간 초과	• 5인 이하 최대 38만 원 • 6~10인 최대 55만 원 • 11인 이상 최대 66만 원	
회의참석비		• 2시간 이하	• 100,000원	• 유급의 내부직원에게는 지급 불가(동일법인이라도 사업장 위치가 다르고 독립회계를 하는 타 기관의직원인 경우에는 지급 가능)
		• 2시간 초과	• 130,000원	
원고료		• A4용지 1매 기준 – 글자크기 13p, 줄간격 160%, 상하여백 15, 좌우여백 25, 머리말·꼬리말 15, 또는 300단어 – 파워포인트로 작성한 경우에는 슬라이드 3면을 A4 1면으로 산정 – 원고지로 작성한 경우에는 200자 원고지 3.5매를 A4 1면으로 산정	• 12,000원 * 시간당 6매까지만 인정 최대 30만 원까지 지원	
단순인건비		• 1인/1일 (1일 8시간 기준/ 중식비 포함) ※ 월 60시간, 1개월 이상 근무 시 4대보험 가입 필수	• 단순인건비 74,300원 (중식비 7,500원 포함) • 주휴수당 66,800원 ※ 2020년 최저임금에 따라 변경	

항목	기준		사용한도	비고
자원봉사자 활동비***	• 자원봉사자에게 지급되는 교통비, 식사비 등의 활동비(1회 기준)		• 30,000원 이하	• 자원봉사자 활동비는 봉사활동에 실제 소요된 경비에 한해 예산한도 내에서 지급하며 증빙 가능해야함(임직원 자원봉사 활동비 제외) 지급증 필수 첨부(활동명, 활동시간 및 지역, 소요비용 및 산출근거 표기)
출장여비	• 시내여비		• 실비	* 일비, 식비는 해당 시·도를 벗어나는 출장에 적용 * 특별시와 광역시를 포함한 동일시와 군 및 섬(제주특별자치도 제외) 밖으로의 출장으로 왕복거리가 12km이상인 출장에 대해 시외출장 적용. 단, 육로 120km(왕복) 또는 수로 60km(왕복) 미만의 출장에 있어서는 일비의 전액과 식비의 3분의 1만을 지급함. * 기관차량 이용 시 일비의 2분의 1만을 지급(단, 숙박 시 전액 지급 가능) * 출장지에서 식사가 제공되는 경우 해당 식비를 제외하고 지급 (예. 교육참석 차 왕복 120km 이상의 지역으로 시외출장 시 점심식사가 제공되는 경우 식비의 2/3만 지급)
	• 시외여비	교통비 (KTX일반, 고속버스, 전세버스 등)	• 실비	
		일비(1인 1일)	• 20,000원	
		식비(1인 1일)	• 25,000원	
		숙박비(1인 1실)	• 실비(상한액 50,000원)	

<table>
<tr><th colspan="2">항목</th><th>기준</th><th>사용한도</th><th>비고</th></tr>
<tr><td colspan="2">워크숍</td><td>• 1인 기준</td><td>• 100,000원</td><td>* 1박 2일 기준(숙박비, 식비)
* 숙박일수 추가 시 추가되는 일수당 기준단가 적용
* 진행비(교통비, 대관료 등) 실비 적용하여 별도 편성
* 사용한도 초과가 불가피한 경우, 모금회의 사전 승인 필요</td></tr>
<tr><td colspan="2">식사비</td><td>• 1인 기준</td><td>• 15,000원</td><td rowspan="2">*참석자가 모두 내부직원일 경우 지출 불가
* 온라인으로 회의, 강의 등을 진행할 경우 지출 불가(식사 및 다과를 대신한 기프티콘, 쿠폰 지급 불가)</td></tr>
<tr><td colspan="2">다과비</td><td>• 1인 기준</td><td>• 7,500원</td></tr>
<tr><td colspan="2" rowspan="4">자문비</td><td>• 2시간 이하</td><td>• 1회 100,000원</td><td rowspan="4">* 수퍼비전기록 필히 비치
* 내부 직원 지급 불가
* 시외의 경우, 교통비 실비지급 가능
* 1일 상한액 20만 원</td></tr>
<tr><td>• 2시간 초과</td><td>• 1회 130,000원</td></tr>
<tr><td>• (공식) 서면자문 1회</td><td>• 20,000원(1회당)</td></tr>
<tr><td colspan="2">• 공통사항: 자문 내용 기본 양식(A4 용지 1매 기준, 글씨크기 13 point, 줄간격 160%, 상하 여백 15, 좌우 여백25, 머리말 · 꼬리말 15)
※ 서면자문 양식은 사업수행안내자료를 통해 별도 제공 예정</td></tr>
<tr><td rowspan="4">세미나, 토론회 등</td><td rowspan="2">토론</td><td>* 1시간 이하 1회</td><td>* 100,000원</td><td rowspan="4">* 슈퍼비전기록 필히 첨부
* 내부직원 지급 불가
* 시외의 경우, 교통비 실비지급 가능
* 1일 상한액 20만원</td></tr>
<tr><td>* 1시간 초과 1회</td><td>* 130,000원</td></tr>
<tr><td rowspan="2">기조 연설, 발제, 사회</td><td>* 1시간 이하 1회</td><td>* 200,000원</td></tr>
<tr><td>* 1시간 초과 1회</td><td>* 300,000원</td></tr>
<tr><td colspan="2">번역료</td><td colspan="2">• 한국외대 통역번역센터 요율표 기준
(매해 발표되는 기준 참조, 시행시점 가장 최근 자료 이용)
※ 단, 전문기관 등에 의뢰하여 작성된 원고 및 통 · 번역자료에 대해서는 별도계약에 따라 지급할 수 있다.</td><td></td></tr>
</table>

항목	기준	사용한도	비고
수어통역	* 1인 1시간 기준	* 100,000원	개인으로 활동하는 수어통역사 기준이며, 수어통역 관련 단체(업체)를 통하는 경우 해당 단체 (업체)의 단가 적용

* 강사비 초과시간의 계산 방법 : 같은 날짜에 동일대상에게 동일내용(주제)을 강의하는 경우 2회 이상으로 나누어 강의를 하여도 두 번째 시간부터는 초과시간으로 계산함

** 다수인 출강 : 1개의 프로그램에 2인 이상의 강사가 참여하는 교육

*** 자원봉사활동비 : 실비개념으로 봉사활동에 3만원 한도 내로 실비 지급

〈표 8-4〉 온라인 강의 강사비 지급기준

유형	강의 방식	지급 단가	비고
녹화형 강의	- 오프라인 강의를 그대로 촬영하여 사이버 강의화한 콘텐츠 - 강사가 콘텐츠 제작을 위해 별도로 원고를 작성하고 직접 출연하여 제작한 콘텐츠	- 오프라인 강의 강사료 - 강사출연비 : 시간당 10만원 이내 ※ 최종 편집된 영상의 강의시간을 기준으로 함	- 강사출연비는 강사의 촬영 동기 요인 강화 및 다회 노출 부담에 대한 보상 - 녹화된 영상을 반복 없이 1회만 사용하는 경우에는 강사출연비를 지급하지 않음
실시간 라이브 강의	- 강사와 강의대상이 특정 시간에 원격 강의에 참여하여 진행하는 방식	- 오프라인 강의 강사료	- 실시간 라이브를 녹화하여 반복 사용하는 경우에는 녹화형 강의에 준하여 강사출연비 지급

※ 유의사항

1. 상기 기준은 지급 가능한 최대금액으로 강의의 난이도, 내용 등에 따라 제시된 한도 내에서 적정한 수준으로 조정하여 지급할 수 있음.
2. 영상물의 저작권에 관하여 붙임의 양식에 따라 강사와 별도 계약을 체결하여야 하고, 콘텐츠 이용을 위하여 필요한 권리(저작재산권)는 기 체결한 배분사업 표준계약에 의거, 수행기관과 모금회에 귀속됨.
3. 강의시간은 최종 편집된 영상에서 강의가 진행된 시간을 기준으로 하고, 참여자의 시청 편의를 위하여 영상을 분할 편집한 경우에는 총 영상 시간의 합으로 계산함.

예) 강의 전후로 기관소개 영상 등을 포함한 경우, 강의시간으로 계산하지 않음.

4. 강사료 및 강의출연비에 대한 비용 산출 시 1시간 이하는 1시간으로 계산하되, 30분 이하는 0.5시간으로 산정하여 기준 단가의 2분의1 한도 내에서 지급함.
5. 강사가 제작한 강의자료를 제공받아 활용하는 경우에도 동일한 기준을 적용하며, 상기 기준을 초과하여 지급할 수 없음.
6. 영상물 제작시 모금회의 지원사업을 통해 제작된 영상임을 표시하여야 함.

예) "강의명" 영상은 사회복지공동모금회(로고삽입) 지원으로 제작되었습니다.

7. 지원사업으로 제작한 영상을 통한 광고 · 수익 창출은 불가함.

요 약

1. **사회복지기관의 재정 지원**: 사회복지기관의 수입과 지출은 다음과 같은 형태로 이루어진다.

<table>
<tr><th>수입</th><th colspan="2">지출</th></tr>
<tr><td rowspan="2">• 수여금: 민간재단이나 정부로부터 받는 기금 (사용 용도에 제한 존재)
• 기부금(후원금 등): 비교적 자유롭게 활용 가능
• 서비스 이용료: CT가 지불하는 비용
• 보험선지급금: 보험 혜택에 앞서 받는 보험금
• 기업부담금: 기업이 부담하는 금액 (복지 혜택이나 프로그램의 재정 등)
• 기관 재정(자체 예산)
• 기관 수익사업</td><td>직접비:
프로그램이나 서비스를 위해 새롭게 직접 지출되는 경비</td><td>신규 인력, 신규 기구, 도구 구입 등</td></tr>
<tr><td>간접비:
프로그램이나 서비스와 간접적으로 연관되어 발생하는 비용</td><td>기관의 기존 시설(사무실, 집기 등)이나 인력(관장, 기존 스태프 등) 중 신청 프로그램에 활용될 부분</td></tr>
</table>

2. **프로그램의 예산 수립**

- 프로그램 예산은 프로그램을 시행하는 데 지출되는 비용(인건비, 재료비, 장비 및 기구 구입비, 사업비 등)에 대해 각각 얼마의 비용이 필요한 것인지 예측하여 작성한다.
- 프로그램 예산은 프로그램을 진행하기 위해 필요한 예산을 신중하고 계획적으로 작성하는 것으로, 예산을 부풀리기 위해 굳이 필요하지 않은 항목을 추가하거나 금액을 늘려 작성하지 않도록 주의해야 한다.
- 프로그램 예산은 세분화된 항목별로 총비용이 책정된 근거를 보여 주는 것이 좋다. 예를 들어, 프로그램 참가자 40명에 대해 여행자 보험(1인 2,500원)을 들었고 총액이 100,000원이 나왔다면, 총액만 제시하는 대신에 '2,500 × 40명 = 100,000원'과 같이 산출근거를 보여 주어야 한다.

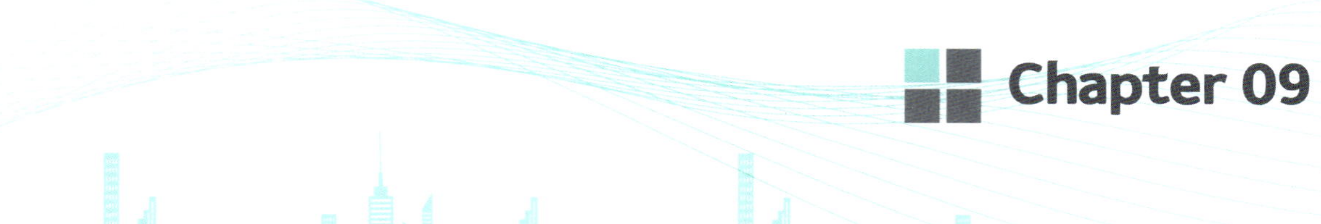

Chapter 09

사회복지 프로그램의 실행

사회복지 프로그램의 활동 내용을 선정하고, 프로그램을 수행하기 위한 예산을 편성한 이후에는 실제로 프로그램을 실행에 옮기게 된다. 프로그램을 실행한다는 것은 표적문제 해결을 위해 수립된 목적과 목표를 달성하기 위하여, 계획된 활동을 실제로 전개해 나가는 것이다. 다음에서는 사회복지 프로그램을 실행하기 이전에 프로그램에 대해 홍보하는 방법에 대해 살펴보고, 그 이후에 프로그램의 실행 과정에서 유의할 사항과 프로그램 진행과 관련된 관리기법에 대해 다룰 것이다.

01 프로그램의 홍보

사회복지기관은 프로그램 홍보를 통해 프로그램의 목적과 프로그램에 대한 정보를 지역주민들에게 알리고, 관심 있는 주민들이 프로그램에 참여하도록 하는 과

정을 통해 그들이 겪고 있는 문제를 해결할 수 있도록 지원하게 된다. 즉, 지역사회에 존재하는 잠재적 클라이언트들에게 사회복지 프로그램에 대한 정보를 제공하고, 그들의 참여를 유도하여 지역사회문제 해결을 도모하고자 하는 것이다.

성공적인 프로그램 홍보는 먼저 지역주민들의 주의를 끌고, 프로그램이나 서비스에 대해 관심을 갖도록 유도하며, 참여하고 싶은 동기를 가질 수 있도록 하여야 한다. 또한, 홍보의 내용이 기억에 남아서 결과적으로 그 프로그램에 참여하는 행동으로 이어질 수 있도록 하는 것이 프로그램 홍보의 목적이다.

프로그램에 대한 홍보 방법은 다음과 같이 매우 다양하다. 각각의 방법마다 장단점이 존재하므로 지역사회 및 기관의 상황과 프로그램의 특성, 참여 대상자의 특성 등을 고려하여 가장 적절한 홍보 방법을 선택하여야 한다.

1) 우편 발송

프로그램을 홍보하고자 하는 대상자가 명확하고 그러한 대상자들의 주소를 가지고 있는 경우, 우편을 통해 프로그램에 대한 정보를 발송할 수 있다. 우편 발송 시에는 예산이 낭비되지 않도록 주소록을 점검하여 홍보지가 같은 주소로 중복발송이 되지 않도록 주의하여야 한다.

우편 홍보 방법은 프로그램의 목적과 시행 방법, 내용 등에 대하여 상세한 안내가 가능하며, 대상자가 자신이 편리한 시간에 언제든지 그러한 정보를 살펴볼 수 있다는 장점이 있다.

그러나 기관에서 주소를 확보하고 있는 특정 대상자들에게만 홍보가 가능하며, 기관에 주소를 등록하지 않은 지역주민 중에도 잠재적 클라이언트가 존재할 수 있으나 이들을 대상으로는 홍보가 불가능하다는 단점이 있다. 또한, 우편 발송을 준비하는 과정에서 인쇄물을 복사하고, 봉투에 주소를 부착하는 등 발송하는 과정에 비교적 많은 시간이 소요될 수 있다는 점도 고려하여야 한다.

2) 이메일, 인터넷 홈페이지, SNS(Social Networking Service)

최근 들어 가장 많이 활용되는 프로그램 홍보 방법 중 하나는 이메일, 인터넷 홈페이지, 페이스북이나 트위터 등의 SNS 계정을 활용하는 것이다.

이 방법은 홍보물을 발송하거나 게시하는 즉시 다수의 사람에게 신속하게 정보를 전달할 수 있고, 다수의 사람을 대상으로 홍보를 하여도 추가적인 비용이 발생하지 않아 홍보 비용을 절약할 수 있다는 점이 장점이다.

반면에 이메일, 홈페이지, SNS 계정을 활용한 홍보는 컴퓨터나 스마트폰을 소유하고 있거나 사용할 수 있는 기술이 있는 대상자들에게만 정보를 전달할 수 있다는 단점이 있다. 저소득층이나 노인 집단 등은 상대적으로 정보로부터 소외될 가능성이 커진다.

3) 포스터, 현수막, 인쇄물(팸플릿, 전단지, 소책자 등)

프로그램 홍보 방법으로 자주 쓰이는 방법 중 하나는 지역주민들이 잘 볼 수 있는 곳에 포스터나 현수막을 부착하거나, 인쇄물(팸플릿, 전단지, 소책자 등)을 비치하는 것이다. 지역주민들의 관심을 끌 수 있는 시각적인 디자인과 홍보 문구의 선정이 중요하다.

이 방법은 기관이나 기관이 위치한 지역을 방문하는 사람들에게는 정보를 전달할 수 있으나, 그렇지 않은 사람들에게는 정보를 전달하지 못한다는 한계점이 있다.

4) 신문, 지역 소식지 및 잡지 광고

신문이나 지역 소식지, 잡지 등의 광고란을 이용하여 프로그램 홍보를 할 수도 있다. 지역주민 대상의 지방신문이나 소식지가 활성화되어 있는 경우, 프로그램에 대한 정보를 제시하기 좋을 것이다.

우편 발송의 경우처럼 대상자들의 주소를 확보하고 있지 않아도 다수의 사람에

게 정보를 전달할 수 있다는 장점이 있다. 또한, 지면을 통한 홍보이므로 대상자들이 기관 연락처도 확보할 수 있고 프로그램에 대한 정보를 반복적으로 읽을 수 있다는 점도 장점이다. 그러나 신문이나 지역 소식지, 잡지 등에 프로그램에 대한 홍보 내용을 게재할 경우 광고 비용이 많이 든다는 단점이 있다.

5) 방송 매체(TV, 인터넷 방송, 라디오 등)

각 지역의 TV 방송이나 케이블 채널, 인터넷 방송 또는 라디오 등의 방송 매체를 활용하여 기관의 프로그램에 대해 홍보하는 것도 가능하다. 방송 매체를 활용한 광고는 기억에 남는 광고 방법으로 지역주민들의 관심을 끌고 참여를 유도할 수 있다. 그러나 방송 매체를 활용한 광고는 제작비용 및 방송 비용이 많이 든다. 또한, 정보를 반복하여 살펴볼 수 있는 문자 매체와는 달리, 광고가 지나가고 나면 다시 반복하여 내용을 보거나 듣기 어렵고 내용을 기억하기도 어렵다.

6) 전화

프로그램이나 서비스에 대해 어느 정도 관심이 있는 사람들에게는 전화를 통한 홍보가 효과적일 수 있다. 전화로 필요한 정보를 전달하고, 지역주민이 궁금한 사항에 대해 즉각적인 답변이나 추가적인 설명을 제시할 수 있는 장점이 있다. 그러나 연락처를 알고 있는 주민을 대상으로만 홍보할 수 있고, 전화 연락을 했을 당시 통화가 가능한 주민만을 대상으로 홍보가 이루어진다는 단점이 있다.

7) 대면 홍보

대면 홍보는 프로그램에 관심이 있을 것이라 생각되는 사람들을 직접 만나서 프로그램에 대해 구두로 소개해 주는 방법이다. 프로그램의 잠재적 참여 대상자들이 모여 있는 집단, 모임, 기관 등을 찾아가 프로그램의 목적과 내용에 대해 설명하고, 그들이 잘 이해하지 못하는 부분이나 질문사항에 대해 즉시 답변을 해 줄 수 있다는 것이 장점이다. 대면홍보 시에는 정보를 과장하거나 왜곡하지 않고, 정확한 내용을 적절하게 잘 설명해 줄 수 있는 홍보자의 역할이 매우 중요하다. 대화방식을 통한 직접적인 상호작용을 바탕으로 하기 때문에 분명하고 설득력 있게 정보를 전달할 수 있다는 점도 좋다.

그러나 잠재적 참여자의 거주지로 직접 찾아가 홍보를 하는 경우, 그러한 참여자가 거부감이나 부담감을 느끼는 경우가 많을 수 있고 결과적으로 홍보를 진행하기 어려울 수 있다.

생각해보기

1. 여러분이 개발한 프로그램에 대해 홍보를 한다면, 어떠한 홍보 방법을 활용하고 싶습니까? (예: 우편, 이메일, 포스터, 현수막, 대면 홍보 등) 프로그램 참여자의 특성(연령, 성별, 소득 수준, 교육 수준, 인지적/정서적 능력 등)을 고려할 때 어떠한 프로그램 홍보 방법이 가장 효과적이라고 생각합니까?

2. 위와 같은 프로그램 홍보 방법을 선택한 이유는 무엇입니까? 선택한 프로그램 홍보 방법에는 어떠한 장단점이 있습니까?

02 프로그램의 실행

프로그램을 실행한다는 것은 프로그램의 목적과 목표를 달성하기 위하여 계획하였던 프로그램을 실제로 진행해 나가는 것을 뜻한다. 프로그램의 목적과 목표가 잘 달성되기 위해서는 목적과 관련 있는 목표가 설정되어 있어야 하고, 각각의 목표 달성에 필요한 시간제한이 정해져 있어야 하며, 목표의 성취 여부에 대한 측정과 평가가 가능하여야 한다.

프로그램은 클라이언트의 욕구와 문제를 성공적으로 해결하기 위하여 실행하는 것이므로, 프로그램 시작 이후 클라이언트의 상황에 맞춰 실행과정을 적절하게 조절할 필요가 있다. 프로그램의 초기 진행과정부터 모니터링을 실시하여 프로그램을 통해 클라이언트가 어떠한 경험을 하고 있으며 목적과 목표가 제대로 달성되고 있는지, 프로그램의 내용이 클라이언트의 욕구충족이나 문제해결에 적절한지, 더 효과적인 프로그램 내용이나 진행방식이 있지는 않은지에 대해 관찰하고 탐색하여야 한다. 이를 통해 프로그램의 진행과정에서 더 적절한 프로그램 구성이나 내용, 진행과정을 찾게 된다면, 그것을 이후 프로그램 실행과정에는 반영할 수 있도록 하여야 한다. 이를 위해 프로그램 진행에 대한 관리가 필요하다.

03 프로그램의 진행과정에 대한 관리

사회문제를 해결하고 클라이언트의 욕구를 충족시키기 위한 사회복지 프로그램을 기획한 이후에는 프로그램이 목적과 목표를 성공적으로 달성할 수 있도록 프로그램 진행과정에 대한 관리가 이루어져야 한다.

- 프로그램 수행과정에서 클라이언트 집단에 적절한 서비스가 제공되고 있는가?
- 프로그램 진행인력은 계획대로 배치되어 적절한 역할을 수행하고 있는가?
- 프로그램 수행에 필요한 예산, 시설, 기자재는 적절히 지원되고 있는가?
- 프로그램 진행과정에 대한 모니터링 결과, 어떤 문제점이나 제한점이 있는가?
- 프로그램 진행과정에 대한 모니터링 결과 발견한 문제점이나 제한점은 어떻게 해결할 수 있는가?
- 프로그램 진행과정에 대한 모니터링 결과를 반영하여 프로그램을 어떻게 개선시켜 나갈 수 있는가?

즉, 프로그램이 계획대로 잘 진행되고 있는지, 프로그램 진행과정을 통해 목적과 목표가 성취되어가고 있는지, 프로그램의 성공을 방해하는 요소는 없는지, 예상하지 못한 장애요인이 발생하지는 않았는지, 돌발상황이나 장애요인에 대한 대처방안이 마련되어 있는지 등에 대해 살펴보고 적절하게 대처하는 것이 필요하다.

다음의 〈표 9-1〉에서 프로그램 실행과정에서 문제점을 확인하기 위해 점검해 보아야 할 사항에 대해 제시하고 있다. 프로그램 실행과정에서 누가, 언제, 어디서, 무엇을, 왜, 어떻게 진행하며, 그 프로그램이 누구를 위해 실행되는 것인지에 대해 살펴보고, 그와 관련해 발생할 수 있는 문제점에 대해 살펴보는 것이 중요하다. 프로그램 실행과정에서 문제점이 확인되면, 그러한 문제점에 대해 어떻게 개입하고 해결할 것인지, 그 결과로서 프로그램을 어떻게 개선시켜 나갈 것인지에 대해 계획을 수립하여야 한다.

〈표 9-1〉 프로그램 실행과정에서 문제 확인을 위한 체크리스트 (점검사항)

	실행계획수립의 주요 요소	실행과정에서의 문제 확인 요소
1. Who (누가)	누가 프로그램을 실행하는가? • 프로그램 주최자와 주관자는 누구인가? • 프로그램 실행을 준비하는 사람은 누구인가? • 프로그램 담당자, 외부전문가, 자원봉사자는 누구인가?	실행주체와 관련된 문제 • 현재 실행하는 사람은 누구인가? • 그밖에 실행할 수 있는 사람은 누구인가? • 반드시 실행에 참여해야 할 사람은 누구인가? • 무리하게/무관하게/일관성 없이 참여하고 있는 사람은 누구인가?
2. When (언제)	언제 프로그램을 실행하는가? • 프로그램 실행의 예정 일시 • 프로그램 실행의 기간	실행 시기와 기간과 관련된 문제 • 언제 실행하는 것이 바람직한가? • 정해진 시기와 기간 외에 할 수는 없는가? • 실행 시기가 무리하게 정해지지 않았는가?
3. Where (어디서)	어디서 프로그램을 실행하는가? • 가장 적합한 장소 • 차선으로 간주되는 장소	실행 장소 및 주변 여건과 관련된 문제 • 여기서 실행하는 것이 좋은가? • 그 밖에 다른 장소는 없는가? • 실행 장소가 무리하게 정해지지 않았는가?
4. What (무엇을)	무슨 프로그램을 실행하는가? • 프로그램 형태와 제목 • 프로그램의 핵심적 요소(내용)	실행 활동과 관련된 문제 • 현재 무슨/어떤 활동이 실행되고 있는가? • 다른 필요한 활동은 없는가? • 목적 및 목표와 무관하게 이루어지고 있는 활동은 없는가?
5. Why (왜)	왜/어떤 목적으로 이 프로그램을 시행하는가? • 프로그램의 목적은 무엇인가? • 프로그램의 주제는 무엇인가? • 프로그램에서 강조점은 무엇인가?	실행 목적 달성과 관련된 문제 • 왜 그 사람이 그 활동을 하는가? • 왜 그 시간과 장소에서 하는가? • 왜 그 방법으로 활동을 하는가? • 목적 달성 과정에서 무리하게/무관하게/일관성 없이 이루어지는 활동은 없는가?
6. How (어떻게)	어떻게 프로그램이 실행되는가? • 프로그램의 구조와 절차 • 예산과 인력의 준비 • 홍보와 프로그램 수단	실행 방법과 관련된 문제 • 현재 어떤 방법으로 실행되고 있는가? • 다른 방법은 없는가? • 실행 방법상에서 무리하게/무관하게/일관성 없이 진행되는 일은 없는가?
7. For Whom (누구를 위해)	누구를 위해 프로그램을 실행하는가? • 참여자의 특성 • 참여자의 욕구와 표적문제 • 참여자 인원수	참여자와 관련된 문제 • 참여자는 공정하게 선정되었는가? • 프로그램 계획 과정에서 참여자의 특성, 욕구, 표적문제에 대한 충분한 고려가 이루어졌는가? • 참여자의 인원수는 프로그램의 수행을 위해 적절한 수인가?

출처: 황성철(2005). 사회복지 프로그램 개발과 평가. 공동체. p. 207 / 최호윤(2007). 사회복지 프로그램 개발과 평가. 21세기사. p. 140의 내용을 바탕으로 재정리.

1) 프로그램 진행과정 관리기법

프로그램을 계획대로 정확히 실행하기 위해서는 프로그램의 진행과정에 대한 관리가 이루어져야 한다. 프로그램의 성공적 진행을 위해 필요한 과업을 설정하고 그러한 과업별로 목표를 달성하기 위한 시간을 계획하며, 과업 달성이 계획대로 추진되고 있는지에 대해 점검하는 것이 중요하다. 이를 통해 프로그램의 진행과정을 효과적으로 관리할 수 있으며, 진행과정에서 특정 과업이 지연되는 등의 문제가 발생하였을 때에도 능동적으로 대처할 수 있게 된다.

프로그램의 진행과정에 대한 관리기법으로서 프로그램 평가검토기술 PERT (Program Evaluation and Review Technique), 간트 차트, 플로우 차트 등이 있으며, 다음에서 살펴볼 것이다.

(1) 프로그램 평가검토기술 PERT(Program Evaluation and Review Technique)

프로그램 평가검토기술(PERT)은 프로그램의 실행과정을 모니터링할 때 사용하는 기법이다. 프로그램 평가검토기술은 복잡한 프로그램 과업을 완수하기 위해 어떠한 단계들이 필요하고 그러한 단계들이 어떠한 순서로 진행되는지를 보여 준다. 또한, 각 단계를 달성하는 데 소요되는 시간을 파악하여 전체 프로그램을 완료하게 되는 시점이 언제가 될지 추정하는 것에도 도움이 된다. 프로그램 평가검토기술은 이전에 사업을 수행한 경험이 없는 신규 사업에 대해 프로그램 과업 달성 기간을 단축하기 위한 목적으로도 쓰이고, 기존에 수행해 왔던 사업에 대해서도 프로그램 과업을 달성하는 기간을 효율적으로 관리하기 위해 사용된다. 프로그램 평가검토기술을 활용하는 절차는 다음 〈글상자 9-1〉과 같다.

〈글상자 9-1〉 프로그램 평가검토기술(PERT)의 절차

① 프로그램의 목표에 대해 확인하기(목표 확인)
② 프로그램의 목표를 달성하기 위해 필요한 주요 과업을 과업별로 파악하기(과업별 내용)
③ 프로그램의 주요 과업을 달성하는 데 소요되는 기대시간(예상시간)을 과업별로 계산하기(과업 달성의 기대시간)
④ 프로그램의 주요 과업별 수행을 어떠한 논리적 순서로 구성하고 연결할 것인지 논리적으로 수행 순서를 확정하기(과업의 진행 순서)

예를 들어, ○○종합사회복지관에서 지역사회 내의 중·고등학생 100명을 대상으로 '청소년 사회봉사 체험 캠프' 프로그램을 여름 방학기간에 실행하고자 한다면, 프로그램 평가검토기술(PERT)을 활용할 수 있다(표 9-2, 그림 9-1).

아래의 예시 〈표 9-2〉와 [그림 9-1]을 보면, 프로그램을 실행하기 위한 전체 작업이 A(청소년 캠프 운영팀 구성 및 가동)에서 시작되어 H(청소년 사회봉사 체험캠프의 시행)에서 완료된다는 것을 알 수 있다. A부터 H까지의 전체 작업을 완료하는 데 소요되는 시간은 최장작업경로(critical path)에 의해 규정되는데, 최장작업경로란 주요 과업들을 완료하는 데 있어 가장 오랜 시간이 소요되는 과업수행의 경로를 뜻한다. 〈표 9-2〉를 보면 (가)팀이 수행하는 과업들(A - B - C - H)은 6주가 소요되고, (다)팀이 수행하는 과업들(A - F - G - H)은 7주가 소요되는 것을 알 수 있다. (나)팀이 수행하는 과업들(A - D - E - H)이 완료되기까지 가장 긴 시간(9주)이 소요되므로 이것이 최장작업경로가 된다. 최장작업경로는 과업 수행 일정을 차질 없이 진행하고 과업 달성일을 엄수하는 데 있어 중요한 기준이 되며, 과업을 진행하는 팀에서는 가능하다면 이 최장작업경로의 일정을 단축하고자 노력을 기울이게 된다(김종명 외, 2013).

〈표 9-2〉 프로그램 평가검토기술(PERT)의 활용

t=기대시간(~일, ~주, ~개월로 설정 가능)

코드	주요 과업	기대시간 (t=주)	기대시간(t)의 계산
A	청소년 캠프 운영팀 구성 및 가동	2주	t=(O+4M+P)÷6
B	캠프 장소 물색과 선정	3주	• O: Optimistic time (낙관적 상황에서 기대시간 예상치)
C	차량과 장비, 비품 확보 및 배치	1주	
D	참가자 홍보 및 자원봉사자 모집	3주	
E	대상자 선정 및 자원봉사자 훈련	4주	• M: Most likely time (통상적으로 예상되는 기대시간 예상치)
F	활동지(복지시설) 섭외 및 확정	2주	
G	프로그램 매뉴얼 작성 및 인쇄	3주	• P: Pessimistic time (비관적 상황에서 예상되는 기대시간 예상치)
H	청소년 사회봉사 체험캠프의 시행	–	

(가), (나), (다)팀별 과업:

- 사회복지 인력 2명 (가)팀: A – B – C – H (6주)
- 사회복지 인력 2명 (나)팀: A – D – E – H (9주: 최장시간경로, critical path)
- 사회복지 인력 2명 (다)팀: A – F – G – H (7주)

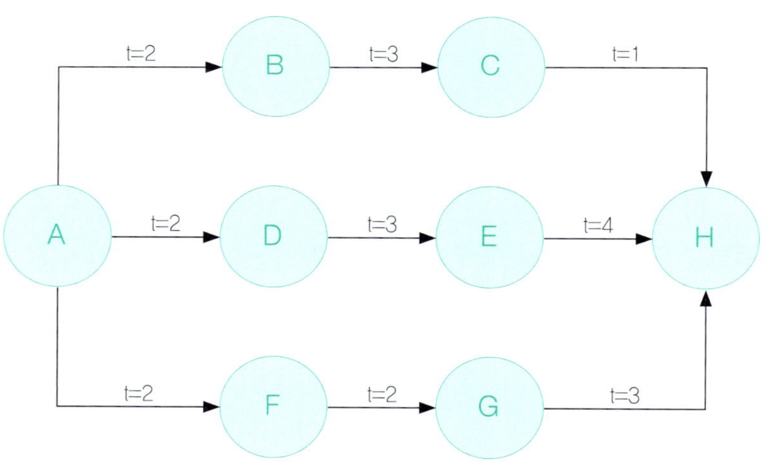

[그림 9-1] 프로그램 평가검토기술(PERT) 활용의 예시

출처: 황성철(2005). 사회복지 프로그램 개발과 평가. 공동체. pp. 242-243를 바탕으로 재정리.

[그림 9-1]에서는 프로그램 평가검토기술(PERT)을 활용하여 프로그램의 실행을 위해 필요한 주요 과업들의 내용이 무엇이며, 어떠한 순서로 진행되어야 하고, 과업별로 소요되는 시간(기대시간)이 얼마인지 제시해 주고 있다.

(2) 간트 차트(Gantt Chart)

간트 차트(Gantt Chart)는 활동별 진행계획 도표라고도 불리며, 1919년 미국의 간트(Gantt)가 개발한 프로그램 진행과정 관리기법이다. 간트 차트에서는 프로그램의 수행과정에서 달성하여야 하는 주요 과업의 목록을 살펴볼 수 있으며, 주요 과업별로 작업의 시작과 끝(작업의 시작일과 종료일)을 막대 도표(bar chart)로 표시하여 전체적인 진행일정을 한눈에 볼 수 있다(그림 9-2).

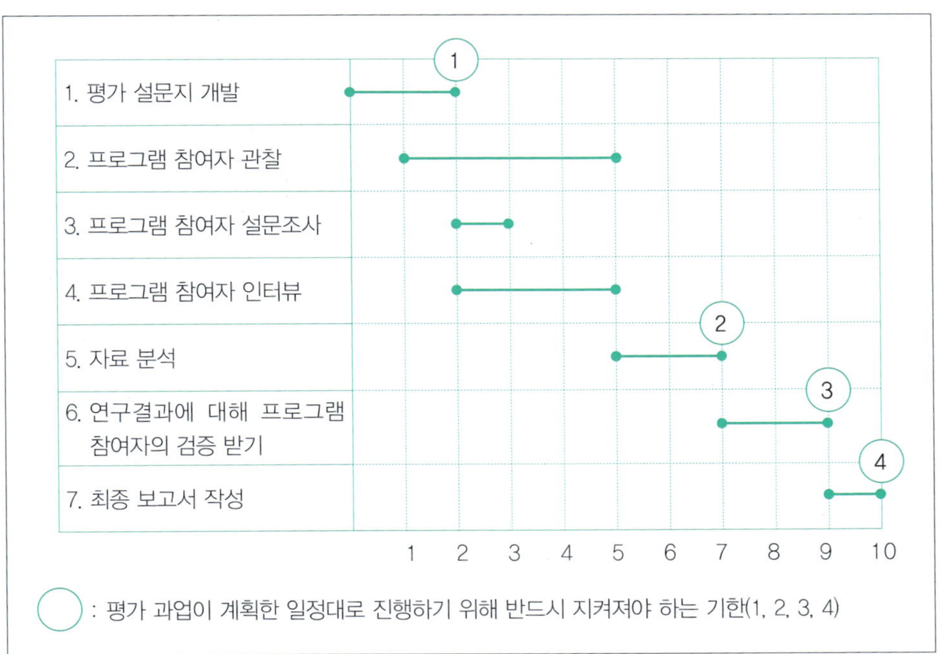

[그림 9-2] 간트 차트 활용의 예시

출처: Fitzpatrick, J. L., Sanders, J. R. & Worthen, B. R. (2004). Program evaluation: alternative approaches and practical guidelines(3rd ed). Boston, MA: Pearson Education, Inc. p. 280.

간트 차트는 프로그램 실행을 계획하고 관리(점검)하는 기능을 동시에 수행할 수 있다. 간트 차트를 활용해 프로그램의 수행을 위해 필요한 주요 과업들을 정리하고 과업별로 과업 완료일에 대한 계획을 세울 수 있으며, 이후에 과업별로 진행 상황에 대한 관리와 점검을 하는 것도 가능하다.

(3) 플로우 차트(Flow Chart)

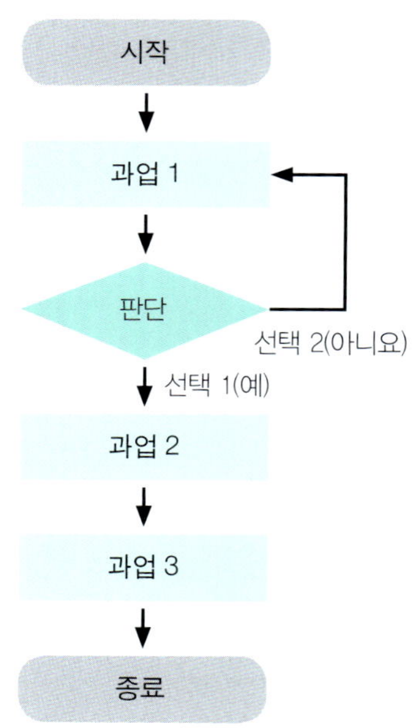

[그림 9-3] 플로우 차트의 기본적 형태

플로우 차트(Flow Chart)는 총괄진행도라고도 불리며, 프로그램이나 서비스의 주요 과업들과 그러한 과업들의 논리적인 진행의 순서(문제해결의 순서)를 '시작'부터 '종료'까지 한눈에 보여 준다.

플로우 차트의 기본적인 형태는 [그림 9-3]과 같다. 프로그램이나 서비스의 시작 단계와 종료 단계까지 전체적 진행절차를 제시하고 있으며, 어떤 판단이나 결정을 내려야 하는 단계는 ◇ 모양으로 표시하여 판단의 결과에 따라 '선택 1(예)'이나 '선택 2(아니요)'를 선택하게 되어 있다. 예를 들어, '판단'의 단계에서 "클라이언트의 프로그램 참여가 가능한가?"라는 질문에 대해 '선택 1(예)'이 답이라면 그다음 단계로 넘어가 프로그램을 실행하고, '선택 2(아니요)'가 답이라면 다시 이전 단계로 돌아가서 클라이언트가 프로그램 참여를 위해 대기하도록 하는 것이다.

플로우 차트를 활용하면 프로그램이나 서비스의 복잡한 진행절차를 한눈에 볼 수 있어 편리하다. 다음의 [그림 9-4]에서 플로우 차트를 활용한 예시를 보여 주고 있다. [그림 9-4]는 '아동보호' 서비스를 시행하는 데 있어 사례의 접수 단계부터 종

결 단계까지 주요 과업들이 어떠한 절차에 따라 진행되는지 제시해 주고 있다. 또한, 서비스나 프로그램을 결정하는 데 있어 무엇을 기준으로 판단하게 되는지(예: 긴급격리가 필요한가?), 그리고 그러한 판단을 근거로(예: 예 / 아니요) 어떠한 대안을 선택하게 되는지(예: 긴급격리 보호 / 원가정 보호)를 살펴볼 수 있다.

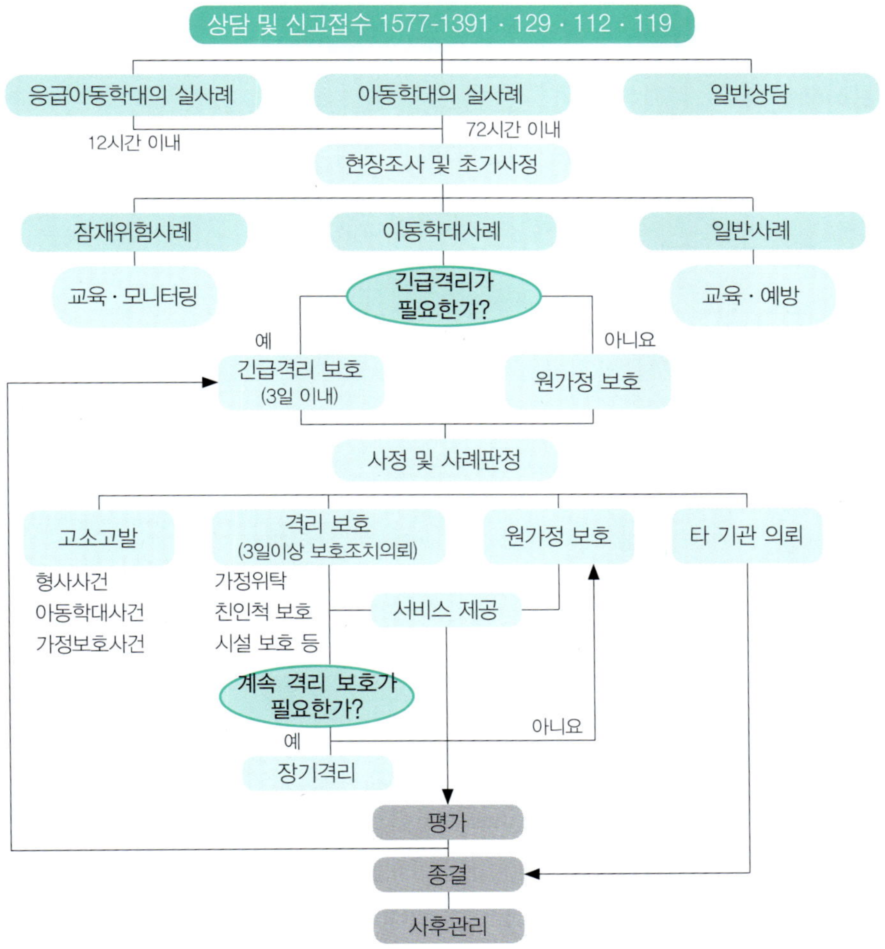

상담 및 신고접수 1577-1391 · 129 · 112 · 119
응급아동학대의 실사례
아동학대의 실사례
일반상담
12시간 이내
72시간 이내
현장조사 및 초기사정
잠재위험사례
아동학대사례
일반사례
교육 · 모니터링
긴급격리가 필요한가?
교육 · 예방
예
아니요
긴급격리 보호 (3일 이내)
원가정 보호
사정 및 사례판정
고소고발
격리 보호 (3일이상 보호조치의뢰)
원가정 보호
타 기관 의뢰
형사사건
아동학대사건
가정보호사건
가정위탁
친인척 보호
시설 보호 등
서비스 제공
계속 격리 보호가 필요한가?
아니요
예
장기격리
평가
종결
사후관리

[그림 9-4] 플로우 차트 활용의 예시

출처: 부산광역시 아동보호종합센터 홈페이지(아동보호 업무 플로우 차트).

요 약

1. **프로그램의 홍보**: 사회복지 프로그램의 홍보는 프로그램에 참여할 CT 집단을 확보하기 위한 목적을 지닌다. 이를 위해, 지역주민들이 참여할 수 있는 프로그램에 대해 효과적으로 알리고, 관심을 갖게 하며, 참여하고 싶은 동기를 갖도록 하여야 한다. 결과적으로 홍보를 통해 지역주민들이 프로그램에 참여할 수 있도록 하여야 한다.

   프로그램의 홍보 방법은 매우 다양하며, 각각의 장단점이 있다. 지역사회와 기관의 상황, 예산, 프로그램의 특성, CT의 특성 등을 고려하여 적절한 홍보 방법을 선택하여야 한다.

방법	내용
우편 발송	• 수신자의 주소와 이름을 명확히 아는 경우 사용(기관의 기존 프로그램 이용자나 후원자에 국한될 우려) • 짧고 분명하게 정보 전달 필요 • 중복 발송에 주의하기
이메일, SNS, 인터넷 홈페이지	• 다수의 사람들에게 신속하게 정보 전달 가능 • 비용 절감 • 컴퓨터를 소유하고 있거나 컴퓨터 사용기술이 있는 사람들에게만 정보가 전달된다는 단점
포스터, 현수막, 인쇄물	• 지역주민의 관심을 유발할 수 있는 시각적인 디자인과 문구의 선정 필요 • 기관이나 기관 인근 지역을 방문하는 사람들에게만 정보를 전달할 수 있다는 단점
신문, 지역 소식지 및 잡지 광고	• 신문이나 소식지, 잡지의 광고란 이용 • 광범위한 표적 집단을 대상으로 광고할 수 있는 장점 • 광고 비용이 많이 든다는 단점
방송 매체 (TV, 인터넷 방송, 라디오 등)	• 사람들의 기억에 남는 광고방법으로서 사람들의 관심을 유발할 수 있다는 장점 • 문자매체와는 달리, 다시 반복하여 보거나 듣기 어렵다는 한계점 • 제작 비용 및 방송 비용이 많이 든다는 단점

방법	내용
전화	• 반복적인 설명이 가능하고 질문에 대해 답해 줄 수 있다는 장점 • 전화를 보유하고 있는 사람, 연락처를 아는 사람에 대해서만 홍보 가능 • 프로그램이나 서비스에 대해 어느 정도 관심이 있는 사람들(통화를 거부하지 않는 사람들)에게만 정보제공 가능
대면 홍보	• 사람과 사람 간의 직접적인 상호작용을 활용한 홍보 • 반복적인 설명이 가능하고 질문에 대해 답해 줄 수 있다는 장점 • 만약, 지역주민의 거주지로 찾아가 홍보하는 경우, 지역주민들의 거부감 등으로 홍보를 진행하지 못할 우려 • 기획된 프로그램의 목적, 목표, 활동 내용 등에 대해 잘 설명해 줄 수 있는 홍보자의 역할이 중요

2. **프로그램의 실행**: 사회복지 프로그램을 실행하는 것은 지역주민의 욕구와 문제를 해결하기 위해 계획하였던 프로그램을 실제로 진행하는 것이다. 프로그램의 실행과정을 통해 지역주민을 돕기 위한 목적과 목표를 제대로 달성하려면, 프로그램 초기 진행단계부터 모니터링과 평가를 하는 것이 필요하다.

- 목적과 관련성 있게 목표 설정 필요
- 목표에 시간제한성 포함 필요
- 목표의 성취 여부를 측정가능 하도록 목표 설정 필요

일단 프로그램 실행이 시작되면, 프로그램의 진행과정에 대해 주의 깊게 관찰하고 관리하여 문제점이 있다면 빠르게 발견하고, 필요한 조치들을 강구하여야 한다. 즉, 프로그램의 실행과정은 상황 및 필요에 따라 적절히 조절할 수 있어야 한다.

3. **프로그램의 진행과정에 대한 관리**: 프로그램을 진행하는 과정에서 진행사항을 계속적으로 모니터링하고 분석하여, 그 결과를 바탕으로 프로그램을 개선하고 대처하여야 한다.

① **프로그램 평가검토기술**: 프로그램의 실행과정을 모니터링할 때 사용하며, 진행단

계의 순서와 소요시간, 완료 시점 등을 관리할 수 있다.

② 간트 차트: 활동별 진행계획에 대한 도표로서, 각 업무별로 작업의 시작과 끝(작업계획기간)을 막대도표로 표시한다. 프로그램 진행의 전체 일정을 한눈에 볼 수 있다.

③ 플로우 차트: 총괄진행도라고 불리며, 프로그램의 주요 과업들이 무엇이며, 어떠한 논리적인 진행 순서를 거치게 되는지 전체적으로 보여 준다.

Chapter 10

사회복지 프로그램 프로포절의 작성

01 프로그램 프로포절이란?

프로그램 프로포절은 사회복지기관이 사회문제를 해결하기 위해 기획한 사회복지 프로그램에 대해 설명하는 사업제안서이다. 프로그램 프로포절의 내용은 프로그램의 필요성, 사회문제의 심각성, 프로그램의 목적과 목표, 프로그램 활동 내용 및 기대효과, 예산, 평가계획 등으로 이루어진다.

프로그램 프로포절은 사회복지기관이 기획한 프로그램을 실제로 실행하기 위해 자원조달기관인 사회복지공동모금회, 기업재단, 후원기관 등에 제출하는 사업제안서이며, 자원조달기관으로부터 프로그램에 대한 승인을 받고 필요한 예산과 자원을 제공받기 위해 작성하는 것이다. 또한, 프로그램 프로포절은 사회문제를 해결하고 지역주민의 욕구를 충족시키기 위한 목적과 목표, 회기별 프로그램 활동 내용, 평가계획 등에 대한 전체적인 계획을 제시하고 있으므로, 사회복지사가 프로그램을 실제로 진행할 때 참고하는 지침으로 활용할 수 있다.

02 프로그램 프로포절의 내용

사회복지 프로그램 프로포절에 들어가는 내용은 기관에 따라 형식과 구성이 조금씩 다르지만, 일반적으로 들어가는 내용은 다음과 같다; ① 프로그램 이름, ② 프로그램 실시 주체, ③ 프로그램의 필요성, ④ 프로그램 목적과 목표, ⑤ 프로그램 대상자, ⑥ 프로그램의 세부 내용 및 시행 방법, ⑦ 예산, ⑧ 평가계획.

참고로 사회복지공동모금회의 프로그램 프로포절은 〈글상자 10-1〉과 같은 내용을 포함하고 있다.

〈글상자 10-1〉 사회복지공동모금회 프로그램 프로포절

Ⅰ. 기관 현황
- 1. 신청기관
- 2. 운영법인

Ⅱ. 사업 계획
- 1. 사업명
- 2. 사업의 필요성(대상자 욕구 및 문제점, 지역사회의 특성 등)
- 3. 서비스 지역, 서비스 대상 및 실인원 수
- 4. 사업 목적 및 목표
- 5. 사업 내용
  - 1) 세부 사업 내용: 활동(수행방법)
  - 2) 목표에 대한 평가방법
  - 3) 담당인력 구성
  - 4) 사업 진행 일정
  - 5) 홍보 계획
  - 6) 지역자원 활용 계획
- 6. 예산 계획
- 7. 향후 운영 계획

사회복지 프로그램 프로포절에 포함되는 주요 내용은 다음과 같다.

1) 프로그램 이름

프로그램 이름은 프로그램의 주제와 내용에 대한 요약이라고 할 수 있다. 그러므로 프로그램 이름에는 프로그램의 대상자, 목적, 방법 등이 포함되어 있는 것이 좋다. 프로그램 이름을 제시하는 형식은 '누구를 대상으로, 어떠한 목적을 달성하기 위해, 무엇을 하는 프로그램'과 같다. 다음 〈표 10-1〉에서 프로그램 이름의 형식을 제시하고 있다.

〈표 10-1〉 프로그램 이름 형식

대상	목적	방법
______________의(에게)	______________을(를) 위한	______________ 프로그램

출처: 문수열, 김병, 이창희, 정정란, 정창훈(2013). 사회복지 프로그램 개발과 평가. 정민사. p. 120.

프로그램 이름을 제시하는 형식에 맞춰 만들어진 프로그램 예시를 살펴보면 다음과 같다. 다음의 프로그램은 '2012 사회복지공동모금회 배분사례집'에 제시된 프로그램으로, 사회복지공동모금회를 통해 지원을 받았던 프로그램이다.

- 농어촌지역 분교 학생들의 심리 · 사회적 기능 강화 프로그램: 자연을 닮은 아이들의 희망 행진곡
- 저소득 취약계층 정서행동장애아동의 사회적응력 향상을 위한 생태체계적 접근: 행복한 아이, 희망찬 가족, 함께하는 지역사회 만들기
- 저소득 홀몸 노인의 통합형 맞춤 서비스를 위한 대학생 전공 활용 프로그램: 해피투게더, 해피솔루션
- 저소득층 밀집지역 중장년층 여성의 우울증 예방을 위한 지역재능나눔활동가 양성사업: 행복한 수다

- 발달장애 청소년·비장애 아동의 통합과 역량 강화를 위한 문화예술지원사업: 하나 되는 우리! 자존감 up! 무용과 예술 속으로 Happy Start
- 성인여성 정신장애인의 사회적 소외감 감소를 위한 지역사회 적응 프로그램: 빛으로 그린 우리들의 colorful 세상

또한, 최근 '2018 사회복지공동모금회 배분사례집'에 소개된 프로그램 이름의 예를 좀 더 살펴보면 다음과 같다.

- 저소득 가정의 위기해결 및 기능회복을 위한 위기가정 지원사업: 응급조치24
- 아동의 독서를 통한 친사회성 향상 프로그램: 프렌들리 북(friendly book)
- 치매 위험군 어르신의 건강관리능력 강화 및 유지를 통한 치매예방 프로그램: 뇌미(美)인
- 정신장애인의 개인적 회복 수준 향상과 역량강화를 위한 동료지원활동 및 봉사활동 프로그램: 마음 꽃 PEER 나니
- 영유아의 창의력과 상호작용 향상을 위한 육아용품 대여점 및 놀이교육 프로그램: 아마존(아이들의 마음이 있는 ZONE)

위에 제시된 프로그램의 이름을 살펴보면, 프로그램의 대상과 목적을 파악할 수 있으며, 무엇을 하는 프로그램인지 알 수 있다. 이와 같이 프로그램 이름을 통해 프로그램이 어떠한 프로그램이고 대상, 목적, 내용이 무엇인지 파악할 수 있어야 한다. 예를 들어, 위에서 언급한 '응급조치24' 프로그램의 경우, 저소득 가정을 대상으로 하고, 가정의 위기해결 및 기능회복을 목적으로 하며, 지원서비스를 제공하는 것이 프로그램 내용이라는 것을 알 수 있다.

2) 프로그램 실시 주체

프로그램을 실행하는 주체인 기관이나 단체에 대한 소개를 다음과 같이 정리하여 제시한다.

- 기관(단체)의 설립목적
- 주요 연혁
- 조직 및 인력 체계

3) 프로그램의 필요성

프로그램 프로포절에서 프로그램의 필요성을 제시하는 것은 가장 중요한 부분 중 하나이다. 사회문제의 심각성과 문제를 제기하고 그것을 해결하기 위한 프로그램의 필요성을 제시하는 것은 프로그램의 정당성을 확보하고 자원조달기관으로부터 프로그램을 실행하기 위한 지원을 받기 위해 매우 중요하다.

프로그램 필요성에 대해 제시할 때에는 사회문제 및 대상자의 욕구에 대한 이해와 분석을 바탕으로 사회문제에 노출되어 있는 지역사회의 환경과 인구학적 특성에 대한 정보를 제공하여야 한다. 이때 사회문제의 현황과 심각성에 대한 논의는 객관적인 자료와 통계적 근거를 바탕으로 제시되어야 한다.

프로그램 프로포절에서 프로그램의 필요성을 제시할 때에는 다음과 같은 〈글상자 10-2〉를 언급하며 작성하는 것이 좋다(Pan American Health Organization, 2002).

〈글상자 10-2〉 프로그램의 필요성 제시

사회문제의 심각성, 빈도, 분포:
- 문제가 어느 정도로 심각한가?
- 문제가 얼마나 자주 발생하는가?
- 문제는 (지역적으로나 대상집단에 있어) 얼마나 널리 퍼져있는가?
- 대상집단의 연령, 성별, 인종, 사회적 · 경제적 배경, 거주 지역 등은 어떠한가?

사회문제의 원인:
- 문제에 대해 현재 알고 있는 사항은 무엇인가?
- 문제의 원인에 대해 현재 어떤 설명이 가능한가?
- 문제의 원인에 대해 여러 연구에서 공통적으로 동의가 이루어지고 있는가? 논쟁이 있는가? 확증이 있는가?

가능한 해결책:
- 문제에 대한 해결책으로 어떠한 조치가 강구되었는가? 결과는 어떠하였는가?

밝혀지지 않은 문제들:
- 아직 검증되지 못했거나 시험해 보지 못한 사항은 무엇인가?
- 아직 사람들이 이해하지 못하고 있는 부분은 무엇인가?
- 미처 연구되지 못했던 사항은 무엇인가?

4) 프로그램 목적과 목표

프로그램을 통해서 성취하고자 하는 목적과 목표를 제시한다. 프로그램의 목적은 프로그램을 통해 궁극적으로 이루고자 하는 것이 무엇인지 광범위하고 거시적 · 포괄적으로 제시해 주는 것이다. 프로그램 목적은 광범위하고 추상적 · 이상적인 문장으로 표현될 수 있으나, 프로그램 목표는 개별적인 관찰과 측정이 가능하도록 구체적으로 설정해 주어야 한다.

프로그램 목표는 프로그램의 목적을 구체화하여 세부적으로 제시하는 것으로, 프로그램을 통해 달성하고자 하는 사항을 관찰 가능하고 측정 가능하게 제시해 주는 것이다. 그러므로 프로그램 목표는 프로그램의 실행을 통해 실제로 성취가 가능한 현실적인 내용이어야 하며, 프로그램의 성과(효과성)에 대한 평가를 포함하고 있어야 한다.

5) 프로그램 대상자

프로그램 대상자는 프로그램에 참여하여 자신의 문제를 직접적으로 해결해 나가게 될 클라이언트 집단이 누구인지 구체적으로 제시하는 것이다. 프로그램 대상자는 일반 집단(대상집단이 속한 전체 모집단) 〉 위기 집단(일반 집단 중 사회문제에 취약한 집단) 〉 표적 집단(프로그램의 표적이 되는 집단) 〉 클라이언트 집단(실제로 프로그램에 참여하게 되는 집단)으로 그 범위를 점차 좁혀서 선정하게 된다.

프로그램의 혜택을 받게 되는 클라이언트 집단을 선정하는 기준은 기관의 특성과 가치, 자원 및 예산, 프로그램의 목표와 내용 등을 고려하여 공평하고 체계적으로 결정되어야 하며, 클라이언트의 자발적 참여가 강조되어야 한다.

6) 프로그램의 세부 내용 및 시행 방법

프로그램을 초기(예: 1회기), 중기(예: 2~11회기), 종결 단계(예: 12회기)로 구성하고, 프로그램 회기별로 프로그램 세부 내용과 시행 방법을 제시한다. 프로그램 회기별로 프로그램 날짜, 시간, 장소, 프로그램 담당자(프로그램 진행자, 보조진행자 등), 프로그램의 활동 내용, 기대효과를 정리하여 표로 제시한다(표 10-2).

〈표 10-2〉 프로그램의 세부 내용 및 시행 방법 제시의 예시

단계	회기	회기명	일정	프로그램 내용 및 시행 방법	기대효과
초기	1	친구 만나기	• 날짜, 시간 • 장소 • 프로그램 담당자 (이름)	• 인사 나누기, 자기소개하기 • 프로그램 소개하기 • 나의 감정 나누기(어떤 점이 기대되는가? 어떤 점이 염려되는가?) • 집단목표의 설정 • 집단규칙 공유하기	• 집단구성원 간 친밀감 조성 • 집단이 안전한 곳이라는 안정감 조성 • 문제해결을 위해 협력적으로 노력하기 위해 집단목표를 함께 설정하기 • 집단에서 함께 지켜야 할 규칙으로 무엇이 있는지 이해하기
	(이하 생략)				
중기	6	숨은 보물 찾기	• 날짜, 시간 • 장소 • 프로그램 담당자 (이름)	• 내면의 나와 만나기(나의 사진을 보며 그 상황에 있던 나에 대해 돌아보기. 어떤 감정과 생각이 담겨있는가?) • 내 안에 숨은 보물찾기(내 안에 있는 강점을 그림으로 그려보기) • 내 손 안에 나의 보물, 나의 미래(나의 강점을 찾은 이후, 나의 미래는 어떻게 달라질 것인가?)	• 자신 내면을 살펴보고 그 안에 담겨있는 감정과 생각 찾기 • 자신과 타인의 내면에 있는 강점에 대한 이해 • 자신과 타인에게 격려와 지지의 제공 • 자신감의 회복 • 바꿀 수 있는 미래에 대한 기대
	(이하 생략)				
종결	12	새 신발 신기	• 날짜, 시간 • 장소 • 프로그램 담당자 (이름)	• 종결에 대한 감정 나누기 • 프로그램을 통해 새롭게 배웠던 점에 대하여 이야기 나누기(일상생활에서 무엇을 기억하고 실천할 것인가?) • 서로의 새 출발에 대한 격려와 지지	• 종결과 관련된 복합적인 감정의 표현(긍정적/부정적) • 프로그램의 성과 다지기 • 프로그램의 성과를 유지하기 위한 방법의 공유 • 격려와 지지를 통한 역량 강화

7) 예산

프로그램을 진행하기 위해 필요한 비용을 인건비, 사업비, 예비비 등으로 분류하여 제시한다. 프로그램 예산은 자금조달기관(후원기관, 기업재단 등)에 신청하는 비용과 프로그램 진행자가 자부담하는 비용을 구분하여 제시할 수 있다. 프로그램 예산에 자부담 비용을 포함시키는 경우, 자부담 비용의 비중은 보통 전체 예산의 20~50% 정도로 설정한다(최호윤, 2007).

8) 평가계획

프로그램 프로포절의 마지막 부분에서는 프로그램에 대한 평가계획이 제시되어야 한다. 평가계획을 제시할 때에는 평가지표(평가하는 항목), 측정도구(설문지, 인터뷰 용지 등), 목표량(예: ○% 이상 향상, ○점 이상 향상 등), 평가방법(설문조사, 면접, 관찰, 우편조사 등), 평가시기(예: 사전조사, 사후조사, 프로그램 ○회기 실시 등)를 구체적으로 제시하여야 한다.

평가계획에 성과평가는 꼭 포함시켜야 하며, 목표량에 대한 달성이 이루어졌는지에 대하여 평가할 수 있어야 한다(예: 프로그램 참여자 80% 이상 자아존중감 15% 이상 향상). 성과평가 외에 과정평가, 효율성평가, 만족도 조사 등에 대한 계획도 함께 제시할 수 있다.

03 프로그램 프로포절 양식

최근 예비사회복지사인 사회복지 대학생들을 대상으로 하는 프로그램 공모전이 다수 있어 대학생들이 사회복지 프로그램을 직접 기획해 볼 수 있는 기회를 얻을 수 있다. 다음에서 3개 기관(서울노인복지센터, 지구촌 사회복지재단, 이로운 발전소)의 공모전 포스터와 프로그램 프로포절 양식을 예시로 소개하고자 한다.

프로그램 공모전을 통해 대학생들이 직접 프로그램 프로포절을 작성해 보고, 프로그램에 대해 기획하고 제안해 볼 수 있으며, 만약 프로그램이 채택된다면 프로그램 진행을 위한 예산을 제공받아 직접 프로그램을 실행해 볼 수도 있다.

프로그램 프로포절 양식은 기관별로 내용의 차이가 있긴 하지만 대체적으로 포함되는 사항은 다음의 〈글상자 10-3〉과 같다.

〈글상자 10-3〉 프로그램 프로포절 양식

- 사업명(프로그램명)
- 신청자(이름, 소속)
- 프로그램의 필요성
- 프로그램 목적과 목표
- 프로그램 대상자
- 프로그램 세부계획 및 실시방법(회기별 프로그램 활동 내용 제시)
- 프로그램 기대효과
- 프로그램 예산(인건비, 사업비, 예비비 등)
- 프로그램 평가계획

참고로 사회복지공동모금회(2019)에서 프로그램 프로포절을 심사할 때 고려하는 표준심사기준을 살펴보면 다음의 〈표 10-3〉과 같다. 심사기준은 기관 평가, 사업 평가, 기타 평가의 세 부분으로 구성되어 있다.

우선 기관 평가는 기관 신뢰성(기관의 주요 사업 및 활동 등)과 사업수행능력

(관련 사업수행 경험 등)에 대한 평가이다. 사업 평가는 사업 내용, 사업 필요성, 목표 설정, 평가체계, 예산 편성, 그리고 향후 계획을 포함하여 전체적인 구성과 내용에 대해 평가하는 것이다. 마지막으로 기타 평가는 사업 계획의 적정성에 대한 평가로서 일관성, 구체성, 실현 가능성에 대한 평가를 의미한다.

〈표 10-3〉 사회복지공동모금회 2019 표준심사기준

※ 제시된 심사기준은 표준심사양식으로 사업의 특성이나 내용에 따라 일부 항목이 가감되어 사용될 수 있음을 안내드립니다.

구분			주요 내용
심사	기관 평가	기관 신뢰성	• 신청기관/시설의 주요 사업 및 활동 • 모금회 사업수행 경험 및 결과 • 기관 예산/직원체계/이사회 및 운영위원회 구성
		사업수행능력	• 유사/동일 사업 수행 경험 • 신청한 사업내용의 수행을 위한 조직, 인력, 예산 투입 정도
	사업 평가	사업내용	• 참여자 및 참여자의 선정 기준, 모집 방안의 적절성 • 목표 달성을 위한 사업 시행 방법의 적합성 • 사업 진행을 위한 연계 협력 전략의 적절성
		사업 필요성	• 신청기관의 해당 사업 수행 필요성 • 경험적 근거에 기반한 문제의식의 명확성
		목표설정	• 사업주제와 성과목표의 부합성 • 성과목표의 실현 가능성
		평가체계	• 성과목표 측정을 위한 평가지표의 타당성 • 평가 계획의 적절성 및 실현 가능성
		예산 편성	• 사업 내용과 예산 내역의 일치 여부 • 사업비 및 인건비 구성과 투입 비용 수준의 적절성 • 예산 항목 각 요소의 구체성
		향후 계획	• 사업의 기대 효과 및 활용 계획의 구체성 • 사업 지속 유지 전략 등 향후 운영 계획의 합리성
	기타 평가	사업계획의 적정성	• 전반적인 일관성 및 체계성 • 사업 내용의 구체성 및 실현 가능성

● 프로그램 공모전 포스터와 프로그램 프로포절 양식의 예시 1(서울노인복지센터)

서울특별시립 서울노인복지센터

< 제12회 대학(원)생 노인복지 프로그램 공모전 신청서류 1 >

노인복지 프로그램 공모신청서

신청자 개요	지원분야	☐ 자유공모 ☐ 지정공모		
	지원형태	☐ 개인 ☐ 단체		
	성명(대표자명)		단체명	
	팀원 성명			
	소 속	대학교(원) 과 년 (재학 / 휴학)		
	E-mail			
	주 소			
	연락처	C.P : Tel :		
신청 프로그램 개요	프로그램명			
	프로그램 내용	* 누구를 대상으로 어떤 사업을 어떻게 진행하고자 하는지 구체적으로 제시		
	사업목적 및 필요성			
	목표			
	소요예산	총 ________ 원		
	수행기간			
지원 동기				
참여 경로	A. 본 공모전에 참여하기 전 서울노인복지센터를 알고 계셨나요? (☑ 표시) ☐ 예 / ☐ 아니오 B. 본 공모전을 어떻게 아셨나요? ( ) ① 학과 홈페이지 ② 학과 게시판 ③ 센터 홈페이지 ④ 공모전 / 취업 관련 홈페이지 ⑤ 사회복지사협회 ⑥ 교수님 소개 ⑦ 친구/선배의 소개 ⑧ 기타 ( )			

상기 본인은 서울노인복지센터에서 실시하는 『제12회 대학(원)생 노인복지프로그램 공모사업』 에 참여하고자 신청서를 제출합니다.

2017년 월 일

신청자 : (인)

서울노인복지센터장 귀하

서울특별시립 서울노인복지센터

< 제12회 대학(원)생 노인복지 프로그램 공모전 신청서류 2 >

『사업계획서』 (양식) 및 작성요령

* 계획서 양식은 아래의 기준에 의거하여 작성.

(1) 글자모양 : 서울한강체L. 글자크기 11. 장평 100. 자간 -10
(주석 글자모양 : 휴먼명조. 글자크기 10. 장평 100. 자간 -10)

(2) 문단모양 : 들여쓰기 10; 줄간격 160; 정렬방식 혼합.
(주석 문단모양 : 들여쓰기 10; 줄간격 130; 정렬방식 혼합)

(3) 용지설정 : 용지종류(사용자정의, 폭:210, 길이:297)
여백(위쪽 15, 머리말 15, 왼쪽 20, 오른쪽 20, 아래쪽 15, 꼬리말 15)

Ⅰ. 사업의 필요성

* 프로그램의 필요성에 대한 문제제기(클라이언트 욕구, 사업수행지역 특성, 이론적 배경, 경험적 근거 등)

Ⅱ. 사업 개요

1. 프로그램명
* 프로그램을 드러낼 수 있는 함축어(목적, 내용, 대상을 표현 가능한 명칭)

2. 프로그램 개요
* 프로그램에 대한 전반적 내용(간략한 서술)

3. 신청 프로그램의 대상과 인원

1) 서비스 대상자 선정기준 및 방법

2) 실인원수

대상구분	서비스 대상자 산출근거	단위수 (명)
일반집단	* 대상집단이 속한 커다란 일반 인구 집단	
위험집단	* 일반집단 중 문제에 노출되어 있는 인구 집단	
표적집단	* 문제, 욕구에 노출되어 해결대상으로 삼은 인구 집단	
클라이언트수	* 신청프로그램이 서비스 대상으로 삼는 인구수	

** 표적집단과 클라이언트의 수가 동일하게 산출될 수도 있음. 그러나 여건상 표적집단 모두에게 서비스를 제공하는 것이 어려울 경우, 클라이언트의 수가 표적집단 수보다 작게 선정되어야 함

서울특별시립 서울노인복지센터

Ⅲ. 신청프로그램의 목적 및 목표

1. 프로그램 목적
 * 프로그램이 궁극적으로 달성하고자 하는 것으로 포괄적이고 추상적으로 제시

2. 프로그램 목표

목표 1	
하위목표	①
	②
	③

* 목표 : 프로그램을 통해 달성하고자 하는 구체적 목표로 실현가능한 목표로 평가가능성을 내포하고 있어야 함

** 하위목표 : 각 목표들이 달성되기 위해 수행되어야 하는 구체적 실천이 측정 가능한 언어로 표현되어야 함

Ⅳ. 프로그램의 세부내용

구분	프로그램명	세부내용	수행인력	시기	기대효과

* 각 프로그램의 목표를 서술하고 경험적, 기술적 기반에 근거해 사업의 세부내용을 구체적으로 기술

* 홍보 및 사업 준비 기간 등을 포함하여 프로그램을 진행일정을 제시하고 프로그램의 실시방법, 매개체 등을 구체적으로 기술

* <u>신청프로그램의 성격에 맞게 양식 변경 가능</u>

서울특별시립 서울노인복지센터

Ⅴ. 신청프로그램 예산

1. 프로그램 총예산 ____________원
 * 프로그램 진행에 소요되는 총 비용
 * 프로그램 예산은 실제 진행을 전제로 작성

2. 예산 구성

항목	산출근거	금액	비고

* 사업에 직접 투입되는 비용을 세부적으로 제시

Ⅵ. 프로그램 평가

구 분	평가내용	평가방법	측정도구
목표 1			
목표 2			
목표 3			

* 평가내용 : 프로그램의 목표달성 정도를 정확히 반영할 수 있는 지표를 선정

* 평가방법 : 정확한 평가를 위한 조사 설계 등의 방법을 사용

* 측정도구 : 클라이언트의 변화를 측정할 수 있는 구조화된 도구(타당도와 신뢰도가 검증된 도구가 존재할 경우 활용)를 사용

프로그램 공모전 포스터와 프로그램 프로포절 양식의 예시 2(지구촌 사회복지재단)

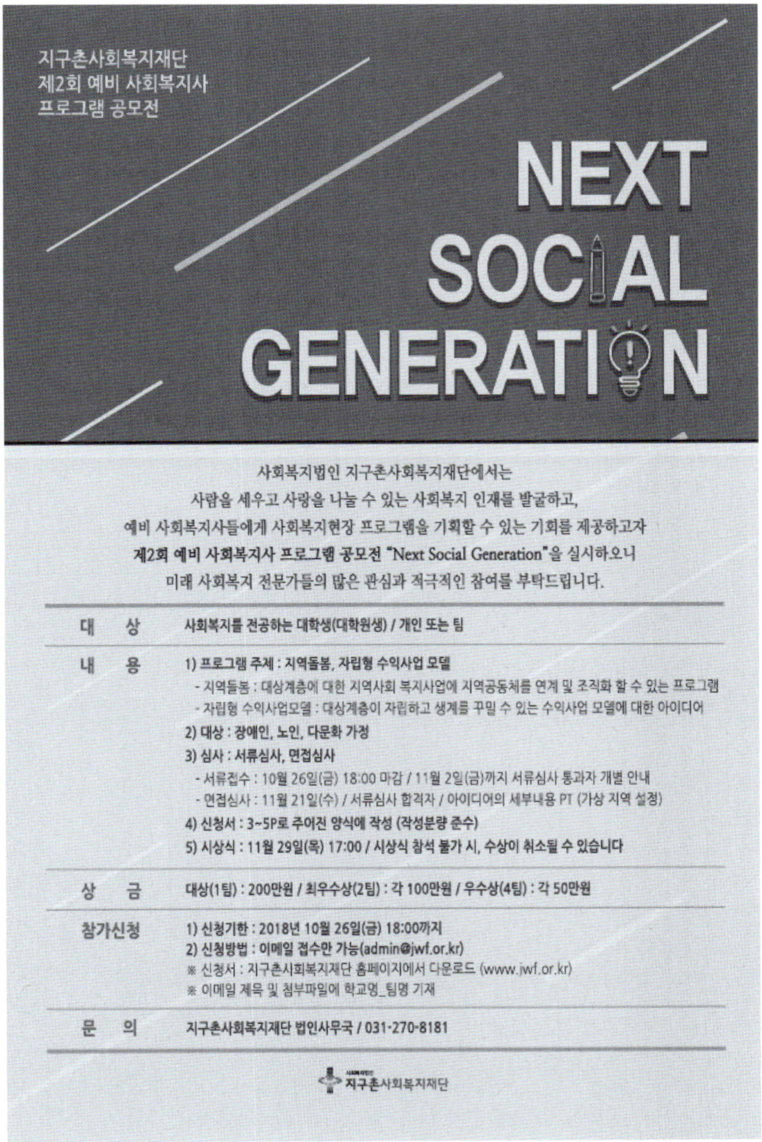

지구촌사회복지재단
제2회 예비 사회복지사
프로그램 공모전

NEXT SOCIAL GENERATION

사회복지법인 지구촌사회복지재단에서는
사람을 세우고 사랑을 나눌 수 있는 사회복지 인재를 발굴하고,
예비 사회복지사들에게 사회복지현장 프로그램을 기획할 수 있는 기회를 제공하고자
제2회 예비 사회복지사 프로그램 공모전 "Next Social Generation"을 실시하오니
미래 사회복지 전문가들의 많은 관심과 적극적인 참여를 부탁드립니다.

대 상	사회복지를 전공하는 대학생(대학원생) / 개인 또는 팀
내 용	1) 프로그램 주제 : 지역돌봄, 자립형 수익사업 모델 - 지역돌봄 : 대상계층에 대한 지역사회 복지사업에 지역공동체를 연계 및 조직화 할 수 있는 프로그램 - 자립형 수익사업모델 : 대상계층이 자립하고 생계를 꾸밀 수 있는 수익사업 모델에 대한 아이디어 2) 대상 : 장애인, 노인, 다문화 가정 3) 심사 : 서류심사, 면접심사 - 서류접수 : 10월 26일(금) 18:00 마감 / 11월 2일(금)까지 서류심사 통과자 개별 안내 - 면접심사 : 11월 21일(수) / 서류심사 합격자 / 아이디어의 세부내용 PT (가상 지역 설정) 4) 신청서 : 3~5P로 주어진 양식에 작성 (작성분량 준수) 5) 시상식 : 11월 29일(목) 17:00 / 시상식 참석 불가 시, 수상이 취소될 수 있습니다
상 금	대상(1팀) : 200만원 / 최우수상(2팀) : 각 100만원 / 우수상(4팀) : 각 50만원
참가신청	1) 신청기한 : 2018년 10월 26일(금) 18:00까지 2) 신청방법 : 이메일 접수만 가능(admin@jwf.or.kr) ※ 신청서 : 지구촌사회복지재단 홈페이지에서 다운로드 (www.jwf.or.kr) ※ 이메일 제목 및 첨부파일에 학교명_팀명 기재
문 의	지구촌사회복지재단 법인사무국 / 031-270-8181

사회복지법인
지구촌사회복지재단

지구촌사회복지재단 제2회 예비 사회복지사 프로그램 공모전 "Next Social Generation" 진행 안내

사회복지법인 지구촌사회복지재단에서는 사람을 세우고 사랑을 나눌 수 있는 사회복지 인재를 발굴하고 양성하며, 예비 사회복지사들에게 사회복지현장 프로그램을 기획할 수 있는 기회를 제공하고자 제2회 예비 사회복지사 프로그램 공모전 "Next Social Generation"을 실시하오니 미래 사회복지 전문가들의 많은 관심과 적극적인 참여를 부탁드립니다.

1. 대 상	사회복지를 전공하는 대학생(대학원생) / 개인 또는 팀
2. 내 용	1) 프로그램 주제 : (장애인, 노인, 다문화) 지역돌봄, 자립형 수익사업모델 - 지역돌봄 : 대상계층에 대한 지역사회 복지사업에 지역공동체를 연계 및 조직화 할 수 있는 프로그램 - 자립형 수익사업모델 : 대상계층이 자립하고 생계를 꾸밀 수 있는 수익사업 모델에 대한 아이디어 (ex: 향기내는사람들 "히즈빈스") 2) 신청서 작성 - 3~5P로 주어진 양식에 작성 (페이지 초과 및 미만 시, 심사대상에서 제외될 수 있습니다) 3) 서류심사 : 제출된 서류 심사 (서류심사 통과자 개별 안내) 3) 면접심사 : 제시된 아이디어를 실현할 수 있는 가상의 지역을 설정하여 사업 진행 및 자원연계, 세부내용 PT 발표 4) 시상식 : 11월 29일(목) 17:00 진행 / 참석 불가시, 수상이 취소될 수 있습니다
3. 상 금	1) 대상(1팀): 200만원 2) 최우수상(2팀): 100만원 3) 우수상(4팀): 50만원
4. 특 전	1) 지구촌사회복지재단 교육 훈련 참여 기회 제공 2) 수상 아이디어 중, 차년도 복지사업으로 선정된 프로그램 참여 기회 제공
5. 진행일정	1) 서류접수마감 : 2018년 10월 26일(금) 18시 2) 1차 서류심사 발표 : 2018년 11월 2일(금) 3) 2차 면접심사 : 2018년 11월 21일(수) (1차 합격자에 한함) 4) 시상식 : 2018년 11월 29일(목) 17:00
6. 신청방법	이메일 접수만 가능(khs001@jwf.or.kr) 1) 신청서 1부 (*본 재단 홈페이지에서 다운로드) 2) 이메일 제목 및 첨부파일에 학교명/팀명 표시
7. 문 의	지구촌사회복지재단 법인사무국 홍보기획팀 김형수 팀장 (031-270-8181)

사회복지법인 지구촌사회복지재단

민족을 치유하고 세상을 변화시키는 사회복지재단

<붙임 1>

지구촌사회복지재단 제2회 예비 사회복지사 프로그램 공모전 "Next Social Generation" 신청서

팀명(개인명)		
학교명	학과(학부)명	
사업명		
총 사업비	원	
프로그램 주제	□ 지역돌봄 □ 자립형 수익모델	
팀 장	성명)	나이)
	H.P)	E-mail)
팀 원	성명)	나이)
	H.P)	E-mail)
팀 원	성명)	나이)
	H.P)	E-mail)
팀 원	성명)	나이)
	H.P)	E-mail)
특이사항		

위와 같이 제2회 예비 사회복지사 프로그램 공모전 "Next Social Genaration"을 신청합니다.

2018년 월 일

신청자(대표) : (인)

사회복지법인 지구촌사회복지재단 대표이사 귀하

사회복지법인 지구촌사회복지재단

<붙임 2>

제출양식 (3~5p 내에서 작성합니다 / 굴림체 10p / 줄간격 140%)

사 업 명	
제안배경 및 필요성	- 제안하게 된 배경 (제안 내용이 필요한 이유) - (기존에 없는 사업을 제안할 경우) 참신하다고 생각하는 이유 - (기존에 있는 사업을 제안할 경우) 특별하고 영향력이 있는 이유 - 제안내용의 특별성, 차별성, 필요성에 대한 기술 (필요시, 이미지 자료 포함 가능)
내 용	- 제안내용의 세부내용과 진행과정을 파악할 수 있게 작성
기대효과	- 제안내용을 통해 이룰 수 있는 기대효과
소요예산	- 총 소요예산 및 세부집행내역 작성

민족을 치유하고 세상을 변화시키는 사회복지재단

(단위 : 원)

구분	항목	계	산출근거
총 계			
인건비			
	소 계		
사업비			
	소 계		
관리 운영비			
	소 계		

참고자료	- 참고자료, 참고문헌 등 기재

※ 예산 작성 안내

- 사업에 직접 투입되는 비용을 인건비, 사업비, 관리운영비로 구분하여 작성해주시기 바랍니다.
  - **(인건비)** 해당사업을 직접적으로 수행하는 인력에게 투입되는 비용
  - **(사업비)** 프로그램 수행에 필요한 직접비용
  - **(관리운영비)** 프로그램의 수행에 필요한 간접비용(사업관리에 필요한 비용)

사회복지법인 지구촌사회복지재단

● 프로그램 공모전 포스터와 프로그램 프로포절 양식의 예시 3(이로운 발전소)

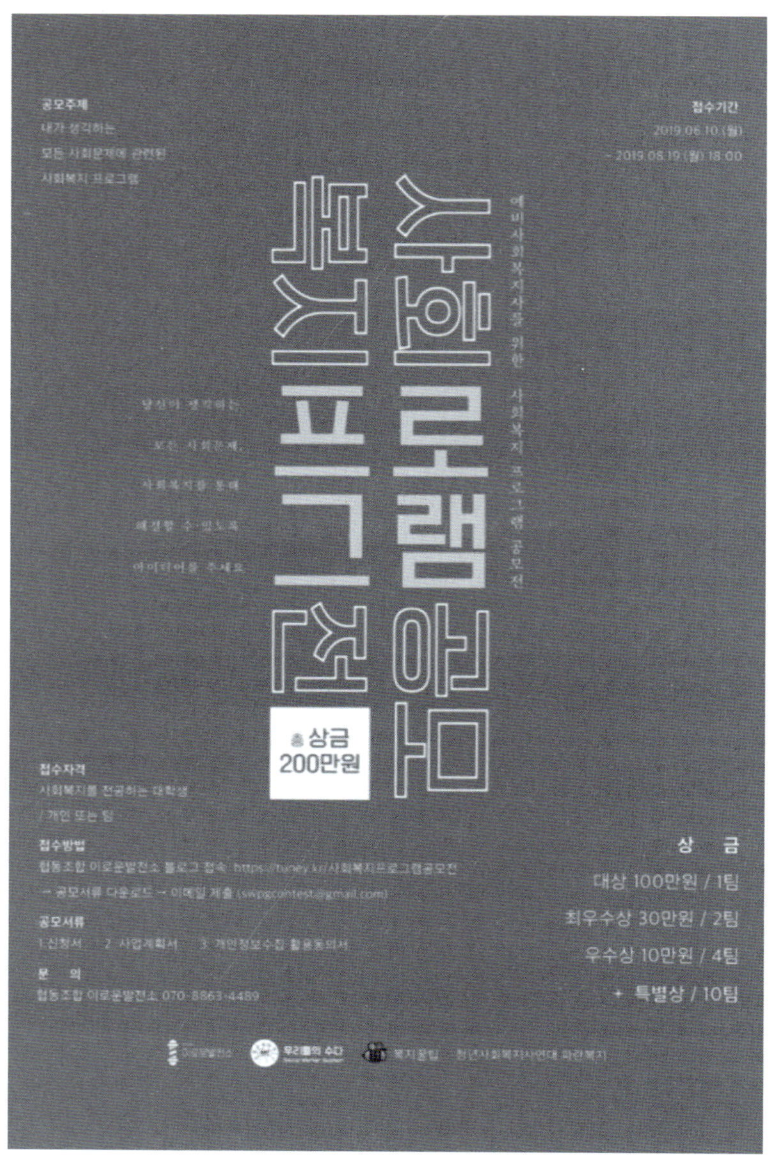

예비사회복지사를 위한 사회복지 프로그램 공모전

2019 예비사회복지사를 위한 사회복지 프로그램 공모전 안내

■ 공모주제 : 내가 생각하는 모든 사회문제에 관련된 사회복지 프로그램
■ 접수자격 : 사회복지를 전공하는 대학생 / 개인 또는 팀
■ 접수기간 : 2019년 6월 10일(월) ~ 8월 19일(월) 18:00
■ 접수방법
1. 협동조합 이로운발전소 홈페이지 접속 - https://tuney.kr/사회복지프로그램공모전
2. 공모서류 다운로드 및 작성 (첨부파일)
3. 이메일 제출 - swpgcontest@gmail.com

■ 심사기준 : 타당성, 효과성, 실행 가능성
■ 심사방법
1차: 서류심사(8월 말) - 17팀
2차: 발표심사(9월 초) - 7팀 발표심사 후 시상식 진행

■ 시상내역 : 총 상금 200만원 / 17팀
1. 대상 100만원 / 1팀
2. 최우수상 30만원 / 2팀
3. 우수상 10만원 / 4팀
+ 특별상 / 10팀
※ 시상은 심사결과에 따라 일부 변동 및 수상이 제한될 수 있습니다.

■ 제외대상
- 특정 종교의 교리 전파를 목적으로 하는 사업
- 특정 정당 및 선출직 후보를 지지하는 자 또는 단체가 추진하는 사업
- 법령상 금지된 행위가 포함되는 사업
- 타인의 창작물을 복제 및 표절한 사업

■ 유의사항
- 접수된 서류는 반환되지 않습니다.
- 모든 아이디어는 제 3자의 초상권 및 타인의 명예를 훼손하거나 불법 정보 유포, 저작권 침해 등의 소지가 있는 경우 응모할 수 없으며(심사에서도 제외), 모든 민형사상 문제 발생 시 본인 혹은 팀(응모자)에게 책임이 있습니다.
- 심사결과는 미공개 원칙이며, 표절 등의 결격사유가 있을 시 수상이 취소 됩니다.
- 참여작의 저작권은 주최 측에 귀속되어 프로그램 아이디어북 제작 및 배포 등과 같은 공익 목적으로 이용할 수 있습니다.

예비사회복지사를 위한 사회복지 프로그램 공모전

2019 예비사회복지사를 위한 사회복지 프로그램 공모전 참가신청서

<table>
<tr><td>참가구분</td><td>개인 □</td><td>팀 □</td><td>팀명
(팀 참가시)</td><td colspan="2"></td></tr>
<tr><td rowspan="3">참 가 자
(대표)</td><td>성 명</td><td></td><td>생년월일</td><td colspan="2"></td></tr>
<tr><td>학교/학과</td><td></td><td>연 락 처</td><td colspan="2"></td></tr>
<tr><td>학년/학번</td><td></td><td>이 메 일</td><td colspan="2"></td></tr>
<tr><td rowspan="5">팀 원
(팀 참가시)</td><td colspan="2">성 명</td><td colspan="2">학교/학과/학년</td><td>연 락 처</td></tr>
<tr><td colspan="2"></td><td colspan="2"></td><td></td></tr>
<tr><td colspan="2"></td><td colspan="2"></td><td></td></tr>
<tr><td colspan="2"></td><td colspan="2"></td><td></td></tr>
<tr><td colspan="2"></td><td colspan="2"></td><td></td></tr>
<tr><td>사 업 명</td><td colspan="5"><대상+목적+방법 : 부제></td></tr>
<tr><td rowspan="2">사업
기본 정보</td><td>대상 지역</td><td colspan="2"></td><td>사업수행 인력</td><td>명</td></tr>
<tr><td>사업 기간</td><td colspan="4">년 월 일 ~ 년 월 일 (총 개월)</td></tr>
<tr><td rowspan="2">사업
참여자</td><td>참여자 구분</td><td colspan="4">__①아동청소년 __②노인 __③장애인 __④여성/다문화
__⑤위기가정 __⑥지역사회 __⑦북한/해외/기타</td></tr>
<tr><td>핵심 참여자</td><td colspan="2"></td><td>인원수</td><td>명</td></tr>
<tr><td>사업구분</td><td colspan="5">__① 기초생계 지원 __② 교육/자립 지원 __③ 주거/환경 개선 __④ 보건/의료 지원
__⑤ 심리/정서 지원 __⑥ 사회적 돌봄 강화 __⑦ 소통과 참여 확대 __⑧ 문화/격차 해소</td></tr>
<tr><td>성과목표</td><td colspan="5">해당사항이 없을 경우에는 공란으로 표기</td></tr>
<tr><td rowspan="4">주요
사업 내용</td><td>세부 사업명</td><td colspan="4">주요 내용</td></tr>
<tr><td></td><td colspan="4"></td></tr>
<tr><td></td><td colspan="4"></td></tr>
<tr><td></td><td colspan="4"></td></tr>
<tr><td>사업예산</td><td>사업비</td><td>천원
%</td><td>인건비</td><td>천원
%</td><td>관리 운영비 천원
%</td></tr>
</table>

2019년 월 일

대표자 : (인)

예비사회복지사를 위한 사회복지 프로그램 공모전

<성과중심형> 사업계획서

1. 사업명 : 대상 목적 방법

• 대상, 목적, 방법과 관련된 정보를 담은 사업명을 적어주십시오.(슬로건은 부제(副題)로 병기해주세요)

2. 사업 내용 및 추진 전략

1) 사업 참여자 모집 전략

(1) 참여 대상 및 인원

핵심 참여자	
주변 참여자	

• 누가 이 사업에 참여합니까?
- **(핵심 참여자)** 성과를 측정하게 되는 대상은 누구이며, 인원은 몇 명입니까?
(이 사업에 참여하게 함으로써 누구의 변화를 이끌어내려고 하는 것입니까?)
- **(주변 참여자)** 성과측정 대상은 아니지만 핵심 참여자의 변화를 이끌어내는데 중요한 역할을 하는 사람은 누구이며, 인원은 몇 명입니까?

(2) 참여자 선정 기준

• 어떤 기준을 세워서 참여자를 모집하게 됩니까?

(3) 참여자 모집 방안

• 기준에 적합한 참여자를 어떻게 모집할 예정입니까?

2) 사업 내용 및 사업 집행 전략

• 아래 내용을 모두 포괄하되, 자유롭게 (질문순서에 상관없이) 표현해 주시기 바랍니다.
- 전체 사업을 몇 개의 세부 사업으로 분류한다면 어떻게 구성될 수 있습니까?
- 사업을 어떻게 추진할 것인지에 대하여 세부 사업별 시행방법, 시행 시기 및 횟수, 사업 진행 일정 등 구체적인 정보를 담아서 기술해 주시기 바랍니다.

3) 기관 연계협력 전략

• 위의 사업 집행 전략과 관련하여, 지역사회 내(또는 그 범위를 넘어서) 어떤 기관들과 유기적인 협조관계를 가질 것인지에 대하여 아래 내용을 포함하여 기술해 주시기 바랍니다.
- 협력 기관이 세부 사업에서 어떤 역할을 담당하게 되는지, 그 때 귀하의 역할은 무엇인지, 이러한 협력체계는 어떤 절차를 통해 진행되는지 등

예비사회복지사를 위한 사회복지 프로그램 공모전

3. 예산 편성

(단위 : 원)

목	세목	세세목	계	산출근거	예산조달 계획				
					신청금액	비율(%)	자부담	비율(%)	자부담 재원
총 계									
인건비									
	소 계								
사업비									
	소 계								
관리운영비									
	소 계								

• 사업에 직접 투입되는 비용을 인건비, 사업비, 관리운영비로 구분하여 작성해주시기 바랍니다.
- **(인건비)** 해당사업을 직접적으로 수행하는 인력에게 투입되는 비용
- **(사업비)** 프로그램 수행에 필요한 직접비용
- **(관리운영비)** 프로그램의 수행에 필요한 간접비용(사업관리에 필요한 비용)
- 예산 수립 시 예산편성기준표를 참고하여 주시기 바랍니다.

• 세목은 세부 사업별로 구분하고 단위가 큰 경우 세세목으로 구분하여 작성하시기 바랍니다.
• 산출근거는 실제 단가, 수량, 인원수, 건수, 횟수 등을 구체적으로 기록해 주시기 바랍니다.

4. 문제 의식(사업 필요성)

1) 사업 계획 배경

• 왜 이 사업을 기획하게 되었습니까?
- 귀하가 관심을 가지기 전에는 어떤 상태에 있었는지, 인근 다른 지역에도 유사한 상황이 있다면 어떻게 대응하고 있는지에 대해서도 서술해 주시기 바랍니다.

2) 기존 유사사업과의 차별성

• 기존의 시각이나 접근방식과 다른 점은 무엇입니까?

3) 수행주체의 강점

• 이 사업을 귀하가 수행해야 하는 이유에 대해 사전조사 내용, 관련 분야 수행 경험 등을 포함하여 기재해주시기 바랍니다.

5. 목표 및 평가

1) 산출목표

세부 사업명	산출목표	모니터링 방법

- 성과목표를 달성하기 위해 이끌어내야 하고 모니터링 해야 하는 산출목표는 무엇입니까?

2) 성과목표 및 평가 방법

성과목표	평가 도구 및 방법	측정 시기

- **(성과목표)** 성과목표와 관련하여 아래 내용들에 대해 작성해 주시기 바랍니다.
  - 핵심 참여자의 어떤 부분을 어느 수준까지 변화시키는 것입니까?
  - 작성하고자 하는 성과목표가 이후에 기술되는 평가 방법을 통해 달성여부를 알 수 있게 됩니까?
  - (성과라고 강조하고 싶은데) 양적으로 드러내기(수치화하기) 어려운 성과목표가 있다면 무엇입니까?
  - 앞서 기술하신 사업내용과 성과목표를 논리적으로 연결하여 작성해 주십시오.
- **(평가 도구 및 방법 / 측정 시기)** 성과목표 달성 여부와 정도를 어떻게 평가하실 건가요?
  - 성과목표 달성 여부와 정도를 판단하기 위해 어떤 성과지표를 설정하실 건가요?
  - 제시된 성과목표에 대한 평가계획(자료수집방법, 측정시기 등)은 어떠한가요?
  - 수치화하기 어려운 성과목표가 있다면 어떤 평가방법을 통해 변화의 수준과 의미를 드러내실 건가요?

6. 사업종료 후 지향점

1) 사업 수행으로 인한 기대 효과

- 이 사업이 성공적으로 수행된다면 기대되는 효과는 무엇입니까?

2) 사업 결과의 활용 계획

- 사업의 효과로 나타난 결과를 어떻게 활용할 계획입니까?
- 사업 결과를 통해 유사기관이나 지역사회에 꼭 알리고 싶은 이야기가 있다면 무엇입니까?

7. 자유 서술

- 사업계획서 양식에 기입하지 못하였으나 사업의 이해를 위해 필요한 사항을 서술해 주시길 바랍니다.

개인정보 수집·활용 동의서

협동조합 이로운발전소(이하 이로운발전소)는 참여자의 개인정보를 중요시하며, 개인정보에 관한 법률을 준수하고 있습니다. 이로운발전소는 개인정보취급방침을 통하여 지원자가 제공하는 개인정보가 어떠한 용도와 방식으로 이용되고 있으며, 개인정보보호를 위해 어떠한 조치를 취하고 있는지 알려드립니다.

1. 수집하는 개인정보의 항목 및 구분
이로운발전소는 사회복지 프로그램 공모전 수상자 선정을 위한 심사 및 평가, 아이디어북 제작을 위하여 개인 또는 팀원 명단에 포함된 아래의 개인정보를 수집하여 사업 종료 시까지 활용하고 있습니다.
– 수집항목: 개인 또는 팀원 명단에 포함된 성명, 생년월일, 연락처, 인적사항 등 개인정보

2. 개인정보의 제3자 제공
이로운발전소는 지원자의 개인정보를 원칙적으로 외부에 제공하지 않습니다. 다만 업무 협업을 위하여 유관 기관에 구성원 명단에 기재된 개인정보가 제한적으로 제공됩니다.

3. 거부권 및 거부 시 불이익
위 개인정보의 수집·이용·제공과 관련하여 개인정보 동의를 거부할 수 있습니다. 거부시 사업 관련 안내 및 관련 자료 전달을 할 수 없어 불이익이 발생할 수 있으며, 수상자로 선정될 수 없습니다.

<개인정보 수집·이용·제공 동의>

개인정보 수집 및 제3자에 개인정보 제공
※ 개인정보 제공자가 동의한 내용 외의 다른 목적으로 활용하지 않으며, 제공된 개인정보의 이용을 거부하고자 할 때에는 개인정보 관리책임자를 통해 열람, 정정, 삭제를 요구할 수 있음.

☐ 동의함　　　☐ 동의하지 않음

2019년　　월　　일
성　명 :　　　　(인)

※ 팀으로 참가하시는 경우 모든 팀원의 동의서를 작성하여 주시길 바랍니다.

요 약

1. **프로그램 프로포절이란?**: 사회복지 프로그램 프로포절은 사회문제를 해결하기 위해 사회복지기관(단체)이 기획한 사업제안서이다. 이러한 사업제안서가 자원조달기관을 통과하여 프로그램에 대한 승인을 받게 되면, 필요한 예산과 자원을 제공받아 실제로 프로그램을 진행할 수 있게 된다.

2. **프로그램 프로포절의 내용**: 사회복지 프로그램 프로포절에 포함되는 내용은 기관에 따라 형식과 구성에 차이가 있으나, 일반적으로 다음 내용을 포함한다.

- 프로그램 이름
- 프로그램 실시 주체(담당 인력 구성)
- 프로그램의 필요성(대상자 욕구 및 문제점, 지역사회의 특성 등)
- 프로그램 목적과 목표
- 프로그램 대상자(서비스 지역, 서비스 대상 및 실인원 수)
- 프로그램의 세부 내용 및 시행방법
- 예산(예: 인건비, 사업비, 예비비 등)
- 평가 계획(예: 성과평가, 만족도 조사 등)

Part 2

사회복지 프로그램 평가의 실제

Chapter 11

프로그램 평가의 이해

01 프로그램 평가의 개념과 중요성

프로그램을 시행한 이후에 그 프로그램에 대하여 평가하는 것은 사회복지의 책임성과 관련이 있다. 사실 평가라는 활동은 사회복지기관이나 조직, 또는 부서 내에서만 이루어지는 것이 아니라 다른 분야에서도 자주 접하게 되는 활동이다. 요리사가 자신이 요리한 음식의 맛과 모양, 영양을 점검하거나, 디자이너가 제작한 옷의 색감과 촉감, 바느질의 상태와 착용감을 검사하거나, 의사가 환자를 치료한 이후에 환자의 경과를 살피는 것이나, 한의사가 한약을 처방한 이후에 환자의 몸 상태가 어떻게 변화되었는지 점검하는 것 등이 모두 평가에 해당한다. 요리사, 디자이너, 의사, 한의사 등이 자신의 작품이나 서비스에 대해 점검하고 평가하여야 할 책임이 있듯이, 사회복지사(프로그램 진행자)도 자신이 직접 수행하였던 프로그램이나 서비스의 결과에 대하여 평가해 보아야 할 책임이 있다.

사회복지사는 프로그램이 계획대로 잘 수행되었는지 여부와 프로그램의 진행과정에서 어떠한 장애요인이 발생하였는지 등에 대해 평가하고, 프로그램이 성취한 결과가 무엇인지에 대해서도 평가해 보아야 한다. 이러한 평가를 통해 앞으로 해당 프로그램을 보완하거나 새로운 프로그램을 기획하고자 할 때 유용하게 활용할 수 있는 정보를 얻을 수 있게 된다.

사회복지 프로그램에 대해 평가하는 것은 클라이언트의 권리를 옹호하는 차원에서도 그 중요성이 매우 크다. 사회복지사가 자신의 프로그램이나 서비스에 대해 평가하여야 할 책임이 있는 것처럼, 클라이언트는 자신의 욕구에 맞고 도움이 되는 좋은 프로그램을 제공받을 권리를 갖고 있다. 그러므로 프로그램 평가를 통해 클라이언트가 참여하였던 프로그램이 문제해결에 효과적이었는지, 클라이언트에게 적합한 프로그램이었는지, 클라이언트의 욕구를 충족시켜주었는지 등을 조사하고 그 프로그램을 개선시켜 나가는 것이 필요하다. 클라이언트는 자신의 문제해결을 위해 효과적이고 적절한 프로그램을 제공받아야 할 권리를 지니고 있고, 사회복지사는 평가를 활용해 프로그램을 향상시키는 과정을 통해 클라이언트의 권리를 옹호하기 위해 노력하여야 한다.

1) 프로그램 평가의 개념

사회복지 프로그램 평가란 과학적이고 객관적인 조사를 통하여 프로그램에 투입된 요소(자원, 시설, 서비스, 직원 등), 프로그램의 성과, 프로그램의 수행과정, 효율성 등에 대하여 체계적으로 조사하는 것이다. 프로그램 평가를 통해 프로그램의 성공 여부에 대해 평가할 수 있고, 프로그램 수행과정에서의 문제점을 파악하고 개선방안을 마련할 수 있다. 또한, 프로그램 평가를 통해 앞으로 기존 프로그램을 보완(수정)하거나, 새로운 프로그램을 기획하기 위해 필요한 정보와 자원이 무엇인지도 파악할 수 있다.

프로그램 평가에 대한 다양한 정의를 살펴보면, 앞서 제시한 것과 유사하게 정의하고 있는 것을 알 수 있다.

- 프로그램 평가는 한 기관의 전체 또는 선별된 프로그램의 효율·효과 및 적절성을 철저하고 비판적으로 검토하는 과정이다(정무성, 2014: 244).
- 프로그램 평가는 프로그램에 관한 의사결정을 목적으로 사회과학적 조사방법을 사용하여 프로그램 수행과정과 결과를 측정하는 일련의 절차이다(김상곤 외, 2014: 207).
- 프로그램 평가란 하나의 프로그램이 거쳐야 하는 각 발달과정에서 성취하게 되는 결과를 자원투입, 효과, 효율, 책무성, 이용자의 만족도 등을 기준으로 하여 체계적인 자료를 수집하고 분석하는 모든 행위를 의미한다(최호윤, 2007: 186).

프로그램 평가는 '조사 연구(research)'의 하부유형에 해당한다고 볼 수 있으며, 다음 사항에 대하여 체계적으로 조사하는 것이다(Barker, 1999).

- 사회문제를 해결하기 위하여 어떠한 서비스나 프로그램 개입을 계획하였는가?
- 서비스나 프로그램은 계획대로 진행되었는가?
- 서비스나 프로그램은 실제로 클라이언트들의 욕구를 충족시키고 목적을 달성시키는 데 도움이 되었는가?

위에서 언급하였듯이 프로그램 평가는 조사연구의 한 형태라고 볼 수 있으나, 이론적인 조사나 연구와 달리 실용적인 목적을 갖고 수행된다. 평가는 이론적 조사와 비교할 때, 결과의 활용에 대한 기대가 다르다고 볼 수 있다. 예를 들어, 이론적인 조사는 연구결과를 통해 어떤 현상이나 문제에 대한 설명을 제공하거나 일반화할 수 있는 지식을 생산하게 된다. 반면에 프로그램 평가는 연구결과를 통해 특정 프로그램이 목적을 달성하였는지, 어떻게 프로그램을 보완하거나 수정할 수 있을지, 지속적으로 자금을 투여할 가치가 있는지 등과 관련하여 의사결정을 할 수 있도록 돕는 정보를 제공해 줄 수 있다.

트리포디(Tripodi, 1987)는 프로그램 평가의 사명은 사회적 프로그램의 개선을 위해 유용한 정보를 제공하는 것이라 설명하였다. 프로그램 평가가 매우 가치 있는 조사라는 점에 대하여 많은 기관의 실무자나 평가자들이 인정하고 있으면서도 기관의 경제적 · 정치적 · 상황적 여건으로 인하여 실제 현장에서는 평가 연구가 제대로 수행되지 못하는 경우가 있다(Royse et al., 2010). 그러나 프로그램 평가는 앞으로 그 중요성이 더욱 크게 강조될 것이며, 권장사항을 넘어 필수사항이 될 것이다. 이에 따라 기관 내부에서도 프로그램 평가를 지속적으로 수행할 수 있는 비용을 안정적으로 확보하기 위한 대책을 마련하는 것이 더욱 중요해질 것이다.

2) 프로그램 평가의 중요성

과학적으로 신뢰할 수 있는 조사방법을 사용하여 서비스나 프로그램을 평가하는 것은 매우 가치 있는 사회복지 전문기술이다. 사회복지사가 그가 수행한 프로그램에 대한 책무성을 갖고, 클라이언트가 적절하고 효과적인 프로그램을 통해 문제를 해결해 나갈 권리를 갖는 차원에서도 프로그램 평가의 중요성이 강조되지만, 기관의 자금 관리 및 운영과 관련된 현실적인 이유에서도 평가의 중요성이 크다.

복지에 대한 정부의 경제적인 지원이 점차 감소되는 추세가 이어지고 있고, 지역사회 내부의 역량 강화, 자원 간의 협력과 네트워크 형성 등을 통해 효과적으로 자원을 동원하고 자생하는 것이 강조되고 있다. 이러한 상황에서 사회복지기관은 제한된 예산을 최대한 효율적으로 사용하기 위해 노력을 기울이게 될 것이다. 즉, 후원자나 후원기관을 발굴하고 지역사회 대상의 수익사업이나 모금활동을 하는 등의 시도를 통해 부족한 예산을 충당하기 위한 활동을 해 나가게 될 것이다. 그럼에도 불구하고 기관의 예산 부족 문제가 완전히 해소되기에는 한계가 있다. 이와 관련된 노력의 일환으로 사회복지기관은 내부 프로그램들에 대해 정기적으로 평가를 시행하여 효과가 없거나 비효율적인 프로그램은 중지시키거나 다른 프로그램으로 교체하여 기관의 예산이 낭비되지 않도록 주의를 기울이게 될 것이다.

사회복지 프로그램에 대한 평가가 중요한 이유는 다음과 같다.

첫째, 평가를 통해 프로그램을 개선하거나 보완하기 위해 필요한 유용한 정보를 얻을 수 있기 때문이다.

예를 들면, 프로그램 평가를 통해 다음과 같은 정보를 얻을 수 있다.

- 프로그램이 목표를 효과적으로 성취하였는가?
- 프로그램이 계속 진행이 되어야 하는가?
- 프로그램의 일부 내용이 개선되거나 교체되어야 하는가?
- 프로그램이 확대되어야 하는가?
- 프로그램이 축소되어야 하는가?
- 프로그램의 수행과정에서는 어떤 문제점(장애물, 방해요인)이 있었는가?

둘째, 프로그램을 통해 클라이언트와 지역사회의 문제를 해결하는 데 있어 보다 더 효과적인 방법을 찾을 수 있기 때문이다.

클라이언트가 참여했던 프로그램이 적절한 프로그램이었는지, 효과가 있었는지 등에 대한 프로그램 평가 결과를 바탕으로 현장의 실무자들은 더 효과적인 프로그램을 선정하여 시행할 수 있게 된다. 클라이언트와 그의 가족들은 더욱 효과적이고 적절한 프로그램을 통해 필요한 도움을 제공받을 권리를 갖고 있다.

셋째, 프로그램의 과정과 성과에 대하여 평가해 보고 개선 방향을 모색하는 것은 무엇보다도 프로그램 진행자로서의 윤리적 책임이기 때문이다.

프로그램을 진행한 책임자로서 자신의 프로그램에 대하여 평가해 보고, 클라이언트의 문제를 해결하기 위해 더 적절하고 효과적인 프로그램 방안을 마련해 나가는 노력은 필수적이다. 또한, 프로그램의 효과성과 별개로 클라이언트의 프로그램 만족도에 대해서도 조사해 보고, 만족도를 향상시킬 수 있는 요인이나 방안에 대해 모색해 보는 것도 중요한 책임이다. 목표 달성에 효과적인 프로그램이라 할지라도 클라이언트의 만족도가 낮다면 결과적으로 클라이언트의 동기부여나 지속

적인 참여가 어려워질 것이다. 클라이언트 만족도가 높은 프로그램이 반드시 성공적인 프로그램이 되는 것은 아니지만, 클라이언트의 만족도를 높이기 위한 노력은 '클라이언트 중심의 프로그램'이라는 관점에서 중요하다.

넷째, 정부의 사회복지에 대한 예산 지원이 많이 감소하고 지역사회가 자체적으로 자원을 동원하고 재정을 충당하는 것에 대한 강조추세가 지속됨에 따라 사회복지 프로그램에 투입하는 자원에 대한 관리가 중요해졌다.

한정된 사회복지 예산의 효율적인 사용을 위해 사회복지 프로그램을 선별하여 재정적인 지원 여부를 결정하는 것이 필요해진 것이다. 사회복지기관은 사회복지 예산 부족 문제로 인해 후원기관이나 후원자의 재정지원을 받거나 다양한 지역사회 모금활동 등을 통해 재정을 충당하고자 노력하고 있다. 또한, 사회복지 예산의 효율적인 사용을 위해 프로그램 평가 결과를 근거로 프로그램에 대한 재정지원을 지속·확대하거나 축소·중단하도록 하는 경우가 증가하고 있다.

프로그램 평가를 통해 우리가 얻기를 원하는 주요 정보를 간단히 정리하자면 다음과 같다(Rubin & Babbie, 1997).

- 프로그램의 성공적인 목표 달성 여부에 대한 평가
- 프로그램의 수행과 관련된 문제점 및 장애요인에 대한 평가
- (새로운) 프로그램 계획과 개발에 필요한 정보의 파악
- 프로그램 투입요소의 적절성 및 노력에 대한 사정

위 사항에 대한 평가는 상호배타적으로 이루어져야 하는 것이 아니며, 오히려 상호 보완적인 특성을 지니고 있으므로 통합적으로 평가하여 그 결과를 활용하여야 한다. 다음의 프로그램 평가 사례를 통해, 평가 과정에서 조사하여야 할 사항과 평가를 통해 도출될 수 있는 결론의 예시에 대해 살펴보자.

프로그램 평가 사례

사회복지사 김민호 씨는 ○○종합사회복지관에서 수년간 근무하며 지역사회 주민을 대상으로 다양한 프로그램을 기획하고 시행해왔다. 김민호 사회복지사는 새로운 프로그램의 개발에 앞서 지역사회 주민들을 대상으로 욕구조사를 하였으며, 다문화 가정 아동(초등학교 저학년)을 대상으로 하는 프로그램이 필요하다는 사실을 알게 되었다. 김민호 씨는 다문화 가정 아동이 학교에서 수업내용을 이해하거나 과제를 수행하는 것과 관련하여 많은 어려움을 겪고 있다는 사실을 파악하고, 다문화 가정 아동의 언어능력과 학업을 지원하기 위한 프로그램을 기획하였다. 프로그램은 총 12회기로 구성하였으며, 인근 지역의 대학교에서 자원봉사 대학생들을 모집하고 교육하여 프로그램을 보조 진행하도록 하였다. 프로그램 종결 이후, ○○종합사회복지관은 사회복지사 김민호 씨에게 해당 프로그램에 대한 평가를 시행하고 결과보고서를 제출하도록 요청하였다. ○○종합사회복지관은 프로그램에 대한 평가 결과를 바탕으로 지역사회 주민들의 욕구와 필요에 부합하며, 그들이 겪고 있는 문제해결에도 효과적인 프로그램을 선정하여 지속적으로 시행하기를 원하였다. 즉, ○○종합사회복지관에서는 프로그램 평가 결과에 따라 다문화 가정 아동 대상의 언어 및 학습 지원 프로그램의 지속 여부를 결정하기로 하였다.

다문화 가정 아동(초등학교 저학년)의 언어능력 및 학업을 지원하기 위한 프로그램에 대해 평가할 때 살펴보아야 할 사항은 프로그램의 성과뿐만이 아니다. 다음과 같은 여러 사항에 대한 평가를 통해 프로그램에 대한 종합적인 평가가 가능하다.

- 프로그램이 목표를 성공적으로 달성하였는가?
- 프로그램을 앞으로도 계속 유지시켜야 하는가?
- 프로그램을 개선하거나 보완하여야 하는가?
- 프로그램을 확대시켜야 하는가? 축소시켜야 하는가?
- 프로그램 시행과 관련하여 어떤 제한점이나 장애요인이 있었는가?(이러한 문제를 해결하기 위해 필요한 조치는 무엇인가?)
- 프로그램에 투입되었던 인력, 자원, 예산, 프로그램 내용 등은 적절하였는가?
- 프로그램에 대해 클라이언트는 만족하는가? 어떤 부분에 대하여 만족하는가?

- 프로그램에 대해 클라이언트가 갖고 있는 불만사항은 무엇인가? 어떤 부분에 대하여 만족하지 못하고 있는가?

프로그램에 대한 평가의 결과, 제기될 수 있는 결론의 예는 다음과 같다.

- 프로그램을 계속적으로 유지시키기
- 프로그램을 더욱 확대하여 시행하기
  - 프로그램에 참여하는 다문화 가정 아동 수의 증가
  - 프로그램을 보다 다양한 시간대(요일, 시간)에 제공
  - 프로그램 제공 기간의 연장
  - 프로그램의 범위를 확대하여 초등학교 저학년뿐만 아니라 고학년을 대상으로 하는 프로그램의 시행 등
- 평가를 통하여 드러난 프로그램의 문제점을 수정하여 시행하기
- 해당 프로그램을 폐지하고, 이후에 다른 프로그램으로 대체하기

02 프로그램 평가의 유형

프로그램 평가는 프로그램의 무엇을 평가하는가에 따라 다양한 유형으로 나뉜다. 다음의 〈표 11-1〉에서 평가의 유형에 대하여 간단히 설명하고, 각각의 평가방법에 대한 보다 자세한 설명은 제13장 프로그램 평가의 방법에서 제시할 것이다.

〈표 11-1〉 프로그램 평가의 유형과 내용

유형	내용
투입요소평가	• 프로그램에 투입된 요소(인력, 자원, 예산, 프로그램 내용 등)가 프로그램의 목표 달성을 위해 적절하였는가?
성과평가	• 프로그램의 목표가 달성되었는가? • 프로그램의 결과가 성공적인가?
과정평가	• 프로그램의 진행과정이 어떠하였는가? • 프로그램이 계획대로 진행되었는가? • 프로그램 진행과정에서 프로그램의 성공(혹은 실패)에 기여한 요인은 무엇이었는가?
효율성평가	• 프로그램 수행비용이 효율적으로 운영되었는가?
만족도 조사	• 프로그램에 대한 클라이언트의 만족도는 어떠한가? • 프로그램에서 클라이언트의 만족도가 높았던 부분은 무엇인가? • 프로그램에서 클라이언트의 불만사항은 무엇이었는가?

1) 투입요소(input)에 대한 평가

투입요소평가는 프로그램을 구성하는 다양한 요소에 초점을 맞추어 평가하는 것이다. 즉, 프로그램에 투입된 자원, 시설, 서비스, 클라이언트, 인력, 프로그램 요소 등이 적절한지 조사하는 것이다.

2) 성과평가

성과평가는 우리가 프로그램 평가에 대해 생각할 때 가장 먼저 떠올리게 될 핵심적인 평가질문으로, 프로그램이 목적을 성공적으로 달성하였는지에 대해 평가하는 것이다. 만약, 프로그램의 수행비용을 외부 후원기관 등의 자금조달기관으로부터 받았다면, 성과평가 결과에 따라 이후 프로그램의 후원 여부가 결정될 수 있기 때문에 정치적으로 민감한 사안이 되기도 한다. 프로그램이 목적을 성공적으로 달성하였는지, 또는 목적 달성에 실패하였는지에 초점을 두는 것이 성과평가이다.

3) 과정평가

과정평가에서는 프로그램의 전 과정에서 프로그램의 전달체계, 질적인 측면, 진행과정, 행정적 측면 등의 다양한 양상이 어떻게 진행되었는지에 초점을 두고 평가한다. 이를 통해 프로그램의 어느 요소가 프로그램의 성공과 실패에 기여했는지에 대하여 파악할 수 있다. 과정평가에서 다루는 주요 질문은 다음과 같다.

- 프로그램 전달과정이 어떻게 진행되었는가?(프로그램이 계획한 대로 전달되었는가?)
- 프로그램이 어떤 부분에서 성공적이었는가?(어떤 부분에서 성공적이지 않았는가?)
- 프로그램이 누구에게, 어떤 상황에서 효과적이었는가?(누구에게, 어떤 상황에서 효과적이지 않았는가?)
- 프로그램에 대한 사례기록이 어떻게 이루어졌는가?(지속적으로 기록이 이루어졌는가?)

4) 효율성평가

효율성평가에서는 프로그램의 목표를 달성하기 위해 프로그램에 투입된 비용의 효율성에 대하여 평가하는 것이다. 효율성평가에서는 다음과 같은 질문에 대하여 평가를 하게 된다.

- 프로그램의 성과로 발생한 이익(효과)이 프로그램에 투입된 비용을 생각할 때 적절한가?
- 프로그램의 목표를 달성하기 위해 적절한 비용이 투입되었는가?
- 더 적은 비용으로 같은 프로그램 효과를 낼 수 있는 프로그램 방안이 있는가?

프로그램의 효율성을 평가하는 두 가지 방법으로 비용효과(cost-effectiveness)분석과 비용편익(cost-benefit)분석이 있다.

(1) 비용효과분석

비용효과분석은 프로그램을 수행하는 데 지출된 비용의 효율성에 대해 평가하는 것이다. 예를 들어, 저소득층 아동의 신체적 건강을 향상시키기 위한 프로그램으로 A 프로그램(부모를 대상으로 영양식단에 대한 정기적인 교육 제공)과 B 프로그램(아동을 대상으로 정기적인 신체 활동 프로그램 제공)이 있다고 하자. A 프로그램과 B 프로그램은 저소득층 아동의 신체적 건강을 향상시키고자 하는 목적은 같지만, 그 목적을 성취하기 위한 접근 방안이 다른데, 비용효과분석에서는 같은 효과라면 더 저렴한 비용으로 목적을 달성할 수 있는 프로그램이 A, B 프로그램 중 무엇인지 찾고자 하는 것이다.

(2) 비용편익분석

비용편익분석은 프로그램을 수행하는 데 지출된 비용과 프로그램 결과로 발생한 이익(효과)을 비교하여, 프로그램을 통해 발생한 이익을 금전화(화폐적 가치로 환산)했을 때 그것이 프로그램에 투입된 비용을 넘어서는지 평가하는 것이다(프로그램 이익(금전화) 〉 프로그램 투입 비용). 예를 들어, 앞서 언급하였던 저소득층 아동의 신체적 건강을 향상시키기 위한 프로그램이 있다면, 프로그램의 효과(아동의 신체적 건강 향상, 병원 치료 비용의 절약, 학교 결석일의 감소 등)를 금전적 단위로 환산했을 때 그것이 프로그램에 투입된 비용보다 훨씬 크다면, 그 프로그램은 비용편익 분석결과 효율성이 높은 프로그램이 되는 것이다.

5) 만족도 조사

마지막으로 만족도 조사는 프로그램의 내용, 과정, 수행 등에 대한 프로그램 참여자의 만족도를 평가하는 것이다. 만족도 조사는 비교적 간단하게 조사를 준비하고 시행할 수 있어 기관에서 가장 많이 사용되는 평가방법 중 하나이다. 그러나 만족도 조사의 결과는 다음과 같은 요인의 영향을 받을 수 있어 결과를 해석할 때 주의가 필요하다.

- 만족도 조사의 결과는 참여자의 기분에 의해 영향을 받을 수 있다.
- 만족도 조사를 프로그램 종결 이후 시행할 경우, 프로그램에 만족도가 높은 사람들을 대상으로 조사하게 될 가능성이 크다(프로그램에 대해 불만족한 사람들은 프로그램을 중도에 하차하거나 끝까지 참여하지 않을 가능성이 크다).
- 프로그램과 프로그램 진행자에 대한 감사한 마음, 그리고 부정적으로 응답했을 때 이후 프로그램 참여에 불이익이 생길지도 모른다는 두려움 등도 참여자가 만족도 조사에 긍정적으로 응답하도록 하는 데 영향을 줄 수 있다.
- 만족도 측정도구가 연구를 통해 검증된 것이 아니라 기관에서 자체적으로 제작한 측정도구인 경우 척도의 신뢰도와 타당도에 문제가 있을 수 있다.

03 프로그램 평가의 목적과 목표의 설정

프로그램 평가를 통해 무엇을 평가할 것인지에 대한 내용이 담겨있는 것이 프로그램 평가의 목적과 목표이다. 앞서 6장에서 '프로그램의 목적과 목표'에 대해 이야기하며 목적과 목표의 특성에 대해 다루었던 것과 마찬가지로, '프로그램 평가의 목적'은 프로그램 평가를 통해 달성하고자 하는 것에 대한 거시적이고 포괄적이며 궁극적인 진술이다. 또한 '프로그램 평가의 목표'는 목적을 세분화한 구체적인 진술이며, 목적달성을 위해 세부적으로 무엇을 평가할 것인지에 대한 내용을 담고 있다.

프로그램 평가의 목적과 목표에 대한 예시를 다음의 〈글상자 11-1〉에서 제시하였다. 우선 프로그램 평가의 목적은 대학생들의 자기이해와 자아존중감 향상을 위한 프로그램을 대상으로 성과평가와 만족도 평가를 시행하여, 프로그램의 개선방안을 모색하고 대학생들의 문제해결에 더 효과적인 프로그램 개입방안을 제안하는 것이다. 이러한 목적을 달성하기 위해 '적절한 예시'(1)에서 성과평가에 대한 목표를, 그리고 '적절한 예시'(2)에서 만족도 평가에 대한 예시를 제시하고 있다.

한편 '부적절한 예시'(1)을 보면, 프로그램 평가에 대한 목표가 아닌, 프로그램의 목표(프로그램을 통해 달성하고자하는 목표)를 제시하고 있으므로 적절하지 않다. 즉 프로그램 기획과정에서 프로그램 참여자들이 달성하기를 바라고 제시하는 목표(프로그램의 목표)와 프로그램 평가 단계에서의 목표(무엇을 평가할 것인가?)는 서로 다른 내용이라고 할 수 있다. '부적절한 예시'(2)의 경우는 제시된 프로그램 평가의 목적과 관련이 없는 새로운 내용을 담고 있으므로 문제가 있다. 프로그램 평가의 목적과 목표는 상호관련성이 있는 내용으로 작성되어야 한다. 프로그램 평가의 목적을 세분화하여 구체적으로 진술한 것이 프로그램 평가의 목표이기 때문이다.

〈글상자 11-1〉 프로그램 평가의 목적과 목표 작성 예시

프로그램 명
대학생의 자기이해와 자아존중감 향상을 위한 프로그램 '거울 속의 나, 거울 밖의 나'
프로그램 평가의 목적
'거울 속의 나, 거울 밖의 나' 프로그램에 참여한 대학생들을 대상으로 성과평가와 만족도 평가를 시행하여 프로그램의 목표달성여부와 프로그램 참여자의 만족도에 대해 평가해보고, 평가 결과를 기반으로 프로그램의 활동내용 및 진행과정 등에 대한 개선방안을 모색할 것이다. 이를 바탕으로 대학생들의 자기이해를 돕고 자아존중감 향상을 도모하기 위해 더 효과적인 프로그램 개입방안을 제안할 것이다.

프로그램 목표	
부적절한 예시	적절한 예시
(1) 대학생들에게 매주 1회 60분씩 프로그램을 시행하여, 자기이해능력 점수를 15점 이상 향상시킨다.	(1) 대학생들의 자기이해 및 자아존중감에 대한 사전평가(프로그램 시작 이전)와 사후평가(프로그램 종결 이후)를 통해, 목표달성여부에 대한 성과평가를 진행한다.
(2) 프로그램 참여자가 거주하고 있는 지역사회의 주민들을 대상으로 프로그램에 대한 만족도를 조사하여, 프로그램의 활동내용과 진행과정에 대한 아이디어를 얻고 프로그램을 개선시킨다.	(2) 대학생들의 프로그램 참여경험에 대한 만족도 조사(프로그램 종결 이후)를 통해 프로그램 진행자, 활동내용, 프로그램 참여자들과의 관계에 대한 만족도를 종합적으로 평가한다.

프로그램 평가의 유형에 따른 평가 항목, 평가 참여 대상, 평가 시기, 그리고 평가 방법을 간단히 정리하면 다음의 〈글상자 11-2〉와 같다. 교재의 제 13장에서 투입요소평가, 성과평가, 과정평가, 효율성평가, 그리고 만족도 평가에 대한 더 자세한 내용을 다룰 것이다.

〈글상자 11-2〉 프로그램 평가유형별 평가 항목, 평가 참여대상, 평가 시기와 평가 방법

	평가 항목	평가 참여 대상	평가 시기	평가 방법
투입 요소 평가	• 프로그램에 투입된 요소의 적절성 (예: 인력, 장소, 활동내용, 예산 등)	• 프로그램 참여자 전체, 프로그램 참여자 일부, 또는 프로그램 진행자 등	• 프로그램 초기, 중기, 종결 시기에 모두 평가 가능함.	• 설문조사, 심층 인터뷰 등 (예: 프로그램 종결 이후, 프로그램 참여자 전체와 프로그램 진행자를 대상으로 심층인터뷰를 진행함).

	평가 항목	평가 참여 대상	평가 시기	평가 방법
성과 평가	• 프로그램 목표의 성공적 달성 여부 (예: 의사소통능력 10점 이상 향상, 자아존중감 15% 이상 향상 등)	• 프로그램 참여자 전체, 프로그램 참여자 일부, 프로그램 진행자, 또는 프로그램 참여자의 가족(예: 프로그램 참여자의 나이가 어리거나 정신적 장애가 있는 경우 등) 등	• 프로그램 시작 이전(사전평가)와 프로그램 종결 이후(사후평가) • 사전평가와 사후평가의 결과 비교가 필요함. • 프로그램 중기(중간평가)에도 평가 가능함.	• 성과지표 평가 척도(예: 자아존중감 척도 활용), 심층 인터뷰, 관찰 등 (예: 프로그램 참여자 전체를 대상으로 성과지표 척도를 작성하도록 함. 사전/사후 결과를 비교함).
과정 평가	• 프로그램 진행과정에서 프로그램의 성공 및 실패에 기여한 요인 (예: 프로그램 참여자들간 관계형성의 변화 등)	• 프로그램 참여자 전체, 프로그램 참여자 일부, 프로그램 진행자 등	• 프로그램 초기, 중기, 종결 시기에 모두 평가 가능함.	• 설문조사, 심층 인터뷰, 관찰 등 (예: 프로그램의 2, 5, 8회기(종결)에 프로그램 참여자 일부를 관찰하여 프로그램 진행과정에서 나타난 감정표출의 변화를 평가함).
효율성 평가	• 프로그램에 투입된 비용의 적절성	• 프로그램 진행자(프로그램 참여자도 평가에 참여 가능)	• 프로그램 종결 이후	• 프로그램에 투입된 비용 대비 효과에 대한 평가 (예: 프로그램 종결 이후, 프로그램 진행자와 참여자가 함께 비용 대비 효과를 평가함).
만족도 평가	• 프로그램 참여자들의 프로그램 만족도	• 프로그램 참여자 전체, 프로그램 참여자 일부, 프로그램 진행자 등	• 프로그램 초기, 중기, 종결 시기에 모두 평가 가능함.	• 설문조사, 심층 인터뷰, 관찰 등 (예: 프로그램 종결 이후, 참여자 전체를 대상으로 설문조사를 통해 만족도 평가를 진행함).

요 약

1. 프로그램 평가의 개념과 중요성

- 프로그램 평가의 개념: 프로그램 평가는 객관적인 조사의 과정을 통해 프로그램에 투입된 요소, 성과, 프로그램 수행과정과 내용 등에 대해 검토하고 분석하는 것이다.

> 프로그램 평가의 예
>
> - **프로그램의 성공 여부에 대한 평가**: 프로그램이 목표를 성취하였는가?
> - **프로그램 수행과정에 있어서의 문제점 사정**: 효과적인 프로그램 수행을 방해했던 문제점은 무엇이었는가?
> - **프로그램 계획과 개발에 필요한 정보 사정**: 앞으로 프로그램을 계획하거나 개발할 때, 프로그램의 보완을 위해 중요하게 활용할 수 있는 정보는 무엇인가?

- 프로그램 평가의 중요성:

  ① 프로그램 평가를 통해 프로그램을 개선하고 보완할 수 있다.

  ② 프로그램 평가를 통해 CT와 지역사회의 문제를 해결하기 위한 보다 효과적인 방법을 모색할 수 있다.

  ③ 프로그램 평가를 통해 프로그램의 개선 방향을 모색하는 것은 프로그램 진행자에게 중요한 윤리적 책임이다.

  ④ 프로그램 평가는 사회복지 예산의 효율적 사용을 위해 중요하다.

2. 프로그램 평가의 유형

① 투입요소평가: 프로그램에 투입된 요소(인력, 자원, 예산 등)가 프로그램의 목적과 목표를 달성하는 데 적합하였는지에 대한 평가

② 성과평가: 프로그램의 목표가 성공적으로 달성되었는지에 대한 평가

③ 과정평가: 프로그램의 전 과정에서 프로그램의 성공 · 실패에 기여한 요인에 대한 평가
④ 효율성 평가: 프로그램에 투입된 비용의 효율성에 대한 평가(투입된 비용이 적절하였는가?)
⑤ 만족도 조사: 프로그램 참여자들의 프로그램 만족도에 대한 평가

3. 프로그램 평가의 목적과 목표의 설정

- 프로그램 평가의 목적: 프로그램에 대한 평가를 통해 무엇을 평가하고 궁극적으로 어떠한 결과를 얻고자 하는지에 대한 포괄적이고 거시적인 진술
- 프로그램 평가의 목표: 프로그램 평가의 목적을 달성하기 위해 필요한 평가내용에 대한 세부적이고 구체적인 진술

※ 프로그램 평가 목표 설정시 유의사항
- 평가 목적과의 상호연관성
- 프로그램의 성과평가, 과정평가, 만족도 평가 등에 대한 내용을 포함
- 프로그램 평가 목표는 프로그램 기획 단계에서 제시했었던 프로그램 목표(프로그램 참여자가 프로그램을 통해 달성하기를 바랐던 목표)와 다른 내용임

— (프로그램 평가 목표 예시):
대학생들의 자기이해 및 자아존중감에 대한 사전평가(프로그램 시작 이전)와 사후평가(프로그램 종결 이후)를 통해, 목표달성여부에 대한 성과평가를 진행한다.

— (프로그램 목표 예시):
대학생들에게 매주 1회 60분씩 프로그램을 시행하여, 자기이해능력 점수를 15점 이상 향상시킨다.

프로그램 평가의 계획

01 프로그램 평가의 준비

사회문제를 해결하기 위하여 기획하고 시행한 사회복지 프로그램에 대해 평가하고, 평가 결과를 바탕으로 해당 프로그램을 수정·보완하여 향상시키는 것은 사회복지사가 지니는 중요한 책임이다. 지역사회 주민의 욕구를 보다 더 잘 충족시키고, 그들의 문제를 해결하고 변화시키며, 삶의 질을 향상시키는 데 있어서 프로그램 평가는 매우 중요한 역할을 한다. 프로그램 평가를 통해 기존 프로그램의 한계점과 취약점을 파악하여 이후에 보완할 수 있으며, 문제해결에 효과적이지 않았던 프로그램 활동에 대한 수정이 가능하고, 문제해결을 방해하던 기관 내·외부 요소에 대한 개입도 가능해진다. 그 결과 지역사회 주민들에게 더욱 효과적이고 적절한 사회복지 프로그램을 제공할 수 있게 되는 것이다.

프로그램 평가를 통해 조사하고자 하는 내용은 다음과 같다(Royse et al., 2010).

- 클라이언트는 프로그램을 통해 필요한 도움을 받았는가?
- 클라이언트는 참여하였던 프로그램에 대해 만족하는가?
- 프로그램을 통해 무엇이 어떻게 변화하였는가?
- 프로그램에 투입된 예산을 고려할 때, 프로그램이 적절한 성과를 내었는가?
- 과거에 시행했던 프로그램과 비교할 때, 현재의 프로그램이 더 바람직한가?
- 프로그램을 어떻게 향상시킬 것인가?
- 프로그램 관계자는 시간을 효율적으로 잘 관리하였는가?

프로그램 평가의 전체적인 절차는 다음과 같다(McDavid & Hawthorn, 2006).

① 프로그램 평가에 대한 계획을 세운다(평가 목적과 목표, 평가의 시기, 평가의 방법, 평가 대상자 등).
② 측정도구(설문지, 인터뷰 용지, 관찰표 등)를 활용하여 자료를 수집한다.
③ 수집한 자료를 분석한다.
④ 평가 보고서를 작성한다.
⑤ 평가 보고서를 배포한다.
⑥ 평가 결과를 바탕으로 변화를 유도한다(프로그램, 지역사회 주민 인식, 사회복지정책, 기간 내·외부 관계자 등).

프로그램 평가는 평가로만 그치는 것이 아니라, 평가 결과를 통해 변화를 이끌어 내는 것이 목적이다. 프로그램 평가는 프로그램을 변화시키고, 지역사회 주민들의 인식을 일깨우며, 사회복지 실천현장이나 정책에 대한 제언을 제공하고, 기관 내·외부의 관계자나 상황을 변화시키며, 부족한 자원을 요청하고 개발하기 위한 객관적인 근거로 활용될 수 있다.

프로그램 평가와 관련하여 최근 강조되고 있는 경향을 정리해 보면 다음과 같다(Fitzpatrick, Sanders, & Worthen, 2004).

- 기관 내부에서 프로그램 평가에 대한 중요성과 필요성이 더욱 강조되고 있다.
- 프로그램 평가에서 질적평가방법(심층면접, 관찰 등)을 활용한 연구가 증가하고 있다.
- 다양한 평가방법(양적평가방법과 질적평가방법의 병행)을 활용한 평가 연구가 증가하고 있다.
- 프로그램 평가에서 이론(지식)을 기반으로 한 평가 연구가 증가하고 있다.
- 프로그램 평가의 윤리적인 이슈에 대한 관심이 증대되고 있다.
- 프로그램 평가를 시행하는 비영리재단과 비영리기관이 점차 증가하고 있다.
- 프로그램 관계자를 대상으로 한 프로그램 평가 교육이 증가하고, 프로그램 관계자가 직접 참여하는 평가 연구도 증가하고 있다.
- 프로그램 평가를 시행하는 평가자의 역할 중 하나로 옹호자의 역할이 강조되고 있다(프로그램 평가 결과를 바탕으로 인적/물적자원을 요청하고 개발하며, 정책적 · 환경적 변화를 이끌어 내고, 클라이언트 집단의 이익을 옹호하는 역할이 강조되고 있다).
- 비영리조직과 기관에서 표준화된 측정도구를 활용하여 성과평가를 하는 경우가 증가하고 있다.
- 프로그램 평가 연구가 활성화되는 추세가 국제적인 추세로 나타나고 있다.

이와 같이 프로그램 평가는 그 중요성과 필요성이 크게 강조되고 있으며, 프로그램의 과정과 성과 등을 평가하는 것은 더 이상 선택이 아닌 필수적인 사항이 되고 있다.

프로그램 평가를 준비하는 과정에서 함께 고려해 보아야 할 사항에 대해 다음에서 살펴볼 것이다.

1) 프로그램 평가와 정치적 압력

미국의 경우, 프로그램 평가는 1950년대부터 널리 활용되기 시작하였다. 빈곤, 아동학대, 약물남용, 범죄, 비행, 정신질환 등의 사회문제를 완화하거나 예방하기 위해 새롭게 개발된 프로그램의 효과성을 검증해 보기 위해서였다. 프로그램 평가를 하는 가장 궁극적인 목적은 특정 프로그램의 내용이나 전달과정을 향상시키는 데 있어 어떠한 점이 수정되거나 보완되어야 할지 파악하기 위해서이다. 그러나 실제로 프로그램 평가에 있어 가장 중요시되고 있는 사안을 꼽으라면, 그것은 그 프로그램이 성공적인 결과를 이끌어 내고 있는가 하는 점일 것이다. 프로그램의 성공 여부는 정치적으로도 매우 민감한 사안이 된다. 왜냐하면, 프로그램의 성공 여부에 따라 프로그램이 지속적으로 자금지원을 받게 될 수도 있고, 더 이상 자금을 지원받지 못하게 될 수도 있기 때문이다. 사회복지 분야의 경우, 프로그램을 지원해 주는 공적자금이나 프로그램 평가를 위한 지원금이 부족한 실정이므로, 효과적이지 않은 프로그램에 지원금을 낭비하지 않으려는 경향이 발생하는 것은 당연할 것이다. 즉, 재정을 지원해 주는 기관의 입장에서는 프로그램 평가의 결과를 근거로 하여 자금의 지원 여부를 결정하려고 하는 경향이 강해졌다고 할 수 있다 (Rubin & Babbie, 1997).

프로그램 평가 결과에 대해 강조하는 이러한 분위기는 두 가지 효과를 양산해 내었다. 한편으로는, 기관 차원에서 더욱 효과적인 프로그램에 자원을 집중하게 되어 클라이언트 집단이 좋은 혜택을 받을 수 있게 되었다. 그러나 또 다른 한편으로는 기관에서 프로그램 평가의 결과에만 과도하게 집착하도록 만드는 결과를 낳았다. 프로그램 평가 과정에 매우 강력한 정치적인 압력이 가해지게 된 것이다. 즉, 클라이언트의 복지를 도모하기 위해 과학적이고 사실에 근거한 정확한 프로그램 평가를 하기보다는 프로그램을 지속적으로 유지시키기 위한 목적에 맞춰 프로그램 평가를 시행하는 경우도 발생하게 된 것이다. 때로는 재정지원기관이 프로그램 평가의 내용보다 평가가 행해졌는지 여부에만 관심을 가질 것이라 가정하고, 평가의 공정성이나 정확성, 평가인력의 전문성에는 그다지 관심을 기울이지 않는

경우도 있을 수 있다(Yuen & Terao, 2003). 다시 말해, 기관이 평가자에게 강한 정치적 압박을 가하여 프로그램이 좋게 보이도록 평가 디자인을 설계하거나 결과를 해석하도록 할 수도 있다는 것이다.

이와 같은 정치적 압박은 공정한 프로그램 평가를 저해할 수 있는 주요 요인이 된다(Fitzpatrick et al., 2004). 프로그램 평가 시에 공정하고 객관적인 결과를 제시하기보다 프로그램을 지속적으로 유지시키기 위한 목적으로 후원기관이 원하는 결과물을 제시하는 방향으로 평가가 왜곡될 우려가 있는 것이다. 물론 모든 혹은 대다수의 프로그램 평가가 정치적 압박으로부터 자유로울 수 있다고 가정하는 것도 옳지 않지만, 그렇다고 거의 대다수의 프로그램 평가 결과가 정치적 압박에 의해 변질되었다고 치부해 버리는 것도 옳지 않다. 정치적 압박의 영향에도 불구하고 공정하게 이루어진 유용한 프로그램 평가 연구가 많이 존재하고 있고, 앞으로도 그러한 연구들이 많이 발표될 것이다. 중요한 것은, 프로그램 평가의 질과 공정성에 있어 이러한 정치적 압력이 영향을 미칠 수 있음에 대해 명확히 인지하고, 정치적 압력에 의해 평가 결과가 변질되지 않도록 노력해야 한다는 사실이다(Rubin & Babbie, 1997).

2) 프로그램 평가와 사회복지현장에서의 이해관계

프로그램 평가 과정뿐만 아니라, 평가 결과를 사회복지 현장에서 반영하고 실행에 옮기는 과정에서도 정치적인 이해관계가 관여하게 된다. 사회복지 현장 내부의 요인이나 구성원들 간의 정치적 이해관계로 인해 프로그램 평가 결과를 실제로 사회복지 현장에서 활용하지 못하는 경우도 있다.

평가 연구의 제언이 사회복지 현장에서 실제로 적용되지 못하는 주요 이유는 다음과 같다.

첫째, 평가 연구의 결과에 대한 이해가 부족하여 사회복지 현장에서 평가 연구가 받아들여지지 않는 경우가 있다. 평가 연구가 지나치게 전문적이거나 난해한 용어로 작성된 경우, 사회복지 현장에서 내용을 이해하고 실제로 적용하기 어려울 수 있다.

둘째, 프로그램의 평가 결과가 사회적으로 다수의 사람이 믿고 있는 신념(종교, 문화, 가치, 고정관념 등)이나 기관의 신념과 상충이 된다면 프로그램 관계자가 그 결과를 이해하고 실행에 옮기는 것이 어려워진다.

셋째, 프로그램 평가의 결과가 프로그램 개발자나 시행자의 이익에 반하는 결과일 경우, 사회복지 현장에서 받아들이기 어려울 수 있다. 오랜 시간에 걸쳐 프로그램을 준비하고 계획하고 실행에 옮겼던 현장의 사회복지 전문가 입장에서는 프로그램의 효과성에 대해 갖고 있는 기대가 무척 클 것이다. 그러한 상황에서 프로그램의 내용이나 효과성에 대해 부정적인 평가 결과가 나왔다면 평가 내용을 수용하기보다는 평가 연구의 단점이나 한계점을 내세우며 결과를 불신하는 모습이 나타날 수 있다. 프로그램을 개발하거나 실행하였던 현장 전문가의 입장에서는 평가 결과와 상관없이 해당 프로그램을 다음에도 진행할 수 있도록 유지하고자 하는 동기가 강하게 나타날 수 있다는 것이다.

〈표 12-1〉 평가 연구 결과가 현장에서 반영되지 못하는 이유

1. 평가 연구 결과에 대한 이해의 부족	프로그램 평가자들이 평가 결과 제시한 제언을 사회복지 현장전문가들이 이해하지 못하고 실행하지 못하는 경우이다
2. 평가 연구 결과가 사회적인 신념이나 기관의 신념과 상충될 경우	프로그램의 평가 결과가 사회적으로 믿고 있는 신념이나 기관의 신념과 상충이 되는 경우에는 평가 결과를 받아들이고 실행에 옮기는 것이 어려워진다
3. 평가 연구 결과가 프로그램 개발자나 시행자의 이익과 대립될 경우	프로그램 평가 결과가 프로그램을 개발하거나 시행한 사람들의 이익과 대립될 경우에 연구결과를 이해시키거나 현장에 적용시키는 것이 어렵다

그렇다면 프로그램 평가 결과가 사회복지 현장에서 실행에 옮겨지기 위해서는 무엇이 필요할까? 프로그램 평가 시에 프로그램 관계자(기획자, 진행자 등)를 함께 참여시키는 것이 중요하다. 프로그램 평가 과정에 현장의 사회복지 전문가가 포함되지 않았다면, 평가 연구 자체에 한계가 발생할 수 있다. 기관과 프로그램의 성격, 클라이언트의 특성, 프로그램 진행자의 특성 등에 대해 정확하게 파악하지 못한 채 평가가 진행될 수 있기 때문이다.

또한, 프로그램 평가 결과를 어떻게 적용하고 활용할 것인지에 대해 프로그램 관계자와 합의하는 것이 필요하다. 프로그램 평가자는 프로그램을 실제로 기획하고 실행하는 진행자들이 평가 결과를 활용하여 프로그램을 보완하고 향상시킬 수 있도록 지원하여야 한다.

3) 프로그램 평가자

프로그램에 대한 평가를 진행하는 평가자로 기관 내부평가자(프로그램 기획자, 진행자, 관계자 등)와 기관 외부평가자(프로그램 분야 전문가, 정부기관 평가자, 후원기관 평가자 등)가 있다. 기관 내부평가자와 외부평가자는 평가 연구를 진행하는 데 있어 다음의 〈표 12-2〉와 같은 강점을 지닌다.

〈표 12-2〉 기관 내부평가자와 외부평가자의 강점

기관 내부평가자의 강점	기관 외부평가자의 강점
• 기관과 프로그램의 역사에 대해 기관 외부평가자에 비해 훨씬 더 친숙하다 • 기관의 의사결정 구조와 방식에 대해 잘 인지하고 있다 • 기관 내부에서 프로그램 평가 연구의 결과와 제언의 내용을 지속적으로 제시할 수 있다 • 프로그램 평가 연구 결과와 관련하여 소통이 필요할 때마다 자주, 명확하게 소통하는 것이 가능하다	• 기관 내부평가자에 비해 객관적이고 신뢰성이 높은 평가 결과를 제시해 줄 수 있다(객관적 시각의 반영) • 기관 내부평가자에 비해 프로그램 평가의 기술적이고 복잡한 방법에 대한 지식과 기술을 갖추고 있는 경우가 많다 • 다른 유사 기관과 유사 프로그램이 어떻게 기능하고 있는지에 대해서도 파악하고 있다

출처: Fitzpatrick, J. L., Sanders, J. R., & Worthen, B. R. (2004). Program evaluation: alternative approaches and practical guidelines(3rd ed.). Boston, MA: Pearson Education, Inc. p. 23.

기관 내부평가자는 기관과 프로그램의 상황과 의사결정 방식에 대해 잘 알고 이해하고 있으며, 기관 내부에서 프로그램 연구 결과를 바탕으로 필요한 사항을 요청하고 제안하며 논의를 할 수 있다는 점이 강점이다. 그러나 프로그램의 결과에 대해 논의할 때 긍정적인 시각으로 편향될 가능성을 배제할 수 없다.

그에 비해 기관 외부평가자는 프로그램과 직접적인 이해관계가 없으므로 수집된 자료에 기반을 두어 더욱 객관적인 평가 결과를 제시해 줄 수 있다. 기관 외부평가자는 전문적인 평가지식과 기술을 갖추고 있는 경우가 많으며, 다른 유사기관과 프로그램에 대한 평가 경험이 풍부하다는 점도 강점이다. 그러나 기관 외부평가자는 평가를 시행한 기관과 프로그램의 역사, 기관 내부의 의사소통 구조와 방식 등에 대해 친숙하지 않으며, 프로그램 향상을 위해 필요한 사항을 지속해서 요청할 수 있는 위치에 있지 않다는 한계점이 있다. 또한, 기관 외부평가자가 평가를 시행할 경우, 프로그램 진행자나 클라이언트들이 비협조적일 가능성도 있다. 기관 외부평가자들은 기관이나 프로그램의 구조, 기관 내부의 특징과 역동성 등에 대해 익숙하지 않기 때문에 더 큰 저항과 반감의 대상이 될 수도 있다. 그러므로 기관 외부평가자는 프로그램 평가의 계획단계부터 기관 내부의 핵심 인력들에게 도움을 요청하고, 가능하다면 평가 과정에 핵심 인력들을 함께 참여시키는 것이 좋다.

정리하자면, 프로그램 평가 시 기관의 상황과 사정에 따라 내부평가자가 프로그램에 대해 평가하는 경우도 있고, 외부평가자가 평가를 진행하게 되는 경우도 있을 것이다. 기관 내부평가자와 외부평가자는 각각의 장단점이 있으며, 서로의 취약점에 대해 상호 보완이 가능하다. 그러므로 이상적으로는 기관 내부평가자와 외부평가자가 함께 평가 연구를 계획하고 진행하는 것이 좋다. 기관 내부평가자와 외부평가자의 협력을 통해 객관적이고 체계적으로 평가를 계획하고, 실행하고, 결과를 제시할 수 있다면, 평가 결과를 바탕으로 프로그램을 향상시키는 전체 과정이 더 원활해질 수 있다.

4) 프로그램 평가 대상자

프로그램 평가를 위해 조사할 수 있는 대상은 프로그램 대상자, 프로그램 제공자, 관찰자 등으로 다양하며, 각각의 대상별로 제공해 줄 수 있는 정보의 강점과 한계점이 존재한다(표 12-3).

- 프로그램 대상자에 대해 평가한다면, 프로그램의 혜택을 직접 받았던 프로그램 참여자, 그리고 지역사회 주민(잠재적 프로그램 참여 대상자)에 대해 조사할 수 있다.
- 프로그램 제공자에 대해 평가한다면, 프로그램을 직접 진행한 진행자에 대해 평가하거나, 프로그램 기록을 바탕으로 한 평가가 가능하다.
- 관찰자 평가를 한다면, 해당 프로그램과 관련된 전문가가 시행하는 전문가 관찰이 있고, 관찰업무를 전담하는 숙련된 관찰자가 실행하는 관찰, 클라이언트와 가깝게 지내는 지인이 행하는 관찰, 평가팀의 관찰 등이 있다.

종합적이고 체계적인 프로그램 평가를 위해서는 다음 〈표 12-3〉에 제시된 다양한 정보출처를 활용하여 평가 연구를 진행하여야 한다.

〈표 12-3〉 프로그램 평가의 대상

평가 대상	강점	한계점
① 프로그램대상자 평가: 프로그램 참여자 평가 (설문조사 / 인터뷰)	• 프로그램의 진행에 대한 정보제공이 가능하다 • 프로그램의 진행과 관련해 참여자만이 제공할 수 있는 특별하고 실제적인 정보를 제공해 준다 • 프로그램 성과와 관련해 어떠한 진전이 있었는지 제시해 줄 수 있다	• 프로그램에 대한 전문가가 아니다 • 프로그램의 성과를 바라보는 시각이 왜곡되어 있을 수 있다
지역사회 주민 평가 (설문조사 / 인터뷰)	• 지역사회의 문제해결을 위해 사회복지기관이 기획한 프로그램의 인지도와 관련해 주요 정보를 제공해 준다 • 프로그램 성과와 관련해 답변을 제공해 주지 못할 가능성이 크다	• 프로그램에 대한 전문가가 아니다 • 프로그램의 존재에 대해 전혀 모르고 있을 수 있다(지역주민이 프로그램에 대해 전혀 모르고 있다는 사실도 중요하게 살펴보아야 할 정보가 된다)
② 프로그램 제공자 평가: 프로그램 진행자 평가	• 프로그램의 진행에 대한 정보제공이 가능하다	• 프로그램에 대해 우호적으로 평가하는 경향이 있을 수 있다
프로그램 기록 평가	• 프로그램의 진행자와 참여자에 대한 주요 정보를 제공해 준다	• 프로그램에 대해 우호적인 시각이 반영되어 기록이 이루어졌을 가능성이 있다
③ 관찰자 평가: 해당분야 전문가의 관찰	• 프로그램과 참여자에 대한 전문적 지식을 가지고 있다 • 프로그램에 대해 우호적인 입장을 취하고 있지 않다(객관성 유지)	• 단시간(또는 일회성)에 관찰이 이루어지는 경우가 많으므로, 관찰된 정보가 정확하지 않을 수 있다
숙련된 관찰자의 관찰	• 관찰을 전담하는 관찰자이므로 다양한 관심 요인에 대해 집중적인 관찰이 가능하다 • 프로그램에 대해 특정한 입장을 취하고 있지 않다(객관성 유지)	• 관찰을 전담하는 관찰자를 훈련시키는 비용과 관찰자의 인건비에 대한 부담이 클 수 있다
CT 지인의 관찰	• 클라이언트의 일상생활행동 변화를 관찰하는 데 있어 최고의 정보원이 될 수 있다	• 클라이언트의 행동변화를 관찰하는 데 있어 시각이 왜곡되어 있을 수 있다(긍정적 혹은 부정적 시각의 반영)
평가팀의 관찰	• 평가하고자 하는 주요 요소에 대한 정보제공이 가능하다 • 프로그램에 대해 특정한 입장을 취하고 있지 않다(객관성 유지)	• 평가팀을 통해 프로그램에 대한 관찰이 이루어지므로, 평가팀 인건비에 대한 비용부담이 클 수 있다

출처: Posavac, E. J., & Carey, R. G. (2007). Program evaluation: methods and case studies(7th ed). Upper Saddle River, NJ: Pearson Education, Inc. p. 78.

02 프로그램 평가의 단계

전체적인 프로그램 평가의 절차는 욕구조사, 형성평가, 과정평가, 성과평과의 순으로 진행된다(그림 12-1).

1) 욕구조사

프로그램을 처음으로 개발하기 위해서는 클라이언트가 가지고 있는 욕구가 무엇인지, 클라이언트가 어떠한 프로그램을 원하고 있는지, 지역사회에 숨어있는 욕구(아직 표출되지 못한 욕구)는 없는지 파악하는 것이 중요하다. 이러한 욕구조사를 통해서, 우리가 돕고자 하는 클라이언트의 욕구에 부합하는 프로그램을 개발하게 되는 것이다.

2) 형성평가

욕구조사 단계 이후에는 형성평가를 시행하게 되는데, 이는 프로그램을 '형성'하는 데 있어 중요한 정보를 사정하는 것이다. 그렇다면, 어떠한 정보가 프로그램 개발 초기에 유용한 정보일까? 프로그램 개발에 있어 도움이 될 만한 모든 정보를 말하는 것이다(Royse, Thyer, Padgett, & Logan, 2006). 형성평가는 마치 작가가 자신의 책을 출판하기 이전에 동료나 가족에게 책 초안을 보여 주고 평가를 받는 것과 같다. 책을 쓴 작가의 입장에서는 모든 글이 정확한 문장으로 이루어져 있어서 이해하기도 쉽고 명백하다고 생각해도, 독자의 입장에서는 그 내용이 이해가 안 되거나 의미를 잘못 해석하게 될 수도 있다. 책의 내용 중에서 이해가 안 가는 부분이나 공감이 되지 않는 부분은 없는지, 설명이 부족한 부분은 없는지, 책의 글씨 크기나 문단 간격이 책을 읽기에 편안한지, 보충할 내용은 없는지, 삭제하는 것이 더 바람직한 내용은 없는지 등에 대해 문제를 짚어 낼 수 있는 신선한 시각을 활용하는 것은 책의 내용을 보완하는 데 큰 도움이 된다. 마찬가지로, 프로그램을 개발하는 데 몰두하다 보면 프로그램의 문제점이나 수정할 점을 놓치거나 파악하지 못할 수 있다. 프로그램 관련 전문가, 기관의 사회복지사, 직원들, 클라이언트들을 인터뷰하거나 이들과 소규모 토론을 하는 과정을 통해 프로그램을 시행하는 데 있어서 예상되는 어려움이 무엇인지 파악할 수 있을 것이다. 클라이언트들의 참여율이 저조할 것이라 예상되는지, 기관 내 사회복지사나 직원들 간의 의사소통 문제로 인해 프로그램의 원활한 진행이 어려울 수 있는지, 프로그램의 효과성을 높이기 위해 추가적인 직원 훈련 및 교육이 필요하진 않은지 등의 여러 가지 정보를 형성적 평가를 통해서 얻을 수 있다. 형성적 평가를 통해 프로그램이 실제적으로 형성되기 이전에, 인력이나 자원을 확보하고, 필요한 교육이나 훈련을 실시하여 프로그램의 성공적 운영에 도움이 되도록 할 수 있다.

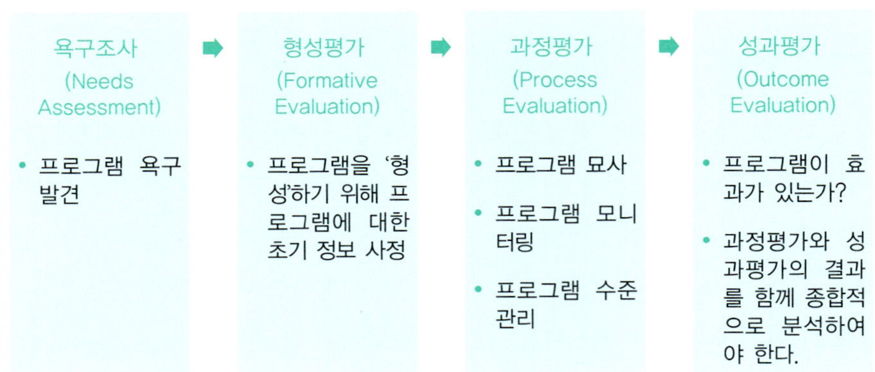

[그림 12-1] 프로그램 평가의 단계

출처: Royse, D., Thyer, B. A., Padgett, D. K., & Logan TK. (2006). Program evaluation: An Introduction(4th ed.). Belmont, CA: Thompson Brooks/Cole. (p. 124).

3) 과정평가

형성평가를 통해 프로그램을 잘 만들고 진행하게 되면, 과정평가를 시행할 수 있다. 과정평가는 '과정'이라는 단어 때문에 프로그램이 진행되는 중간에 시행해야 한다고 생각하기 쉬운데, 사실상 과정평가는 프로그램의 초기, 중간 및 종결 단계, 어느 때에나 시행할 수 있다. 프로그램을 처음으로 개발하고 기획하여 시행하는 단계에서도 과정평가를 행할 수 있고(Hong, Mitchell, Peterson, Latkin, Tobin, & Gann, 2005), 프로그램을 종결한 이후에 프로그램의 전반적 진행과정에 대해 과정평가를 시행할 수도 있다(Royse et al., 2006). 이를 통해 프로그램의 문제점이 무엇인지, 프로그램에서 무엇을 바꾸어야 하는지, 그리고 클라이언트들의 참여율이 저조했다면 그 이유가 무엇인지 등에 대한 정보를 얻을 수 있다(Rubin & Babbie, 1997). 예상과 다르게 프로그램이 실패하였을 경우에도, 과정평가를 통해 프로그램의 어떠한 요소로 인해 프로그램이 의도했던 결과를 끌어내지 못했는지 답을 얻을 수 있다(Forsetlund, Talseth, Bradley, Nordheim, & Bjorndal, 2003). 이러한 프로그램 과정평가의 결과는 비슷한 프로그램을 실행하기 위해 준비하고 있는 다른 기관에 좋은 참고자료로 쓰이게 될 것이다. 특정 프로그램을 실시하는 것이 클라이언트에게 도움이 될 수 있을지, 프로그램의 진행에 있어 어떠한 어려움이 예상되며 그에 대해 어떻게 대처할 것인지, 프로그램을 성공적으로 진행하기 위해서 어떠한 사항을 보완하는 것이 필요할지 등에 대한 아이디어를 얻을 수 있기 때문이다(O' Neil, Davison, Mutchler, & Trachtenberg, 2005).

4) 성과평가

성과평가는 "프로그램이 성공적이었는가?", "문제를 해결하는 데 효과적이었는가?"라는 질문에 대한 답을 구하기 위해 프로그램이 종결된 이후 행하게 된다. 반면에 앞서 살펴보았던 과정평가의 경우에는, '프로그램은 어떻게 구성되어 있는가?(어떤 프로그램인가?)', '프로그램 속에서 어떠한 일들이 발생하였는가?', '프로그램이 계획했던 대로 진행되었는가?', '프로그램의 효과성을 높이는 요소는 무엇인가?', '프로그램의 효과성을 저해하는 요소는 무엇인가?' 등에 대해 초점을 맞추는 것이다(Hong et al., 2005).

성과평가에서는 프로그램이 이루고자 목표했던 것이 무엇이었는지 명확히 확인하고, 프로그램의 효과성을 측정하기 위해 어떠한 방법으로 접근할 것인지를 결정하여야 한다. 그러나 성과평가를 통해 프로그램이 효과적이었는지 입증하는 것에만 그칠 것이 아니라 프로그램이 어떠한 과정을 통해 진행되었으며, 그 속에서 어떠한 일들이 있는지 그 과정을 함께 살펴보는 것이 중요하다. 성과평가를 할 때 과정평가의 내용도 함께 포함시켜 생각하는 것이 프로그램의 결과를 정확히 이해하는 데 큰 도움을 줄 수 있다.

욕구조사, 형성평가, 과정평가, 성과평가에 있어 조사의 시기, 조사의 초점, 주요 질문, 조사의 방법을 정리하면 다음의 〈표 12-4〉와 같다.

〈표 12-4〉 욕구조사, 형성평가, 과정평가, 성과평가의 비교

	욕구조사	형성평가	과정평가	성과평가
조사 시기	프로그램 개발 이전	프로그램 개발 단계	프로그램 진행과정	프로그램 종결
조사 초점	프로그램 개발을 준비하기 위한 정보(사회문제의 상태와 지역주민의 욕구)	프로그램의 전체적인 단계와 요소	프로그램의 진행 상황	프로그램의 결과(효과)
주요 질문	• 지역사회에 프로그램에 대한 욕구가 존재하는가? • 프로그램이 개입하고자 하는 문제는 무엇인가? • 사회문제의 해결을 위해 가장 효과적인 것으로 알려진 프로그램 개입 방안은 무엇인가? • 사회문제 해결을 위해 시도되었던 대안으로 무엇이 있는가? • 프로그램과 관련하여 어떠한 선행연구 결과가 있는가? • 프로그램의 시행을 위해 활용할 수 있는 자원으로 무엇이 있는가?	• 프로그램의 목적과 목표는 무엇이며, 프로그램을 통해 달성이 가능한가? • 프로그램의 근간을 이루는 가치와 생각은 무엇인가? • 프로그램의 효과를 최대한 크게 하기 위해 수정되어야 할 프로그램 요소는 무엇인가? • 프로그램이 현실적으로 실행 가능한가? • 프로그램에 대한 평가가 가능한가?	• 프로그램이 성취하고자 하는 것은 무엇인가? • 프로그램은 어떻게 진행되고 있는가? • 프로그램의 진행이 적절하게 이루어지고 있는가? • 프로그램이 계획대로 진행되고 있는가? • 프로그램의 효과성을 높이기 위해 프로그램 진행과정에서 무엇이 바뀌어야 하는가? • 프로그램의 효과성을 높이기 위해 기관 차원에서 무엇이 바뀌어야 하는가?	• 프로그램을 통해 목적과 목표가 성공적으로 달성되었는가? • 프로그램 사전조사와 비교할 때 사후조사의 결과가 어떻게 달라졌는가? • 프로그램의 효과성을 향상시키기 위해 무엇에 대한 수정과 보완이 필요한가?
조사 방법	• 설문조사 • 기존 자료와 문서의 분석 • 지역사회 방문(인터뷰) • 포커스 집단 면접 • 델파이 기법	• 프로그램 개발에 대한 문서 기록 분석 • 관찰과 인터뷰	• 프로그램 과정평가 • 프로그램 진행 상황에 대한 평가(관찰, 인터뷰, 설문조사 등)	• 프로그램 성과평가 • 프로그램의 결과(효과)에 대한 평가(측정도구의 활용)

출처: Owen, J. M. (2007). Program evaluation: forms and approaches(3rd ed.). New York, NY: The Guilford Press를 바탕으로 재정리.

03 프로그램 평가와 윤리적 문제

평가의 정치적 성격과 이해관계로 인해 평가 과정은 복잡하고도 도전적인 윤리적 딜레마를 접하게 된다. 사회복지 평가에 있어서 사회복지사협회의 윤리헌장이 기본적인 준거 틀이 될 수 있는데, 윤리헌장에 의하면 사회복지의 주요 목적은 사회복지 욕구가 있는 사람들을 돕고, 사회문제를 해결하는 것이라는 점을 명시하고 있다(Posavac & Carey, 2007). 그러므로 사회복지 프로그램은 그 프로그램이 만들어진 목적대로, 클라이언트의 욕구 해결이나 사회문제 해결을 최우선의 가치로 두어야 한다. 그러나 프로그램의 재정을 지원하는 후원자의 사명이나 가치 또는 신념이 클라이언트의 욕구와 갈등을 일으키고 있다면 어떻게 할 것인가? 기관 내부의 프로그램 평가 과정에서 윤리적 갈등이 발생하였을 때, 기관의 입장을 먼저 고려할 것인가 아니면 클라이언트 중심의 평가를 해야 할 것인가? 자금지원자나 정책집행자 또는 행정가들에게 프로그램의 가치를 입증하지 못하거나 그들로부터 필요한 지원을 얻어내지 못했을 때, 사회복지 프로그램이 설 자리를 잃게 되는 경우가 종종 발생한다. 그러나 중요한 것은, '사회정의'와 '동등한 기회'를 증진시키는 방향으로 윤리적인 의사결정이 이루어져야 한다는 점이다.

프로그램 평가자가 경험할 수 있는 윤리적이지 못한 상황으로 다음과 같은 상황이 있을 수 있다(Fitzpatrick et al., 2004).

- 프로그램 평가자가 프로그램 관계자(기획자, 진행자, 기관 고위관계자 등)로부터 평가 결과를 (우호적으로) 조정하도록 압박을 받는다.
- 프로그램에 대한 평가가 시작되기도 전에 프로그램 관계자가 이미 프로그램의 결과가 어떻게 되어야 하는지 결정해놓고 있다.
- 프로그램 관계자가 프로그램에 대한 연구결과를 비윤리적으로 활용할 계획을 세우고 있다(클라이언트의 사생활에 대한 침해 등).

- 프로그램 관계자가 프로그램 평가 결과를 은폐하거나 의도적으로 무시한다.
- 프로그램 평가자가 평가의 전체적인 결과를 제시하지 않고 부분적인 결과만 제시한다.
- 프로그램 평가자가 평가 과정에서 불법적이거나 비윤리적인 상황, 또는 위험한 상황을 발견하게 되는데 아무런 조치를 취하지 않는다.
- 프로그램 평가자가 자신이 객관적이고 공정하게 평가 결과를 제시할 수 있는지에 대해 스스로 자신이 없다.
- 프로그램 평가자가 특정 평가 결과를 제시하는 과정에서 '비밀보장의 원칙'을 깨트릴 가능성이 발생한다.
- 프로그램 평가자가 프로그램 관계자로부터 '비밀보장의 원칙'을 깨고 클라이언트의 사적인 정보를 제공하도록 압력을 받는다.
- 프로그램 관계자가 평가 결과를 악용한다(특정 사람이나 프로그램에 대한 처벌의 근거로 사용한다).
- 프로그램 평가 결과를 배포하기 전에, 프로그램 관계자가 평가의 내용을 의도적으로 조작한다.
- 프로그램 평가를 위해 매우 중요한 평가 질문임에도 불구하고, 프로그램 관계자가 부적절하다며 허락하지 않는다.
- 프로그램 평가 과정에서 주요 프로그램 관계자를 평가계획 단계에서부터 배제시킨다.

포사박과 카레이(Posavac & Carey, 2007)는 프로그램 평가 과정에서 윤리적인 연구를 위해 다음 사항에 유념하여야 한다고 강조하였다.

- 체계적인 조사: 수집된 객관적 자료를 바탕으로 체계적이고 과학적인 조사를 수행하여야 한다.
- 전문적인 조사: 전문적인 평가 지식과 기술을 바탕으로 조사를 수행하여야 한다.

- 정확하고 정직한 조사: 전체적인 평가 과정에서 정확하고 정직하게 정보를 수집하고 분석하여 보고하여야 한다.
- 인간에 대한 존중: 평가자들은 프로그램 참여자, 조사 참여자, 프로그램 관계자 등의 안전을 보장하고, 그들의 인간적 가치와 존엄성에 대하여 존중하여야 한다.
- 사회복지에 대한 책임성: 평가자는 프로그램 평가를 통해 지역사회 주민 공공의 이익과 가치가 보장받을 수 있도록 노력하여야 할 책임이 있다.

사회복지사는 평가 과정에서 부딪히게 되는 윤리적 딜레마를 해결하기 위해 가치 기준을 명확히 정립할 필요가 있다. 평가 연구 과정에서 지켜야 할 몇 가지 윤리적 원칙은 다음 〈글상자 12-1〉과 같다.

〈글상자 12-1〉 프로그램 평가 시 지켜야 할 윤리적 원칙

- 평가 연구 참여자들의 자발적 참여를 보장하여야 한다.
- 평가 연구 참여자들의 정신적 · 신체적 안전과 사생활을 보장하여야 한다.
- 평가 연구 과정에서 참여자를 속이거나 비밀리에 평가가 이루어져서는 안 된다.
- 평가 연구 결과를 제시할 때 정확하고 솔직한 정보가 제공되어야 한다(부정적인 평가 연구의 결과도 분명히 제시되어야 하며, 평가 연구 자체가 지니고 있는 한계점이나 단점도 명시가 되어야 한다).

첫째, 평가 연구 참여자들의 자발적인 참여를 보장해 주어야 한다.

연구 참여자들은 평가 연구의 내용과 과정에 대해 미리 살펴보고 그들의 자유의지에 따라 참여 여부를 결정할 수 있는 권리를 갖고 있다. 평가 연구 참여는 절대 강제적으로 이루어져서는 안 된다. 연구 참여자를 모집하는 과정에서 그들에게 심리적인 압박을 가하거나 과도한 물질적 보상을 제공하는 것도 바람직하지 않다. 연구 참여자들이 평가에 참여하는 대가로 적정한 보수나 보상을 받는 것은 문제가 되지 않으나, 과도한 보상을 제공하는 것은 문제가 될 수 있다. 그러한 보상을 받기 위해 의도적으로 연구에 참여하고 잘못된 정보를 만들어 낼 수도 있기 때문이다. 연구 참여자의 고의적인 참여를 유도할 정도로 과도한 금전적 · 물질적 보상을 제

공하는 것은 바람직하지 않다.

둘째, 프로그램 평가에 참여하는 참여자들에게 정신적 · 신체적 피해가 있어서는 안 되며, 그들의 개인적인 정보에 대해 비밀보장의 원칙이 지켜져야 한다.

만약 평가 연구의 과정에서 참여자들에게 정신적 · 신체적인 피해가 발생할 우려가 있을 경우 이에 대해 미리 참여자들에게 알려야 하며, 참여자는 그러한 정보를 제공받은 이후 참여 여부를 결정할 수 있는 권리가 있다. 평가 연구는 참여자들의 정신적 · 신체적 안전을 보장하는 방법과 절차로 진행되어야 한다. 또한, 평가 연구 과정에서 참여자들의 익명성이 보장되어야 하고 그들의 사생활이 노출되지 않도록 대비하는 것이 중요하다.

셋째, 평가 과정에서 연구 참여자들을 속여서는 안 되며, 참여자들이 인지하지 못하는 상황에서 비밀리에 평가가 진행되어서도 안 된다.

평가자는 평가의 전체적인 절차와 내용에 대해 사전에 공지하고, 연구 참여자의 동의를 얻어 평가를 진행하여야 한다. 만약, 비밀리에 평가를 진행해야만 한다면, 평가를 통해 얻을 수 있는 사회적 이익에 비추어 적절한 타협점을 찾는 것이 필요하다. 예를 들어, 프로그램 참여자를 관찰할 때 비밀리에 참여관찰을 하지 않는다면, 참여자가 위선적으로 행동하거나 방어적인 태도를 보일 것이라 판단이 될 때 '참여자를 속이는 것'에 대한 유혹을 느끼게 될 것이다. 그러나 그러한 '속임'을 통해 얻을 수 있는 사회적 이익이 어느 정도인가에 대해 생각해 보아야 한다(연구 참여자를 속여서 연구를 진행하여야 할 만큼 연구를 통해 얻을 수 있는 사회적 이익이 큰 것인가?). 만약, 어마어마하게 큰 사회적 이익을 위해 참여자를 속이게 되었다고 할지라도, 사후에 '속임'이 있었다고 참여자들에게 알려주어야 할 것이다. 또한, 평가 연구 참여자가 그러한 사실을 알고 자신의 자료를 철회해 주길 요청한다면 그 요청은 받아들여져야 한다. 평가자는 '참여자 속임'과 '평가 연구결과의 정확성' 사이에서 윤리적인 갈등을 겪게 될 수 있으나, 기억하여야 할 점은 정직한 접근이 언제나 중요하며 연구 참여자를 속이지 않는 평가방법이 바람직하다는 점이다.

넷째, 평가 연구의 결과에 대해 보고서를 작성할 때 부정적인 연구결과나 평가의 한계점 등에 대해서도 명시하여야 한다.

사회복지기관의 입장에서는 평가 보고서가 우호적인 내용으로 작성되기를 기대하는 경우가 많을 수 있다. 따라서 외부에서 고용된 평가자들은 프로그램에 대한 진실을 보고해야 하는지, 아니면 프로그램에 대해 그럴싸하게 포장된 평가 결과를 제시해야 하는지에 대해 딜레마에 빠질 수 있다. 프로그램 평가자가 지켜야 할 분명한 윤리적 기준은 전문적 객관성을 유지하는 것이다. 평가자는 평가 결과와 관련하여 다양한 집단과 조직으로부터 정치적 압박을 받을 수 있다. 그러나 평가자는 기관에서 자신을 고용한 이유가 공정하고 정확하게 평가할 수 있는 전문적인 능력 때문이라는 점을 반드시 유념하고 자신에게 맡겨진 역할에 충실하여야 한다.

04 평가도구의 타당도와 신뢰도

프로그램 평가 연구를 통해 객관적이고 정확한 결과를 얻기 위해서는 평가 과정에서 사용하는 평가도구(척도, 설문지, 인터뷰 양식 등)가 적절한 수준의 타당도와 신뢰도를 갖추고 있어야 한다.

1) 타당도(validity)

타당도는 평가 시 사용하는 측정도구가 실제로 측정하고자 하는 요소를 정확하게 측정하는 정도를 의미한다(올바른 것을 재고 있는가?).

예를 들어, 게임중독으로 인해 대인관계 문제를 겪고 있는 청소년들을 대상으로 그들의 '자아존중감'과 '의사소통기술'을 향상시키는 것이 목적인 프로그램이 있다고 하자. 이때 프로그램 평가에서 측정하고자 하는 것은 청소년들의 '자아존중감'

과 '의사소통기술'이 프로그램 사전 · 사후 조사결과 어떻게 변화되었는지에 대한 것이다. 타당도가 높은 척도라면 측정하고자 하는 '자아존중감'과 '의사소통기술'을 정확하게 측정할 수 있어야 한다. 만약, 척도의 문항이 '자아존중감'이 아닌 다른 개념(예: 삶의 만족도)을 측정하도록 구성되어 있다면, 그 척도는 타당도가 높은 척도라고 할 수 없다.

2) 신뢰도(reliability)

신뢰도는 평가 시 사용하는 측정도구의 일관성이 있고 안정적인 정도를 의미한다(반복측정 시에도 일관성 있는 결과가 나오는가?). 신뢰도가 있는 척도라면, 반복적으로 평가를 시행했을 때 평가의 결과가 일관성 있게 제시되어야 한다.

예를 들어, '우울증'을 측정하는 척도의 신뢰도가 높다면, 반복측정을 하여도 우울증이 높은 사람은 일관성 있게 우울증이 높은 것으로 결과가 나와야 하고, 우울증이 없는 사람은 일관성 있게 우울증이 없는 것으로 결과가 나와야 한다. 우울증 문제가 심각한 클라이언트를 대상으로 우울증 척도를 사용하였을 때, 처음에는 우울증 문제가 심각하게 나오고, 두 번째 평가에는 우울증이 전혀 없는 것으로 나오고, 세 번째 평가에는 다시 높은 수준의 우울증 수치가 나오는 등 반복측정 시 결과의 일관성이 없다면 신뢰도가 낮은 척도이다. 이처럼 신뢰도가 낮은 척도는 측정도구의 문항이 이해하기 어렵거나, 낯설고 생소한 단어가 다수 포함되어 있거나, 문장의 의미가 명확하지 않은 경우가 많다. 그러한 경우 같은 질문에 대해서도 읽을 때마다 해석이 달라지고 오해가 발생할 수 있으며, 결과적으로 평가 결과의 일관성이 떨어지게 되는 것이다.

05 평가성 검증

평가성 검증은 프로그램에 대한 적절한 평가가 가능한지, 평가를 통해 프로그램의 수행을 향상시킬 수 있는지의 여부 등에 대해 살펴보고, 프로그램에 대한 적절한 평가가 가능하도록 평가계획을 세우는 것이다.

프로그램 평가에 대한 계획을 세울 때 다음과 같은 문제점에 봉착하게 되는 경우가 많다.

- 프로그램에 할당된 인적자원과 물적자원, 예산 등을 고려해 볼 때 프로그램 목적과 목표에 대한 달성이 현실적으로 불가능하다.
- 프로그램 기획 때 결정한 방식대로 프로그램을 수행하는 것이 현실적으로 불가능하다.
- 프로그램이 어떻게 실행될 것인지 내용과 절차 등에 대해 정확한 정보를 얻을 수 없다.
- 프로그램 평가자와 프로그램 관계자(프로그램 기획자, 진행자 등)들이 평가의 목적이나 수행기준 등에 있어서 상호 합의점을 찾지 못한다.
- 프로그램 평가 결과가 나와도 기관의 프로그램 관계자가 평가 결과를 반영하여 프로그램을 수정하고 보완할 의사가 별로 없다.

위와 같은 문제가 심각한 상황이라면, 많은 시간과 비용을 들여 프로그램 평가를 시행한다 하더라도 형식적인 평가로 끝날 뿐, 실제적으로 평가 결과를 반영하여 프로그램을 향상시키기는 어려울 것이다. 이러한 문제점을 해결하기 위해 평가계획의 일환으로 평가성 검증을 수행하는 것이 좋다. 평가성 검증은 프로그램의 설계를 분명히 하고 프로그램의 실제적 진행 내용과 절차를 탐색하여, 필요하다면 프로그램 평가가 용이하도록 프로그램을 재설계하는 것이다.

프로그램 평가를 계획할 때, 평가성 검증과 관련하여 생각해 보아야 할 사항은 다음과 같다(McDavid et al., 2006).

① 프로그램 평가에 참여하는 대상자는 누구인가?(누구를 대상으로 평가하는가?)
② 프로그램 평가의 주요 이슈와 질문은 무엇인가?
③ 프로그램 평가를 위해 활용할 수 있는 (인적 · 물적)자원으로 무엇이 있는가?
④ 프로그램과 관련해 어떤 평가 연구가 존재하는가?(과거에 평가된 내용은 무엇인가?)
⑤ 평가하고자 하는 프로그램은 어떤 프로그램인가?
⑥ 프로그램이 실행되는 환경(기관, 센터 등)은 어떠한 곳이며, 프로그램 평가에 어떤 영향을 끼칠 것인가?
⑦ 어떠한 프로그램 평가방법이 가장 적절하고 바람직할 것인가?
⑧ 프로그램의 구조와 환경, 평가의 주제를 고려할 때 활용할 수 있는 정보의 출처(프로그램 참여자, 프로그램 진행자, 프로그램 기록 등)로 무엇이 있는가?
⑨ 위의 ①부터 ⑧까지의 사항을 종합적으로 고려할 때, 현실적으로 가장 적절한 평가방법은 무엇인가?
⑩ 프로그램 평가가 가능한가?

프로그램 평가에 대한 계획은 프로그램을 종결한 이후에 수립하는 것이 아니라 프로그램을 기획하는 초기 단계에서부터 논의되어야 한다. 위의 ①부터 ⑩까지의 사항을 살펴보면서 누구를 대상으로 무엇을 어떻게 평가할 것인지에 대한 계획을 세워야 한다. 그리하여 만약 프로그램의 내용과 과정에 대한 평가가 어렵게 프로그램이 설계되어 있다면 평가가 가능하도록 프로그램을 수정하고, 적절한 평가를 방해하는 요인(기관 내부와 외부의 상황, 관계자 등)이 존재한다면 그에 대한 대비책과 조치를 마련하는 것이 필요하다.

요 약

1. **프로그램 평가의 준비**: 프로그램 평가의 전체적인 절차는 다음과 같다. 프로그램 평가의 결과(예: 프로그램의 성과평가 등)가 정치적 압박의 영향으로 인해 변질되지 않도록 주의하여야 한다.

① 프로그램 평가 계획 수립
② 자료 수집(측정도구의 활용)
③ 수집한 자료의 분석
④ 평가 보고서 작성
⑤ 평가 보고서 배포
⑥ 평가 결과를 반영하여 긍정적 변화 유도(프로그램, 지역사회 주민 인식, 기간 내・외부 관계자 등)

2. **프로그램 평가의 단계**

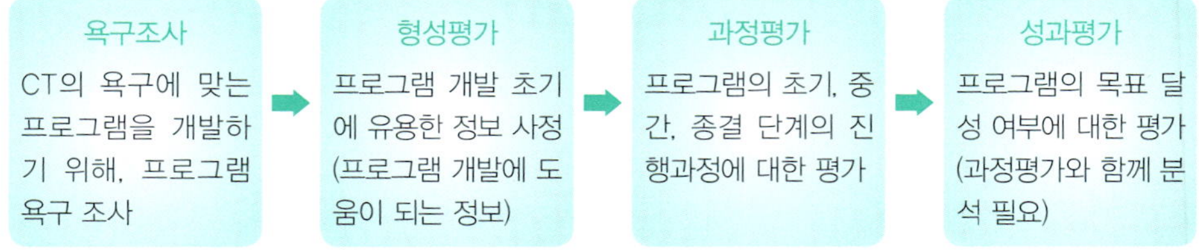

3. **프로그램 평가의 윤리적 문제**

① 평가 참여자의 자발적 참여가 보장되어야 한다.
② 평가 참여자의 안전 및 사생활 보호(비밀보장)가 보장되어야 한다.
③ 평가 참여자에 대해 속임수를 쓰지 않아야 한다.
④ 프로그램 평가 결과는 객관적이고 정확한 자료분석과 보고로 이루어져야 한다.

4. **평가도구의 타당도 신뢰도**: 프로그램 평가를 통해 정확하고 객관적인 결과를 얻기 위해서는 평가 시 사용하는 척도(설문지, 평가도구 등)가 적절한 타당도와 신뢰도를 갖추고 있어야 한다.

① 타당도(validity): 측정도구가 실제로 측정하려는 것을 정확하게 재고 있는 정도(accuracy)(올바른 것을 재고 있는가?)
② 신뢰도(reliability): 측정도구가 안정적이고 일관성(consistency)이 있는 정도(올바르게 재고 있는가?)

5. **평가성 검증**: 평가성 검증은 프로그램을 적절하게 평가하는 것이 가능한지 여부에 대해 점검하고, 향후 프로그램에 대해 객관적으로 평가가 가능하도록 평가계획을 세우는 것이다. 그러므로 프로그램 평가에 대한 계획은 프로그램을 종결한 이후에 설정하는 것이 아니라, 프로그램을 기획하는 초기 단계에서부터 고려하여야 한다.

프로그램 평가의 방법

01 투입요소평가

투입요소평가는 프로그램에 투입된 요소(기관 시설, 직원, 프로그램의 자원, 서비스 등)의 적절성에 대하여 평가하고, 그러한 사항이 프로그램의 목적과 목표를 달성하는 데 있어서 적합한지 평가하는 것이다.

이러한 투입요소의 적절성은 지역사회의 욕구, 기관의 목적, 프로그램(서비스) 실천의 기준, 프로그램 예산 등의 비추어 평가하게 된다. 투입요소평가에서는 다음과 같은 질문을 하게 될 것이다(Pietrzak et al., 1990).

- 클라이언트의 특성이나 문제가 기관의 서비스 목적에 부합하는가?
- 프로그램 진행 인력은 서비스를 전달하는 데 있어 적절한 자격과 역량을 갖추고 있는가?
- 프로그램이 진행되는 장소는 클라이언트가 쉽고 안전하게 접근할 수 있는 곳인가?

투입요소평가와 관련지어 노력(effort)평가를 병행하기도 한다. 투입요소평가가 주로 투입요소의 적절성에 초점을 둔다면, 노력평가는 프로그램을 제공하기 위해 기관이 얼마나 많은 활동을 했고, 얼마나 많은 서비스를 제공했는지에 초점을 둔다. 즉, 노력평가에서는 노력의 정도와 양에 초점을 두어 프로그램의 결과(효과)를 사정하는 것이다. 이때 노력의 정도와 양에 대한 평가를 위해 프로그램 이용자의 수, 교육 · 워크숍 참여자의 수, 프로그램 활동 건수, 전화상담 건수, 서비스에 투입된 시간 등을 고려하게 된다.

02 성과평가

성과평가는 프로그램이 이루고자 했던 목적과 목표를 성공적으로 달성하였는지에 대해 평가하는 것이다. 프로그램을 종결한 이후, 프로그램 참여자들이 어떻게 변화하였는지, 프로그램의 목표대로 참여자들이 성공적으로 변화하였는지에 대해 살펴보는 것이다(표 13-1).

- 프로그램이 목적과 목표를 성공적으로 달성하였는가?
- 프로그램 참여자들이 성공적으로 변화하였는가?

〈표 13-1〉 프로그램의 성과평가

단계	질문
1. CT의 반응	프로그램에 대한 CT의 반응은 어떠하였는가?
2. CT의 학습	프로그램을 통해 CT가 배운 것은 무엇인가?
3. CT의 행동	프로그램을 통해 CT의 행동이 변화되었는가?
4. 프로그램 결과	프로그램의 성과가 기관에도 좋은 영향을 끼쳤는가? (프로그램 성과에 대한 평가를 통해 기관의 프로그램, 서비스, 자원 등을 향상시킬 수 있었는가?)

출처: Fitzpatrick, J. L., Sanders, J. R., & Worthen, B. R. (2004). Program evaluation: alternative approaches and practical guidelines. Boston, MA: Pearson Education, Inc.

프로그램이 의도했던 성과가 제대로 달성되었는지 평가하기 위해서는 프로그램의 목표가 측정 가능하도록 구체적으로 설정되어 있어야 한다. 예를 들어, 다음에 제시된 목표의 예시를 보면, 목표를 달성하고자 하는 기한이 포함되어 있고, 참여자 중 몇 %를 목표대상으로 하며, 무엇에 대한 성과를 측정하고, 목표치는 어느 정도인지를 알 수 있다.

(측정 가능한 목표의 예시)

- ○월 ○일까지 참여자 70%의 삶에 대한 만족도를 20% 이상 향상시킨다.
- ○회기까지 참여자 80%의 자아존중감을 10점 이상 향상시킨다.

사회복지 프로그램에서는 프로그램의 성과도 중요하지만, 프로그램 과정에 대한 평가도 매우 중요하다. 사회복지 프로그램에 참여하는 대상의 특성상 프로그램 성과가 성공적이진 않았지만, 그 과정만으로도 충분히 의미가 있는 프로그램이 있을 수 있기 때문이다.

페루에서 행해진 평가 연구를 사례로 들어 생각해 보자(Waters, Penny, Creed-Kanashiro, Robert, Narro, Willis, Caulfield, & Black, 2006). 이 연구에서는 2세 미만 영아를 키우고 있는 어머니를 대상으로 2년간 영양교육 프로그램을 실시하였다. 그러한 프로그램의 결과, 영양실조나 저체중으로 인해 건강에 심각한 위협을 받거나 사망하

는 유아의 수가 많이 감소되었다. 이 연구에서는 프로그램이 계획대로 목표를 달성하고 기대하였던 성과를 내는 데 성공하였다고 보고하였다. 그런데 만약 그렇지 못했다면, 이 프로그램은 의미가 없고 불필요한 프로그램이라고 할 수 있을까? 만약 프로그램 평가 결과, 목표로 하였던 수치보다 적은 수의 영아들만 건강을 회복하는 데 그쳤다면 이 프로그램은 실패한 프로그램이라고 할 수 있을까? 2세 미만 영아의 어머니를 대상으로 영양에 대한 교육을 제공하는 프로그램의 경우, 프로그램 진행과정에서 성과로서 측정되지는 않았지만, 충분히 의미 있는 변화가 프로그램의 효과로 인해 나타났을 것이다.

- 목숨이 위협받을 수 있는 위험한 상황을 벗어나 건강을 회복한 유아의 생명
- 유아의 건강이 회복됨에 따라 부모가 되찾게 되는 자신감과 행복감
- 유아의 건강한 성장을 통한 가정의 안정화
- 유아가 건강하게 잘 성장하도록 돌보는 과정에서 부모와 유아 간의 애착관계 강화

그러므로 프로그램에 대한 성과평가의 결과, 목표하였던 성과가 달성되지 않았다고 해서 그 프로그램은 가치가 없고 실패한 프로그램이라고 성급하게 결론짓지 않아야 한다. 프로그램의 성과가 다소 미흡하더라도 프로그램의 진행과정에서 의미 있는 변화가 나타났다면, 그 프로그램은 중요한 가치가 있는 프로그램이라고 할 수 있다. 프로그램의 성과를 평가할 때에는 프로그램의 진행과정에서 어떠한 변화가 있었는지에 대해 같이 살펴보는 것이 필요하다.

1. 여러분이 실행한 사회복지 프로그램에 대하여 성과평가를 한다면, 평가하고자 하는 요소는 무엇입니까?

2. 성과평가에서 목표 달성 여부를 파악하는 기준(목표치)은 무엇입니까? 평가 항목별로 프로그램 참여자 ○% 이상(또는 ○명 이상)을 대상으로 ○% 이상의 향상(또는 ○점 이상의 향상)을 목표로 합니까? (예: 프로그램 참여자 80% 이상을 대상으로 삶의 만족도 15% 이상 향상)

3. 성과평가에서 평가하는 항목별로 목표 달성 여부를 측정하기 위해 어떠한 평가방법(관찰, 인터뷰, 설문조사 등)을 사용합니까?

4. 성과평가를 위해 사용하는 측정도구(예: 관찰표, 인터뷰 용지, 설문지 등)는 무엇입니까?

※ 사회복지 집단상담 프로그램 사례 1

다음 집단상담 프로그램은 중학교 2학년 여학생들의 흡연 문제 해결을 지원하기 위해 개발된 프로그램이다. 프로그램 평가자의 입장에서 프로그램의 진행과정과 내용을 살펴보고 다음 사항에 대하여 생각해 보자.

- 프로그램 참여자: 중학교 2학년 여학생 4명(학교의뢰에 의한 비자발적 참여)
- 프로그램 진행자: 주 진행자 1인(사회복지사)
- 프로그램 기간: 주 5회(월~금, 10:00 am~5:00 pm)

(1) 집단상담 일정(프로그램 활동의 진행 순서)은 어떠한가?

(2) 중학교 학생들의 흡연문제 해결이라는 프로그램 성과를 달성하기 위하여 적절하다고 생각하는 프로그램은 무엇인가?

(3) 중학교 학생들의 흡연문제 해결이라는 프로그램 성과를 달성하기 위하여 수정하고 싶은 프로그램은 무엇인가?

(4) 프로그램의 성과를 효과적으로 달성하기 위하여 새롭게 추가하고 싶은 프로그램 활동이 있다면 무엇인가?

〈글상자 13-1〉 프로그램 사례 1

1. 상담 일정

〈표 13-2〉 집단상담 일정

<table>
<tr><th>요일
시간</th><th colspan="2">월</th><th>화</th><th>수</th><th>목</th><th colspan="2">금</th></tr>
<tr><td>10:00
~
12:00</td><td colspan="7">준비시간</td></tr>
<tr><td>12:00
~
13:30</td><td>등록
접수
면접</td><td>부모
상담</td><td>집단상담
(연상화 그리기)</td><td rowspan="4">등산</td><td>집단상담
(아름다운 나)</td><td colspan="2">시청각교육
(성교육과 금연교육)</td></tr>
<tr><td>13:30
~
15:00</td><td colspan="3">중식</td><td colspan="3">중식</td></tr>
<tr><td>15:00
~
15:30</td><td colspan="2">심리검사
(인성진단)</td><td>심리검사
(가정환경 진단)</td><td>시청각교육
(소중한 생명,
바른 이성교제)</td><td colspan="2">집단상담
(나의 인생 설계)</td></tr>
<tr><td>15:30
~
16:00</td><td colspan="3">휴식시간</td><td colspan="3">휴식시간</td></tr>
<tr><td>16:00
~
17:00</td><td colspan="2">집단상담
(나의 얼굴 그리기)</td><td>집단상담
(복수하고 싶은 일들)</td><td>대화의 시간</td><td>집단상담
(가치관 경매)</td><td>프로그램
정리</td><td>부모
상담</td></tr>
</table>

2. 집단상담 내용

1) 나의 얼굴 그리기

- 목적: 자기가 간직하고 싶은 얼굴은 어떠한 것인가를 그림으로 표현하고 그것을 설명함으로써 자신과 타인에 대한 이해를 높인다.

〈표 13-3〉 '나의 얼굴 그리기' 활동 내용

구성원 내용	자신이 간직하고 싶은 얼굴	현재 자신의 얼굴	남에게 보이고 싶은 얼굴
A	• 얌전하고 착한 모습 • 귀여움을 받고 싶다.	• 장난하고 싸우는 모습 • 답답하다 • 집에서는 우울하고 학교에서는 재미있다.	• 친구들과 사이좋게 지내는 모습 • 밝게 웃는 모습 • 멋진 머리 스타일을 간직한 모습
B	• 가족과 함께 즐거워하는 모습 • 착하고 귀여운 모습	• 다른 사람들이 나쁘게 생각할 것 같고 착하게 보지 않을 것이다. • 매사에 짜증 내는 모습	• 남들에게 인정받아 밝게 웃는 모습
C	• 화장도 하고 머리도 파마한 우아한 모습 • 항상 웃는 얼굴로 살고 싶다.	• 항상 우는 모습 • 의욕이 없고 짜증만 내는 모습	• 웃는 모습 • 친구들에게 귀여운 모습으로 좋게 보이고 싶다.
D	• 굉장히 멋을 잘 내는 멋쟁이 얼굴 • 화려하고 깨끗한 모습	• 귀엽고 예쁜 모습이다. • 때로는 짜증도 낸다.	• 늘 웃는 모습을 보여 주고 싶다. • 더 예쁘게 보이고 싶다.

2) 연상화 그리기

- 목적: 연상되는 대로 마음껏 그림을 그리게 하여 자기표현력과 자기개발력에 있어 창조성을 길러 주며, 정신적인 자유, 해방감을 체험하게 한다. 또한, 같은 상황에서 각자 다르게 표현되는 동작활동을 통해 타인을 존중하게 되며, 잠재능력을 발견하게 된다.
- 방법: ① ㅡ, ㅣ 모양의 선이 그려진 자료를 보여 준다.
  ② 자료를 보고 즉시 연상되는 것을 즉흥적으로 그리게 한다.
  ③ 그리게 한 후 느낌을 발표하고 아쉬웠던 점이 무엇인지 이야기한다.

3) 가치관 경매

- 목표: 자신의 가치관을 탐색하고 타인의 가치관을 수용하는 태도를 기르며, 가치관 정립을 위해서는 시기적절한 교육과 계획이 필요하다는 것을 느끼게 한다.
- 방법: ① 일정한 액수(백만 원)의 모조 돈을 나누어 주고 자신이 원하는 가치관을 사게 한다.
  ② 자신이 산 가치관을 구성원에게 이야기하고 이유를 설명한다.

4) 복수하고 싶은 일들

- 목적: 인생을 살다 보면 억울한 일을 많이 당하게 되는데 이때 감정조절을 어떻게 해야 할 것인가에 대한 방법을 모색하고 억울한 일을 당하지 않도록 방법을 찾아보도록 한다.
- 방법: ① 각자의 억울한 사정을 백지에 적게 한다.
  ② 모든 문항을 작성했으면 서로 이야기하고 방법을 모색한다.
  ③ 이야기가 모두 끝나면 느낀점을 이야기하도록 한다.

5) 아름다운 나

- 목적: 집단 상담을 통해 지금까지 알지 못했던 자신에 대한 발견을 하며, 자기개방을 통해 타인을 이해하게 되는 기회를 주면서 구성원 간의 관계를 증진시켜 긴장감을 해소시켜 주고 친밀감이 생기도록 한다.
- 방법: ① 16절지에 4개의 공간을 그린다.
  ② 용지 A에는 내가 좋아하는 동물, 식물, 운동(놀이), B에는 감사한 사람, C에는 소중한 것, D에는 나의 꿈을 쓰게 한다.

6) 나의 인생 설계

- 목적: 자신의 인생을 생각해 보도록 하고 이를 위한 구체적인 계획을 세워 본다.
- 방법: 미리 준비한 종이에 자신의 인생을 설계해 보도록 한다.

〈표 13-4〉 '나의 인생설계' 활동 내용

분류 \ 구성원	A	B	C	D
인생의 목표(직업)	유명한 디자이너 탤런트	디자이너	미용사 패션 디자이너	영화배우 가수
지난날의 삶의 목표	오토바이 면허증을 따는 것	학교나 집에서 야단맞지 않는 것	공부하는 것 예뻐지는 것	남자친구 사귀는 것
목표 성취도	0%	0%	공부: 0% 미용: 99%	60%
목표를 성취하지 못한 이유	엄마의 반대 때문에	나쁜 친구를 만나고 행실을 바르게 하지 못했다.	노력을 안 했다.	너무 쉽게 만나고 너무 쉽게 헤어졌다.
앞으로 나의 계획	고등학교에 진학하고 오토바이 면허를 꼭 딸 것이다.	좋은 친구들과 친하게 지내고 주위로부터 인정받도록 행동할 것이다.	남은 기간 공부해서 진학하고 미용사 기술을 배우는 것이다.	멋진 남자와 재미있게 보내면서 노래 연습과 연기학원에 다닐 것이다.
당면 과제	엄마를 설득시키는 것	못한 공부를 하고 나쁜 친구들을 만나지 않는 것	영어공부를 더 하고 착실하게 학교 다니는 것	부모님을 설득시키는 것

7) 시청각 교육

- 목적: 성교육: 바른 이성교제와 생명의 소중함을 깨닫게 함
  금연교육: 담배가 인체에 미치는 악영향을 알려 주어 금연토록 함
- 방법: 시청각자료를 본 후 느낀점을 이야기한다.

8) 등산

- 목적: 야외에서의 자유스러운 만남을 시도해 보고 참가자들에게 인내와 성취감을 심어 준다.
- 일정: 상담소 출발(10:00)→북한산 도착(11:00)→백운대 도착(18:00)→도선사 도착(14:30)→북한산 출발(16:30)→상담소 도착(16:30)

출처: 서울시립동부아동상담소 상담사례연구집(연도 미상).

03 과정평가

과정평가(process evaluation)는 프로그램의 진행과정에 어떠한 장단점이 있으며, 프로그램이 계획대로 진행되었는지, 프로그램을 통해 자원이 어떻게 활용되었는지, 그리고 프로그램을 향상시키기 위해 어느 부분을 개선해야 하는지 등에 초점을 두고 평가하는 것이다. 과정평가에서 관심을 두는 것은 프로그램 결과가 성공적인지 아닌지보다는 프로그램을 더욱 효과적으로 만들려면 무엇을 어떻게 변화시켜야 하는지 찾는 것에 있다. 다시 말해, 프로그램의 결과보다는 프로그램의 전달과정에 초점을 두는 것이다.

과정평가를 통해 평가하게 되는 주요 사항을 간단히 제시하면 다음과 같다(Rossi, Lipsey, & Freeman, 2004).

- 프로그램이 목표대상 집단에 적절한 서비스를 전달하고 있는가?
- 프로그램 전달과정과 내용이 계획하였던 대로(프로그램 지침에 맞춰) 진행되고 있는가?

과정평가는 양적평가(설문지 조사 등)를 통해서 이루어지기도 하지만, 질적평가 방법을 통해 이루어지는 경우도 많이 있다. 질적평가방법을 통해 과정평가를 하는 경우, 프로그램 참여자 관찰, 인터뷰, 프로그램 일지 및 기관 문서의 분석 등의 방법을 활용하게 된다(Rubin et al.,1997).

다음의 〈표 13-5〉에서는 프로그램 진행과정에 대하여 과정평가를 할 때 활용할 수 있는 질문의 예시를 보여 주고 있다. 만약, 다음과 같은 과정평가 질문에 대해 긍정적인 평가 결과를 얻을 수 있다면, 프로그램 진행과정이 계획대로 문제없이 잘 진행되고 있고, 기대하고 있는 성과를 내고 있다고 볼 수 있다. 그러므로 다음 질문에 대한 과정평가를 통해 프로그램의 성공 여부에 대한 예측을 해 보는 것도 가능할 수 있다.

〈표 13-5〉 프로그램 진행과정에 대한 과정평가 질문

과정평가 질문	세부질문 예시
1. 프로그램에서 어떠한 일이 발생하고 있는가?	• 목표를 달성하고 있는 클라이언트는 누구인가? • 목표를 달성하지 못하고 있는 클라이언트는 누구인가?
2. 프로그램을 통해 무엇이 성취되고 있는가?	• 어떠한 목표가 성취되고 있고, 어떠한 목표가 성취되지 못하고 있는가? • 예측하지 못한 프로그램 결과가 있는가? 그것은 무엇인가?
3. 프로그램의 결과가 지니는 가치는 무엇인가?	• 투입한 자원만큼 성과가 있는가? • 프로그램을 보완한다면 어느 정도의 성과를 더 달성할 수 있는가?
4. 프로그램을 어떻게 향상시킬 수 있는가?	• 더 많은 클라이언트에게 프로그램을 제공할 수 있게 되기 위해서 무엇이 필요한가? (무엇이 수정되거나 보완되어야 하는가?) • 목표를 달성하지 못하고 있는 클라이언트들이 목표를 성공적으로 달성할 수 있도록 지원하기 위해서 무엇이 필요한가? (무엇이 수정되거나 보완되어야 하는가?)

출처: Brinkerhoff(2003, Fitzpatrick et al, 2004에서 재인용)의 내용을 바탕으로 재정리.

과정평가에서 자주 활용되는 질문의 예시를 좀 더 다양하게 살펴보면 다음의 〈글상자 13-2〉와 같다.

〈글상자 13-2〉 과정평가 질문의 예시

- 이 프로그램은 어떠한 프로그램인가?
- (프로그램이 시행되는) 기관의 설립이념은 무엇인가?(기관이 달성하고자 하는 목표는 무엇인가?)
- 프로그램의 목표는 무엇인가?
- 프로그램이 계획대로 진행되고 있는가?
- 계획대로 진행되고 있는 사항은 무엇인가?
- 계획대로 진행되지 못하고 있는 사항은 무엇인가? 이러한 문제점이 프로그램 종결 때까지 지속되었는가?
- 프로그램의 강점은 무엇인가? 프로그램의 약점은 무엇인가?
- 프로그램의 강점을 더욱 강화하기 위해 어떤 조치가 취해졌는가?
- 프로그램의 약점을 보완하기 위해 어떤 조치가 취해졌는가?
- 프로그램 목표, 계획, 기간 등이 중간에 수정되었는가? 그 이유는 무엇인가?
- 프로그램에 새롭게 추가된 목표는 무엇인가? 그 이유는 무엇인가?
- 프로그램 진행과정에 있어 예기치 못했던 문제가 있었는가?
- 프로그램에서 예기치 못했던 문제에 대한 방안이 마련되었는가? 그 방안이 프로그램 중에 실제로 활용되었는가?
- 프로그램의 예기치 못했던 문제로 인해 추가로 발생한 문제가 있었는가?
- 프로그램 진행자에게 어떠한 변화가 있었는가? 만약 있었다면, 그러한 변화가 어떠한 영향을 끼쳤는가?
- 프로그램 내에서 의사소통이 원활하게 잘 이루어졌는가? 혹은 의사소통이 어렵거나 왜곡되었는가?
- 프로그램 참여자 간에 상하관계가 있었는가? 있었다면, 이로 인해 의사소통에 지장이 초래되었는가?
- 프로그램 지출내역은 어떠한가? 프로그램 시작 전에 계획했던 예산을 초과하였는가? 예산이 초과되었던 부분은 무엇인가?
- 클라이언트가 활용하였던 지역사회 자원은 무엇인가? 그러한 지역사회의 지원이 프로그램 결과에 어떠한 영향을 끼쳤는가?
- 프로그램 시행을 통해 얻은 교훈이나 아이디어는 무엇인가?

1) 과정평가의 목적

과정평가의 목적은 크게 세 가지로 생각해 볼 수 있는데, ① 프로그램 모니터링, ② 프로그램 묘사, ③ 프로그램의 질적 수준 관리이다(Royse et al., 2006; Bureau of Justice Assistance, 1997; Rossi, 1985). 과정평가의 성격에 따라 이들 중 한 가지만을 목표로 평가가 행해지기도 하고, 세 가지 목표 모두를 포함시켜 평가를 하기도 한다.

(1) 프로그램 모니터링

프로그램 과정평가의 목적 중 하나인 '프로그램 모니터링'은 프로그램이 목적에 맞게 적절하게 수행되고 있는지에 대해 점검하고 관리하는 것이다. 프로그램의 진행과정에 대한 모니터링 결과는 이후에 프로그램의 지속 여부나 확대 · 축소 여부 등에 대한 결정을 할 때 중요한 근거 자료가 될 수 있다. 그러므로 프로그램의 진행 과정에 대한 정기적인 모니터링을 통해 점검과 평가를 해 나가는 것이 필요하다.

프로그램 모니터링을 할 때에는 ① 프로그램 적용범위(program coverage)와 ② 프로그램 전달체계와 과정에 대해 조직적으로 평가를 하게 된다.

첫째, 프로그램 적용범위에 대해 파악한다는 것은, 프로그램이 목표로 하는 대상 집단에 어느 정도로 잘 접근하고 서비스를 제공하고 있는지 평가해 보는 것이다. 예를 들어, 지역사회 내에 장애인을 대상으로 하는 사회체육센터를 만들고, 장애인 대상의 재활 체육프로그램을 실시한다고 해 보자. 이 프로그램이 적절한 적용범위(coverage)를 가지기 위해서는 지역사회에 있는 장애인 중 그 프로그램을 필요로 하는 인원이 몇 명인지 파악해 보았을 때, 프로그램에 실제로 참여하고 있는 장애인의 수가 적정한 인원 이상이어야 한다는 것이다. 여기에서 문제는 해당 프로그램을 필요로 하는 목표대상 집단이 총 몇 명인지 정확하게 파악하는 것이 어렵다는 점이다. 전체 클라이언트 집단의 규모를 잘 파악하기 위해 지역사회 주민을 대상으로 하는 체계적인 욕구조사가 필수적이다.

프로그램의 적용범위를 평가하기 위해서 주로 활용되는 자료로 프로그램 기록,

프로그램 참여자에 대한 설문조사 결과, 그리고 지역사회 주민에 대한 설문조사 결과가 있다. 프로그램의 적용범위가 특정집단 쪽으로만 치우쳐 있지 않은지도 같이 살펴보아야 한다. 이를 위해 프로그램 참여자들은 누구이고, 프로그램 참가자격은 있으나 참여하지 못하고 있는 자들은 누구이며, 프로그램에 참여하다가 중도 탈락한 자들은 누구인지 살펴보아야 한다(Rossi et al., 2004).

둘째, 프로그램 전달체계와 과정에 대해 평가한다는 것은, 프로그램이 애초에 수립한 목표나 계획과 비교하여 볼 때 실제로는 얼마나 그러한 목표나 계획에 부합하여 프로그램이 진행되고 있는지 살펴본다는 것이다. 프로그램 자원들이 계획대로 잘 분배되고 있는지에 대한 것도 평가의 대상이 된다(Rossi, 1985).

정리하자면, 프로그램 모니터링을 통하여 프로그램이 초기의 계획대로 잘 진행되고 있는지, 그리고 그를 통해 클라이언트의 욕구와 필요가 충족되고 있는지 파악할 수 있다. 성과평가를 통하여 프로그램의 결과만을 살필 것이 아니라, 이러한 프로그램 모니터링(과정평가)을 통해 프로그램에서 어떠한 일들이 발생하였는지 같이 살펴보는 것이 좋다. 과정평가를 통해 프로그램의 어떠한 요소가 더욱 효과적이었는지, 어떠한 부분은 그다지 효과가 없었는지, 앞으로 더욱 중점을 두고 확대할 부분은 무엇이며, 수정하거나 삭제하여야 할 부분은 무엇인지 등에 대한 정보를 얻을 수 있기 때문이다.

프로그램에 대한 모니터링 결과를 프로그램 후원기관(자금조달기관)에 정기적으로 보고해야 하는 경우가 있다. 프로그램에 비용과 인력 등의 자원을 제공해 주고 있는 후원기관의 입장에서는 프로그램 예산이 계획대로 운용되고 있는지, 프로그램 진행 상황이 프로그램 목표에 맞게 이루어지고 있는지 등에 대해 확인할 필요가 있을 수 있다. 만약, 프로그램 후원기관에서 프로그램 진행과정에 대한 모니터링 결과를 정기적으로 보고해 줄 것을 요청한다면, 모니터링의 계획 단계에서부터 프로그램의 어떠한 요소, 어떠한 상황, 어떠한 활동에 대한 모니터링을 할 것인지에 대해 프로그램 후원기관과 합의가 이루어져야 한다. 가능하다면, 모니터링에 대한 계획 단계에서부터 프로그램 후원기관의 관계자를 평가팀 일원으로 포함시

켜서 함께 평가를 계획하고 수행할 수 있다면 좋다.

아래는 프로그램 지침에 의해 계획대로 프로그램이 진행되고 있는지에 대하여 모니터링한 평가 사례이다. 프로그램 지침은 프로그램에 어떠한 요소가 포함되어야 하고, 어떠한 방식으로 어떠한 절차를 거쳐 진행되어야 하며, 서비스 제공자의 개입 및 대처방법 등에 대해 구체적으로 안내해 주는 역할을 한다. 프로그램이 계획대로 진행되기 위해서는 구체적인 프로그램 지침이 필요하다. 만약, 그러한 지침이 불명확하다면 프로그램은 계획과 다르게 진행될 수밖에 없을 것이고, 그에 따라 프로그램 결과도 실패로 이어지게 될 가능성이 크다(Rossi et al., 2004).

프로그램 모니터링 평가 사례

콜트와 그의 동료들(Kolt, Oliver, Schofield, Kerse, Garrett, & Latham, 2006)은 '노인들의 건강증진을 위해 걷기 활동을 장려하는 전화상담 프로그램'에 대한 과정평가(프로그램 모니터링)를 실시하였다.

상담자들은 전화상담 프로그램을 신청한 노인들에게 정기적으로 전화를 걸어, 걷기운동의 장점에 대해 설명하고 매일 30분 정도를 꾸준히 걷도록 격려하였으며, 노인들이 계획대로 잘 걷고 있는지에 대해서도 점검하였다. 상담자들은 전화상담을 어떻게 진행하고, 노인들과 어떻게 상호작용을 하고, 어떠한 말을 하여야 할지에 대한 프로그램 지침을 미리 받고 교육을 받았으며, 이를 바탕으로 상담에 임하였다. 또한, 상담자들은 프로그램 지침에만 의존하지 않고, 그때그때의 상황에 맞춰 융통성 있고 자연스럽게 대처하는 방안에 대해서도 교육을 받았다.

상담자들이 사전에 교육받은 구체적인 전화상담 프로그램 지침을 숙지하고 그 지침을 지켜 상담을 진행한 경우, 상담자들이 전화상담 시에 전달하는 내용, 분위기, 태도, 그리고 전화상담 시간이 서로 그다지 큰 차이를 보이지 않았다. 만약, 전화상담 프로그램 지침이 없거나 구체적이지 않았다면, 상담자들은 자신만의 분위기와 방식으로 각각 다르게 전화상담을 진행하였을 것이다. 그 결과 서비스를 제공하는 사람의 개별적인 특성에 따라서 프로그램 내용이나 성격이 확연히 달라질 수 있고, 서비스의 수준과 질도 큰 차이를 보이게 되었을 가능성이 있다(Rossi, 1985).

그러므로 프로그램 모니터링 과정에서 프로그램이 구체적인 프로그램 지침에 맞춰 제대로 전달되고 있는지 파악하는 것은 일관성 있게 서비스를 제공하고 서비스의 질적 수준을 유지하기 위해 중요하다.

(2) 프로그램 묘사

'프로그램 묘사'는 프로그램이 어떻게 진행되었고, 어떠한 기술과 기법이 활용되었으며, 어떠한 일들이 발생하였는지 등의 프로그램 과정에 대해 묘사하는 것이다. 프로그램에 대한 상세한 묘사는 프로그램에 참여하지 않았던 사람들도 그 프로그램이 어떠한 프로그램이고, 어떠한 방식으로 어떻게 진행되었는지 파악할 수 있도록 도움을 준다. 그러므로 프로그램 묘사는 같은 목적의 프로그램을 준비하고 실행할 계획을 세우고 있는 다른 기관이나 단체에 유용한 정보를 제공해 줄 수 있다.

과정평가에서 초점을 두고 묘사해야 할 정보는 프로그램의 성격이나 목표에 따라 다를 수 있으나 일반적으로 프로그램을 묘사하는 데 있어 포함시켜야 할 내용은 다음의 〈글상자 13-3〉과 같다(Bureau of Justice Assistance, 1997).

〈글상자 13-3〉 프로그램 묘사에 포함시키는 내용

- 프로그램에 대한 묘사
- 클라이언트에 대한 묘사
  - 클라이언트 인구학적 특성
  - 클라이언트 참여도
  - 클라이언트들 간의 상호작용
  - 클라이언트와 프로그램 진행자 간의 상호작용
  - 클라이언트와 지역사회 간의 상호작용
- 프로그램 관계자에 대한 묘사
  - 프로그램 진행자 및 기관 직원들의 경력, 자질, 교육적 배경 등
- 프로그램을 계획하고 진행했던 절차에 대한 묘사
  - 프로그램 진행자 회의(메모, 회의록, 서신)
  - 프로그램 진행자 훈련 · 교육(교육내용, 기간, 횟수)
  - 프로그램 목표, 절차, 진행방식에 대한 지침서
  - 프로그램 예산
- 프로그램의 실제 진행 상황에 대한 묘사(프로그램 계획에서 변경된 사항도 포함)
- 프로그램에서 사용하였던 개입방안 및 기법과 그에 대한 묘사
- 프로그램 일지(장소, 시간, 인원, 프로그램 기록 등), 보고서, 소식지, 클라이언트 만족도 조사, 클라이언트 설문, 기관 직원 설문, 인터뷰 등의 기록에 대한 묘사

출처: Bureau of Justice Assistance. (1997). Urban Street Gang Enforcement. Washington, DC: Prepared for the U.S. Department of Justice, Bureau of Justice Assistance by the Institute for Law and Justice, Inc.

(3) 프로그램의 질적 수준 관리

프로그램의 질적 수준이 적절히 유지되었는가의 문제에 초점을 두고 과정평가를 시행하기도 한다(프로그램에서 계획하였던 것과 프로그램이 실제로 진행되었던 모습 사이에 괴리가 존재하는가?).

프로그램이 클라이언트의 문제를 효과적으로 해결하고자 하는 본래의 목적대로 전문적이고 질적인 서비스를 행하기 위해서는 프로그램에 대한 지침이 만들어져 있는 것이 바람직하다. 프로그램 진행 시에 표준화되어 있는 프로그램 지침에 의거하여 프로그램을 시행하도록 하고, 프로그램의 진행과정과 질적 수준을 정기적으로 점검하고 평가해 보는 것이 좋다. 이를 통해 클라이언트에게 안전하고, 신뢰

성 있으며, 안정적인 서비스를 전달하는 것이 가능해질 것이다. 이는 서비스 전달 과정에서 프로그램이 지침을 이탈하여 잘못된 방향으로 흐르게 되거나 프로그램의 질적 수준이 떨어지는 것을 예방하는 효과가 있다. 사회복지기관에 따라 이러한 프로그램 지침이 아주 상세하고 구체적으로 명시되어 있는 곳도 있고, 프로그램 지침 자체가 불명확하거나 문서화되어 있지 않은 곳도 있다.

다음의 〈글상자 13-4〉는 과정평가에서 프로그램의 질적 수준을 관리하기 위해 평가해야 할 사항을 담고 있다. 평가자는 프로그램이 목적에 맞게 진행되었는지, 프로그램의 질적 수준은 적절한 수준이었는지, 비용이나 자원의 낭비는 없었는지, 프로그램 종결 이후에 사후관리는 잘 이루어졌는지 등에 대해 평가해 볼 수 있다.

〈글상자 13-4〉 프로그램의 질적 수준 관리를 위해 평가할 사항

- 클라이언트의 문제
- 클라이언트의 문제에 대한 사정
- 클라이언트 문제에 대한 개입방안(프로그램 진행계획)
- 프로그램 진행의 시간과 주기
- 프로그램 실행(내용, 과정, 예산 등)
- 프로그램 관계자(프로그램 기획자, 진행자, 기관 직원 등)의 전문성(업무를 수행하기에 적절한 자격요건을 갖추고 있는가?)
- 프로그램 종결 이후 계획(사후관리방안)

출처: Royse, D., Thyer, B. A., Padgett, D. K., & Logan TK. (2006). Program evaluation: An Introduction (4th ed.). Belmont, CA: Thompson Brooks/Cole.

프로그램의 질적 수준에 대한 과정평가를 통해 윤리적으로 문제가 있거나, 문제를 해결하는 데 있어 부적합하거나, 질적 수준이 크게 떨어지는 프로그램으로부터 클라이언트를 보호할 수 있다. 또한, 이러한 과정평가를 통해 기관이나 프로그램 관계자(프로그램 기획자, 진행자 등)를 보호하는 것도 가능하다. 기관에서 프로그램을 어떻게 제공하였는지에 대한 상세한 기록과 정기적인 평가 결과가 있다면, 프로그램의 수준이나 질에 대한 비난이나 소송에 휩싸이게 될 경우 그에 대한 대처가 가능하기 때문이다.

프로그램의 질적 수준에 대한 과정평가는 기관의 물적자원과 인적자원을 보다 효과적으로 배치하고 활용하도록 하는 것에도 도움을 줄 수 있다. 기관을 찾는 클라이언트들이 주로 어떠한 문제를 해결하고자 프로그램에 참여하였으며, 프로그램 기간 중 이들의 프로그램 참여도는 어느 정도였고, 기관에서 진행하고 있는 프로그램의 종류와 횟수는 어떠한지 등에 대해 평가하는 과정을 통해, 클라이언트의 욕구 충족과 관련해 현재 적절한 프로그램이 마련되어 있는지 혹은 프로그램이 부적절하거나 불충분한지에 대해 파악할 수 있게 된다.

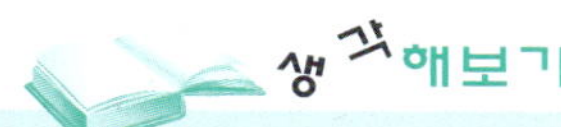

생각해보기

1. 여러분이 실행하는 사회복지 프로그램에 대한 과정평가를 한다면, 평가하고자 하는 요소는 무엇입니까?

2. 과정평가를 위해 어떠한 평가방법을 사용할 계획입니까(관찰, 인터뷰, 설문조사 등)?

3. 과정평가를 위해 사용하는 측정도구(예: 관찰표, 인터뷰 용지, 설문지 등)는 무엇입니까?

4. 프로그램의 목적과 목표를 달성하는 데 있어 효과적이었던 프로그램 요소는 무엇입니까?

5. 프로그램의 목적과 목표의 달성을 방해하였던, 비효과적인 프로그램 요소는 무엇입니까?
   - 어떠한 조치가 필요합니까?
   - 무엇을 어떻게 변화시켜야 합니까?

※ 사회복지 집단상담 프로그램 사례 2

다음 집단상담 프로그램은 경증 및 중증 치매노인들의 우울증을 감소시키고, 자아존중감을 향상시키기 위해 개발된 예술치료 프로그램이다. 프로그램 평가자의 입장에서 프로그램 진행과정과 내용을 살펴보고 다음 사항에 대하여 생각해 보자.

- 프로그램 참여자: 경증 및 중증 치매노인 10명(노인복지관 치매노인 주간보호센터)
- 프로그램 진행자: 주 진행자 1인(사회복지사), 보조진행자 3인(자원봉사자)
- 프로그램 기간: 총 12회기(매주 1회, 1회당 2시간)

(1) 집단상담 일정(프로그램 활동의 진행 순서)은 어떠한가?

(2) 프로그램의 진행과정을 살펴볼 때, 치매노인들의 우울증을 완화하고, 자아존중감을 향상시키는 데 있어 효과가 있을 것으로 예상되는 프로그램은 무엇인가?

(3) 치매노인들을 대상으로 프로그램을 진행하는 과정 속에서 어려움을 겪을 것으로 예상되는 프로그램이 있는가? 어떻게 수정하고 싶은가?

(4) 치매노인들의 우울증과 자아존중감 문제에 효과적으로 개입하기 위해 새롭게 추가하고 싶은 프로그램 활동이 있다면 무엇인가?

〈글상자 13-5〉 프로그램 사례 2

1) 오리엔테이션 및 관계 형성 단계(1회)

〈표 13-6〉 오리엔테이션 및 관계형성 단계의 내용 및 사회복지사의 역할

단계	회기(프로그램명)	사회복지사의 역할	프로그램의 치료적 함의
오리엔테이션 (관계 형성)	1회 (나의 자아상과 별칭 짓기)	자기소개를 자연스럽게 하도록 유도하여 집단구성원과 치료자 간에 관계를 맺고 프로그램에 적극적으로 참여하도록 돕는다.	자신의 자아상에 대한 생각을 하게 함으로써 현실감각 증진과 적당한 용어 사용과 선택을 통한 인지기능의 향상 및 자아존중감을 높인다.

2) 탐색과 시험 단계(2~5회)

〈표 13-7〉 탐색과 시험 단계의 내용 및 사회복지사의 역할

단계	회기(프로그램명)	사회복지사의 역할	프로그램의 치료적 함의
탐색과 시험 단계	2회 (얼굴에 새 이름 지어 주기)	대상자들 간에 서로 상대방의 이름을 지어 주고 그것에 관한 의견을 교환함으로써 대상자들 간의 역동성을 파악할 수 있다. 또한, 적당한 단어의 선정 여부를 파악하여 이를 치료의 근거로 사용한다.	타인에게 적당한 이름을 붙여 주는 과정에서 언어구사력과 용어 사용을 통한 적당한 이해, 판단으로 인지적 기능의 향상은 물론, 타인에 대한 인식을 함으로써 감정조절 훈련을 할 수 있다.
	3회 (가상적인 지역사회 창조)	지역사회에서 대상자가 어떠한 역할을 하며 사는지에 대해 파악하고, 또한 지역사회에 대해 대상자가 갖는 생각을 파악한다. 이를 기반으로 대상자가 지역사회에서 사회적 기능을 올바로 수행하는지에 대한 여부와 역기능에 대해 파악한다.	지역사회에 대한 모습을 그려보게 함으로써 현실감각 훈련, 시공간 훈련, 지남력 훈련을 통한 인지적 기능 향상을 도모한다. 또한, 지역사회에서의 자신과 타인의 역할을 이해함으로써 자아존중감을 갖도록 한다.
	4회 (집의 구성과 인물 설정)	공동작업 시에 나타나는 성향을 파악하여 대상자들 간의 역동성을 파악할 수 있다. 또한, 대상자 개개인의 가정환경에 대한 정보를 얻는다.	종이 인형을 실내 평면도에 배치하는 과정에서 공간력과 지남력 훈련을 통한 인지기능의 향상을 도모한다. 또한, 인물 배치에서 대상자 자신의 가정과 식구들에 대한 감정을 파악하고 감정을 해소하는 기회를 가져 정서기능의 향상을 기대한다.
	5회 (인형극 제작, 무언극)	공동작업 시에 나타나는 대상자들 간의 역동성을 파악한다. 최근 대상자의 감정 상태와 욕구불만을 표출하도록 유도하고 해결방법을 스스로 깨우치도록 지지 · 격려한다.	비언어적인 작업을 통하여 더 깊은 감정의 표출을 유도함으로써 정서적 순화의 기회를 갖는다. 또한, 벽화 작업을 통하여 시공간력과 주의집중을 통한 인지기능의 향상과 더불어 신체적 움직임과 협동작업을 통한 우울증 감소를 기대한다.

2) 문제해결 단계(6~11회)

〈표 13-8〉 문제해결 단계의 내용 및 사회복지사의 역할

단계	회기(프로그램명)	사회복지사의 역할	프로그램의 치료적 함의
문제해결 단계	6회 (그룹 소설 창작)	소설 창작 과정과 피드백 과정에서 나타나는 개인의 부정적인 인생관에 대해 긍정적으로 변화시키고 구성원 간 원활한 의사소통을 돕는다.	자신의 인생을 회고하는 과정에서의 인지적 효과와 소설을 창작하는 과정에서 현실감각, 시공간 감각, 지남력 등의 인지적 기능 향상과 창작과정을 통한 감정 순화의 기능을 갖는다.
	7회 (명상 표현과 시 짓기)	음악 감상과 명상을 하도록 하여 주의집중하여 집단 프로그램에 진지하게 참여하도록 동기를 유발한다. 또한, 시를 짓도록 도와주고 유도하는 과정에서 대상자들이 자기감정 표현을 하도록 돕는다.	음악 감상과 시의 창작을 통한 감정 순화의 정서적 기능과 단어와 용어의 사용과 선별에 있어서의 인지적 기능 향상의 효과를 갖는다.
	8회 (신화 만들기)	자신의 인생을 회고하고 그것을 작품으로 만들게 함으로써 인생에 대한 긍정적인 생각을 갖도록 하고 대상자들이 서로 피드백을 하는 과정에서도 다른 사람의 인생 이야기를 긍정적으로 바꿔 주도록 유도한다. 또한, 이러한 의사소통과 상호작용의 역동성을 파악한다.	인생을 회고함으로써 회상치료의 인지적 기능 강화효과를 얻을 수 있다. 또한, 자신의 인생을 신화로 칭하게 하고 자신을 초월적인 존재로 인식하게 함으로써 자아존중감을 높이고, 또한 창작과정을 통하여 감정 순화의 정서적 기능을 가진다.
	9회 (꿈 이야기 바꾸기)	최근의 안 좋은 일들에 대한 이야기를 하도록 하고 그것을 긍정적으로 바꾸게 함으로써 현재 상황을 긍정적으로 받아들이고 자신의 상황을 스스로 극복할 수 있도록 돕는다. 또한, 다른 사람의 이야기를 경청하고 피드백을 하는 과정에서 서로 긍정적인 변화를 돕도록 유도한다.	자신의 생활에서 안 좋은 부분을 스스로 고치고 책임지도록 함으로써 자신감을 갖게 하고 자아존중감을 갖게 한다. 또한, 자신의 현실을 직시하게 함으로써 현실감각 훈련을 하여 인지능력의 향상을 기대한다.
	10회 (시 구절 그리기와 신체 본뜨기)	다른 사람의 신체를 본뜨기해 주는 과정에서 집단구성원 간의 친밀감을 유도하고 자신의	신체를 본뜨기하고 그것을 이용해 창작하는 과정에서 자신의 신체에 대한 긍정적인 생

단계	회기(프로그램명)	사회복지사의 역할	프로그램의 치료적 함의
문제해결 단계	10회 (시 구절 그리기와 신체 본뜨기)	신체에 그림이나 단어를 붙이고 그것에 대해 피드백을 하는 과정에서 집단구성원들 간에 긍정적인 자극을 주도록 한다.	각을 갖게 하여 자아존중감을 높이고 각 신체 기능을 이해하게 함으로써 인지기능의 효과를 얻는다. 또한, 창작을 통한 감정의 순화와 적당한 단어를 신체에 붙이게 함으로써 용어와 어휘 사용에서 오는 지적 기능의 향상을 기대한다.
	11회 (나의 이름과 가장 아끼는 보물)	각자 가져온 물건들을 진열함으로써 흥미와 관심을 유발하여 프로그램의 참여동기를 높인다. 물건에 얽힌 사연에 대해 서로 이야기하고 피드백하는 과정에서 집단구성원 간의 서로에 대한 이해를 증진시키고, 또한 물건에 얽힌 사연을 듣고 피드백하면서 그동안의 인생에서 긍정적으로 변화시켜야 할 것 등을 찾아내고 대상자가 스스로 고쳐 나가도록 집단구성원을 이용하여 유도한다.	각자 가져온 물건에 얽힌 이야기를 하게 함으로써 회상치료의 인지적 기능 향상을 기대한다. 또한, 자신을 보물에 비추어 생각하고 자아상을 긍정적으로 갖게 함으로써 자아존중감을 높일 수 있다.

4) 종결 단계(12회)

집단 과정을 통해 경험한 것을 내면화시키고 종결을 준비하도록 하여 집단원이 경험한 것을 계속 유지할 수 있는지 평가하고 부족한 부분에 대해서는 사후 준비를 위한 계획을 세운다.

〈표 13-9〉 **탐색과 시험 단계의 내용 및 사회복지사의 역할**

단계	회기(프로그램명)	사회복지사의 역할	프로그램의 치료적 함의
종결 단계	12회 (소형 영화 제작)	그룹 활동 동안 인상 깊고 즐거운 기억과 작품들을 소재로 대상자 스스로 시나리오를 짜서 영화 제작을 하는 과정을 통해 그동안의 과정을 내면화하고 스스로 긍정적으로 변화한 자신을 확인하며 종결을 준비하도록 한다.	자신의 변화되고 강화된 자아상에 대한 생각을 하게 함으로써 현실감각 증진을 통한 인지기능의 향상 및 자아존중감을 높인다.

출처: 한국임상사회사업학회, 한국치매케어연구소 공동추계 학술대회 자료집(2004).

04 효율성평가

효율성평가는 프로그램에 투입된 비용의 효율성에 대하여 평가하는 것으로, 비용효과분석(cost-effectiveness analysis)과 비용편익분석(cost-benefit analysis)이 있다. 프로그램의 효율성을 측정하는 것은 프로그램 평가에 중요한 비중을 차지한다. 프로그램이 목적을 얼마나 성공적으로 달성하였는지, 목적을 달성하는 과정에서 비용이나 자원의 낭비는 없었는지, 그리고 앞으로 기관의 자원을 어느 프로그램 쪽으로 더 많이 배분할 것인지 등에 대한 평가는 기관의 효율적인 운영을 위해 중요하다.

사회복지기관에서 프로그램을 실시할 때에는 충분치 않은 기관의 자원을 어떻게 효과적으로 분배해서 최적의 효과를 얻을 수 있을지에 대해 고민하게 될 것이다. 사회복지기관에서 선호하는 프로그램은 주어진 자원 한도 내에서 클라이언트에게 최대한의 효과를 이끌어 낼 수 있는 프로그램일 것이다. 이것이 바로 비용효과분석과 비용편익분석의 밑바탕이 되는 아이디어이다. 효율성 연구는 기관이 활용할 수 있는 자원을 낭비 없이, 효과적으로 배분하여 최대의 성과를 얻고자 하는 목적으로 이루어진다(Spoth, Guyll, & Day, 2002).

비용효과분석, 또는 비용편익분석과 같은 효율성 연구는 사회복지 분야뿐만 아니라 경제 관련 분야에서도 자주 활용된다. 사업체를 운영하는 사장의 경우, 물건을 제조하는 데 지출되는 비용과 그 물건을 판매함으로 인해 얻게 되는 소득을 비교하여 사업이 적자인지 흑자인지 파악할 것이다. 이를 위해 비용이 효과적으로 잘 사용되고 있는지, 비용 재분배를 통해 이익을 더 끌어 올릴 수 있을 것인지에 대해 고심할 것이다. 또 다른 예를 들어, 커피전문점을 운영하는 주인의 경우 아침이나 점심시간에 직장인을 대상으로 하는 간편하고 맛있는 영양식사 메뉴를 다양화하는 것이 매출에 도움이 될 것인지, 아니면 저녁시간에 재즈 생음악 연주회를 정기적으로 열어 사람들이 커피와 함께 생음악을 즐기게 하는 문화를 조성하는 것이

매출을 올리는 데 더 효과적일지 고민할 것이다. 이렇듯 경제 분야에서는 어떤 방안을 투입하는 것이 수입을 올리는 데 더 효과적일지 고민하게 되고, 사회복지 분야에서는 어떤 프로그램을 시행하면 비용 대비 효과성을 높일 수 있을지에 관심을 두게 된다. 사회복지 분야에서 프로그램 간 비교를 통해 최소한의 예산으로 최대의 효과를 낼 수 있는 프로그램을 선택하고자 하는 것은, 경제적 자원이 충분하지 않은 사회복지계의 현실상 어쩔 수 없는 부분이기도 하다. 그러므로 앞으로 계속 특정한 프로그램을 지속하고자 한다면, 그 프로그램이 투입한 비용에 걸맞은 적절한 효과를 양산해내고 있다는 점을 기관 고위 관계자나 후원기관 측에 증명할 수 있어야 한다.

프로그램이 효율성 있다는 것은 간단히 말해 그 프로그램이 가장 적은 비용으로 최대의 효과를 얻어내고 있다는 것이다. 프로그램의 효율성을 측정하는 방법으로 비용효과분석과 비용편익분석이 있다.

- 비용효과분석은 프로그램 시행에 얼마의 비용이 지출되었는지 투입된 비용을 중심으로 평가하는 방법으로, 프로그램의 효과를 경제적 가치로 환산하여 분석하지는 않는다. 예를 들어, '알코올 중독 예방'이라는 같은 목표를 달성하기 위해 만들어진 A 프로그램과 B 프로그램이 성과를 내기 위해 각각 얼마의 프로그램 비용이 지출되었는지, 어느 프로그램이 가장 저렴한 비용으로 프로그램의 목적을 달성하였는지(어느 프로그램이 더 효율성이 높은지)에 대해 평가해 보는 것이다.
- 비용편익분석은 프로그램을 시행하는 데 있어 어느 정도의 비용이 지출되었는지 조사하는 것에 덧붙여 프로그램의 결과(효과)도 금전화(화폐적 가치로 환산)하여 함께 분석하는 것이다. 즉, 프로그램을 통한 이익(금전적 단위로 환산)과 프로그램에 지출된 비용을 따져 보아, 이익과 지출 중 어느 항목이 더 큰지 살펴보는 것이다(Rubin et al., 1997). '알코올 중독 예방' 프로그램을 다시 예로 든다면, 비용편익분석에서는 알코올 중독 문제를 예방함으로 인해 얻어

진 이익을 금전화하고, 프로그램을 실시하는 데 지출되었던 총비용을 측정하여, 이익과 지출의 금액을 비교해 보는 것이다. 알코올 중독 문제가 예방이 되면, 알코올 문제로 인해 직장을 잃거나 취업에 어려움을 겪는 사람들의 문제가 감소할 것이므로, 경제활동 활성화의 차원에서 이익이 생긴다. 또한, 술에 취해 사고를 일으켜 경찰에 연행되거나 감옥에 가는 사람들의 수도 감소할 것이다. 그에 따라 술에 취해 사회적 문제를 일으키는 사람들을 관리하거나 수용하는 데 드는 사회적 비용도 절약할 수 있다. 이처럼 프로그램을 통해 발생한 이익을 모두 금전화시켜 이익의 가치가 화폐적 가치로 얼마인지 파악하고, 이를 프로그램에 투입된 비용과 비교하는 방법을 사용하는 것이 비용편익분석이다.

1) 효율성 연구의 중요성

사회복지기관의 경우 프로그램을 진행하고 유지하는 데 있어 시간, 시설, 자원과 자금 및 인력이 부족한 경우가 많이 있으므로, 프로그램 비용에 대해 민감한 관심을 가질 수밖에 없다.

- 기존 프로그램과 같은 효과를 내면서 좀 더 비용을 절감할 수 있는 다른 프로그램이 있을까?
- 프로그램의 지출 비용을 줄이고도 같은 효과를 낼 수 있을까?
- 지출 비용과 효과를 따져 보았을 때 어느 프로그램이 가장 효율성이 높은가?

위와 같은 질문은 사회복지기관에서 끊임없이 고민하는 사항일 것이다. 효율성 평가는 프로그램의 성공 여부를 따지는 동시에 그 프로그램에 투입된 비용이 얼마였는지도 중요하게 간주하는 것이다(Schreiner, Tin Ng, & Sherraden, 2006). 프로그램에 대한 효율성평가의 결과는 부족한 사회복지 자원을 적절하게 배치하고 활용하도록 하는 데 도움을 줄 수 있다. 프로그램을 확대 혹은 지속하거나, 중단시키는 결정

을 내리는 데 있어 중요한 사항 중 하나는 프로그램이 지출 비용에 걸맞은 효과를 양산해내고 있는가 하는 점이다. 물론 프로그램의 지속 여부를 결정할 때 효율성 평가의 결과만 보고 결정을 내리는 것은 아니다. 그러나 효율성평가 결과가 프로그램에 대해 중요한 정보를 제공해 준다는 점은 분명하다.

비용 대비 효과를 따지는 효율성에 대한 강조 때문에 제한된 시간 속에서 최대한 많은 클라이언트에게 최저의 비용으로 서비스를 제공하는 것이 효율성 높은 프로그램이라고 생각할 수 있다. 그러나 가장 저렴한 비용이 드는 프로그램이 가장 효과적으로 목표를 달성하는 프로그램이 되는 것도 아니고, 가장 효율적인 프로그램이라고 볼 수도 없다(Paris, Hutkin-Slade, Calhoun-Wilson, Slentz, & Oehlert, 1999). 프로그램의 효과(이익)가 같다면, 더 적은 비용으로 목표를 달성하는 프로그램이 바로 효율성이 높은 프로그램이 되는 것이다.

프로그램 평가자들이 프로그램의 효율성을 측정하기 위해 복잡한 평가 과정과 전문적 기술을 현장에서 적용할 여건이 되지 않아 효율성평가를 평가 과정에 포함시키지 않는 경우도 있다. 그러나 평가자가 프로그램을 평가하는 과정에서 프로그램의 효율성은 늘 염두에 두어야 하는 사항이고, 효율성 연구의 과정과 효율성 연구를 통해 얻을 수 있는 결과에 대해서도 잘 이해하고 있어야 한다(Rizzo & Rowe, 2006).

2) 효율성 연구의 시기

프로그램 효율성 연구는 프로그램의 초기 단계부터 종결 단계 중 어느 단계에서나 시행할 수 있다. 그러나 대체로 프로그램 효율성 연구는 ① 프로그램을 기획하는 단계에서 시행하거나(프로그램 사전 연구), ② 프로그램을 종결하고 난 이후에(프로그램 사후 연구), 그 프로그램을 계속 유지할 것인지 또는 더 확대시킬 것인지 등을 결정하기 위해 시행하게 된다.

(1) 프로그램 사전 연구

프로그램을 시행하기 이전에 프로그램의 진행을 위해 비용이 어느 정도 들 것이고, 그 프로그램을 통해서 얻을 수 있는 이득이 무엇일지 예측하기 위해 효율성 연구를 하는 경우가 있다(McDavid et al., 2006). 이러한 경우, 실제적인 정보에 의거하여 분석을 하는 것이 아니라 어림잡은 추정치에 의해 연구결과를 내는 것이므로 프로그램의 효과가 과대평가되거나 과소평가될 위험이 있다.

프로그램 시행 이전에 효율성평가를 시행하는 경우는 프로그램이나 사업을 시작한 이후에는 그것을 중단시키기가 어렵고, 사업을 진행하는 데 있어 막대한 비용과 시간이 투자되어야 할 경우에 행하게 된다. 즉, 특정 프로젝트나 사업 등을 실시하기 이전에 효율성평가를 통해 사업의 타당성에 대한 평가를 하는 것이다(Rossi et al., 2004). 예를 들어, 어느 지역의 해안가에 방파제를 설치하여 배가 잘 드나들 수 있도록 하여 그 지역을 관광지로 개발하고자 한다면, 방파제 설치 공사에 착수한 이후에는 다시 처음으로 원상복구 시키기가 어려울 것이다. 그러므로 효율성평가를 통해 그 지역을 관광지로 개발하기 위해 방파제를 설치하는 것의 비용(지출)과 효과(이익)를 예측해 보고, 사업 진행이 과연 필요한 것인지, 더 효과적인 다른 대안이 있지 않은지, 또는 다른 부분에 자원을 투자하는 것이 더 효과적인 방법일지에 대해 조사할 수 있다.

그러나 사회복지 분야의 경우에는 대부분 프로그램 종결 이후에 프로그램의 효과에 대한 실제적인 정보를 얻을 수 있을 때 효율성 연구를 시행하게 된다.

(2) 프로그램 사후 연구

프로그램 사후의 효율성 연구는 여러 프로그램 간의 비교를 통해 어떤 프로그램이 가장 효율성이 높은지 평가해 보기 위해서 사용하기도 하고, 어떤 특정 프로그램이 효율성이 있는지를 평가하기 위해 사용하기도 한다(McDavid et al.,2006).

한 프로그램을 다른 프로그램과 비교하여 비용 대비 효과 비율을 따져 봤을 때,

어느 프로그램이 더 효율성이 높은지 살펴보는 효율성평가의 예를 들어보자. 만약, 술을 마시고 문제를 일으켜 경찰에 신고되는 지역주민들을 대상으로 A 프로그램(일회성 음주교육 실시)과 B 프로그램(택시로 안전하게 귀가하도록 지원)을 시행하고 비교하여, 비용과 효과 면에서 어떤 프로그램이 더 효율성이 높은지 평가하는 것이다. 이처럼 프로그램에 투입된 비용을 중심으로 효율성평가를 하는 것이 비용효과분석이다.

어떤 특정 프로그램이 효율성이 있는지에 대해 평가하는 효율성평가는 프로그램의 결과(효과)를 금전적 단위로 환산하고, 이것을 프로그램 시행에 들었던 비용과 비교해 보는 것이다(Rossi, 1985). 예를 들어, 가정불화를 겪고 있는 부부상담 프로그램에 대한 효율성평가 연구(Caldwell, Woolley, & Caldwell, 2007)를 살펴보자. 이 연구에서는 부부간의 불화문제를 해결하기 위해 프로그램 비용으로 1달러를 지출하면, 결과적으로 1.85달러의 이익이 돌아오는 것을 밝혀내었다. 프로그램 지출 비용보다 프로그램을 통한 이익이 더 클 때 그 프로그램은 경제적으로 효율적인 프로그램이라고 할 수 있다. 이처럼 프로그램을 통한 이익(경제적 가치로 환산)과 프로그램에 투입된 비용을 비교하며 효율성에 대해 평가하는 것이 비용편익분석이다.

효율성평가의 비용효과분석과 비용편익분석에 대하여 다음에서 더 자세히 살펴볼 것이다.

3) 비용효과분석

비용효과분석에서는 프로그램의 결과(효과)를 측정하고, 이를 위해 지출되었던 프로그램 비용(지출)에 대해 평가한다. 비용효과분석은 프로그램에 사용된 비용에 대해서만 평가하므로, 비용편익분석(프로그램 비용뿐만 아니라 프로그램의 결과를 금전적 단위로 환산시켜 평가)에 비해 분석이 용이하다(Schreiner et al., 2006).

사회복지기관에서 대학생 인턴들의 적응을 돕는 프로그램을 시행하고, 그 프로그램을 대상으로 비용효과분석을 하였다고 가정해 보자. 비용효과분석을 통해 '프로그램의 시행을 위해 지출된 총비용은 X원이며, 대학생 인턴 10명 중 9명의 적응도 점수가 10% 이상 향상되었다'와 같은 결과를 얻을 수 있다. 비용효과분석에서는 얼마의 비용으로 어느 정도의 효과를 얻었는지에 대해서만 평가하고, 비용편익분석에서와 같이 프로그램의 결과를 금전적 단위로 환산시켜 분석하지 않는다. 사실상 인간을 대상으로 하는 사회복지 프로그램은 프로그램의 결과 속에 사람들의 삶과 생활, 가치 등이 담겨 있으므로 금액으로 환산시켜 분석하기 어려운 점이 많다.

비용효과분석의 기본 5단계는 다음의 〈글상자 13-6〉과 같이 설명할 수 있다 (Royse et al., 2006).

〈글상자 13-6〉 비용효과분석의 5단계

1단계: 프로그램 결과(성과)에 대하여 명확히 정의한다.
2단계: 프로그램에 투입된 비용(지출)을 계산한다.
3단계: 프로그램 결과(성과)에 대한 정보를 수집한다.
4단계: 프로그램 결과(성과)를 측정한다.
5단계: 비용 대 효과 비율(cost effectiveness ratio)을 계산한다.

(1) 1단계: 프로그램 결과(성과)에 대해 명확히 정의한다.

프로그램에 대해 평가를 하기 위해서는 프로그램에 대한 전체적인 이해가 전제되어야 한다. 프로그램의 초기 계획 단계는 어떠하였는지, 프로그램이 무엇을 목표로 하며, 대상 집단은 누구이며, 어떠한 방식으로 진행된 프로그램인지 등에 대해 파악하여 프로그램에 대한 이해를 명확히 하여야 한다.

프로그램에 대한 이해를 바탕으로 프로그램 결과에 대한 정의를 명확히 하여 구체적으로 어떤 지표를 어떻게 측정할 것인지 분명히 하여야 한다. 예를 들어, 중학교 학교사회복지실에서 다른 학생들에게 폭력을 휘두르는 학생들을 대상으로 집단상담 프로그램을 실시한다고 가정해 보자. 그 집단상담 프로그램의 목적이 학생들의 폭력 행위를 감소시키는 것이라고 한다면, 폭력 행위라는 것이 무엇인지부터 명확히 정의를 내려야 할 것이다. 폭력 행위의 범주에 언어적 폭력도 속하는 것인지, 아니면 신체적인 폭력만을 포함시킬 것인지도 결정하여야 하고, 폭력 행위의 횟수를 측정하기 위해 어떠한 방법(설문지, 인터뷰, 관찰 등)을 사용할 것인지도 결정하여야 한다.

(2) 2단계: 프로그램에 투입된 비용(지출)을 계산한다.

프로그램 평가를 위해서는 프로그램에 지출된 모든 비용을 빠짐없이 파악하여야 한다. 기관과 프로그램의 성격에 따라 프로그램 비용의 규모와 내용이 다르겠지만, 일반적으로 다음과 같은 사항에 대한 비용을 계산한다.

- 인건비: 프로그램의 계획과 진행에 관여하였던 모든 사람의 임금, 복지 혜택, 보험료, 보너스 등 프로그램 인력에 지출되었던 비용을 모두 계산한다.
- 시설비: 프로그램이 정기적으로 실시되었던 장소와 관련된 비용으로 전기세, 냉·난방비, 시설보수 및 유지비 등이 해당된다.
- 장비 구입비: 스크린, 컴퓨터, 카메라, 각종 사무용품, 시청각자료, 교재 등 프로그램을 위해 구입했던 모든 장비의 비용을 계산한다.
- 기타 비용: 위에 언급하였던 비용에 속하진 않지만, 프로그램을 위해 지출되었던 기타 비용(예비비 등)을 파악한다.

(3) 3단계: 프로그램 결과(성과)에 대한 정보를 수집한다.

프로그램의 결과에 대해 정보를 수집하기 위해서는 누구를 대상으로, 어느 정도의 기간 동안, 무엇에 대한 정보를 수집할 것인지 결정하여야 한다. 평가의 목적에 따라 프로그램에 참여하였던 모든 참여자를 대상으로 조사할 수도 있고, 일부분의 참여자만 평가에 포함시킬 수도 있다. 이와 같이 프로그램 결과의 측정에 대한 계획이 세워지면, 그 이후에 프로그램 결과를 측정하게 된다.

(4) 4단계: 프로그램 결과(성과)를 측정한다.

프로그램의 성과를 구체적으로 측정하여 프로그램이 목적을 성공적으로 달성하였는지 평가해 본다. 한 고등학교의 학교사회복지실에서 학교적응에 문제를 겪고 있는 학생들을 대상으로 집단상담 프로그램을 시행하고, 그 프로그램의 결과를 측정한다고 가정해 보자. 프로그램의 성과를 측정하기 위한 지표는 정학이나 퇴학을 당한 학생 수의 변화, 고등학교 졸업률, 졸업 이후의 취업률, 대학교 진학률, 학생들이 경찰서에 연행되는 횟수의 변화, 학생들의 음주 횟수의 변화 등 여러 가지를 예로 들 수 있다. 이들 지표 중 프로그램의 성격과 목표에 부합하는 지표가 프로그램 종결 이후 어떠한 결과가 나왔는지에 대해 측정하는 것이다.

(5) 5단계: 비용 대 효과 비율(cost-effectiveness ratio)을 계산한다.

비용 대 효과 비율을 계산하는 방법은 다음의 〈글상자 13-7〉과 같다. 프로그램에 투입된 총지출 비용을 성공적인 프로그램 결과의 인원수(프로그램 목표를 성공적으로 달성한 프로그램 참여자의 인원수)로 나누는 것이다. 이를 통해 얼마의 비용으로 어느 정도의 효과(성과)를 내었는지 평가할 수 있다. 효율성이 높은 프로그램은 효과가 같다면 더 적은 비용으로 목표를 달성할 수 있는 프로그램이다. 그러므로 한 명의 성공사례를 위해 투입된 프로그램의 지출 비용이 적을수록 효율성이 높은 프로그램이 된다.

〈글상자 13-7〉 비용 대 효과 비율의 계산

- **비용 대 효과 비율:**
  (프로그램 총지출 비용) ÷ (성공적 프로그램 결과의 인원수)

공통의 목표를 달성하기 위해 진행하였던 다수의 프로그램이 있었다면, 그러한 프로그램들을 대상으로 비용 대 효과 비율을 계산해 보고 가장 효율성이 높은 프로그램이 어떤 프로그램이었는지 파악하는 것이 가능하다. 특정 프로그램의 지속 여부를 결정할 때 효율성이 유일한 기준이 되지는 않지만, 중요한 평가항목이 되는 것은 사실이다.

참고로 로이스와 그의 동료들(Royse et al., 2006)은 위에서 제시하였던 비용효과 분석의 5단계에 덧붙여, 비용효과분석의 마지막 단계로 감응도 분석(sensitivity analysis)을 제시하였다. 감응도 분석이란, 투입요소나 변수의 값을 변화시켰을 때 결과의 값이 어떻게 달라지는지 분석하는 것이다. 변수나 투입요소에 대한 추정을 다르게 하여 다른 추정값으로 결과를 분석하였을 때, 그것이 결과값에 미치는 영향을 분석하여 더욱 신뢰성 있는 평가 결과를 내기 위한 것이다. 프로그램의 비용이나 효과가 실제로 측정된 것이 아니라 많은 부분을 추정치에 의존했다면, 감응도 분석을 행하는 것이 좋을 것이다. 감응도 분석에서는 비용이나 효과에 대해 높은 추정치 값을 넣고 평가를 해 보고, 또 낮은 추정치 값을 넣고 평가를 해 보아서 결과의 값이 어떻게 달라지는지 평가해 본다. 이렇게 변수의 추정값을 조금씩 조정하여 분석해 보았을 때 결과의 값이 그다지 큰 영향을 받지 않는다면, 효율성평가의 결과에 대해 더 확신을 가질 수 있을 것이다(Saleh, Vaughn, Levey, Fuortes, Uden-Holmen, & Hall, 2006). 예를 들어, 여성에 대한 폭력을 예방하는 정책을 실시하고 이의 결과에 대해 감응도 분석을 한 연구를 살펴보자(Clark, Biddle, & Martin, 2002). 이 연구에서 여성폭력문제에 대한 개입정책에 대해 평가해 본 결과, 정책의 효율성이 매우 높게 나타났다. 정책을 통해 여성폭력문제의 발생을 현저히 줄일 수 있었다. 감응도 분석을 위해 정책시행 이후에 추정하여 측정한 폭력 발생 횟수의 10%만을 입력하여 결과를 평가해 보기도 하고, 프로그램 지출 비용으로 파악한 비용의 70% 정도만을 입력하여 결과를 다시 분석해 보는 등의 방법을 사용하였다. 이와 같이 감응도 분석을 통해 변수의 값을 달리하여 효율성평가를 해 보아도 프로그램이나 정책의 평가 결과가 크게 달라지지 않을 경우, 우리는 그 평가 결과에 대해 더욱 확신을 가질 수 있게 되는 것이다.

비용효과분석 사례

프라이스와 그의 동료들(Fries, James, Hammer, Shugarman, & Morris, 2004)은 클라이언트의 건강상태가 가정과 지역사회 기반의 서비스를 받기에 적절한지 평가하기 위한 방법(전화, 개인면담 등)과 관련하여 어떤 것이 더 효율적인 방법인지 조사하였다.

이 연구에서는 ① 전화로 클라이언트의 적격성 여부를 평가하는 방법과 ② 1:1 개인면담을 통해 클라이언트를 사정하는 방법, ③ 전화면담과 개인면담을 함께 활용하는 방법을 비교하였다.

전화를 통한 클라이언트 사정의 경우, 평균 20분 정도가 소요되었고 건당 3.35달러(약 4,000원)의 비용이 들었다. 1:1 개인면담의 경우, 보통 1~2시간이 소요되었는데(면담자가 클라이언트 집에 가정방문을 해서 면담을 해야 하는 경우엔 더 많은 시간이 추가되었다), 건당 비용은 70달러(약 84,000원)가 들었다. 기관에서 기존에 사용해왔던 방법은 개인면담으로, 전화면담방법은 쓰이지 않았었다. 그러므로 만일 10명의 클라이언트가 기관에 인터뷰를 신청했다면, 건당 70달러(약 84,000원)의 비용을 들여 개인면담을 실시하고, 그 결과 700달러(약 840,000원)의 비용을 지출해왔던 것이다.

전화면담은 개인면담에 비해 비용 면에서 훨씬 저렴하다는 장점은 있었지만, 클라이언트의 적격성에 대해 제대로 평가하기 어렵다는 단점이 있었다. 그러므로 이 연구에서는 일차적으로 전화면담을 시행한 이후에, 추가적인 개인면담이 필요한 사람에 대해서만 다시 개인면담을 시행하도록 하였다.

	① 전화면담 CT 사정	② 개인면담 CT 사정
클라이언트 수:	10명	10명
건당 비용:	3.35달러(약 4,000원)	70달러(약 84,000원)
총비용	33.5달러(약 40,000원)	**700달러(약 840,000원)**

③ 전화면담과 개인면담을 함께 활용한 CT 사정

(1차 면담) 10명 전화면담비:	33.5달러(약 40,000원)
(2차 면담) 10명 중 6명 대상 개인면담비: 70달러 × 6명 =	420달러(약 500,000원)
	총 453.5달러(약 540,000원)

*사례를 간단하게 제시하기 위하여 실제 연구사례와 다르게 클라이언트의 인원수를 조정하였음.

그 결과 클라이언트 10명을 대상으로 전화면담(약 40,000원)과 개인면담(약 500,000원)을 함께 활용하여 클라이언트 적격성을 사정하는 데 든 총비용은 약 540,000원으로, 기존에 기관이 개인면담만 시행하면서 지출하였던 비용(클라이언트 10명 대상, 약 840,000원)보다 300,000원의 비용을 절약할 수 있었다.

또한, 이 연구에서 클라이언트의 적격성 여부를 정확하게 사정하는 것과 관련해 ① 개인면담만 활용한 방법과 ③ 전화면담과 개인면담을 함께 활용한 방법을 비교한 결과, 클라이언트 적격성 사정의 정확성에 있어 큰 차이를 보이지 않았다. 그러므로 비용과 효과를 같이 고려할 때, ① 개인면담만 활용하는 방법보다 ③ 전화면담과 개인면담을 활용하는 방법이 더 효율적인 방법이다.

4) 비용편익분석

비용-편익분석은 프로그램의 결과(유형적 이익과 무형적 이익)의 금전적 가치를 추정하고, 이를 프로그램에 투입된 총비용(지출)과 비교하며 효율성평가를 하는 것이다. 비용편익분석을 기술, 공업, 물품, 사업 등의 효율성을 평가하기 위해 시행하는 것은 비교적 쉬우나 인간을 대상으로 하는 사회복지 분야에 적용시킬 때에는 프로그램의 결과(효과)를 금전적 단위로 환산시키기 어려운 경우가 많다(Farrington, Petrosino, & Welsh, 2001).

예를 들어, 대학 졸업 이후에 사회복지기관에 처음 취업한 사회복지사들의 적응을 돕기 위한 프로그램에 대하여 비용편익분석을 한다고 가정해 보자. 프로그램 결과에 대해 분석할 때 유형적 이익과 무형적 이익의 금전적 가치를 모두 파악하여야 하는데, 프로그램의 유형적 이익은 측정이 가능하고 수량적 단위나 경제적 가치로 환산이 가능하지만, 무형적 이익은 측정이 어려운(때로는 불가능한) 경우가 많다.

유형적 이익의 예는 신입 사회복지사 적응 프로그램 시행의 결과, 신입 사회복지사들의 업무실적이 2% 증가하였다거나, 그들의 업무에서의 실수율이 16% 감소하였다거나 하는 등으로 양적인 분석이 가능한 이익을 의미한다.

무형적 이익의 예는 프로그램 시행으로 인한 팀워크의 향상, 신입 사회복지사들의 의욕증진과 동기 부여, 상호배려하고 이해하는 근무 분위기 조성, 신입 사회복지사에 대한 상사의 인정, 신입 사회복지사들의 스트레스 및 불안 감소 등이 있다. 이러한 무형적 이익에 적절한 금전적인 가치를 부여하기란 어려운 일이며, 어느 정도의 금전적 가치를 부여하여야 하는가에 대해서도 이견이 있을 수 있다.

〈글상자 13-8〉의 비용편익분석은 프로그램을 통한 이익(금전화)이 프로그램에 지출된 비용보다 많은지 적은지 여부에 관심을 둔다. 비용편익분석에서는 비용-효과분석에서와 같이 프로그램 간의 비용 대 효과 대비 비율을 비교하여 어느 프로그램이 더 비용에 대비하여 이익이 높은지 분석하지 않는다. 비용편익분석 결과

프로그램이 효율성이 있다는 것은 프로그램을 통한 이익의 총합이 지출되었던 프로그램 비용보다 크다는 것을 의미한다.

〈글상자 13-8〉 비용편익분석의 방법

- **프로그램 이익과 지출의 비교:**
  프로그램 이익의 총합(금전적 가치로 환산) ≥ 프로그램 총지출 비용

정리하자면, 비용편익분석은 프로그램을 통한 이익의 금전적 총합과 프로그램의 총지출 비용을 비교하는 것이다. 가장 간단한 방법으로는 프로그램 이익의 총합에서 프로그램 총비용을 빼는 것이다. 즉, 프로그램 '총이익'에서 프로그램 '총비용'을 뺀 값이 0보다 클수록 효율성이 높은 프로그램이다(Rossi, 1985).

비용편익분석의 정확성과 타당성을 확보하기 위해서는 프로그램을 통한 총이익(효과)과 프로그램에 지출된 총비용에 대해 빠짐없이 측정하고 평가하여야 한다. 프로그램의 효과에 해당되는 중요한 항목을 빠뜨리고 평가를 하게 된다면, 투입된 비용에 비해 프로그램의 이익이 크지 않고 그 프로그램은 효율성이 낮은 프로그램이라고 잘못 결론을 내리게 될 것이다. 프로그램 비용에 해당되는 항목을 빠뜨리게 된다면 프로그램 지출 비용이 실제보다 적게 책정되어 프로그램의 효율성이 사실보다 높게 평가될 수 있다. 프로그램 비용이나 이익이 사실과 다르게 과대평가되거나 과소평가된다면 프로그램 효율성평가는 오류를 범하게 될 수밖에 없다.

다음의 비용편익분석 사례(Bagley& Pritchard, 1998)는 사회복지 분야에서 프로그램의 총이익(유형적 이익과 무형적 이익)을 금전화하여 평가하는 것이 어렵다는 사실을 보여 주는 사례이다.

비용편익분석 사례(무형적 이익에 대한 평가 누락)

학교사회복지실 상담 프로그램에 대한 비용편익평가 연구

Bagley & Pritchard (1998)

이 연구에서는 세 명의 사회복지사를 초등학교와 중학교의 학교사회복지실에 배치하고 3년간 사회복지 상담 프로그램을 진행한 이후, 프로그램의 효율성에 대한 평가를 하였다. 학교사회복지 프로그램을 시행한 결과, 학교에서 퇴학을 당하는 학생들의 수가 감소하였다. 학교사회복지 프로그램에 지출된 비용은 총 177,000파운드였으며, 프로그램의 결과(퇴학당하지 않고 학교를 졸업하는 학생 수의 증가)로 학교는 이전과 비교해 450,500파운드의 이익(행정 비용의 절감 등)을 얻을 수 있었다. 프로그램 이익에서 프로그램 비용을 뺀 금액은 283,550파운드(450,500 – 177,000)이므로, 프로그램을 통해 얻은 이익이 프로그램에 지출된 비용보다 더 많다는 것을 알 수 있었다. 그러므로 이 연구에서는 학교사회복지실 상담 프로그램이 비용편익 분석결과 효율성이 있다고 제시하였다.

위의 사례에서 프로그램의 이익을 제시할 때 측정 가능한 유형적 이익(퇴학당하지 않고 학교를 졸업한 학생의 수)에 대해서는 금전화시켰으나, 무형적 이익에 대한 평가는 누락된 것을 볼 수 있다. 학교에서 퇴학을 당하지 않고 학교를 졸업하였던 학생들의 자존감 향상, 삶의 만족도 향상, 가족관계의 회복, 교우관계의 회복, 미래에 대한 준비와 계획 수립 등 다양한 무형적 이익이 발생하였을 수 있다. 그러나 위 사례에서는 그러한 무형적 이익에 대해서는 조사하지 않았으며, 경제적 가치로 포함시켜 계산하지도 않고 누락시킨 상태로 프로그램 효율성에 대한 평가 결과를 제시하였다.

이와 같이 사람을 대상으로 하는 사회복지 분야에서는 프로그램의 총이익, 특히 무형적 이익에 금전적 가치를 매기기 어려운 경우가 많다. 평생 글을 못 읽으시던 70세의 할머니가 사회복지기관의 한글 교육 프로그램을 통해 한글 읽기를 습득하고, 처음으로 손녀의 편지를 읽을 수 있게 되었을 때 할머니가 느끼는 뿌듯함과 행

복감은 얼마의 금전적 가치가 있는 것일까? 이처럼 사회복지 분야에서는 프로그램의 전체적 효과(유형적 이익과 무형적 이익)에 대해 금전적 가치를 부여하거나 추정하기가 곤란한 경우가 많으므로 비용편익분석 방법보다 비용효과분석이 더 자주 사용된다(Royse et al., 2006).

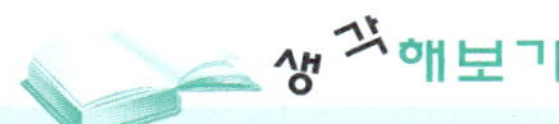

1. 사회복지 프로그램 중 효율성이 낮은 프로그램은 실패한 프로그램으로 판단하고 중단하거나 다른 프로그램으로 대체하는 것이 바람직합니까?
   - 그렇다면 왜 그렇게 생각하는지 설명해 봅시다.
   - 그렇지 않다면 왜 그렇게 생각하는지 설명해 봅시다.

2. 사회복지 프로그램 중에는 효율성이 낮아 프로그램의 이익보다 프로그램을 통한 지출 비용이 더 많이 들지만, 클라이언트와 그의 가족을 위해 중요하고 꼭 필요한 프로그램인 경우가 있습니다. 어떠한 프로그램을 그러한 예로 들 수 있습니까?

3. 사회복지 프로그램의 중요성과 가치에 대해 평가할 때 효율성 외에 어떠한 부분에 대한 평가를 함께 고려하는 것이 좋다고 생각합니까?

05 만족도 조사

사회복지 프로그램에 대해 평가를 한다고 할 때, 가장 쉽게 떠올리는 평가방법은 클라이언트에게 프로그램에 대해서 어떻게 생각하는지, 어느 정도로 만족하였는지 묻는 만족도 조사이다. 만족도 조사는 간단하면서도 쉽게 시행할 수 있고, 가장 자주 사용되는 프로그램 평가의 한 방법이다. 만족도 조사는 사전에 치밀하게 계획하지 않아도 비교적 손쉽게 시행할 수 있고, 클라이언트가 응답하기에도 쉽고, 결과를 해석하기도 쉬우며, 저렴한 비용으로 조사할 수 있다는 장점이 있다(Walsh & Lord, 2004).

1) 만족도 조사의 중요성

만족도 조사는 무엇보다도 기관이 클라이언트의 의견을 중시하고, 그들의 경험과 생각을 매우 귀중하게 간주한다는 메시지를 전달한다는 점에서 의미가 있다. 클라이언트가 서비스의 내용과 질, 그리고 진행과정을 평가하는 데 있어 최고의 정보원이 되는 것이다. 이는 프로그램의 개발 및 전달, 그리고 평가 과정에 있어 '클라이언트 중심'을 지향하는 사회복지 서비스의 핵심 정신과도 일치하는 것이다(Kapp & Propp, 2002). 만족도 조사를 통해 클라이언트는 자신이 참여했던 프로그램에 대해 평가할 수 있는 기회를 가질 수 있고, 자신의 의견이 이후의 프로그램 개선과 보완을 위해 유용하게 쓰이게 될 것이라는 차원에서 보람도 느낄 수 있다.

사회복지기관이 아닌 일상생활에서도 만족도 조사는 자주 활용된다. 서비스나 물품을 구입한 고객은 그들이 지불한 비용에 맞는 수준의 서비스 또는 물품을 기대하고 요구할 권리가 있다. 그러므로 서비스나 물품이 그러한 기대수준에 미치지 못했을 경우, 당연히 불만족을 표할 수 있다. 현대사회의 경우, 인터넷의 발달로 인해 서비스나 물품의 수준이나 만족도에 대해 의견을 교류할 수 있는 장이 잘 마련되어 있으며, 이를 통해 고객들이 지니는 힘은 더욱 커졌다. 고객들은 서비스 장소, 직원, 서비스 내용과 수준, 서비스 이용의 전반적 경험에 대해 인터넷에 올릴 수 있고, 이는 해당 기관에 이익이나 타격이 될 수도 있다. 실제로 우리가 인터넷 쇼핑을 통해 어떤 물건을 구입할 때 빼놓지 않고 살펴보는 것이 바로 상품평이다. 만약, 우리가 인터넷으로 운동화를 구입하고자 한다면, 우리는 그 운동화를 구입했던 사람들이 상품에 대해 만족하는지, 그 운동화의 질은 어떤지, 색상은 화면에서 보는 것과 같은지, 발은 편안한지 등에 대해 알고 싶을 것이다. 즉, 상품을 이미 구매한 고객의 만족도 수준에 관심을 갖게 될 것이다.

상품을 구매한 고객의 만족도가 중요한 힘을 지니듯이, 프로그램을 선택하고 참여한 클라이언트의 만족도가 지니고 있는 중요성도 크다. 프로그램을 이용했던 클라이언트들이 그들이 받았던 프로그램에 대해 만족하지 못한다면, 앞으로 그 사회복지기관에서 서비스를 받으려 하지 않을 것이다. 물론 사회복지기관에서 모든 클라이언트가 만족스러워하는 프로그램을 제공한다는 것은 현실적으로 불가능한 일이다. 그러나 만약 대다수의 클라이언트가 프로그램에 대해 만족하지 못하고, 다시 그 사회복지기관을 찾지 않으려 한다면 그것은 심각한 문제가 될 수 있다. 다른 기관을 통해 클라이언트를 의뢰받을 때에도 클라이언트 만족도가 낮았던 프로그램으로는 의뢰조차 잘 이루어지지 않을 것이다. 클라이언트의 만족도가 낮은 프로그램에 대해서는 기관 차원에서도 부정적으로 평가하기 쉬우며, 이는 프로그램에 대한 물적 · 인적 지원의 감소로 이어질 수도 있다.

클라이언트 만족도 조사를 통해서 그들의 서비스 경험에 대해 이해하는 것은 이후에 프로그램 개선점을 찾고 보완하는 데 많은 도움이 된다. 이를 위해 사회복지기관을 찾은 클라이언트가 처음 기관을 방문하였을 때부터 프로그램을 받는 과정, 종결, 사후관리에 이르기까지 어떠한 경험을 하였는지에 대해 조사하여야 한다. 클라이언트가 프로그램에 참여하기 위해 기관을 찾는 과정은 용이하였는지, 프로그램에 대한 문의 전화 시 어려움은 없었는지, 문의사항에 대해 기관 직원이 친절하고 성실하게 답변해 주었는지, 프로그램 신청과 행정적 절차는 간단하고 쉬웠는지, 프로그램 신청 이후 실제로 프로그램에 참여하기까지 며칠을 기다렸는지, 프로그램의 장소 및 내용과 수준에 대해 만족하는지, 종결 이후에 사후관리가 잘 이루어졌는지 등에 대해 클라이언트 만족도 조사를 하는 것은 프로그램을 향상시키기 위해 값진 정보가 될 것이다(Townsend & Kosloski, 2002).

클라이언트 만족도 조사는 프로그램과 사회복지사에 대해 클라이언트가 어떤 경험을 하였는지 이해할 수 있는 중요한 정보를 제공해 주지만, 만족도 조사의 결과가 곧 프로그램의 효과성에 대한 평가가 아니라는 점을 기억하여야 한다. 만족도 조사에서 높은 점수를 얻은 프로그램이 곧 클라이언트에게 가장 도움이 되고 효과적인 프로그램이 되지는 않는다는 점이다.

2) 프로그램 진행자가 클라이언트 만족도에 미치는 영향

프로그램 진행자가 얼마나 유능하고 기술적으로 뛰어난지 이외에, 그가 얼마나 감정이입을 잘하는지, 그리고 얼마나 클라이언트에 대해 관심을 가지고 이를 적극적으로 표현하는지의 여부가 클라이언트의 만족도에 영향을 미칠 수 있다(Harkness & Hensley, 1991). 반사회적 행동과 정신질환으로 인해 병원에 입원한 청소년들의 프로그램 만족도를 조사한 연구(Wong, 1999)에 의하면, 청소년들이 가장 만족스러워했던 프로그램은 사회복지사 및 병원 직원들과 직접 대면하고 대화하는 프로그램이었다. 클라이언트가 자주 접하는 사회복지사나 기관 직원들과 건강한 관계 형성을 하는 것이 프로그램 만족도에 큰 영향을 끼칠 수 있는 것이다.

또 다른 예로, 에이즈에 걸린 아이들과 그들의 부모를 대상으로 만족도 조사를 한 연구(Strug, Ottman, Kaye, Saltzberg, Walker, & Mendez, 2003)에 의하면, 클라이언트의 어려움과 고통에 대해 감정이입을 잘하고 그들을 이해해 주는 서비스 제공자가 있을 경우, 프로그램을 더욱 효과적으로 실시할 수 있었으며, 클라이언트들이 프로그램에 더 협조적으로 응하고, 에이즈에 대한 약물치료나 의학적 조치에도 더욱 협조적이었다. 클라이언트의 만족도가 사회복지사나 기관 직원이 보이는 태도나 행동과 매우 밀접한 관계가 있으며, 만족도가 높은 클라이언트의 경우 실제로 문제 증상이 감소할 확률이 높다는 점은 여러 만족도 연구를 통해서도 검증되었다(Gilman & Huebner, 2004; Townsend et al., 2002; LaSala, 1997).

만족스러운 서비스 경험을 한 클라이언트는 이후에도 그 기관을 재방문할 것이며, 다른 사람들에게도 그 프로그램에 대해 소개할 것이다. 클라이언트의 만족도는 기관에서 프로그램을 유지·운영하기 위해 필수적이고 중요한 사항이 된다(Townsend et al., 2002).

클라이언트 만족도 조사를 통해 알게 된 프로그램과 기관의 문제점에 대해 기관이 적극적으로 개입하여 개선한다면, 이는 기관 직원이나 사회복지사의 입장에서도 큰 이득이 된다. 기관 및 프로그램의 원활한 운영을 위해서 그곳에 몸담고 일하고 있는 직원들과 사회복지사들의 업무 만족도도 중요하기 때문이다. 사회복지사와 클라이언트 모두가 프로그램의 목적에 대해 명확하게 인지하고, 그 목적을 달성하기 위한 노력하고, 프로그램에 대한 만족도가 높다면, 그 프로그램은 성공적으로 목적을 달성할 가능성이 높아진다(Walsh et al., 2004). 기관 차원에서도 사회복지사와 클라이언트 모두가 만족스러워하는 프로그램을 시행하는 것이 프로그램의 효과적인 운영과 유지를 위해 매우 중요하다. 이는 경제적 원리에도 적용되는 것으로, 효과적인 직원관리와 교육 및 업무환경 개선, 업무량 조절을 통해 사회복지사들의 근무만족도를 높일 수 있다면 사회복지사들은 그 기관에서 이탈하지 않고 열심히 일할 것이고, 이를 통해 클라이언트들은 만족스러운 서비스를 안정적으로 받게 될 수 있는 것이다(Kapp et al., 2002; Schneider, 1991).

3) 만족도 조사의 방법

기관에서 클라이언트의 문제해결을 돕기 위해 프로그램을 실시할 때, 그 프로그램에 참여한 클라이언트의 만족도를 살피는 것이 중요하다. 그렇다면 클라이언트가 프로그램에 어느 정도로 만족하고 있는지 어떻게 파악하는 것이 좋을까? 바로 클라이언트에게 직접 만족도 조사를 실시하는 방법일 것이다. 만족도에 대한 조사를 통해 클라이언트가 프로그램에 대해서 어떠한 경험을 하였는지 파악할 수 있다. 프로그램에 대한 클라이언트의 만족도 조사는 클라이언트에게 만족스러웠던 부분은 유지 및 강화하고, 불만족스러웠던 부분은 개선하고 보완할 수 있도록 하는 자료로 활용된다. 이러한 과정을 통해 사회복지 프로그램은 클라이언트들의 욕구에 더 잘 맞고, 더 만족스러운 프로그램으로 거듭날 수 있다.

클라이언트 만족도를 조사하는 방법으로는 전화 조사, 우편 조사, 이메일 조사, 현장 조사 등 여러 가지가 있다. 기관의 실정, 계획, 인력, 예산, 클라이언트의 특성 등을 고려하여 가장 적절한 조사 방법을 통해 클라이언트 만족도 조사를 실시하는 것이 좋다.

(1) 전화 조사

프로그램 이후, 기관 직원이나 사회복지사가 클라이언트에게 전화를 걸어 프로그램 만족도 조사를 시행하는 방법이다. 클라이언트가 조사 참여에 동의하는 경우, 정해진 질문지 양식에 따라 클라이언트의 만족도를 조사할 수 있다. 조사자와 직접 얼굴을 마주 보고 응답하는 것이 아니므로 클라이언트가 보다 부담 없이 솔직하게 답변할 수 있다는 장점이 있다.

단, 프로그램을 직접 진행하였던 사회복지사가 전화 조사를 하는 경우에는 클라이언트가 정확한 답변을 하기가 어렵다는 점을 기억하여야 한다. 클라이언트가 만족스러웠던 부분에 대해 이야기할 때에는 문제가 없겠지만, 불만족스러웠던 부분에 대해서 솔직하게 답변하기는 쉽지 않을 것이다. 클라이언트는 자신에게 도움을 주고자 했던 사회복지사나 프로그램에 대해 불만족을 표현하는 것에 미안한 마음을 가질 수도 있고, 사회복지사에 대한 도리가 아니라고 생각할 수도 있다. 그러므로 사회복지사(프로그램 진행자)가 전화 조사를 하였을 때, 클라이언트의 실제 생각과 다르게 매우 높은 만족도 점수가 얻어질 수 있으므로 주의가 필요하다. 전화 조사 시에는 만족도 조사 결과의 정확성을 위해 프로그램을 진행하였던 사회복지사가 아니라 제3자(기관 직원, 자원봉사자 등)가 조사를 하는 것이 좋다.

(2) 우편 조사

만족도 조사 설문지를 우편으로 클라이언트에게 보내고 클라이언트가 설문지를 작성한 이후 다시 우편으로 기관으로 보내도록 하는 방법이다. 우편 조사는 클라이언트가 여유 시간이 생겼을 때 틈틈이 작성할 수 있다는 장점이 있지만, 회수율이 낮은 단점이 있다.

로이스와 그의 동료들(Royse et al., 2006)은, 우편 조사의 경우 50% 이상의 회수율을 보인다면 성공적이라고 조언하였다. 회수율을 높이기 위해서는 우표를 미리 붙여놓은 반송봉투를 같이 보내야 하며, 식권, 음료권, 쿠폰 등의 작은 선물을 같이 동봉하는 것도 설문지 회수율을 높이는 데 도움이 될 수 있다. 그러나 사회복지기관에서 서비스를 받는 클라이언트들은 이미 삶에서 복잡하고 어려운 여러 가지 일들을 겪고 있는 경우가 많다. 대인관계, 가정불화, 폭력, 약물남용, 알코올 중독, 경제적 어려움, 건강상의 어려움 등 심각한 문제로 인해 어려움을 겪고 있는 클라이언트들에게 있어 우편 만족도 조사에 응하는 것은 우선순위가 되지 않을 가능성이 있다.

(3) 이메일 조사와 온라인 조사

클라이언트가 컴퓨터나 스마트폰을 보유하고 있고 그러한 기기를 사용하는 데 불편함이 없다면, 이메일이나 온라인 조사를 통해 클라이언트 만족도 조사를 하기도 한다. 이메일이나 온라인 조사는 우편 조사의 경우처럼 클라이언트가 직접 우체통에 가서 우편물을 넣어야 하는 번거로움이 없으므로 우편 조사에 비해 회수율이 높다. 그리고 이메일이나 온라인 조사를 통해 만족도 조사 설문지를 다수의 클라이언트에게 일괄적으로 보낼 수 있고, 클라이언트들도 그에 대한 답변을 바로 보낼 수 있으므로 조사 결과를 빨리 받을 수 있다는 점도 좋다. 우편 조사의 경우처럼 우표값, 봉투값, 설문지 인쇄값이 들지 않으므로 조사비용도 절감된다.

우편조사의 경우, 클라이언트가 주관식 문항에 응답할 때 사회복지사나 기관 직원이 자신의 필체를 알아보지 않을까하는 우려에 솔직한 답변을 하지 못할 수도 있는데, 이메일 조사나 온라인 조사는 컴퓨터 자판으로 답변을 입력하므로 클라이언트 신변노출의 위험을 낮춰준다는 장점도 있다.

그러나 클라이언트가 자신의 이메일 주소를 통해 만족도 조사 답변을 직접 보내야 하는 경우 불편하게 느낄 수 있다는 점에 주의해야 한다. 이메일 주소를 통해 클라이언트가 누구인지 노출될 수 있기 때문이다. 그러므로 기관 측에서 클라이언트에게 이메일을 보낼 때 만족도 조사에 참여해 줄 것을 부탁하면서, 조사에 참여할 수 있는 인터넷 링크를 같이 보내는 것도 좋은 방법이다. 만족도 조사에 참여하고 싶은 클라이언트가 인터넷 링크를 클릭하여, 인터넷 화면에서 바로 자신의 답변을 입력하여 전송할 수 있도록 한다면 클라이언트 신변노출의 위험을 피할 수 있다.

(4) 현장에서 직접 조사

현장에서 직접 만족도를 조사하는 방법이 가장 많이 사용되며, 프로그램이 끝난 이후 현장에서 바로 클라이언트들에게 만족도 조사 설문지를 나눠주고 작성하도록 한다.

프로그램이 끝나고 오랜 시간이 지나기 전에 클라이언트의 기억이 가장 생생할 때 만족도 조사를 하는 것이 정확한 답변을 얻기에 좋다. 프로그램을 종결하고 시간이 어느 정도 흐른 뒤에 만족도 조사를 실시한다면(예: 우편 조사, 이메일 조사 등), 클라이언트가 프로그램에 대해 잘 기억하지 못하거나 기억 자체가 왜곡될 위험이 있다. 만약, 클라이언트가 한 기관이 아닌 여러 기관을 통해 비슷한 프로그램들에 참여했었다면 다른 기관의 프로그램과 혼동한 채 설문지를 잘못 작성하는 경우도 생길 수 있다. 그러한 이유로 프로그램 종결 직후에 바로 이어서 만족도 조사를 하는 경우가 많다. 이러한 방법을 사용하면 우편이나 이메일 조사에 비해 설문지 회수율이 훨씬 높다는 장점이 있다. 클라이언트가 만족도 조사 참여를 거부하

는 경우는 어쩔 수 없지만, 그렇지 않은 경우 현장에서 설문지를 바로 걷을 수 있으므로 클라이언트들의 조사 참여율을 높일 수 있다. 그러나 클라이언트들이 프로그램 종결 직후의 들뜬 감정으로 인해 객관성을 잃고 만족도 조사의 점수를 실제보다 높게 작성할 우려도 있다. 프로그램 종결 직후에는 프로그램에 끝까지 잘 참여했다는 뿌듯함과 사회복지사에 대한 감사함, 그리고 앞으로 모든 일이 잘될 것 같은 희망과 기대 등으로 인해 클라이언트들의 감정이 고조되는 경우가 많다. 그러므로 만족도 조사를 시행하고 그 결과를 분석할 때 이러한 요인에 대해 함께 살펴야 한다.

4) 만족도 조사의 시기

클라이언트 만족도 조사는 어느 시기에, 얼마나 자주 시행하는 것이 좋을 것인가? 사회복지기관에서 만족도 조사를 시행할 때, 프로그램 종결 이후에 일회성으로 조사하는 경우가 가장 많다. 프로그램 종결 이후에 클라이언트의 만족도를 조사하는 것은 다음 기수에 프로그램에 참여하게 될 클라이언트들에게는 도움을 줄 수 있겠지만, 이미 프로그램에 참여했던 클라이언트들은 혜택을 받지 못하고 프로그램을 떠나게 된다는 문제가 있다. 프로그램 종결 이후에 만족도 조사를 하는 방법이 지니는 또 다른 문제점은 프로그램에 대해 대체로 만족하면서 잘 참여하였던 클라이언트들의 의견만 듣게 된다는 점이다. 프로그램에 대해 만족하지 못하고 프로그램이 자신에게 도움이 되지 않는다고 생각했던 클라이언트들은 프로그램 종결 때까지 프로그램에 참여하지 않을 가능성이 크다.

만족도 조사 결과를 활용하여 현재 프로그램에 참여하고 있는 클라이언트들에게도 도움을 주고자 한다면, 프로그램을 종결한 이후 일회성으로 만족도를 조사하는 것보다 프로그램 진행과정에서 적절한 횟수에 걸쳐 조사하는 것이 좋다(Gilman et al., 2004; Chou, Boldy, & Lee, 2001). 예를 들어, 프로그램 중기에 1~2회, 프로그램 종결 이후 1회의 만족도 조사를 시행하는 것이다. 이러한 방법을 통해 현재 프로그램에 참여하고 있는 클라이언트들이 앞으로의 프로그램 활동에 대해 더 만족할 수 있도록 프로그램을 향상시킬 수 있다.

그러나 만족도 조사를 매 회기마다 실시하는 것도 바람직하지 않다. 예를 들어, 우울증 치료를 위해 주 1회 40분간 음악치료 프로그램에 참여하는 클라이언트들을 대상으로 매 회기마다 만족도 조사를 실시한다면, 조사 자체가 클라이언트에게 부담을 주어 조사에 불응하거나 불성실하게 답변할 가능성이 커진다.

만족도 조사의 시기를 결정하기 위해서는 프로그램의 초기, 중기, 종결에 이르는 전체적 진행과정을 잘 살펴보고, 그 속에서 만족도 조사가 필요하다고 판단되는 시점을 결정하여 적절한 횟수로 조사를 시행하여야 한다.

5) 만족도 조사의 내용

클라이언트 만족도 조사를 통해서 묻고자 하는 가장 핵심적인 질문은 "다시 우리 기관의 프로그램에 참여하고 싶습니까?"일 것이다. 말하자면, 프로그램에 대한 재참여 의사를 묻는 것이다. 이 질문을 통해 클라이언트가 프로그램의 질이나 내용에 대해 어떤 생각과 느낌을 가지고 있는지 알 수 있으므로 만족도 조사에서 중요한 질문이 된다(Townsend et al., 2002). 클라이언트가 참여하였던 프로그램의 내용과 수준이 만족스러웠다면, 클라이언트는 다음 기회에도 같은 기관을 찾아 도움을 얻고자 할 것이기 때문이다. 그러나 이 한 가지 질문만으로는 클라이언트가 프로그램을 통해 어떠한 경험을 하였는지, 그에 대해 어느 정도로 만족하였는지 파악할 수 없다. 그러므로 기관에서는 다양한 문항을 통해 클라이언트의 만족도 수준을 측정하고 불만족 사항을 파악하여 프로그램 개선에 활용하여야 한다.

클라이언트 만족도 조사에서 자주 사용되는 객관식 질문 문항의 예시는 다음 〈글상자 13-9〉와 같다.

〈글상자 13-9〉 만족도 조사 객관식 질문 문항 예시

- 우리 기관에 대해 전반적으로 어느 정도로 만족하십니까?
  ① 매우 만족 ② 만족 ③ 보통 ④ 불만족 ⑤ 매우 불만족

- 우리 기관을 통해 받았던 프로그램에 대해서 어느 정도로 만족하십니까?
  ① 매우 만족 ② 만족 ③ 보통 ④ 불만족 ⑤ 매우 불만족

- 우리 기관의 프로그램을 다른 사람들에게 추천하시겠습니까?
  ① 적극 추천할 것이다
  ② 추천할 것 같다
  ③ 추천하지 않을 것 같다
  ④ 절대로 추천하지 않을 것이다

- 우리 기관의 프로그램을 통해 받은 도움에 대해 어느 정도로 만족하십니까?
  ① 매우 도움 되었다
  ② 조금 도움 되었다
  ③ 별로 도움 되지 않았다
  ④ 전혀 도움 되지 않았다

클라이언트에게 기관이나 프로그램의 어떤 부분이 특히 만족스러웠으며, 구체적으로 어떤 부분이 불만족스러웠는지에 대해 자세한 정보를 얻기 위해서는 주관식 문항을 만족도 조사에 포함시키는 것이 좋다. 주관식 문항의 예시는 〈글상자 13-10〉과 같다.

〈글상자 13-10〉 만족도 조사 주관식 질문 문항 예시

- 우리 기관의 프로그램에서 좋았던 점은 무엇입니까?
- 우리 기관의 프로그램에서 부족했던 점은 무엇입니까?
- 우리 기관의 장점은 무엇입니까?
- 우리 기관의 단점은 무엇입니까?

다음 〈글상자 13-11〉과 같이 간단한 엽서 형식을 통해 클라이언트 만족도를 조사하는 방법도 있는데, 클라이언트의 전반적인 서비스 경험과 만족도에 대해 간편하게 조사하기 위해 사용할 수 있다. 이러한 방법은 클라이언트 입장에서 간단하게 작성할 수 있고 시간이 적게 걸린다는 장점이 있지만, 클라이언트의 경험을 심도 있게 이해하는 데에는 한계가 있다. 기관의 사정에 따라 우편으로 조사할 수도 있고, 현장에서 직접 클라이언트들에게 나눠주고 작성을 부탁할 수도 있다.

〈글상자 13-11〉 간단한 만족도 조사 질문 예시

- 우리기관의 미술치료 프로그램에 대해 어떻게 생각하시는지 궁금합니다.
  여러분의 경험을 솔직하게 적어 주시면 매우 감사하겠습니다.

  ☺ *만족스러웠다.* 그 이유는:
  ☹ *불만족스러웠다.* 그 이유는:

- 우리기관의 여가활동 프로그램에 대해 어떻게 생각하시는지 궁금합니다.
  여러분의 의견은 우리에게 매우 소중합니다. 귀한 답변에 감사드립니다.

  ☺ *만족스러웠다.* 그 이유는:
  😐 *보통이었다.* 그 이유는:
  ☹ *불만족스러웠다.* 그 이유는:

- 우리 기관에 대해 어떻게 생각하시는지 알고 싶습니다.
  여러분의 생각을 나눠 주시면 저희에게 큰 도움이 되겠습니다.

  ☺ 이 기관은 *좋다.* 그 이유는:
  😐 이 기관은 *보통이다.* 그 이유는:
  ☹ 이 기관은 *좋지 않다.* 그 이유는:

출처: Royse, D., Thyer, B. A., Padgett, D. K., & Logan TK. (2006). Program evaluation: An Introduction (4th ed.). Belmont, CA: Thompson Brooks/Cole. (p.218).

6) 만족도 조사를 위한 제언

(1) 구체적 초점이 있는 만족도 조사

만족도 조사의 문제점으로 지적되는 것 중 한 가지는 조사 문항에 대한 점수를 모두 합해 총점으로 만족도 점수를 낸다는 점이다. 만족도 조사를 통해 얻은 여러 가지 정보를 개별적으로 분석하지 않고, 총점만 보는 것은 만족도 조사에 포함되어 있는 복합적인 정보들을 놓치는 결과를 낳을 수 있다(Chou et al, 2001).

만족도 조사를 할 때 만족도 수준을 총점으로 파악하는 것에 그치지 않고, 조사 항목을 주제별로 나눠 조사하는 것도 도움이 된다(예: 프로그램 내용에 대한 만족도, 프로그램 진행방식에 대한 만족도 등). 클라이언트 만족도 점수의 총점을 파악하는 것만으로는 프로그램이나 기관을 개선시킬 수 있는 구체적인 방안을 세우는데 도움이 되지 않을 수 있다. 만족도 조사 결과를 프로그램을 향상시킬 수 있는 구체적인 방안으로 직접 연결시킬 수 없다면, 만족도 조사를 시행하는 이유가 없어지는 것이다(Hsieh, 2006).

만족도 조사 시 기관이나 프로그램에 있어 문제가 많을 것으로 예상되는 분야를 파악하여 그 부분에 대한 만족도 조사를 시행할 수도 있다. 기관 직원들, 프로그램 진행자 및 프로그램 참여자들의 의견을 종합해 보면 어떤 부분이 클라이언트에게 불편을 야기하는 사항인지 아이디어를 얻을 수 있을 것이다.

- 클라이언트가 프로그램을 신청하고 프로그램에 참여하기까지 대기하는 시간이 긴가?
- 프로그램 참여 비용은 비싸지 않은가?
- 클라이언트가 원하는 프로그램이 기관에 있는가?
- 기관의 직원들은 클라이언트에게 친절하게 도움을 주었는가?
- 클라이언트의 질문사항에 대해 기관 측에서 빠르게 답변을 해 주었는가?
- 사회복지사의 역량은 어떠한가?
- 프로그램 참여가 클라이언트의 문제해결에 도움이 되었다고 느끼는가?

기관의 문제점에 대해 구체적으로 클라이언트 의견을 구한다면, 그 부분에 대해 어떻게 개선하는 것이 좋을지 실마리를 찾을 수 있다. 예를 들어, 솔리만과 포우린(Soliman & Poulin, 1997)은 자연재해를 당한 클라이언트들을 대상으로 프로그램 만족도 조사를 시행하였는데, 만족도 조사를 일곱 가지 부문으로 나누어 구체적으로 조사하였다.

- 프로그램의 적절성(appropriateness)
- 프로그램의 유용성(availability)
- 프로그램의 명확성(clarity)
- 프로그램 제공의 시기(timing)
- 프로그램의 질적 수준(dignified treatment)
- 프로그램의 효과(impact)
- 사회복지사의 유능성(skillfulness)

위와 같이 만족도 조사를 주제별로 나눠 시행한다면, 클라이언트가 만족스러웠던 부분은 무엇이고, 불만족스러웠던 부분은 무엇인지 구체적으로 파악할 수 있다.

캅과 프랍은(Kapp et al., 2002) 클라이언트 만족도 조사에 포함시켜야 될 내용을 ① 의사소통(communication), ② 서비스 유용성(availability), ③ 존중(respect), ④ 클라이언트 참여(involvement), ⑤ 클라이언트 권리(rights)로 제시하였다(글상자 13-10). 또한, 추가 질문으로 만족도 조사 자체의 문제점에 대해 클라이언트에게 직접 질문하는 문항도 포함시킬 수 있다고 제안하였다. 이러한 추가 질문을 사용하는 이유는 앞으로 만족도 조사의 방법을 보완하고 향상시켜 나가기 위해서이다.

클라이언트 만족도 조사에 포함시켜야 하는 내용은 다음의 〈글상자 13-12〉와 같다.

〈글상자 13-12〉 만족도 조사의 항목

① 의사소통: 사회복지사는 클라이언트와 일관성 있게, 효과적으로, 그리고 필요한 만큼 충분히 의사소통하였는가?

② 프로그램 유용성: 프로그램을 통해 클라이언트는 양적으로나 질적으로 충분한 도움을 제공 받았는가?(프로그램의 내용, 질, 수준, 구성 등에 대한 만족도)

③ 존중: 사회복지사는 클라이언트를 대할 때 편견이나 고정관념, 또는 낙인 없이 대하였는가?

④ 클라이언트의 참여: 프로그램의 진행과 의사결정과정에 클라이언트가 참여할 수 있었는가?

⑤ 클라이언트 권리: 프로그램 진행과정에서 클라이언트가 어떠한 권리를 지니는지 설명을 들었는가? 프로그램 진행과정에서 클라이언트의 권리는 보호받았는가?

(추가적 질문) 만족도 조사의 문제점: 프로그램 진행과정 중 시행된 만족도 조사 자체의 문제점이나 한계점은 무엇이라고 생각하는가?

출처: Kapp, S. A. & Propp, J. (2002). Client satisfaction methods: input from parents with children in foster care. Child and Adolescent Social Work Journal, 19(3), 227-245.

1. 다음 글을 읽고 척도가 만족도 조사 결과에 미치는 영향에 대해 생각해 봅시다. 여러분이 시행한 사회복지 프로그램과 그 프로그램의 참여자를 생각할 때, 만족도 조사 시 어떠한 점에 대해 주의하여야 합니까?

> 클라이언트 만족도 조사에 자주 활용되는 7개의 만족도 조사척도에 대한 연구(Ross, Steward, & Sinacore, 1995)에 의하면, 만족도 점수는 어떠한 척도를 사용하는가에 따라 점수의 차이가 크게 나타났다. 의료기관에서 서비스를 받고 있는 233명의 클라이언트에게 7가지의 만족도 조사 척도를 사용하여 조사한 결과, 같은 프로그램에 대해 같은 클라이언트들을 대상으로 조사했음에도 불구하고, 척도에 따라 만족스러웠다는 응답이 63%에서 82%까지 다르게 나타난 것이다. 이는 만족도 조사에서 어떠한 척도를 사용하는가에 따라, 또는 어떠한 방식으로 질문하는가에 따라 만족도 조사 결과가 크게 달라질 수 있음을 의미한다. 연구에 참여했던 클라이언트들은 "이 프로그램을 통해 나의 문제를 많이 해결할 수 있었다"와 같은 긍정적인 문구를 사용한 질문에는 긍정적으로 답(예: "매우 그렇다", "그렇다")하는 경향을 보였으며, "이 프로그램은 나의 욕구를 충족시키지 못했다"와 같은 부정적인 문구를 사용한 질문에는 부정적으로 답(예: "전혀 충족되지 못했다", "거의 충족되지 못했다")하는 경향을 보인 것이다. 이렇게 질문의 내용에 상관없이 맹목적으로 그에 동조하는 경향은, 클라이언트의 경제적 생활 수준이 낮을수록, 교육 수준이 낮을수록, 나이가 많을수록, 그리고 신체적 질병의 정도가 심각할수록 강하게 나타났다. 이러한 응답자 편견(respondent bias)은 만족도 조사 결과의 신빙성을 떨어뜨리게 되는 요인이 되므로 만족도 조사 시 주의하여야 한다.

2. 여러분이 실행한 프로그램에 대하여 만족도 조사를 할 때, 어떠한 조사항목에 초점을 두어 조사할 것입니까? 그 이유는 무엇입니까?

3. 위의 2번에서 정한 조사항목에 대해 만족도 조사 문항을 두 개 만들어 봅시다.

(1)

(2)

(2) 양적평가와 질적평가의 병행

만족도 조사를 통해 유용한 정보를 더 많이 얻기 위해 설문지를 통한 양적인 평가와 병행하여 인터뷰나 관찰 같은 질적평가방법을 같이 활용할 수 있다. 질적평가방법은 양적평가방법에 비해 클라이언트가 겪었던 부정적인 경험이나 불만족스러웠던 요인에 대한 정보를 얻는 데 더 효과적이다. 클라이언트들은 프로그램을 통해 매우 복잡하고 다양한 경험을 하게 되며, 여러 가지 다양한 감정을 겪게 된다. 설문조사는 클라이언트가 실제로 어떠한 경험을 하고 어떠한 감정을 느꼈는지 포착하는 것에 한계가 있다(Walsh et al., 2004).

위탁가정(foster care)에 자녀를 맡기게 된 부모들을 위한 상담 프로그램의 만족도를 조사한 연구(Kapp et al., 2002)를 예로 들어보면, 부모들의 경험과 느낌, 그리고 생각을 포착하는 데 있어 설문조사가 얼마나 많은 제한점을 지니는지 알 수 있다. 개인적인 상황이나 사회적인 상황으로 인해 자신의 자녀를 위탁가정으로 보내야 하는 부모들은 죄책감, 수치심 등의 부정적인 감정에 휩싸이게 될 것이다. 어떤 부모들은 자녀에게 좋은 부모가 되지 못했기 때문에 자녀들을 빼앗겼다고 생각하여 열등감과 분노를 함께 느끼기도 한다. 그러므로 이러한 부모들의 감정표출과 적응을 돕고, 건강한 부모 역할을 회복할 수 있도록 돕기 위한 상담 프로그램의 역할이 매우 중요하다고 할 수 있다. 사회복지사(프로그램 진행자)가 이러한 부모들과 좋은 원조관계를 형성하고, 이들을 편견과 낙인 없이 진솔하게 대하는 것이 프로그램의 목적 달성(예: 가족상처의 치유 및 손상된 가족 기능의 회복)을 위해 필수적이다. 그러므로 이들 부모가 프로그램을 통해 어떠한 경험을 하였는지, 어느 정도로 만족하였는지 파악하는 것이 중요한데, 정형화된 만족도 조사 설문지를 통해서 얻을 수 있는 정보는 매우 제한적이었다. 설문지의 질문이나 답변 문항이 부모의 감정이나 느낌을 제대로 담아내지 못하고 있고, 부모들이 생각하기에 중요하다고 생각하는 질문사항이 빠져있었던 것이다. 그리고 부모들은 자신의 사적이고 은밀한 이야기를 사람에게 직접 이야기하는 것이 아니라 설문지에 적어야 한다는 사실에 대해서도 불편해했다. 클라이언트 만족도 조사를 하는 데 있어, 1:1 인터뷰 방식을 활용할 수 있다면 클라이언트의 경험을 이해하는 데 큰 도움이 되겠지만, 사회복지기관의 인력이 부족하고 클라이언트의 수가 너무 많다면 현실적으로 시행하는 데 어려움이 많다. 그러므로 설문지를 사용해 클라이언트 만족도 조사를 하는 경우, 객관식 문항 이외에 클라이언트가 의견을 자유롭게 서술할 수 있는 주관식 문항도 포함시키는 것이 좋다.

(3) 다양한 정보출처를 통한 만족도 조사

클라이언트 만족도 조사에 있어 설문 조사 결과에만 의존하지 않고 다른 정보출처를 활용해 결과를 뒷받침해 주도록 한다면 만족도 조사 결과의 신빙성이 높아진다. 예를 들어, 클라이언트들의 프로그램 참석률을 만족도 조사 결과와 함께 살펴볼 수 있다. 클라이언트가 프로그램에 대해 만족하고 프로그램이 그들에게 도움이 된다고 느꼈다면 참석률이 높았을 것이다. 클라이언트들의 프로그램 참여도가 평균적으로 90% 정도였고, 프로그램 만족도 조사에 85% 정도의 클라이언트들이 참여하였으며, 80% 정도의 만족도 수준을 보였다면 우리는 그 만족도 조사의 결과에 대해 좀 더 확신을 가질 수 있다. 반면에 클라이언트들의 만족도 조사 결과, 90% 정도의 높은 만족도를 보였다고 할지라도 프로그램 평균 참석률이 30% 미만이었다면, 조사 결과에 대한 신빙성을 가지기가 어려울 것이다. 클라이언트에게 도움이 되고 만족스러운 프로그램이었다면, 참석률이 그렇게 저조하지는 않았을 것이다. 이러한 경우, 인터뷰를 통해 클라이언트들이 프로그램에 참여하지 않았던 이유가 무엇인지 추가적으로 조사하는 것이 좋다. 클라이언트 입장에서 프로그램이 그들이 원하는 방향과 다르게 진행되었거나, 그들의 욕구를 충족시켜주지 못하고 별로 도움도 되지 않는다고 생각했을 수 있다. 또는 클라이언트들이 프로그램 자체에는 만족했으나, 다른 요인 때문에 참석을 잘 못 했을 수도 있다. 막상 프로그램에 정기적으로 참여하려니 참석하기 위한 시간을 내기가 어려웠을 수도 있고, 프로그램 참여를 위해 기관에 찾아오는 교통이 너무 불편했을 수도 있다. 클라이언트 입장에서 어떠한 점들이 특히 불만족스러웠는지, 어떻게 하면 프로그램을

개선시킬 수 있을지에 대해 클라이언트의 의견을 들어보는 것은 만족도 조사에 있어 매우 중요하다. 만족도 조사를 할 때에는 프로그램에 성실하게 끝까지 참여했던 클라이언트들뿐 아니라 프로그램에 잘 참석하지 않았던 클라이언트들의 의견도 같이 조사하는 것이 좋다.

7) 만족도 조사 결과 해석 시 주의할 점

만족도 조사 결과를 해석할 때 '클라이언트 만족도가 높았던 프로그램이 곧 효과적인(목표를 성공적으로 달성한) 프로그램일까?'에 대해 생각해 보아야 한다. 클라이언트 만족도 조사에 대한 연구를 살펴보면, 클라이언트가 프로그램에 대해 만족하였던 경우에는 프로그램을 통해 자신의 문제가 많이 해결되고 완화되었다고 보고하는 경향이 있는 것으로 나타났다(Gilman et al., 2004; Wong, 1999). 예를 들어, 가정불화를 겪고 있는 2,510명의 부부에게 부부교육 프로그램을 5년간 시행하고 이에 대한 클라이언트 만족도 조사를 한 연구(Buttell & Carney, 2002)를 보면, 클라이언트가 프로그램에 만족할수록 부부간의 불화가 감소하였다고 생각하였고, 프로그램도 효과적이었다고 답변하는 경향이 나타났다. 반대로 프로그램에 대한 만족도가 낮은 클라이언트의 경우, 부부간의 불화 문제가 별로 달라지지 않았다고 생각했으며, 프로그램의 효과성에 대해서도 회의적으로 답변하였다.

만족도 조사 결과를 해석할 때 우리가 중요하게 기억할 점은 클라이언트에게 높은 만족도 점수를 받은 프로그램이 반드시 효과적이고 성공적인 프로그램은 아니라는 점이다(Walsh et al., 2004). 예를 들어, 거식증 문제를 겪고 있는 대학생들을 위한 프로그램을 사회복지기관에서 실시하였다고 가정해 보자. 프로그램 종결 이후 만족도 조사를 시행한 결과, 참여했던 대학생들이 프로그램의 내용과 수준, 사회복지사의 역량 등에 대해 매우 높은 만족도를 나타냈다. 그렇다면 이 대학생들은 프로그램을 통해 실제로 그들이 겪고 있었던 거식증 문제를 해결하였을까? 대학생들 스스로가 지니고 있던 부정적인 자기 이미지가 변화되었을까? 건강한 식생활과 운동을 통해 그들의 신체적인 건강이 회복되었을까? 거식증 문제로 인해 손상되었던 학교생활과 가정생활 및 그 속에서의 대인관계는 회복되었을까? 이러한 문제는 프로그램의 효과성과 관련된 것으로 프로그램 만족도와는 별개의 문제이다. 프로그램 만족도가 프로그램 효과성(성과)과 관련이 있는 것은 사실이지만, 높은 프로그램 만족도가 곧 프로그램이 목표를 달성하고 클라이언트의 삶을 변화시키는 데 기여했음을 의미하지 않는다는 사실을 기억하여야 한다.

다음 글을 읽고 프로그램의 만족도 조사 결과에 대해 생각해 봅시다.

로이스와 그의 동료들(Royse, Thyer, Padgett, & Logan, 2006)은 클라이언트의 만족도를 조사한 연구 문헌을 광범위하게 수집하여 분석하였는데, 대부분의 연구에서 클라이언트들이 프로그램에 대해 높은 만족도를 보였다는 점을 주시하였다. 대다수의 연구에서 클라이언트가 프로그램에 대해 불만족을 표한 비율보다 만족스럽다는 의견을 표한 경우가 압도적으로 많았던 것이다. 우울증과 같이 특정 문제에 대한 프로그램에 국한되는 것이 아니라, 낮은 자아존중감, 가정불화, 폭력, 약물남용, 알코올중독 등을 다룬 다양한 프로그램이 대부분 높은 클라이언트 만족도 점수를 받은 것이다. 그렇다면 실제로 다양한 클라이언트가 참여했던 수많은 프로그램이 모두 만족할만한 수준이었던 것일까?

로이스와 그의 동료들(Royse et al., 2006)은 클라이언트가 문제점이 많고 질적 수준이 낮은 프로그램에 참여한 이후에도 만족도 조사에 긍정적으로 답하는 경향이 있다는 사실을 발견하였다. 이에 대해 이 연구에서는 클라이언트가 자신에게 도움을 주고자 했던 프로그램에 대해 부정적으로 평가하는 것에 미안한 마음이나 죄책감을 가지는 경향이 있다고 제시하였다. 그리고 클라이언트가 부정적으로 프로그램에 대해 평가를 하였을 경우, 그 프로그램을 진행하면서 클라이언트들과 진솔한 인간관계를 맺었던 사회복지사에게 불이익이 갈지 모른다는 염려로 인해 긍정적인 답변으로 조사에 응한다는 경향도 발견되었다. 또한, 클라이언트 중에는 프로그램 만족도 조사가 형식적으로 시행된다는 생각 하에 성실하고 솔직하게 답하는 대신 질문내용에 상관없이 모든 항목에 있어 '만족한다'고 답하는 경우도 다수 발견되었다.

1. 여러분이 시행한 프로그램에 대해 만족도 조사를 시행하였다면, 만족도 조사 결과를 해석할 때 주의하여 할 점은 무엇입니까?(만족도 조사 결과를 왜곡시킬 수 있는 요인으로는 무엇이 있습니까?)

2. 위의 1번에서 제시한 문제점을 예방하기 위해 만족도 조사 시 특히 어떠한 점을 주의하여야 합니까? 문제해결방안이나 대비책으로 무엇이 있습니까?

06 질적평가방법

프로그램 평가의 과정에서 질적평가방법을 활용하기도 한다. 설문조사 등을 통해 다수의 프로그램 참여자나 지역사회 주민들의 생각과 의견을 종합하여 조사하는 양적평가방법과 달리, 질적평가방법에서는 소수 조사대상자의 개별적인 생각과 의견에 대해 심도 있게 조사하며 참여관찰, 심층면접, 집단면접, 사례연구 등과 같은 방법을 사용한다. 질적평가 연구에서는 프로그램 참여자들이 프로그램을 통해 어떠한 경험을 하고, 어떠한 해석을 내리고 있으며, 어떠한 의미를 발견하였는지를 중요시한다. 질적평가방법의 유용성을 주장하는 평가자들은 프로그램 평가의 핵심은 프로그램이 지니는 사회적 의미에 대해 해석하는 것이라 말하며, 기존의 프로그램 평가가 프로그램 참여자의 입장보다는 프로그램 제공자나 프로그램에 자금을 제공하는 사람들의 입장에서 이루어졌음을 지적하였다. 즉, 그동안의 프로그램 평가는 프로그램의 성공에 대한 양적인 평가와 비용의 효율적인 사용에 대한 평가 위주로 이루어졌을 뿐인데, 그러한 측면은 프로그램 참여자 입장에서는 그다지 중요한 부분이 아니라는 것이다. 질적평가를 강조하는 평가자들은 프로그램 참여자들이 프로그램을 어떻게 경험하고 그 과정에 어떠한 의미를 부여하였는지 이해하는 것이 프로그램의 사회적 의미를 이해하기 위해 중요한 접근방법이라 하였다.

질적평가방법은 언어, 그림, 도식, 그리고 서술의 방법을 활용하여 프로그램 참여자의 경험과 상황을 총체적으로 표현하고 이해하는 것이다. 평가자는 프로그램 참여자의 삶, 경험, 주변 환경 및 문제점 등을 참여자의 언어, 이야기, 은유적 표현, 그림, 그리고 도식을 사용해 묘사하게 되며, 이를 통해 참여자의 경험에 대해 온전한 이해를 도모한다. 상황과 과정을 중시하는 질적평가에서는 프로그램 참여자 개인이 자신의 상황에 부여하는 개인적인 의미, 가치, 문화, 그리고 개인적 신념이나 해석 등에 대해 상세하게 묘사하는 것을 목표로 한다(Creswell, 1998; Jordan & Franklin, 1995). 질적평가는 인간 경험의 주관성(subjectiveness)을 포착하는 데 주력하고, 형식적으로 짜여 있는 틀에 의해 진행되지 않으며(open-ended), 개별적(individualistic), 과정중심적이다. 그러므로, 인간의 경험을 가장 잘 이해하기 위해서는 평가자 본인이 인간의 경험을 어떻게 해석하는지 이해하여야 한다. 즉, 인간의 경험은 주관적이며, 그러한 경험은 상황과 문화에 기반을 두고 있음을 염두에 두고 평가를 진행하여야 하는 것이다(Jordan et al., 1995).

이와 같이, 질적평가방법은 인간의 경험에 대해 총체적으로 온전하게 이해하는 것을 목적으로 하므로 연구에 충분한 시간과 자원이 뒷받침되어야 한다. 인터뷰나 관찰을 할 경우, 상당한 시간을 자료수집에 할애하여야 하며, 그 이후 자료를 분류하고 정리하여 분석하고 보고서를 작성하는 데에도 장시간의 노력이 투자되어야 한다. 양적평가의 경우, 설문지 수거를 마치는 시기가 자료수집을 중단하는 시기로 미리 결정되어 있지만, 질적평가에서는 자료수집을 중지하는 날을 미리 결정해 놓지 않는다. 자료를 수집하는 과정에서 새롭게 얻게 되는 정보가 더 이상 없고, 이

전에 수집했던 정보가 반복되기만 한다면 그때가 질적평가에서 자료수집을 중단해야 할 때가 된다(Royse et al., 2006).

로이스(Royse, 1999: 278)는 질적평가방법의 성격을 다음과 같이 정리하였다.

- 실험 디자인을 사용하지 않는다.
- 연구대상자를 그들이 속해 있는 환경에서 관찰하며, 그들이 환경 속에서 자연스럽게 성장하고 변화하는 모습을 연구한다.
- 관찰과 인터뷰를 통해 연구대상자의 경험이나 특정 주제에 대해 심도 있게 이해한다.
- 다수의 연구대상자를 필요로 하는 양적접근방법과 달리, 질적평가방법에서는 소수의 연구대상자를 통해서도 유용한 정보를 얻을 수 있다.
- 수량적인 분석이나 측정은 거의 사용되지 않는다.
- 연구자는 상세한 서술을 통해 특정 상황에 대해 세밀하고 심도 있게 묘사하며, 이를 통해 인간의 경험을 이해할 수 있게 된다.
- 질적평가방법은 잘 알려지지 않은 대상이나 주제에 대해 탐색(explore)하는 성격을 지닌다.
- 질적평가방법에서 연구자는 전문가가 아니라 배우는 자이다.

1) 질적평가방법과 양적평가방법

질적평가방법에서는 숫자가 아닌 언어로 이루어진 정보를 다루고, 양적평가방법에서는 숫자로 이루어진 정보를 다룬다. 또한, 질적평가방법은 소수의 사람에 대해 여러 가지의 많은 변수를 연구하는 방법이지만, 양적평가방법은 다수의 사람에 대해 몇 가지 변수를 설정하여 연구하는 것이다(Creswell, 1998). 가설을 세우는 법에 있어서도 질적평가방법과 양적평가방법은 차이가 있다. 질적평가방법은 가설 없이 조사를 시작하며, 평가를 하는 과정에서 가설을 개발하거나 평가 연구가 끝난 이후에 가설을 만들어나가는 단계를 밟지만, 양적평가방법에서는 평가 연구를 시작하기 전에 특정 가설을 미리 설정해놓고 출발한다(Sanders, 1994). 평가 과정이 정형화되어 있는 양적평가방법에 비해 질적평가방법은 그 특성상 평가 과정이 개방되어 있고(open-ended) 수정이 가능하며, 예측할 수 없는 측면이 많다.

〈표 13-10〉 질적평가방법과 양적평가방법

	질적평가방법	양적평가방법
정의	• 언어, 문장, 단어, 상징, 행동, 문서 등의 자료를 통해 사람들의 경험과 삶에 내재되어 있는 의미를 이해하고, 인간 삶의 모습에서 주요 테마와 패턴을 발견하고자 하는 조사방법	• 수량화된 자료를 수집하고 이를 분석함을 통해 어떤 현상이나 성과, 또는 결과에 대해 평가하고 설명하고자 하는 조사방법
연구질문	• 다양한 체계나 요인들 간의 상호작용과 관계를 심도 있게 연구한다	• 가설을 검증한다 • 주요 변수 간의 관계(원인-결과, 개입-효과)를 분석한다
연구의 시작	• 가설 없이 시작한다	• 가설을 가지고 시작한다
진실에 대한 가정	• 다수의 진실이 존재한다(평가 참여자들이 각각 응답한 개별적인 답변들이 모두 나름대로의 진실이 되며, 단 하나의 진실은 존재하지 않는다)	• 유일한 진실이 존재한다(평가 참여자들의 답변을 종합하면 유일한 진실에 객관적으로 접근할 수 있다)
논리적 발달과정	• 귀납적	• 연역적
연구자의 역할	• 참여자	• 객관적 전문가
수집된 정보 유형	• 언어, 문장, 단어, 상징, 행동, 사진, 문서 등(수량화되지 않은 자료)	• 숫자, 비율, 빈도, 통계적 수치 등(수량화된 자료)
자료수집방법	• 심층인터뷰, 관찰, 문서분석 등	• 설문조사
평가 환경	• 통제되지 않은 자연스러운 환경	• 통제된 환경
평가계획	• 평가를 진행하는 과정에서 평가계획은 변경될 수 있다	• 확정된 평가계획을 바꾸지 않고 일관성 있게 따르면서 평가를 진행한다
평가 과정 중 가치의 개입	• 평가 과정에서 평가자의 가치가 개입되는 것을 인정한다	• 평가 과정에 있어 평가자는 가치중립성을 지킨다고 본다
원인과 결과에 대한 가정	• 원인과 결과를 명백히 구분하기 어렵다고 본다	• 변수들의 관계는 원인(개입)과 결과로 설명할 수 있다고 본다
결과의 일반화	• 연구결과의 일반화가 어렵다	• 연구결과를 일반화한다(표본의 대표성이 확보된 경우)

질적평가방법과 양적평가방법이 상반된 특성을 지닌다고 해서 이들 두 평가방법을 함께 사용할 수 없는 것은 아니다. 질적평가방법과 양적평가방법은 상호 보완적인 성격을 띠므로 필요에 따라 이 두 가지 평가방법을 병행하여 프로그램 평가를 실시하는 경우도 많이 있다. 이때, 양적평가를 통해 얻은 정보와 질적평가를 통해 얻은 정보가 일치하는지 여부를 잘 살펴보아야 한다. 양적평가와 질적평가 연구의 결과가 서로 상반된다면 연구과정이나 분석과정에서 어떤 오류나 착오가 있었음을 의미한다. 양적평가와 질적평가를 통해 얻는 정보는 서로 관련이 없거나 배타적인 정보가 아닌 것이다. 얻을 수 있는 정보의 범위와 내용 및 깊이의 차이는 있으나, 이들 양적평가와 질적평가를 통해 얻어낸 결론은 일치하여야 한다(Sanders, 1994). 어떤 프로그램에 대해 평가할 때 일차적으로 양적평가방법을 사용한다면 프로그램에 대해 광범위하고 전반적인 이해를 하게 될 것이고, 이후에 질적평가방법을 사용한다면 주제에 대해 상세하고 심도 있는, 질적으로 풍부한 정보를 얻을 수 있게 될 것이다(Creswell, 1998).

2) 질적평가방법을 사용하는 이유

질적평가방법은 프로그램의 과정에서 어떠한 일이 발생하였는지 '블랙박스(Padgett, 1998: 9)'의 내부를 분석하고자 할 때 매우 유용하다. 사회복지 프로그램을 평가하는 데 있어, 프로그램의 진행과정과 결과(프로그램이 목표를 달성하는 데 성공하였는지 여부)를 분리하여 분석하는 경우가 많다. 현실적으로 평가를 하기 위한 자원이나 시간이 매우 부족한 형편이므로 프로그램 평가가 과정보다는 결과에 치중하여 온 것이 사실이다.

프로그램 평가에 대한 잘못된 선입견 중 한 가지는 평가를 할 때 통계적 분석을 통한 양적평가방법을 사용하여야 유용하고 전문적인 정보를 얻을 수 있다고 생각하는 것이다. 질적평가방법을 통해서도 유용하고 전문적인 정보를 수집할 수 있으며, 양적조사방법을 통해 얻을 수 없는 중요하고 가치 있는 정보도 이끌어 낼 수 있다. 질적평가는 미리 짜여진 계획이나 형식에 따라서 진행되지 않고 상황에 따라 융통성 있는 적용이 가능하며, 관찰, 심층인터뷰, 기존자료 및 문서의 분석 등을 통해 프로그램 전달과정에서 일어나는 상호작용과 역동성을 세밀하게 분석할 수 있다는 장점이 있다(Shamai, 2003). 질적평가 과정을 통해 프로그램의 어떠한 요소가 도움이 되었으며, 어떠한 요소가 도움이 되지 않았는지 파악할 수 있는 것이다. 질적평가방법을 통해 조사할 수 있는 사항을 예로 들면 다음과 같다(Anastas, 2004).

- 프로그램에서 예상하지 못했던 일이 발생하였는가?(예상하지 못했던 변화가 있었는가?)
- 프로그램에서 발생한 예상하지 못했던 일이 클라이언트에게 어떠한 영향을 끼쳤는가?
- 프로그램을 기획할 때 미처 생각하지 못했던 클라이언트의 욕구는 무엇인가?
- 프로그램 내부의 변화로 인한 긍정적인 효과는 무엇인가?
- 프로그램 내부의 변화로 인한 부정적인 효과는 무엇인가?

위와 같은 정보는 프로그램을 진행하고 종결하는 과정에 있어 평가해 보아야 할 중요한 사항이다. 만약, 질적평가방법이 아닌 양적평가방법만을 사용했다면, 이러한 정보 중 놓치는 부분이 발생하였을 것이다.

〈글상자 13-13〉 양적평가방법과 질적평가방법의 활용 예시

대학생의 우울증 문제에 대해 개입하는 집단상담 프로그램을 대상으로 프로그램 평가를 한다고 가정해 보자.

- 양적평가방법을 활용할 경우, 프로그램에 참여한 대학생 중 한 명인 강준우 군이 하루 중 우울한 기분이 드는 횟수가 몇 번인지, 그 우울증의 정도는 어느 정도인지 등을 설문지로 측정하여 우울증 점수의 총점을 얻게 될 것이다. 양적평가방법을 통해 우울증의 변화에 대한 정보를 수집한다면, 우울증 점수가 프로그램 초기에 '매우 우울함' 범주였다가 프로그램 종결 이후 '우울하지 않음'의 범주로 바뀌었다는 식의 정보를 얻을 수 있을 것이다.
- 여기에 질적평가방법을 병행할 경우, 프로그램 참여자 강준우 군의 경험에 대해 더욱 다양하고 심도 있는 정보를 얻을 수 있다. 질적평가방법을 활용하면 프로그램의 어떤 측면이 강준우 군의

우울증이 변화되도록 영향을 끼쳤는지, 프로그램에 참여한 경험은 그에게 어떤 의미가 되고 있는지, 강준우 군을 우울하게 만들었던 스트레스 요인들에 대한 그의 생각이 어떻게 변화되었는지, 프로그램 내에서 대인관계의 역동성은 어떠하였는지, 강준우 군이 인지하는 자기 삶의 변화는 무엇인지 등에 대해 자세하고 세밀하게 묘사할 수 있다. 이처럼 깊고 풍부한 묘사는 강준우 군의 우울증이 프로그램을 통해 어떠한 경과를 거쳐 어떻게 변화하게 되었는지에 대해 중요하고 상세한 정보를 제공해 줄 수 있다.

3) 질적평가의 방법

(1) 관찰(Participant Observation)

관찰은 사람들 간의 관계와 상호작용 연구에 매우 유용한 방법이다. 질적평가방법에서 관찰법을 사용하는 경우, 평가자는 연구대상자의 상호작용을 관찰하면서 정보를 얻고 그것을 기록한다. 이를 위해, 평가자는 연구대상자 및 그 주변 사람들과 라포(rapport)형성을 잘하여야 하며, 신뢰감 있고 협조적인 대인관계를 맺어야 한다. 또한, 평가자는 연구대상자의 일상생활을 침해하거나 방해해서는 안 되며, 연구대상자를 진단하고 평가하는 전문가적 자세를 취해서도 안 된다. 참여관찰에서 진솔성과 적극적인 청취는 관찰자로서 가져야 할 필수적인 기술이며, 이를 통해 연구대상자와 효과적으로 라포형성을 할 수 있다.

(2) 심층인터뷰

인터뷰는 사회복지 분야에서 질적평가를 위해 가장 많이 사용하는 방법이다. 인터뷰를 통해 연구대상자가 자신의 문제, 치료과정, 사람들과의 관계, 상호작용 과정 등에 대해 어떠한 개인적 의미를 부여하는지 파악할 수 있다. 심층인터뷰에서는 연구대상자가 자신의 말로 자신이 경험하고 있는 상황에 대해 묘사하도록 한다. 이를 통해 연구대상자가 그의 삶 속에서 겪고 있는 '생생한, 살아있는 경험'을 포착할 수 있다.

우리가 학교의 수업시간을 생각해 보면 참된 배움은 선생님에게 전적으로 달려

있지 않다는 것을 알 수 있다. 선생님이 아무리 열심히 열정과 정성을 가지고 학생들에게 지식을 전달하고자 해도 학생이 배우고자 하는 의지가 없고 마음이 닫혀있어 수업에 집중하지 않는다면 학습효과가 거의 없을 것이다. 학생이 수업내용에 진지한 호기심을 갖고, 선생님의 강의를 잘 이해하고자 노력을 기울이면서 적극적인 자세로 배움에 임할 때 교육의 효과가 커지듯이, 심층인터뷰를 하는 평가자도 적극적인 학생(active learner)의 자세로 연구대상자의 경험을 배우고자 할 때 깊고 풍부하며 진솔한 정보를 얻어낼 수 있는 것이다(Jordan et al., 1995).

(3) 기존자료 및 문서 분석

질적평가방법이라 하면 관찰과 인터뷰만 쉽게 떠올리는데 기존자료나 문서를 분석하는 것도 질적인 평가방법에 해당한다. 문서나 이전의 연구를 통해 축적된 기존자료를 2차 분석하는 과정을 통해서 인간의 삶, 기관의 역사, 그리고 전반적인 사회적 경향 등에 대해 값진 정보를 얻을 수 있다. 이를 위해 법원기록, 사례기록, 기관 팸플릿, 통계자료, 일기장, 편지, 이메일, 인터넷 홈페이지 및 게시판 등이 분석 대상이 된다. 이러한 기존자료와 문서를 분석하여 양적인 통계(개수, 빈도수, 퍼센트 등)를 내어 평가 리포트를 작성하는 경우도 있지만, 더 많은 경우에는 기존자료와 문서를 인터뷰 메모나 관찰 메모처럼 취급하여 언어를 중심으로 질적인 분석을 하게 된다.

기존자료의 경우, 특정한 연구목적을 가지고 수집된 정보이므로 이차적으로 분석하기가 그나마 용이하다. 그러나 일반 문서의 경우, 연구목적으로 작성된 것이 아니므로 분석하는 과정에 어려움이 많다. 문서에 적혀 있는 내용이 정확하지 않을 수도 있고, 정보가 편중되어 있을 수도 있으며, 필수적인 정보가 빠져있는 경우도 있을 것이다. 그렇게 정보가 제한되어 있는 상황에서 주어진 정보만을 활용하여 평가를 행해야 한다는 점이 기존자료 및 문서 분석법의 한계점이라 할 수 있다(Padgett, 1998).

4) 질적평가 연구의 타당성과 신뢰성 검증

질적평가 연구에 대한 잘못된 인식 중 한 가지는 평가방법이 전문적이지 않고 평가 결과의 정확성이나 신뢰성이 떨어진다고 생각하는 것이다. 그러나 질적평가 방법은 인간의 경험을 총체적으로, 그리고 더욱 정확히 이해하기 위한 매우 효과적이고 과학적인 방법이며, 이를 정확히 시행하기 위해서는 전문적 교육과 훈련이 필수적이다(Sanders, 1994).

질적평가 연구에서 민감한 사안은 평가가 얼마나 정확한가에 대한 것이다. 평가가 정확하지 않다면 그 결과는 우리에게 유용한 정보가 될 수 없다. 나아가 잘못된 평가 결과를 사회복지 현장에서 활용하게 된다면 오히려 클라이언트의 삶의 질을 해치게 될 우려도 있다. 질적평가방법의 타당성(validity)과 신뢰성(reliability)은 평가자가 평가 보고서에 서술한 정보, 논리적인 추론 및 결론의 신빙성, 철저함, 완전함, 일관성에 달려있다. 파젯(Padgett, 1998)과 크레스웰(Creswell, 1998), 맥데이빗과 호손(McDavid et al., 2006)의 조언을 종합하여 보면 질적평가의 신뢰성과 타당성을 높이기 위한 방법으로 ① 관찰이나 인터뷰 기간의 연장, ② 다각적 평가(triangulation), ③ 동료집단의 검증, ④ 연구대상자의 검증(member check) 등이 있다.

(1) 관찰이나 인터뷰 기간의 연장

질적평가에서 정확한 연구와 평가를 위해서 장기간에 걸친 관찰(혹은 인터뷰)과 점검은 매우 중요하다. 질적평가에서 관찰이나 심층인터뷰를 하는 경우, 연구대상자와 신뢰감을 형성하고, 그의 문화에 대해 깊이 이해하여야 하며, 평가자 자신이 연구대상자에 대해 잘못 이해한 부분은 없는지 지속적으로 점검해야 한다. 이를 통해 신뢰감 있고 타당한 연구결과를 얻을 수 있게 된다.

평가자가 연구대상자를 장기간에 걸쳐 관찰하거나 인터뷰하게 되면, 연구대상자는 부담감과 경계심을 풀게 되고 더 자연스럽게 자기 본연의 모습을 보여 주게 된다. 연구대상자가 평가자를 의식해 거짓 행동을 하거나 의도적으로 잘못된 정보를 제공할 확률이 줄어드는 것이다. 자신이 관찰당하고 있음을 의식하고 있을 때에는 평소처럼 행동하기가 어려운데, 관찰 기간이 길어질수록 관찰자의 존재가 연구대상자에게도 익숙해지고 편안해져서 평소의 모습을 자연스럽게 보여줄 수 있게 된다. 이때, 평가자가 연구대상자나 상황에 익숙해져서 편견을 품지 않도록 주의하여야 한다. 장기간에 걸쳐 관찰이나 인터뷰를 하다 보면 연구 상황이나 대상에 친숙해짐으로 인해 평가자로서의 중립적인 자세를 잃을 수 있고, 특정 대상이나 상황에 대해 편견을 점점 더 굳혀가는 오류를 범하게 될 수 있기 때문이다.

(2) 다각적 평가

다각적 평가란 연구대상에 대해 포괄적인 이해를 도모하기 위해 두 가지, 혹은 그 이상의 방법을 통해 평가를 하거나, 두 가지 이상의 정보출처를 활용하는 것이다. 인터뷰나 관찰을 통해 얻은 정보의 정확성을 검증하기 위해 다양한 연구방법, 다양한 이론, 다수의 평가자(관찰자)를 활용하거나 연구대상자를 포함하여 다수의 주변 사람을 인터뷰하고 관찰하여 정보의 정확성을 높이는 방법이다.

다각적 평가방법 중 가장 많이 알려진 방법은 다양한 정보의 출처를 활용하는 것이다. 관찰메모, 인터뷰, 공문서의 내용이 서로 일치하고 어긋나지 않는다면 우리는 연구결과에 대해 더욱 확신할 수 있게 된다. 예를 들어, 학대를 당한 아동을 대상으로 시행한 프로그램에 대해 평가 연구를 한다고 가정해 보자. 프로그램의 성과에 대한 평가를 위해 ① 피해아동을 관찰한 내용, ② 피해아동, 가해 부모, 가까운 친척, 이웃 등의 인터뷰, ③ 아동보호센터의 공문서 기록, ④ 경찰서의 아동학대 신고기록, ⑤ 피해아동의 병원 치료기록 등을 모두 살펴보았을 때, 조사한 내용이 서로 일치한다면 평가 연구 결과의 타당성과 신뢰성이 높아질 것이다.

(3) 동료집단의 검증

질적평가 연구의 평가자가 동료집단 앞에서 자신의 연구내용을 발표하고 질의응답을 하는 시간을 통해 연구방법이나 과정, 결론을 도출하는 방법 등에 대해 평

가해 보는 것이다. 이를 통해 평가자는 동료로부터 동의를 얻을 수도 있고, 자신이 미처 깨닫지 못했던 문제점이나 한계점에 대해 지적을 받을 수도 있다. 이러한 지적사항을 이후에 수정 및 보완하는 것은 평가 연구의 질을 높이고 오류를 바로잡는 데 도움이 된다.

평가자는 동료집단으로부터 연구내용을 검증받기 위해 관찰메모, 일기장, 편지, 인터뷰 녹취록 등을 공유하게 되는데, 이를 통해 연구대상자의 사적인 정보가 유출될 위험이 있다. 동료집단 검증 시, 윤리적인 문제가 발생하지 않도록 비밀보장의 원칙이 철저하게 준수되어야 한다. 또한, 연구내용에 대한 비판과 평가는 연구를 발전시킬 수 있도록 도움을 줄 수 있는 내용이어야 한다. 동료집단의 검증이 오로지 비판과 평가만을 목적으로 하여 모든 사안에 대해 비판적인 시각으로만 일괄한다면, 이러한 편중된 시각으로 인해 연구는 더욱 취약한 결과물로 몰리게 될 것이다. 동료집단의 검증이 제대로 잘 활용된다면 연구의 타당성과 신뢰성을 향상시키는 데 매우 값진 역할을 하게 된다.

(4) 연구대상자의 검증

질적평가방법에서는 연구대상자 본인의 말, 은유적 표현, 직접적인 묘사를 통해 그의 상황과 문제점에 대해 더욱 잘 이해할 수 있게 된다. 연구대상자가 표현하고자 했던 의미를 생생하게 보존하기 위해 연구대상자가 사용하는 단어나 문장을 직접 인용하는 방법이 자주 쓰인다. 이때 주의할 점은, 연구대상자가 표현하고자 했던 점이 왜곡되지 않아야 한다는 점이다.

그러므로 프로그램 평가 시, 연구대상자가 이야기했던 부분과 평가자가 연구대상자의 말을 듣고 해석했던 부분을 명확히 구분하여야 한다. 이를 위해 평가자가 작성한 프로그램 평가 보고서의 초안을 연구대상자에게 보여 주고 의미가 왜곡되거나 변질된 부분은 없는지 확인하는 방법을 사용하는데, 그것이 연구대상자 검증법이다.

연구대상자 검증법은 평가자가 평가 과정에서 오류를 범하지 않도록 하는 데 도움이 된다. 이 과정에서 연구대상자는 정보의 정확성과 해석의 적절성을 평가하는 전문가가 되며, 이는 연구대상자에게 권력이 부여됨을 의미한다. 연구대상자는 이 과정을 통해 자신의 의견이 소중히 존중되고 있음을 깨닫게 되며, 자신이 평가 연구에 도움을 주고 있다는 자부심도 가질 수 있다.

다시 정리하자면, 연구대상자 검증법은 평가자가 수집한 정보와 분석한 내용, 해석한 부분, 최종적으로 맺은 결론을 모두 연구대상자에게 보여 주고, 평가가 정확하게 잘 이루어졌는지 검증을 받는 것이다. 이를 통해 연구대상자는 평가자가 부적절하게 해석한 부분이나 잘못 이해한 부분을 지적하고 이를 수정할 수 있도록 도움을 줄 수 있다.

프로그램 평가 방법에 대한 참고자료로서 사회복지공동모금회(2019)에서 제시한 평가 방법 작성 안내를 다음에서 소개할 것이다. 사회복지공동모금회의 자료에서는 성과평가와 과정평가의 개념에 대해 설명하고, 평가를 진행할 때 양적 평가(예: 설문조사 등)를 하는 방법과 질적 평가(예: 인터뷰, 참여관찰 등)를 하는 방법에 대해 설명하였다. 또한, 마지막으로 프로그램을 객관적이고 공정하게 평가하기 위해 평가자로서 유의해야 하는 주의점에 대해 제시하였다.

〈글상자 13-14〉 평가 방법 작성 안내

1. 성과평가

가. 성과평가란?

성과목표가 사업수행을 통해 실제로 어느 정도 달성되었는지, 그 성과의 의미가 무엇인지를 평가하는 것을 말한다.

나. 성과평가의 종류

1) 양적 성과평가

- 양적 성과평가는 성과평가의 결과를 구체적인 수치로 나타내는 것을 말한다.
- 주로 척도를 사용하여 사업 시행 전후를 비교하거나 주관적인 변화 정도를 나타낸다.

2) 질적 성과평가

- 질적 성과평가는 두 가지가 있다.
  ① 양적인 변화를 보여 주기 어려운 경우
  ② 양적 성과평가를 통해 보여 주는 수치의 변화가 무엇을 의미하는지, 그 수치의 변화가 담고 있는 내용이 무엇인지를 보여 주는 경우(예: 자녀양육 기술척도 변화가 0.8이고 그것이 의미 있는 변화라고 하더라도 실제 무엇이 변화하였는지는 숫자 0.8을 통해 알 길이 없다. 즉, 양육기술이 변화하였는데 실제 아이를 양육하면서 어떤 스킬이 생활에서 나타났는지는 사업참여자의 이야기를 듣거나 실제 양육 현장을 관찰해야만 알 수 있다. 그럴 경우 인터뷰나 참여관찰을 통해 그 내용을 포착할 수 있을 것이다.)

다. 양적 성과평가 작성방법

1) 성과지표

- 성과지표는 성과목표의 내용에서부터 도출된다.
- 성과지표는 여러 척도집을 검색해서 가장 적절한 것을 찾거나 적절한 지표를 자체적으로 설정할 수 있다.
  - 예를 들어, 지역아동센터에서의 '학교 숙제 완성률 20% 증가'가 성과목표인 경우 '학교 숙제 완성률이 성과지표가 된다. 기존의 각종 척도집에 존재하는 척도가 아니라 사업 내용과 성격에 맞추어 지표를 새롭게 설정하게 되면 먼저 분모와 분자가 무엇인지를 사전에 결정해야 한다.
  - 분모: 학교 숙제를 부여받은 횟수
  - 분자: 학교 숙제를 완성한 횟수
  - 학교 숙제 완성률이라는 지표는 [(학교 숙제를 완성한 횟수/학교 숙제를 부여받은 횟수)×100]이 된다.
  - 학교 숙제 완성률의 초기값이 50%이고 프로그램 진행 후 지표값이 70%이라면 프로그램 시행에 따라 20%가 증가한 것이 된다.
- 성과목표를 측정할 수 있는 적절한 성과지표가 없다면 성과목표를 측정할 수 있는 적절한 질문지를 자체 제작할 수도 있다.
  - 하지만 제작과정에서 객관성을 가지기 위해 자신이 만들고 동료의 피드백을 받고 기관의 자문교수로부터 자문을 얻는 것이 좋다.

라. 질적 성과평가 수행방법

1) 인터뷰

- 사업참여자에 대하여 인터뷰를 실시하여 프로그램 참여를 통해 실제 자신의 달라진 삶에 대해 이야기를 듣는 것이다.

2) 참여관찰

- 프로그램이 진행되는 사회복지 실천현장에 참여관찰을 통해 보고자 하는 바를 살펴 이를 종합적으로 드러내는 것이다.

3) Photo Voice (포토 보이스)

- 시각적 이미지를 통해 사업참여자의 욕구와 어려움을 나타내고 집단토론을 통해 삶의 경험을 소통하도록 하는 방법을 말한다. 시각적 이미지를 사용하기 때문에 장애나 문화의 차이 등으로 소통이 어려워 소외되기 쉬운 집단이 사업과정에 대한 이야기를 드러내는 데 참여할 수 있고 그동안 억눌렸던 목소리를 낼 수 있게 하여 역량강화의 기회를 제공하기도 한다.

2. 과정평가

가. 과정평가란

- 투입과 활동이 당초 계획에 따라 적절하게 진행되었는지를 평가하는 것을 말한다.

나. 평가방법별 대상

① 양적 과정평가: '과정'을 성과와 대비하는 관점에서 본다면 결국 과정평가는 투입 또는 활동에 대한 평가를 의미한다고 볼 수 있으므로 계획 당시 설정했던 투입에 대한, 활동에 대한 집행결과에 대해 양적으로 평가할 수도 있다.

② 질적 과정평가: 사업수행과정의 흐름이 어떻게 이어져 왔는지를 질적으로 평가할 수 있다. 이러한 질적 과정평가는 사업 담당자가 '만약에 내가 이 사업을 처음부터 다시 시작한다면 어떻게 하겠다고 할 것인가'라는 관점에서 이 사업을 벤치마킹하고 싶은 사람에게 소중한 이야기를 들려준다는 심정으로 기술하는 것이 필요하다.

다. 평가방법

1) 1단계: 평가의 초점을 분명히 한다.

- 모든 사업의 과정을 평가한다는 것은 현실적으로 불가능하다. 또 모든 세부 프로그램의 과정을 평가하는 것도 쉽지 않다. 그러므로 무엇을 중점적으로 평가할 것인지를 설정해야 한다.
- 그러므로 어느 단계 또는 어떤 세부 프로그램의 과정을 면밀히 살필 것인지를 결정해야 한다.
  - 예를 들어, 이번 사업에서는 홍보 및 사업참여자 모집과정과 핵심 사업인 B 프로그램의 진행과정에 대해 과정평가를 한다고 설정하는 것이다.

2) 2단계: 무엇을 언제 기록할 것인지를 명확히 한다.

- 사업의 진행과정을 그때 당시에는 잘 기억할지는 몰라도 시간이 흐를수록 잊게 되기 마련이다. 그러므로 적어도 1~2달에 한 번은 지난 기간 동안에 벌어진 일들을 기록해야 한다.
- 무엇을 기록할 것인지는 각 사업의 내용에 따라 달라지는데 기본적인 질문은 아래와 같다.
  ① 무엇이 진행되었고, 무엇이 진행되지 못하였나?
  ② 성공적이었다고, 긍정적인 의미가 있다고 자평할 수 있는 것은? 그 근거는?
  ③ 무엇이 아쉬운가?
  ④ 다시 그 과정을 진행한다면 어떤 점을 어떻게 바꾸겠는가?

3) 3단계: 매월 또는 2달에 한 번씩 진행한 사업을 기록한다.

- 기록하기로 한 바에 대하여 정해진 기간 내에 상세하게 관련 내용을 기록해야 한다.
- 때에 따라서는 사업참여자들의 경험이나 의견, 요구사항들에 대해 정리할 필요가 있다.

4) 4단계: 기록된 내용을 시계열적으로 살펴 그 과정을 평가한다.

- 4~8회 기록된 내용을 전체적인 흐름을 고찰하여 얼마나 어떻게 진행되었는지, 그렇게 진행되게 된 맥락이 무엇인지, 다시 진행한다면 어떤 부분들에 대해 좀 더 세심하게 배려할 것인지, 이 사업을 벤치마킹하려는 기관에 해 줄 이야기가 무엇인지 등에 대해 자세하게 기록한다.

3. 평가 시 유의사항

가. 사업을 미화(美化)하려는 나 자신의 모습을 읽어라.

- 자기가 수행한 사업이 잘못되기를 바라는 사람은 아무도 없다. 내 실패가 다른 사람들에게 혜안을 가져다줄 수 있으면 그것은 더 이상 실패가 아니다. 소중한 자원이 되고 교훈이 된다.

나. 기관 책임자의 이해가 필요하다.

- 실무자가 아무리 솔직하려고 하여도 기관 책임자가 그러한 자세와 마인드를 이해하지 못하면 제대로 된 평가가 어렵다. 물론, 집행과정상의 시행착오와 어려움을 기술한 보고서가 기관 책임자의 입장에서 볼 때는 마음이 불편한 것도 사실이다. 그러나 사업결과에 대해 보다 솔직해지고 냉정하게 직면할 때 또 다른 발전의 출발점이 될 수 있을 것이다.

다. 기관 감독(평가)기관은 사업결과에 대해 색안경을 끼고 보지 말라.

- 불이익은 대부분 기관 감독(평가)기관의 업무수행과정에서 출발한다. 좁게는 사업자금을 배분한 공동모금회가, 넓게는 지도감독기관인 행정기관과 평가기관에서 사업수행 결과에 대해 집착하게 되면, 또 그로 인해 부정적인 감독 · 평가결과가 도출된다면 현장에서부터 솔직해지려는 움직임을 가로막는 결과를 초래하게 된다.
- 물론, 사업수행기관의 중과실이나 도덕적 해이로 인해 사업이 훼손된 경우에는 엄중 책임을 물어야 할 것이다. 그러나 그렇지 않은 사안에 대해서는 자체 보고서의 내용이 부정적이라 하여 감독이나 평가까지 부정적이어야 할 이유는 없다. 오히려 얼마든지 감출 수 있었는데도 그러지 않은 용기를 높게 평가해야 한다. 그러한 사업결과를 기초로 어떻게 이후 사업에 그러한 내용을 반영했는지, 타 기관들에는 어떻게 그러한 내용을 전파했는지가 오히려 격려되고 긍정적으로 평가되어야 할 것이다.

요 약

1. **투입요소평가**: 프로그램에 투입된 요소(장소, 인력, 프로그램 자원, 서비스 등)가 프로그램의 목적과 목표를 달성하는 데 있어 적절하였는지 평가하는 것이다.

- 프로그램의 투입요소가 적절하였는가?
- 투입요소가 프로그램의 목적과 목표를 달성하는 데 있어 적합하였는가?

2. **성과평가**: 프로그램이 성공적으로 목적과 목표를 달성하였는지에 대해 평가하는 것이다.

- 프로그램의 목적과 목표가 성취되었는가?
- 프로그램 종결 이후, 참여자들은 (목표대로) 성공적으로 변화하였는가?

3. **과정평가**: 프로그램의 초기부터 종결까지 프로그램의 진행과정이 어떻게 이루어지고 있는지에 대해 평가하는 것이다. 과정평가는 프로그램의 결과(성과) 자체보다는 전달과정에 초점을 둔다.

- 프로그램이 적절한 서비스를 전달하고 있는가?
- 프로그램 전달과정과 내용이 계획대로 진행되었는가?
- 프로그램 진행과정에 어떠한 장점과 단점이 있는가?
- 프로그램을 향상시키기 위해 어느 부분을 개선해야 하는가?

과정평가의 목적

① **프로그램 모니터링**: 프로그램이 목적에 맞게 수행되고 있는지 점검하고 관리
② **프로그램 묘사**: 프로그램 전달과정에 대한 묘사와 분석
③ **프로그램 질적 수준 관리**: 프로그램의 질적 수준을 적절하게 유지하기 위한 평가

4. **효율성평가**: 프로그램에 투입된 비용의 효율성에 대하여 평가하는 것으로, 비용의 효율적 사용을 통해 최적의 효과를 이끌어 내기 위한 평가이다.

- 적절한 비용으로 프로그램을 시행하였는가?
- 기존 프로그램과 같은 효과를 내면서 좀 더 비용을 절감할 수 있는 대안적 프로그램이 있는가?
- 프로그램의 지출 비용을 줄이고도 같은 효과를 낼 수 있는가?

1) 비용효과분석

프로그램 시행에 투입된 비용이 얼마인지, 수행 비용에만 초점을 두고 평가한다.

- 프로그램에 사용된 금액만을 조사할 뿐, 프로그램의 결과를 금액으로 환산하려고 하지 않는다.
- 지출 비용과 효과를 따져 보았을 때 어느 프로그램이 가장 효율성이 좋은가?
- 비용 대 효과 비율: (프로그램 총지출 비용) ÷ (성공적 프로그램 결과가 나온 인원수)

2) 비용편익분석

프로그램의 시행에 투입된 비용과 프로그램 결과(유형적 이익과 무형적 이익)의 금전적 가치를 추정하여 함께 평가한다.

- 프로그램 이익과 지출의 비교:

  (프로그램 성과로 인한 재정적 이익) ≥ (프로그램 총지출 비용)

  유형적 이익과 무형적 이익 금전화

5. **만족도 조사**: 프로그램 참여자들이 프로그램에 대해서 어느 정도로 만족하는지에 대해 평가하는 것이다.

- 만족도 조사 시, 프로그램의 내용(적절성, 유용성, 명확성 등)과 전달방법(시기,

기간, 장소 등), 진행인력, 효과성 등에 대한 만족도를 조사할 수 있다.

- 만족도 조사의 결과와 성과평가의 결과는 별개이다(CT의 만족도가 높은 프로그램이 곧 CT에게 가장 도움이 되고 효과적인 프로그램이라고 결론지어서는 안 된다. 만족도 조사는 프로그램 효과성에 대한 평가가 아니다).

6. **질적평가방법**: 인간의 삶과 경험에 대해 세밀하게 조사하고 묘사하는 방법이다. 양적평가방법이 다수의 사람들을 대상으로 수량화된 자료(설문지 등)를 수집하는 것과 다르게, 질적평가방법에서는 소수의 사람들을 대상으로 수량화되지 않은 자료(언어, 문장, 단어 등)를 수집하여 세밀하고 심도 깊은 정보를 얻고자 한다.

- 프로그램에서 예상하지 못했던 변화가 있었는가?
- 프로그램에서 발생한 예상하지 못했던 일이 CT에게 어떠한 영향을 미쳤는가?
- 프로그램 내부의 변화로 인한 긍정적(부정적) 효과는 무엇인가?

1) 질적평가방법과 양적평가방법

	질적평가방법	양적평가방법
정의	언어, 문장, 단어 등의 자료를 분석하여 사람들의 경험과 삶에 내재되어 있는 의미를 이해하고, 인간의 경험을 심도 깊게 이해하고자 하는 조사방법	수량화된 자료를 수집하고 이를 분석하는 과정을 통해 어떤 현상이나 성과, 또는 결과에 대해 평가하고 설명하고자 하는 조사방법
연구질문	• 다양한 체계나 요인 간의 상호작용과 관계를 심도 깊게 연구	• 가설의 검증 • 주요 변수들 간의 관계(원인-결과, 개입-효과)의 분석
수집된 정보 유형	• 언어, 문장, 단어, 상징 등 (수량화되지 않은 자료)	• 숫자, 비율, 빈도, 통계 등 (수량화된 자료)
자료수집방법	• 심층인터뷰, 관찰, 문서 분석 등	• 설문조사

2) 질적평가의 방법

① 관찰: 프로그램 참여자, 진행자 등의 관계와 상호작용에 대해 관찰하고 기록하는 방법

② 심층인터뷰: 프로그램 참여자가 프로그램에 참여하면서 어떠한 변화과정(예: 문제, 치료과정, 대인관계, 상호작용 등의 변화)을 거치게 되었는지 등에 대하여 인터뷰하는 방법

③ 기존 자료 및 문서 분석: 기관의 기록(인터뷰 일지, 관찰 메모, 프로그램 기록, 사례기록 등) 등을 분석하는 방법

3) 질적평가 연구의 타당성과 신뢰성 검증

질적평가 연구의 타당성과 신뢰성을 높이기 위해 다음과 같은 방법이 활용될 수 있다.

① 관찰이나 인터뷰 기간의 연장: 필요한 경우 조사기간을 장기화하여 통해 보다 정확한 정보를 수집한다.

② 다각적 평가: 두 가지 이상의 방법을 통한 평가(예: 인터뷰와 관찰 병행, 인터뷰와 문서분석 병행 등)와 두 가지 이상의 정보출처를 활용한 평가(예: 다양한 관찰자 조사, 다양한 문서기록 조사 등)의 방법을 사용한다.

③ 동료집단의 검증: 연구의 과정과 내용 및 결과에 대해 동료집단의 피드백과 검증을 받아 보완한다.

④ 연구대상자의 검증: 평가자가 평가과정에서 오류를 범하지 않도록, 연구대상자에게 연구의 내용과 해석 및 결론을 보여 주고 피드백과 검증을 받아 보완한다.

Chapter 14

프로그램 평가 보고서의 작성

01 프로그램 평가 보고서란?

프로그램 평가 보고서는 어떤 프로그램에 대한 평가 연구를 시행한 이후 평가를 통해 얻은 결과를 제시하고, 그 결과를 바탕으로 사회적으로 유용하고 중요한 실천적 · 정책적 제언을 제공하는 것이다. 평가 보고서는 사회문제의 심각성, 프로그램 평가의 중요성, 프로그램 평가의 방법, 프로그램의 결과(효과), 결론 및 제언, 그리고 평가의 예산 등의 내용으로 구성된다.

우리가 프로그램 평가를 시행하는 가장 중요한 목적은 클라이언트에게 도움이 되는 적절한 프로그램을 제공하기 위해서이다. 평가 보고서에 대한 검토를 통해 정책기관이나 정부기관의 지도자가 지역사회 구성원들이 겪고 있는 문제에 대해 새로이 인식하게 되고, 이의 중요성을 절감하게 되는 경우가 있을 수 있다. 이러한 지도자들이 해당 클라이언트 문제에 대해 다른 정계 지도자들과 접촉하여 인식의

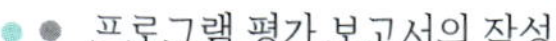

변화를 불러일으킬 수 있고, 이에 따라 사회적 · 정책적 · 행동적 변화를 유도하게 될 수도 있다. 즉, 프로그램 평가 연구 결과를 통해 클라이언트 집단의 이익을 도모하고 문제해결을 돕는 데 도움이 되는 정책이나 사회분위기를 이끌어 내게 될 수도 있다는 것이다(Fitzpatrick et al., 2004).

이와 같이 프로그램 평가 연구는 연구로서만 그치는 것이 아니라 그 결과를 사회적으로 유용하게 활용할 수 있다는 점에서 매우 중요하다. 평가 연구의 결과가 클라이언트의 복지와 직접적으로 연결될 수 없다면, 연구를 행하는 의미가 없을 것이다. 사회문제를 해결하는 사회복지 프로그램의 접근방안과 내용 및 진행절차를 개선하고 향상시키기 위해 평가 보고서의 중요성이 매우 크다.

다음에서 평가 보고서를 작성하는 방법에 대해 같이 살펴볼 것이다.

02 프로그램 평가 보고서의 내용

평가 보고서에 포함시키는 내용은 평가자, 평가 연구의 성격, 평가 보고서 제출을 요청하는 기관에 따라 차이가 있을 수 있다. 그러나 일반적으로 평가 보고서에 포함되는 내용은 〈글상자 14-1〉과 같다.

〈글상자 14-1〉 프로그램 평가 보고서의 기본틀

- 평가 연구의 제목
- 초록(Abstract)
  - 프로그램 개요
  - 평가 연구 목적
  - 평가 연구 목표
  - 평가 연구의 방법
  - 평가 연구의 주요 결과 및 제언

- 목차
- **서론**(Introduction)
  - 문제제기(사회문제의 심각성)
  - 평가 연구의 유용성
  - 평가 연구의 목적과 목표
- **이론적 배경**(Theoretical Framework)
  - 이론적 틀
- **선행연구 고찰**(Literature Review)
  - 평가 연구의 중요성 뒷받침
  - 주제와 관련된 다른 평가 연구들의 결과 제시
- **평가방법**(Method)
  - 표본(모집방법, 크기, 선정기준)
  - 자료수집방법(설문조사, 심층인터뷰, 관찰 등)
  - 평가의 진행 절차
  - 클라이언트의 사생활 보호 방법(클라이언트에게 신체적 · 정신적 위험이 없음을 명시)
  - 측정도구(설문지, 인터뷰 양식) 설명
- **평가 결과**
  - 프로그램 평가 연구 결과의 제시와 분석
- **결론 및 제언**
  - 프로그램 평가 연구의 주요 결과에 대한 요약과 정리
  - 프로그램 평가 연구 결과를 바탕으로 사회복지실천 현장이나 사회복지정책에 대한 제언 제시
  - 연구의 한계점과 의의 제시
  - 후속 연구에 대한 제안
- **참고문헌**(References)
- **평가 연구의 일정 계획**(Timetable)
  - 연구를 시작하고 종결하는 데 있어 어느 정도의 시간이 소요되었으며, 기간별로 연구가 어떻게 진행되었는지 표로 작성
- **예산**(Budget)
- **부록**(Annexes 혹은 Appendixes)
  - 연구에 사용된 서신, 클라이언트의 연구 참여 동의서
  - 설문지 양식, 인터뷰 양식
  - 자료분석표, 자료분석 그래프 등

1) 평가 연구의 제목

제목은 평가 연구의 내용을 간략하게 요약하는 것으로, 이 연구가 전체적으로 무엇에 대하여 평가한 연구라는 것을 알려주는 역할을 한다. 좋은 제목은 짧고 간결하면서도 필요한 정보를 잘 담고 있어야 한다. 연구의 내용을 읽지 않고 제목만 보아도 그 연구가 어떤 프로그램을 대상으로 무엇을 평가(과정평가, 성과평가, 만족도 조사 등)한 것인지 알 수 있도록 작성해야 한다(예: ○○ 프로그램에 대한 성과평가).

2) 초록

초록은 평가 보고서의 맨 앞에 놓이는 것으로, 평가 연구의 전체적인 내용을 종합하여 간략하게 제시하는 것이다. 대부분 반 페이지 정도의 분량으로 작성하며, 길어도 한 페이지나 한 페이지 반의 분량이 넘지 않는 것이 일반적이다.

초록에서는 프로그램 개요, 평가 연구의 목적과 목표, 연구방법과 결론 및 제언에 대해 간략히 정리하여야 한다. 초록은 독자에게 어떤 프로그램에 대해 무엇을 평가하였고, 그러한 평가 연구가 왜 필요하고 중요한지 설명하며, 평가 연구의 결론과 결론으로부터 도출된 실천적 · 정책적 제언을 간단히 제시하는 것이다. 초록은 평가 보고서에서 내용상 짧은 부분이지만, 그 중요성은 매우 크다. 일반 독자의 경우, 평가 보고서 전문을 다 읽는 사람보다 초록만 읽는 사람들이 더 많을 수 있다. 초록을 통해 '연구가 대강 어떠한 것이구나' 하는 아이디어를 얻고, 이에 대해 좀 더 자세히 읽고 싶은 독자는 평가 보고서 전체를 읽어보게 될 것이다. 초록은 평가 연구의 전체적인 내용을 잘 종합하여 요약하고 있어야 하며, 이를 위해 잘 작성하고 다듬어야 하는 부분이다. 초록은 평가 보고서의 가장 앞부분에 제시되는 짧은 내용이지만, 평가 보고서를 완성할 때까지 지속적으로 다듬고 수정해야 하는 부분이기도 하다.

3) 목차

목차는 독자가 평가 보고서에서 원하는 내용을 쉽게 찾을 수 있도록 하는 데 도움이 될 뿐만 아니라, 평가 보고서가 어떤 구조로 작성되었으며, 어떠한 내용을 담고 있는지 한눈에 훑어볼 수 있도록 하는 역할도 한다. 평가 보고서를 작성하는 평가팀의 입장에서도 전체적인 목차를 훑어보는 과정을 통해 보고서 내용이 체계적으로 정리되었는지, 빠진 내용은 없는지, 추가해야 할 내용은 없는지 등에 대해 점검해 볼 수 있다(Yuen et al., 2003).

4) 서론

(1) 문제제기

서론에서는 평가 연구의 정당성과 필요성을 제시하고, 본 연구의 결과가 기존 평가 연구의 지식 기반을 넓히고, 클라이언트 집단의 이익에도 귀중한 보탬이 될 수 있다는 점을 부각시켜야 한다. 이를 위해 우리가 주의를 기울여 살펴보아야 할 사회문제의 심각성에 대한 문제제기를 할 필요가 있다. 이를 통해 특정 클라이언트 집단의 문제가 매우 심각하며, 이들의 문제를 해결하는 것이 시급하다는 것을 독자가 인식할 수 있도록 설명해 주어야 한다. 현재 그 사회문제의 심각성은 어느 정도이며, 왜 발생하였고, 그 문제를 해결하기 위해 어떠한 조치가 취해지고 있는지에 대해서도 논하여야 한다. 사회문제와 관련된 최근의 통계자료를 활용하여 문제의 심각성, 빈도, 분포를 밝히고, 사회문제와 관련하여 기존 연구에서 조사되지 않은 부분과, 논쟁이 되고 있는 사항이 있는지, 결론이 일치하지 않는 부분은 무엇인지도 파악하여야 한다. 문제제기를 설득력 있게 하기 위해서는 평가자가 연구 주제에 대해 광범위하고 충분한 조사를 하는 것이 우선시 되어야 한다. 그러한 문헌조사의 결과를 바탕으로 기존 프로그램 평가 연구에 존재하는 공백은 무엇이고, 더 많은 연구가 필요한 부분은 무엇인지 파악하여야 한다. 사회문제와 그 사회문제를 해결하고자 했던 사회복지 프로그램과 관련하여 기존 평가 연구의 공백, 즉 아직 평가가 많이 이루어지지 않은 요인이 무엇인지 밝히고, 그 공백을 채우는 데 있어 본 평가 연구가 어떤 도움을 줄 수 있는지 제시하는 것도 중요하다.

(2) 평가 연구의 유용성

평가 연구를 통해 얻을 수 있는 정보가 무엇이며, 그러한 정보는 어떻게 활용될 수 있는지에 대한 내용을 서론에서 제시하여야 한다. 프로그램 평가의 결과가 어떠한 긍정적 효과를 불러올 수 있을 것인지 제시하는 것이다. 즉, "어떤 평가 연구 결과가 얻어질 것인가?", "평가 연구 결과는 어떻게 쓰일 것인가?", "평가 연구 결과를 통해 어떤 이익이 있을 것인가?"에 대한 내용이다.

평가 연구의 결과를 통해 얻을 수 있는 유용한 이익은 다음과 같다(McDavid et al., 2006: 34).

- 현재 프로그램을 향상시키는 데 도움이 된다.
- 현재 프로그램을 확장시키는 데 도움이 된다.
- 프로그램의 범위를 넓히는 데 도움이 된다.
- 표적문제를 감소시키는 데 도움이 된다.
- 프로그램을 새로 교체하거나 중지시키는 근거가 된다.

(3) 평가 연구의 목적과 목표

프로그램 평가 연구에서 프로그램의 무엇에 대해 평가하고자 하는지 연구의 목적과 목표를 제시하여야 한다. 평가 연구 목적에는 연구를 통해서 얻을 수 있는 이익(프로그램의 보완, 향상 등)이 무엇인지 나타나 있어야 한다. 평가 연구에서 무엇에 대해 어떻게 평가하며, 그 평가 결과를 통해 어떠한 이익을 얻을 수 있는지 제시하는 것이다(목적 예: ○○ 프로그램에 대한 과정평가, 성과평가, 만족도 조사를 통해 프로그램의 내용과 구성을 보완하고 개선시켜 클라이언트의 욕구를 충족시키고 문제를 해결하는 데 있어 더 적절한 프로그램으로 향상될 수 있도록 한다).

평가 연구의 목적이 거시적이고 광범위하다면, 목표는 목적을 몇 개의 구체적이고 작은 목표로 세분화하여 제시하는 것이다(예: 과정평가에 대한 목표, 성과평가에 대한 목표, 만족도 조사에 대한 목표). 즉, 평가 연구의 목표는 프로그램의 무엇에 대해 과정평가, 성과평가, 또는 만족도 조사를 시행하는지 구체적으로 제시하는 것이다(목표 예: 프로그램의 내용과 질, 프로그램 내부의 의사소통과 대인관계에 대하여 클라이언트 만족도 조사를 시행한다).

〈글상자 14-2〉 평가 연구의 목적과 목표 예시

프로그램: 정신질환 문제가 있는 가족성원을 돌보고 있는 남성 간병인(caregiver)에 대한 정서적 지원 프로그램 '내 안의 무지개'

위 프로그램에 대한 평가 연구의 목적과 목표는 다음과 같다.

- **연구 목적**
  '내 안의 무지개' 프로그램에 대한 과정평가와 성과평가를 통해 프로그램의 진행과정과 결과에 대해 평가해 보고, 평가 결과를 바탕으로 프로그램의 접근방법과 내용 및 진행 절차를 보완하고 향상시킨다.

- **연구 목표**
  (1) 클라이언트의 프로그램 참여경험(프로그램 내용, 진행과정)과 정서적 상태가 프로그램 진행과정에서 변화되는 과정에 대해 과정평가를 시행한다.
  (2) 클라이언트의 정서적 안정감이 프로그램 시작 이전과 종결 이후에 어떻게 변화되었는지에 대해 성과평가를 시행한다.

5) 이론적 배경

평가 보고서에 따라 이론적 배경을 포함시키는 경우도 있고, 이론적 배경 없이 바로 선행연구 고찰로 넘어가는 경우도 있다. 이론적 배경은 평가 연구에서 사회문제와 관련된 다양한 변수 간의 관계를 설정하는 데 있어 근거(basis)가 되는 이론적 틀을 제시하는 것이다. 이러한 이론적 배경은 평가자가 사회문제(예: 우울증)와 관련된 변수(예: 성별, 가족관계, 직업, 교육 등)가 서로 어떠한 영향을 주고받고 어떠한 관계를 형성하고 있는지 이해하고, 사회문제를 해결하기 위한 프로그램 평가 연구에 임할 때 논리적인 배경으로 활용할 수 있다. 이론적 틀은 철저한 문헌조사와 분석을 통해 설정하게 된다(Pan American Health Organization, 2002).

6) 선행연구 고찰

선행연구 고찰은 관심의 대상인 사회문제와 관련하여 어떠한 프로그램 평가 연구가 존재하는지에 대해 광범위하고 폭넓게 조사하고 정리하여 제시하는 것이다. 선행연구 결과를 정리하여 과거부터 현재까지 연구 주제와 관련하여 밝혀진 사실이 무엇이고, 연구가 미처 이루어지지 못한 부분은 무엇인지 제시하여야 한다. 문헌조사를 통해 알게 된 주요 연구결과를 요약하고, 기존 평가 연구의 한계점에 대해서도 이해할 수 있도록 제시해 주어야 한다. 문헌조사를 통해 기존의 다른 프로그램 평가 연구는 어떤 클라이언트와 프로그램을 대상으로 평가 연구를 행하였는지, 그중 연구가 많이 부족한 클라이언트 대상과 프로그램은 무엇인지 파악할 수 있다. 또한, 기존 연구에서 평가 자료를 수집한 방법은 어떠하였는지, 평가방법에 어떤 한계점이 존재하였는지에 대한 답도 문헌연구를 통해서 찾을 수 있다. 기존 연구를 통해 밝혀진 사실과 기존 연구가 지니고 있는 한계점에 대한 고려를 통해, 본 평가 연구가 새롭게 기여할 수 있는 부분이 무엇인지, 기존 연구의 한계점을 어떻게 보완하여 평가를 시행할 것인지에 대한 계획을 세울 수 있다.

7) 평가방법

평가방법은 평가 연구의 목적과 목표를 달성하기 위해, 즉 평가 연구의 답을 구하기 위해 무엇을 어떻게 조사할 것인지 그 절차를 설명하는 것이다. 평가방법에서는 평가를 위한 표본을 어떻게 선정하고, 어떤 방법을 통하여, 몇 명을 대상으로 평가를 시행하는지 설명한다. 자료 수집은 어떻게 이루어질 것이며, 어떤 진행절차와 방법을 통해 평가가 이루어질 것인지 제시하고, 평가 시 활용될 도구(설문지나 인터뷰 양식 등)가 있다면 그것이 무엇인지 명시하며, 측정도구가 신뢰성 및 타당성에 대한 검증을 받은 것인지 밝혀야 한다.

덧붙여 평가방법에서는, 평가절차 속에서 클라이언트의 사생활 보호와 비밀보장을 위해 구체적으로 어떤 조치를 취할 것인지 밝혀야 한다. 평가 연구를 통해 클라이언트에게 신체적 · 정신적인 위험이 가해지지 않을 것이라는 사실을 분명히 하여야 하는 것이다. 예를 들어, 프로그램 평가를 위해 클라이언트 대상 인터뷰를 한다면, 클라이언트의 인터뷰 기록과 클라이언트의 평가 연구 참여동의서(개인적 정보와 자필서명 포함)를 각각 따로 안전하게 잠금장치가 있는 곳에 보관하는 것이 클라이언트의 신변노출을 막고 보호하는 한 방법이 된다. 또한, 인터뷰 과정에서 클라이언트가 과거의 경험을 회상하며 부정적인 감정에 휩싸이게 된다면 즉시 인터뷰를 중단할 수 있고, 필요하다면 전문적인 상담 프로그램으로 연계해 주도록 조치를 취하겠다고 하는 것도 클라이언트의 심리적 고통을 예방할 수 있는 방법이다.

평가방법에서는 평가 연구의 분석에 대한 계획도 제시하여야 한다. 컴퓨터 프로그램을 이용하여 자료를 분석한다면, 어떤 프로그램을 사용하여 어떻게 변수를 분석할 것인지에 대한 계획을 서술한다.

8) 평가 결과

프로그램 평가 연구를 통해 얻은 결과를 제시하고 분석하는 부분이다. 프로그램 평가를 실제로 시행한 이후에 얻게 된 실제적인 평가 결과를 표와 함께 정리하여 제시하고 결과를 분석한 내용도 제시하고 설명한다.

9) 결론 및 제언

프로그램 평가 연구를 통해 얻은 주요 평가 결과를 요약하고 정리한다. 또한, 평가 결과를 바탕으로 사회복지 실천현장(프로그램, 서비스, 개입방안 등)이나 사회복지정책(정책의 개발, 수정 및 보완 방향 등)에 대하여 구체적인 제언을 제공한다. 프로그램 평가 연구가 지니고 있는 한계점(예: 평가 결과 일반화의 어려움 등)에 대해 논의하고, 그러한 한계점에도 불구하고 평가 연구가 지니고 있는 중요성과 의의에 대해서도 제시한다. 또한, 아직 연구가 많이 이루어지지 않아 앞으로 연구가 더 필요한 분야(주제, 내용 등)를 후속연구에 대한 제안으로서 제시한다.

10) 참고문헌

평가 보고서를 작성할 때 참고하였던 책과 논문 및 기사의 목록을 정리한다. 국문 자료의 경우, 저자 이름을 가나다순으로 정리하여 제시하고, 영문 자료의 경우에는 저자의 성을 알파벳순으로 정리하여 제시한다. 평가 보고서를 요구하는 기관이나 조직에 따라 특정한 형식의 참고문헌 작성 양식이 있을 수 있으므로, 이에 대한 점검이 필요하다. 다음의 〈글상자 14-3, 14-4, 14-5〉에서 단행본, 학술지, 학위논문을 참고문헌으로 작성하는 예시를 제시하고 있다. 예시에 나오는 저자, 책, 논문, 학위논문 등의 모든 정보는 임의로 설정한 것으로 실제 존재하는 자료는 아니다.

〈글상자 14-3〉 단행본 참고문헌 작성양식

〈국문 자료〉
저자 이름 (출판년도). *책제목*. 출판사.

(예) 김한결, 박민우, 이기상 (2015). *사회복지현장실습*. 서울: ○○문화사.
신지유 (2013). *사회복지와 자원봉사*. ○○출판.

〈영문 자료〉
저자 이름 (성, 이름 이니셜. 중간이름 이니셜.) (출판년도). *책제목*. 발행지역(도시, 주): 출판사.

(예) Cook, A. P., Harris, C. B., & Baker, W. T. (2000). *Program evaluation: forms and application*. San Francisco, CA: Adams ○○○ Publications.
Smith, R. T. (2011). *Community based program for young children with autism*. Austin, TX: Milan & ○○ Publications.

〈글상자 14-4〉 학술지 참고문헌 작성양식

〈국문 자료〉
논문 저자 이름 (발행년도). 논문제목. *학술지명, 권*(호), 시작 페이지-끝 페이지.

(예) 김수진 (2014). 다문화 가정 자녀를 위한 자아존중감 증진 프로그램의 효과. *프로그램평가와 ○○연구, 23*(2), 45-56.

〈영문 자료〉
논문 저자 이름 (발행년도). 논문 제목. *학술지명, 권*(호), 시작 페이지-끝 페이지.

(예) Lauderdale, D. P. (2013). Process evaluation of 'START' substance abuse treatment program. *Evaluation & ○○ Report, 33*(1), 123-140.

〈글상자 14-5〉 학위논문 참고문헌 작성양식

저자명. (발행년도). *논문 제목*. 석사(또는 박사)학위논문, 학위수여 대학교.

(예 1) 백도현(1999). *가족을 간병하는 보호자의 신체적 건강과 정신적 스트레스에 개입하는 프로그램에 대한 연구*. 석사학위논문, ○○대학교.

(예 2) Gold, P. A. (2005). *Fathers caring for an adult child with schizophrenia: factors influencing paternal caregiver burden and health*. Unpublished doctoral dissertation, University of ○○, California.

11) 평가 연구 일정 계획(timetable)

평가 연구 일정 계획은 평가 연구가 어떠한 절차로 이루어졌으며 각각의 절차에 어느 정도의 시간이 소요되었는지 표로 정리하여 보여 주는 것이다. 평가팀의 수립, 평가계획 논의와 결정, 평가 대상자 결정, 평가 기간(설문지나 인터뷰 조사 등), 자료 분석, 보고서 작성 등의 평가 연구과정이 언제 시작하여 언제 완료되었는지에 대한 일정을 제시한다. 이러한 일정계획을 훑어보면, 평가가 어떤 과정을 거쳐 어떻게 이루어졌는지 한눈에 이해할 수 있다.

평가 연구 일정 계획은 평가 연구를 시작하기 전에 결정하며, 평가의 진행과정에서 일정에 맞춰 체계적으로 일을 진행하고, 계획된 순서대로 업무에 집중할 수 있도록 하는 것에도 도움이 된다.

평가 연구 일정 계획의 예시를 표로 제시하면 다음과 같다(글상자 14-6). 표의 내용을 살펴보면, 3월 중에 평가팀을 수립하고 평가를 하기 위한 전체적인 계획을 논의하며, 4월 중에 평가를 위해 필요한 척도(설문지, 인터뷰 양식, 관찰표 등)를 제작하는 것을 알 수 있다. 그리고 평가와 관련하여 성과평가, 과정평가, 만족도 조사가 진행된다는 점과 평가가 이루어지는 시기를 파악할 수 있다. 예를 들어 성과평가의 경우, 1회기에 프로그램을 시작하기 전에 사전조사를 진행하고, 10회기(종결)에 프로그램을 마친 이후에 사후조사를 진행하는 것이다. 과정평가의 경우, 1, 4, 7, 10회기에 걸쳐 프로그램 참여자를 관찰하고 프로그램 진행과정을 모니터링하는 과정을 거친다. 만족도 조사는 총 2회 이루어지는데, 4회기 때 중간 만족도 평가를 하고 10회기(종결) 때 최종적으로 만족도 평가를 하는 것이다. 그리고 프로그램 종결 이후, 5/10-5/25까지 평가 결과를 분석하고 5/26-6/10까지 프로그램 평가 결과 보고서를 작성하는 것으로 계획되어 있다.

〈글상자 14-6〉 평가 연구 일정 계획표 예시

	3월	4월	1회기	4회기	7회기	10회기 (종결)	5/10–5/25	5/26–6/10
평가팀 수립 및 평가 계획 논의								
평가 도구 제작(설문지, 인터뷰 양식, 관찰표 등)								
성과평가								
과정평가								
만족도 조사								
평가 결과 분석								
평가 결과 보고서 작성								

12) 예산

프로그램 평가를 시행하는 데 있어 실제로 지출된 비용을 항목별(인건비, 장비 및 기구비, 복사비 등)로 작성하는 것이다. 프로그램 평가 과정에서 사용된 인건비(평가자 임금 등), 측정도구 제작 비용, 복사 비용, 회의비, 전문가 자문비, 예비비 등을 잘 정리하여 제시하여야 한다.

13) 부록

부록에는 평가 연구를 시행할 때 사용한 서신(클라이언트에게 평가 연구에 대해 소개하고 참여를 요청하는 편지), 클라이언트의 평가 연구 참여동의서, 설문지 양식, 인터뷰 양식, 자료분석결과(통계표, 그래프) 등이 포함된다. 자료분석결과를 부록에 첨부할 때에는 연구와 관련된 모든 분석 자료를 첨부하는 것이 아니다. 연구에 대한 이해를 돕기 위해 중요하고 필수적인 자료이지만 평가 보고서 본문에 포함시키기에 너무 내용이 긴 경우에는 따로 떼어 부록으로 첨부한다.

요 약

1. **프로그램 평가 보고서란?**: 사회복지 프로그램에 대해 평가한 결과를 정리하고, 평가 결과를 바탕으로 지역사회, 기관, 프로그램, 정책 등에 대해 실천적 · 정책적 제언을 제시하는 보고서이다.

2. **프로그램 평가 보고서의 내용**

- 평가 연구의 제목
- 초록(Abstract)
  - 프로그램 개요(연구 목적, 목표, 연구 방법, 연구의 주요 결과 및 제언)
- 목차
- 서론(Introduction)
  - 문제제기(사회문제의 심각성), 연구의 유용성, 연구의 목적과 목표
- 이론적 배경(Theoretical Framework)
  - 이론적 틀
- 선행연구 고찰(Literature Review)
  - 평가 연구의 중요성 뒷받침(주제와 관련된 선행연구의 결과 제시)
- 평가방법(Method)
  - 표본(모집방법, 크기, 선정기준)
  - 자료수집방법(설문조사, 심층인터뷰, 관찰 등)
  - 평가의 진행 절차
  - 클라이언트의 사생활 보호 방안
  - 측정도구(설문지, 인터뷰 양식) 설명
- 평가 결과
  - 연구 결과의 제시와 분석

- 결론 및 제언
  - 연구의 주요 결과에 대한 요약과 정리
  - 연구 결과를 바탕으로 사회복지실천 현장이나 사회복지정책에 대한 제언 제시
  - 연구의 한계점과 의의 제시
  - 후속 연구에 대한 제안
- 참고문헌(References)
- 평가 연구의 일정 계획(Timetable)
  - 연구의 시작단계부터 종결단계까지의 일정을 표로 정리하여 작성
- 예산(Budget)
- 부록(Appendixes)
  - 서신, 참여자의 연구 참여 동의서, 설문지 양식, 인터뷰 양식, 분석자료 등

부록 · 참고문헌

부록 1. 사회복지공동모금회 배분사업 신청 유형 안내(2024)

배분사업 신청 유형 안내

배분사업 신청 유형은 프로그램, 기능보강 사업으로 구분되며, 프로그램은 성과중심형, 성과확산형, 산출중심형(3개 유형)으로 분류됩니다. 유형별 세부 내용은 아래 내용을 참고하여 주시고, 배분사업 신청 안내 시 사업 유형에 따라 양식이 제공되오니 안내된 양식을 기준으로 작성하시기 바랍니다.

〈배분사업 신청 유형〉

사업 유형		내용	표준 신청 양식
프로그램 사업	성과 중심형	• 성과 목표 달성을 통해 사업참여자의 의미 있는 변화를 꾀하고, 나아가 지역사회 변화의 기초를 다지는 사업 • 주로 단년도 형태를 띠며, 사업참여자의 역량강화 또는 소규모의 지역사회 네트워크 구축 등의 사업을 포함	• 배분신청서 • 신청기관 현황 • 신뢰성 점검표 • 사업계획서
	성과 확산형	• 2년 이상 계획하는 다년도 사업으로 사업참여자의 의미 있는 변화뿐만 아니라 지역사회, 나아가 우리 사회에 파급력(Impact)을 미치는 것을 지향하는 사업	• 배분신청서 • 신청기관 현황 • 신뢰성 점검표 • 3개년 사업계획서 • 1차년도 사업계획서
	산출 중심형	• 현재 당면한 지역사회 이슈 및 개인(또는 가족)의 문제 해결을 위한 지원사업으로 성과목표 달성보다는 사업수행 과정에 중점을 두는 사업	• 배분신청서 • 신청기관 현황 • 신뢰성 점검표 • 사업계획서
기능보강 사업		• 기능보강을 통해 현재의 문제를 해소하거나 보다 의미 있는 사업을 향후 수행하고자 하는 사업 • 장비 보강, 개보수, 자동차 구입 등이 해당	• 배분신청서 • 신청기관 현황 • 신뢰성 점검표 • 사업계획서

※ 100만원 이하 사업의 경우 약식 사업계획서 작성(배분신청서, 신청기관 현황, 신뢰성 점검표, 사업계획서)

부록 2. 사회복지공동모금회 배분신청서 표준 양식(공통)(2024)

배분신청서[1)]

기관명			고유번호(사업자등록번호)		
사업명	〈대상+목적+방법: 부제〉				
사업 기본 정보	연차	___ ① 1년 차 ___ ② 2년 차 ___ ③ 3년 차 ___ ④ 기타(　　)			
	대상 지역		사업수행 인력	명	
	사업 기간	년 월 일 ~ 년 월 일 (총 개월)			
사업 참여자[2)]	참여자 구분	___ ① 아동/청소년 ___ ② 노인 ___ ③ 장애인 ___ ④ 여성/다문화 ___ ⑤ 위기가정 ___ ⑥ 지역사회 ___ ⑦ 북한/해외/기타			
	핵심 참여자		인원수	명	

사업 구분	모금회 지속가능발전목표(C-SDGs)
□ 기초생계 지원	□ 경제적 빈곤 퇴치 □ 영양 및 급식지원/기아종식
□ 교육/자립 지원	□ 교육 및 자립역량 강화 □ 양질의 일자리 만들기 □ 적정기술과 정보기술격차 해소 지원
□ 주거/환경 개선	□ 모두를 위한 깨끗한 에너지 □ 지속가능한 지역사회 인프라 구축 □ 지속가능한 생산과 소비 □ 기후변화와 대응 □ 해양생태계 보존 □ 육상생태계 보호
□ 보건/의료 지원	□ 신체 · 정서적 건강과 회복 □ 깨끗한 물과 위생
□ 심리/정서 지원	□ 신체 · 정서적 건강과 회복
□ 사회적 돌봄 강화	□ 사회적 배제 감소와 불평등 완화
□ 소통과 참여 확대	□ 성평등 □ 지속가능한 지역사회 인프라 구축 □ 사회적 약자의 권리 증진
□ 문화 격차 해소	□ 사회적 배제 감소와 불평등 완화

성과 목표	해당 사항이 없을 경우에는 공란으로 표기				
주요 사업 내용	세부 사업명	주요 내용			
사업비	총사업비	원	신청금액	원	
신청금액 세부내역	사업비	원 %	인건비	원 %	관리 운영비	원 %
담당자	성명		직통전화		E-mail	
	직위		휴대폰		FAX	

위와 같이 2024년도 사업을 신청합니다.

2013년　　월　　일

기관 대표자:　　　　　　　　(인)

사회복지공동모금회장 귀하

---

1) 온라인 배분신청 시 온라인배분신청사이트(http://proposal.chest.or.kr)에서 작성

2)기능보강 사업은 이용 대상자 기재

부록 3. 사회복지공동모금회 배분신청서 작성 예시

배분신청서

1) 기관명	열매종합사회복지관	2) 고유번호(사업자등록번호)	10-82-1000
3) 사업명	저소득층 방임아동의 보호 · 학습지원을 위한 야간보호사업 '꿈나무 교실'		

4) 사업 기본 정보	연차	___ ① 1년 차 ___ ② 2년 차 ___ ③ 3년 차 ___ ④ 기타( )		
	대상 지역	서울시 중구	사업수행 인력	2명
	사업 기간	20XX년 1월 1일 ~ 20○○년 12월 31일 (총 12개월)		
5) 사업 참여자	참여자 구분	✓ ① 아동/청소년 ___ ② 노인 ___ ③ 장애인 ___ ④ 여성/다문화 ___ ⑤ 위기가정 ___ ⑥ 지역사회 ___ ⑦ 북한/해외/기타		
	핵심 참여자	저녁 10시까지 보호자가 없는 초등학생	인원수	20명

6) 사업 구분	모금회 지속가능발전목표(C-SDGs)
□ 기초생계 지원	□ 경제적 빈곤 퇴치 □ 영양 및 급식지원/기아종식
☑ 교육/자립 지원	□ 교육 및 자립역량 강화 □ 양질의 일자리 만들기 □ 적정기술과 정보기술격차 해소 지원
□ 주거/환경 개선	□ 모두를 위한 깨끗한 에너지 □ 지속가능한 지역사회 인프라 구축 □ 지속가능한 생산과 소비 □ 기후변화와 대응 □ 해양생태계 보존 □ 육상생태계 보호
□ 보건/의료 지원	□ 신체 · 정서적 건강과 회복 □ 깨끗한 물과 위생
□ 심리/정서 지원	□ 신체 · 정서적 건강과 회복
□ 사회적 돌봄 강화	□ 사회적 배제 감소와 불평등 완화
□ 소통과 참여 확대	□ 성평등 □ 지속가능한 지역사회 인프라 구축 □ 사회적 약자의 권리 증진
□ 문화 격차 해소	□ 사회적 배제 감소와 불평등 완화

7) 성과 목표	① 보호 아동의 야간 안전사고율 감소 ② 기초학습능력 향상 ③ 보호 아동의 가족 유대감 증대	
8) 주요 사업 내용	세부 사업명	주요 내용
	야간아동 보호	복지관 방과후교실 운영, 아동보호자의 귀가시간에 따라 귀가일정 조정, 보호자가 동행귀가를 하지 못하는 경우 복지관 차량을 통한 귀가 서비스 제공
	기초학습 지도	자체 자원봉사 대학생을 활용한 기초학습(국어, 영어, 수학) 지도, 자체 자원봉사 대학생을 활용한 숙제 지도, 매일 숙제 알림장 점검
	가족관계 개선 프로그램	가족관계 개선 프로그램 시행 (가족 음식 만들기, 가족 나들이, 가족 체육대회, 영화 보기 등)

9) 사업비	총사업비	20,000,000원		신청금액	17,000,000원		
10) 신청금액 세부내역	사업비	11,300,000원	인건비	4,800,000원	관리 운영비	900,000원	
		66.5%		28.2%		5.3%	
11) 담당자	성명	김열매	직통전화	02-123-4567	E-mail	fruit03@fruit.or.kr	
	직위	대리	휴대폰	010-1234-5678	FAX	02-123-4568	

위와 같이 2024년도 사업을 신청합니다.

2023년 7월 30일

기관 대표자: 이 사 랑 (인)

사회복지공동모금회장 귀하

부록 4. 사회복지공동모금회 배분신청서 작성 방법

배분신청서 작성 방법

1) 기관명: 신청기관의 공식 명칭을 기재

2) 고유번호(사업자등록번호): 기관의 고유번호, 사업자등록번호 기재

3) 사업명: 대상, 목적, 사업 내용을 포함할 수 있도록 작성하며, 부제 사용 가능

4) 사업 기본 정보

- 연차: 모금회 지원으로 해당 사업을 수행하는 연차를 기재
  - 신규로 신청하는 사업일 경우에는 ① 1년 차 사업에 해당, 전년도에 모금회의 지원을 받은 사업으로 사업수행자, 핵심 참여자, 사업내용이 동일한 경우에는 사업 연차에 따라 ② 2년 차, ③ 3년 차, ④ 기타를 선택
    예) 2023년에 지원을 받아 사업수행 중에 있으며, 2024년에도 동일 사업을 수행하기 위해 사업신청을 하는 경우 '② 2년 차'에 ∨표시
    예) 2021년부터 3년간 지원받아 사업을 수행하고 2024년에 동일한 사업을 신청하는 경우 '④ 기타'에 ∨표시 후 (4년 차) 기입
- 대상 지역: 본 사업이 수행되는 주요 대상 지역을 시군구 단위까지 기입
  예) 경상남도 창원시 / 충청남도 당진시 / 서울시 양천구
- 사업수행 인력: 본 사업을 실질적으로 수행하는 실무자의 수 기입(기관장, 수퍼바이저는 제외)
- 사업 기간: 사업수행 기간을 기입
  - 사업 신청 안내 시 별도의 사업기간이 공지되므로 해당 사업기간 확인 후 작성

5) 사업참여자

- 참여자 구분: 목록 중 1개 선택('별첨 1. 배분 분류 체계 안내'(p. 99) 참고하여 선택)
- 핵심 참여자: 본 사업의 성과를 측정하게 되거나 서비스를 직접적으로 제공받는 주요 참여자(대상자)
- 인원수: 핵심 참여자의 실제 인원수, 중복되지 않은 순수 인원을 의미
  - 무료 급식, 행사 등과 같이 대상자가 불규칙하거나 불특정 다수인 경우 1일 평균 이용자를 기재
  - 참여자가 매달 중복될 경우 '1'인으로 기재
    예) 핵심 참여자 'A' 씨가 매달 주 1회씩 3개월 프로그램에 12회 참석 시, 인원수는 12명이 아닌 '1'명으로 기재

6) 사업구분: 사업구분 목록 중 1개를 선택하고, 해당 분야에 해당하는 모금회 지속가능발전목표(C-SDGs) 1개 선택 ('별첨 1. 배분 분류 체계 안내'(p. 99) 참고하여 선택)

7) 성과목표: 사업의 결과로 나타나는 효과 또는 변화를 기입(해당 사항이 없을 경우 미기입)
- 성과목표는 3개 이하로 기입
- 성과목표가 4개 이상일 경우 중요한 순서로 3개만 기입

8) 주요 사업 내용
- 세부 사업명: 주요 세부 사업명을 3개 이하로 기입
- 주요 내용: 세부 사업별 수행 방법, 추진 내용을 간략하게 기재

9) 사업비
- 총사업비: 사업수행에 필요한 모든 비용을 합산한 금액(신청금액+기관 부담액)
- 신청금액: 총사업비 중 모금회에 신청하는 금액

10) 신청금액 세부 내역: 신청금액 중 사업비, 인건비, 관리운영비에 해당하는 금액과 비율을 기입

11) 담당자: 본 사업을 직접 수행할 담당자 정보를 기입
- 성명: 담당자 성명 기재(담당자 미정 시 작성자명 기입)
- 직위: 담당자의 직위를 기입(예: 사원, 대리, 과장 등)
- 직통전화 · 휴대폰 · E-mail · FAX: 사업 심사 또는 수행 과정 중에 연락 가능한 정보를 기재. 이메일의 경우 가급적 기관 대표(공용) 이메일 사용

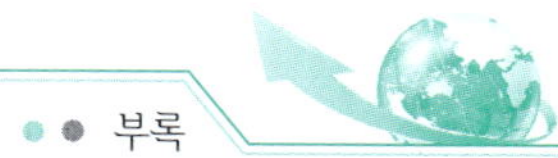

부록 5. 사회복지공동모금회 프로그램_성과중심형 사업계획서 표준 양식(2024)

〈성과중심형〉 사업계획서

1. 사업명: 대상 목적 방법

- 대상, 목적, 방법과 관련된 정보를 담은 사업명을 적어 주십시오.
  (슬로건은 부제(副題)로 병기해 주세요.)

2. 사업 내용 및 추진 전략

1) 사업참여자 모집 전략

(1) 참여 대상 및 인원

핵심 참여자	
주변 참여자	

- 누가 이 사업에 참여합니까?
  – (핵심 참여자) 성과를 측정하게 되는 대상은 누구이며, 인원은 몇 명입니까?
  (이 사업에 참여하게 함으로써 누구의 변화를 이끌어 내려고 하는 것입니까?)
  – (주변 참여자) 성과측정 대상은 아니지만 핵심 참여자의 변화를 이끌어 내는 데 중요한 역할을 하는 사람은 누구이며, 인원은 몇 명입니까?

(2) 참여자 선정 기준

- 어떤 기준을 세워서 참여자를 모집하게 됩니까?

(3) 참여자 모집 방안

- 기준에 적합한 참여자를 어떻게 모집할 예정입니까?

2) 사업 내용 및 사업 집행 전략

(1) 세부 사업 내용

세부 사업명	활동 내용(수행방법)
	(시행방법, 시행 시기, 참여인원, 횟수 등 포함하여 작성)

- 아래 내용을 모두 포괄하되, 자유롭게(질문 순서에 상관없이) 표현해 주시기 바랍니다.
  - 전체 사업을 몇 개의 세부 사업으로 분류한다면 어떻게 구성될 수 있습니까?
  - 사업을 어떻게 추진할 것인지에 대하여 세부 사업별 시행방법, 시행 시기 및 횟수, 사업 진행 일정 등 구체적인 정보를 담아서 기술해 주시기 바랍니다.

주요내용 \ 기간		1월	2월	3월	4월	5월	6월	7월	8월	9월	10월	11월	12월
(세부 사업명)	(활동내용)												

- 세부사업명과 활동내용을 작성하고, 사업 추진 일정을 음영으로 표시하여 주시기 바랍니다.
  ※ 표는 예시이며, 사업에 맞게 양식 변경 가능

3) 기관 연계협력 전략

- 위의 사업 집행 전략과 관련하여, 지역사회 내(또는 그 범위를 넘어서) 어떤 기관들과 유기적인 협조관계를 가질 것인지에 대하여 아래 내용을 포함하여 기술해 주시기 바랍니다.
  - 협력 기관이 세부 사업에서 어떤 역할을 담당하게 되는지, 그 때 신청기관의 역할은 무엇인지, 이러한 협력체계는 어떤 절차를 통해 진행되는지 등

3. 예산 편성

(단위: 원)

목	세목	세세목	계	산출근거	예산조달 계획				
					신청금액	비율 (%)	자부담	비율 (%)	자부담 재원
총계									
인건비									
	소계								
사업비									
	소계								
관리 운영비									
	소계								

- 사업에 직접 투입되는 비용을 인건비, 사업비, 관리운영비로 구분하여 작성해 주시기 바랍니다.
  - (인건비) 해당 사업을 직접적으로 수행하는 인력에게 투입되는 비용
  - (사업비) 프로그램 수행에 필요한 직접비용
  - (관리운영비) 프로그램의 수행에 필요한 간접비용(사업관리에 필요한 비용)
  - 예산 수립 시 '별첨 3. 예산 편성 기준표'(p. 122)를 참고하여 주시기 바랍니다.
- 세목은 세부 사업별로 구분하고 단위가 큰 경우 세세목으로 구분하여 작성하시기 바랍니다.
- 산출근거는 실제 단가, 수량, 인원수, 건수, 횟수 등을 구체적으로 기록해 주시기 바랍니다.

4. 문제의식(사업 필요성)

1) 사업 계획 배경

- 왜 이 사업을 기획하게 되었습니까?
  - 귀 기관이 관심을 가지기 전에는 어떤 상태에 있었는지, 인근 다른 지역에도 유사한 상황이 있다면 어떻게 대응하고 있는지에 대해서도 서술해 주시기 바랍니다.

2) 기존 유사 사업과의 차별성

- 기존의 시각이나 접근방식과 다른 점은 무엇입니까?

3) 신청기관의 강점

- 이 사업을 신청기관에서 수행해야 하는 이유에 대해 사전조사 내용, 관련 분야 수행 경험 등을 포함하여 기재해 주시기 바랍니다.

5. 목표 및 평가

1) 산출목표

세부 사업명	산출목표	모니터링 방법

- 성과목표를 달성하기 위해 이끌어 내야 하고 모니터링해야 하는 산출목표는 무엇입니까?

2) 성과목표 및 평가 방법

성과목표	평가 도구 및 방법	측정 시기

- (성과목표) 성과목표와 관련하여 아래 내용들에 대해 작성해 주시기 바랍니다.
  - 핵심 참여자의 어떤 부분을 어느 수준까지 변화시키는 것입니까?
  - 작성하고자 하는 성과목표가 이후에 기술되는 평가 방법을 통해 달성 여부를 알 수 있게 됩니까?
  - (성과라고 강조하고 싶은데) 양적으로 드러내기(수치화하기) 어려운 성과목표가 있다면 무엇입니까?
  - 앞서 기술하신 사업내용과 성과목표를 논리적으로 연결하여 작성해 주십시오.
- (평가 도구 및 방법 / 측정 시기) 성과목표 달성 여부와 정도를 어떻게 평가하실 건가요?
  - 성과목표 달성 여부와 정도를 판단하기 위해 어떤 성과지표를 설정하실 건가요?
  - 제시된 성과목표에 대한 평가계획(자료수집방법, 측정 시기 등)은 어떠한가요?
  - 수치화하기 어려운 성과목표가 있다면 어떤 평가방법을 통해 변화의 수준과 의미를 드러내실 건가요?

6. 사업종료 후 지향점

1) 사업 수행으로 인한 기대 효과

- 이 사업이 성공적으로 수행된다면 기대되는 효과는 무엇입니까?

2) 사업 결과의 활용 계획

- 사업의 효과로 나타난 결과를 어떻게 활용할 계획입니까?
- 사업 결과를 통해 유사 기관이나 지역사회에 꼭 알리고 싶은 이야기가 있다면 무엇입니까?

부록 6. 사회복지공동모금회 프로그램_성과중심형 사업계획서 작성 예시

※ 배분신청서, 기관현황을 포함하여 총 20매 이내로 작성하여 주십시오.
※ 사업계획서 작성 예시는 온라인배분신청사이트(http://proposal.chest.or.kr) – 자료관 참고

〈성과중심형〉 사업계획서

1. 사업명: 이웃이 이웃을 돕는 나눔문화공동체 문화 확산을 위한 의 · 식 · 주 UP! 프로젝트 'OO 마을 윗(With · 이웃) 공동체'[3]

2. 사업 내용 및 추진 전략

1) 사업참여자 모집 전략

(1) 참여 대상 및 인원

핵심 참여자	• 의(衣)복 공동체 – 옷 수선 · 업사이클링과 공동체 활동에 관심 있는 00동 지역주민 6명 • 식(食)사 공동체 – 요리와 공동체 활동에 관심 있는 00동 지역주민 8명 • 주(住)거 공동체 – 집 정리 · 수납과 공동체 활동에 관심 있는 00동 지역주민 10명
주변 참여자	• 네트워크 유관 기관 – 00마을만들기지원센터, 00센터

(2) 참여자 선정 기준

※ 공통사항 : 00동에 거주하는 지역주민 중

- 의(衣)복 공동체
  – 바느질 또는 업사이클링에 관심이 있는 주민 중 이웃들과 공동체 활동을 할 수 있는 주민
- 식(食)사 공동체
  – 식사하는 모임을 통해 이웃들과 소통하고 싶은 주민 중 이웃들과 공동체 활동을 할 수 있는 주민

3) 본 예시는 2020년 신청사업-달서구학산종합사회복지관 사업계획서 일부를 발췌 · 요약하여 작성되었으며, 전체 사업계획서의 내용은 http://proposal.chest.or.kr 에서 확인할 수 있음.

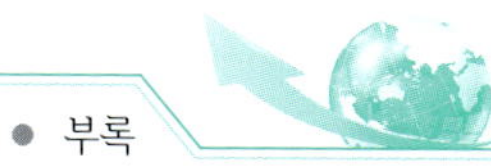

- 주(住)거 공동체
  – 주거환경 및 마을환경 개선에 관심이 있는 주민 중 이웃들과 공동체 활동을 할 수 있는 주민

(3) 참여자 모집 방안

홍보전략	• 온 · 오프라인 홍보 – 온라인 : 홈페이지 및 SNS 홍보 – 오프라인 : 홍보지 배포(아파트 게시판, 관내 게시판, 주변 상가, 마을신문 발간, 1층 TV 및 전광판 상영 • 기존 조직 및 단체 연계 – 의 · 식 · 주와 관련된 기존 조직 및 단체 대상 활동 안내
상담 및 선정	• 참여자 상담을 통한 참여의지 확인 및 선정 – 프로그램에 대한 이해, 프로그램 참여의지 확인 – 의 · 식 · 주 중 관심 있는 공동체 확인 및 선정

2) 사업 내용(사업수행일정 포함) 및 사업 집행 전략

	모임/배움	활동/관계	나눔/공유
의복 공동체 지역주민 6명 →	• 새활용 교육(월2회) – 수선 · 업사이클링 교육 →	• 정기 모임(월2회) – 수선 · 업사이클링 연습 • 마을 수선소(연5회) – 주민대상 의복 수거 후 무료 수선 활동	• 새활용 나눔교육(연4회) – 업사이클링 주민교육 • 새활용 프리마켓(연2회) – 업사이클링 나눔 · 판매
식사 공동체 지역주민 8명 →	• 집밥 교육(월2회) – 식생활 · 위생 교육 – 요리 수업 →	• 집밥 모임(월1회) – 각 모임별 집밥 모임 – 집밥 캠핑 • 텃밭 가꾸기(월1회) – 작물 재배 및 수확	• 집밥 나누기(연3회) – 저소득층 집밥 나눔 – 집밥 배달 및 식사나눔 – 말벗 및 식생활 교육
주거 공동체 지역주민 10명 →	• 정리 · 수납 교육(주1회) – 정리 · 수납 교육 – 세대방문 현장실습 →	• 정기 회의(월1회) – 저장강박세대 발굴 – 마을청소구역 조사 • 마을 만들기(연3회) – 정리수납 팜플렛 제작 – 마을 및 아파트 청소	• 정리 · 수납 컨설팅(연3회) – 저장강박세대 정리 · 수납 및 컨설팅 • 주민 교육(연1회) – 정리 · 수납 주민 특강

• 세부사업내용

<table>
<tr><th rowspan="2">세부
사업명</th><th colspan="3">활동(수행방법)</th></tr>
<tr><th>내 용</th><th>시행시기</th><th>시행횟수</th></tr>
<tr><td rowspan="4">의복
공동체</td><td>[새활용 교육]
• 대 상 : 의복 공동체 모임 6명
• 수행인력 : 00연대, 00업사이클센터, 담당자
– 00연대 : 수선 교육 진행
– 00업사이클센터 : 업사이클링 교육 진행
• 수행방법
– 바느질 및 업사이클링 교육 진행 (회기당 2시간)
• 진행내용 : 수선에 대한 이해, 자원 선순환/업사이클링 이해하기, 업사이클링 기본과정(천, 옷 등), 업사이클링 심화과정, 14회기 중 실습 4회</td><td>4~10월</td><td>14회기
(월2회)</td></tr>
<tr><td>[마을수선소]
• 대 상 : 수선을 희망하는 지역주민 누구나
• 수행인력 : 의복 공동체 모임 6명
• 수행방법
– 복지관 온 · 오프라인을 활용한 홍보 진행
– 복지관 1층 P · G실을 활용한 의복 수거 및 수선
• 진행내용
– 수거DAY : 수거기간 안내, 부스 설치 및 의류 수거 진행, 수선가능 여부 확인 및 개별 접수 명단 작성
– 수선DAY : 수거된 의류 수선 진행, 수선 완료 안내</td><td>6~11월</td><td>5회기
(월1회)</td></tr>
<tr><td>[정기모임]
• 대 상 : 의복 공동체 모임 6명
• 수행방법
– 모임활동에 대한 의견 수렴 및 조율(퍼실리테이션)
– 새활용 교육 내용 연습 및 복습
• 진행내용 : 수선 활동, 체험활동 계획, 새활용 교육 복습</td><td>4~11월</td><td>14회기
(월2회)</td></tr>
<tr><td>[새활용 나눔교육]
• 대 상 : 새활용에 관심 있는 지역주민 6명
• 수행인력 : 의복 공동체 모임 6명
• 수행방법
– 복지관 온 · 오프라인을 활용한 홍보 및 참여자 모집
– 의복 공동체 주민이 직접 지역주민을 대상으로 수선 · 업사이클링 교육 진행(교육내용도 직접 계획)
• 진행내용 : 수선, 업사이클링에 대한 기본 이해, 수선, 업사이클링 활동하기</td><td>11~12
월</td><td>4회기</td></tr>
</table>

<table>
<tr><th rowspan="2">세부
사업명</th><th colspan="3">활동(수행방법)</th></tr>
<tr><th>내 용</th><th>시행시기</th><th>시행횟수</th></tr>
<tr><td>의복
공동체</td><td>[새활용 프리마켓]
• 대 상 : 지역주민
• 수행인력 : 의복 공동체 모임 6명
• 수행방법
– 모임활동을 통하여 만든 업사이클링 제품 판매활동
– 발생된 수익금의 경우 지역사회 기부 예정
• 진행내용 : 업사이클링 제품 판매 및 전시활동</td><td>6월, 10월</td><td>2회기</td></tr>
<tr><td rowspan="3">식사
공동체</td><td>[집밥교육]
• 대 상 : 식사 공동체 모임 8명
• 수행인력 : 외부강사(13회), 담당자(1회)
• 수행방법
– 요리교육 전 필수 이론교육 진행(1회)
– 집밥 배우기 교육(13회)
(회기당 2시간 / 국, 찌개, 반찬, 등)
• 진행내용 : 식생활 교육, 위생 · 영양 교육, 요리수업 및 실습
(기본/심화)
<table>
<tr><th>회기</th><th>세부내용</th></tr>
<tr><td>1</td><td>식생활 교육, 위생영양교육</td></tr>
<tr><td>2</td><td>선진지 견학(마을 공유부엌 등)</td></tr>
<tr><td>3~8</td><td>요리수업 및 실습(기본)</td></tr>
<tr><td>9~14</td><td>요리수업 및 실습(심화)</td></tr>
</table></td><td>4~11월</td><td>14회기
(월2회)</td></tr>
<tr><td>[집밥모임]
• 대 상 : 식사 공동체 모임 8명 (1모임당 4명)
• 수행인력 : 1모임 · 2모임 각 1명씩
• 수행방법
– 각 모임이 돌아가면서 자기 집에 조원들을 초대해– 함께하는 식사 모임
– 2조가 각각 따로 7회 진행
– 두 모임이 함께 도시락을 싸서 떠나는 집밥 캠핑 (1회 진행)</td><td>4~11월</td><td>8회기
(월1회)</td></tr>
<tr><td>[텃밭가꿈]
• 대 상 : 식사 공동체 모임 8명 (1모임당 4명)
• 수행방법
– 각 모임별 텃밭 배분, 작물 재배 및 수확, 텃밭 관리
– 수확한 작물을 집밥 모임 또는 간식 나눔에 활용
• 진행내용 : 작물 심기(모종 구입 2회), 작물 재배 및 수확</td><td>4~11월</td><td>8회기
(월1회)</td></tr>
</table>

<table>
<tr><th rowspan="2">세부
사업명</th><th colspan="3">활동(수행방법)</th></tr>
<tr><th>내 용</th><th>시행시기</th><th>시행횟수</th></tr>
<tr><td>식사
공동체</td><td>[집밥 나눔]
• 대 상 : 지역 내 소외된 이웃 12명
• 수행인력 : 식사 공동체 모임 8명 (1모임당 4명)
• 수행방법
– 각 모임별로 집밥(밑반찬)을 직접 조리
– 2명의 이웃을 찾아가 한 끼 함께 나눔(말벗)</td><td>5, 9, 11월</td><td>3회기</td></tr>
<tr><td rowspan="3">주거
공동체</td><td>[정리 · 수납교육]
• 대 상 : 주거 공동체 모임 10명
• 수행인력 : 외부강사, 담당자
• 수행방법
– 정리 · 수납 전문가 양성교육 진행
– 세대 방문을 통한 현장실습 활동 진행
• 진행내용 : 수납의 이해, 주방 정리 · 수납, 침구 · 의류 정리 · 수납, 현장실습 I ,
냉장고 정리 · 수납, 재활용품 DIY, 거실, 서재, 아이방, 현관, 신발장, 욕실, 베란다, 세대 방문 현장실습 II , 과제물 발표 및 수료</td><td>4~6월</td><td>14회기
(주1회)</td></tr>
<tr><td>[정기회의]
• 대 상 : 주거 공동체 모임 10명
• 수행방법
– 사례관리팀과의 연계를 통한 지역 내 저장강박세대 발굴 및 마을 청소 필요구역 확인
– 주민교육 진행을 위한 교육자료 및 교안 제작</td><td>4~11월</td><td>7회기
(월1회)</td></tr>
<tr><td>[마을청소]
• 대 상 : 정리 · 수납에 관심 있는 지역주민 누구나
• 수행인력 : 주거 공동체 모임 10명
• 수행방법
– 정리 · 수납 방법이 수록된 팜플렛 제작
– 팜플렛 배포 및 마을정화 활동을 통한 지역주민 인식 개선 캠페인 실시
• 진행내용 : 정리 · 수납 팜플렛 제작/배포, 마을청소 캠페인 실시, 마을 청소</td><td>7,911월</td><td>3회기</td></tr>
</table>

세부 사업명	활동(수행방법)		
	내 용	시행시기	시행횟수
주거 공동체	**[정리 · 수납 컨설팅]** • 대 상 : 저장강박세대 3가구 • 수행인력 : 주거 공동체 모임 10명 • 수행방법 – 직접 세대 발굴 및 사례관리팀 추천을 통한 저장강박세대 3가구 선정 – 세대 방문을 통한 정리 · 수납 계획 수립 – 정리 · 수납 기술을 활용한 컨설팅 진행	7,9,11월	3회기
	[주민교육] • 대 상 : 지역 내 주민 50명 • 수행인력 : 주거 공동체 모임 10명 • 수행방법 : 실생활에 필요한 정리 · 수납 기술 교육 진행	8월	1회기

• 사업 진행 일정

주요 내용 \ 기간		1월	2월	3월	4월	5월	6월	7월	8월	9월	10월	11월	12월
의복 공동체	새활용 교육					전시회 관람							
	정기모임												
	마을 수선소												
	새활용 나눔교육												
	플리마켓												
식사 공동체	집밥 교육				전시회 관람								
	집밥 모임						집밥 캠핑						
	텃밭 가꿈												
	집밥 나눔												
주거 공동체	정리 · 수납 교육												
	정기회의												
	마을청소							자료집 발간					
	정리 · 수납 컨설팅												
	주민교육												

3) 기관 연계협력 전략

협력 기관명	세부 사업명	협력 계획	비고
00마을공동체 만들기지원센터	의복공동체 식사공동체 주거공동체	• 본 기관 – 마을공동체 교육 진행 전문가 요청 – 사업 자문 및 협조 요청 • 협력기관 – 마을공동체 교육 진행 – 사업 자문 및 정보 제공	
00업사이클센터	의복 공동체 (새활용 교육, 새활용 프리마켓)	• 본 기관 – 프리마켓 행사 및 전시회 참가 요청 • 협력기관 – 프리마켓 행사 및 전시회 초청	
00연대	의복 공동체 (수선 교육)	• 본 기관 – 수선 교육 진행 전문가 요청 • 협력기관 – 수선 교육 진행	

3. 예산 편성

(단위: 원)

목	세목	세세목	계	산출근거	예산조달 계획				
					신청금액	비율 (%)	자부담	비율 (%)	자부담 재원
총계			43,922,000	–	26,270,000	100	17,652,000	100	
인건비	전담인력	급여	21,600,000	1,800,000원 × 12개월 × 1명	7,800,000	29.7	13,800,000	78.2	
		사회보험	2,052,000	171,000월 × 12개월 × 1명	0	0.0	1,750,000	11.6	자체예산
		퇴직적립금	1,800,000	150,000× 12개월 × 1명	0	0.0	1,800,000	10.2	자체예산
	소계		25,452,000		7,800,000	29.7	17,652,000	100	
사업비	의복 공동체	새활용교육	3,200,000	• 강사료(3급, 2시간) 200,000×14회=2,800,000 • 실습재료비 100,000×4회 =400,000	3,200,000	12.2			

목	세목	세세목	계	산출근거	예산조달 계획				
					신청금액	비율 (%)	자부담	비율 (%)	자부담 재원
사업비	의복 공동체	마을수선소	890,000	• 재봉틀 구입비 300,000×2개 =600,000 • 다리미 구입비 70,000×2개 =140,000 • 실, 천 등 구입비 30,000×5회 =150,000	890,000	3.4			
		정기모임	210,000	• 다과비 2,500×6명×14회 =210,000	210,000	0.8			
		새활용 나눔교육	320,000	• 수선재료비 50,000×4회 =200,000 • 다과비 5,000×6명×4회 =120,000	320,000	1.2			
		새활용 프리마켓	3,120,000	• 식사비 10,000×6명×2회 =120,000 • 프리마켓 부스 운영비 1,500,000×2회=3,000,000	3,120,000	11.9			
	식사 공동체	집밥교육	3,900,000	• 강사료(3급, 2시간) 200,000×13회=2,600,000 • 식재료 구입비 100,000×13회 =1,300,000	3,900,000	14.9			
		집밥모임	720,000	• 식재료 구입비 50,000×7회×2모임=700,000 • 여행자보험(캠핑) 20,000×1회 =20,000	720,000	2.7			
		텃밭가꿈	150,000	• 모종 구입비 50,000×2회 =100,000 • 비료 구입비 50,000×1회 =50,000	150,000	0.6			
		집밥나눔	400,000	• 식재료 구입비 50,000×3회×2모임=300,000 • 참여자 교통비 등 12,500×8명 =100,000	400,000	1.5			

<table>
<tr><th rowspan="2">목</th><th rowspan="2">세목</th><th rowspan="2">세세목</th><th rowspan="2">계</th><th rowspan="2">산출근거</th><th colspan="5">예산조달 계획</th></tr>
<tr><th>신청금액</th><th>비율(%)</th><th>자부담</th><th>비율(%)</th><th>자부담 재원</th></tr>
<tr><td rowspan="6">사업비</td><td rowspan="5">주거 공동체</td><td>정리 · 수납 교육</td><td>3,000,000</td><td>• 강사료(3급, 2시간) 200,000×14회=2,800,000
• 교재구입비 20,000×10개=200,000</td><td>3,000,000</td><td>11.4</td><td></td><td></td><td></td></tr>
<tr><td>정기회의</td><td>350,000</td><td>• 다과비 5,000×10명×7회=350,000</td><td>350,000</td><td>1.3</td><td></td><td></td><td></td></tr>
<tr><td>마을청소</td><td>1,550,000</td><td>• 팜플렛 제작비 1,500,000×1회=1,500,000
• 물품 구입비(청소도구 등) 50,000×1회=50,000</td><td>1,550,000</td><td>5.9</td><td></td><td></td><td></td></tr>
<tr><td>정리 · 수납 컨설팅</td><td>360,000</td><td>• 주거환경개선비 120,000×3가구=360,000</td><td>360,000</td><td>1.4</td><td></td><td></td><td></td></tr>
<tr><td>주민교육</td><td>180,000</td><td>• 다과비 3,000×50명=150,000
• 엑스베너 제작비 30,000×1회=30,000</td><td>180,000</td><td>0.7</td><td></td><td></td><td></td></tr>
<tr><td colspan="2">소계</td><td>18,350,000</td><td>–</td><td>18,350,000</td><td>69.9</td><td></td><td></td><td></td></tr>
<tr><td rowspan="2">관리 운영비</td><td>관리 운영비</td><td>교통비</td><td>120,000</td><td>10,000 × 12개월 × 1명</td><td>120,000</td><td>0.4</td><td></td><td></td><td></td></tr>
<tr><td colspan="2">소계</td><td>120,000</td><td></td><td>120,000</td><td>0.4</td><td></td><td></td><td></td></tr>
</table>

4. 문제의식(사업 필요성)

1) 사업 계획 배경

(1) 이웃과의 관계 단절로 인한 지역공동체 의식 부재

오늘날 '이웃사촌'이라는 말의 의미가 점점 옅어지고 있다. 한 조사결과에 따르면 전국 만 19세~59세 성인남녀 1,000명을 대상으로 실시한 2019 '이웃과의 교류' 관련 인식 평가 설문조사 결과에 따르면, 이웃사촌이라는 개념이 확연하게 옅어졌으며 이웃들과 별다른 교류 없이 지내는 경우가 태반인 것으로나타났다. (시장조사전문기업 트렌드모니터(trendmonitor.or.kr)) 성인남녀 10명 중 4명(39.8%)은 현재 옆집에 누가 사는지도 모르고 있는 것으로 나타났으며 특히 1~2인 가구에게서 이웃과의 단절된 모습이 높게 나타나 '관계의 단절' 현상의 가속화가 우려되고 있다.

이렇게 이웃이 낯선 존재가 되어 버린 요즘, 고민거리를 나누거나 위급한 상황이 생겼을 때 선뜻 이웃의 도움을 청하는 것도 어려워지고 있다. 시간이 지날수록 이웃에게 고민거리를 나누거나 위급 상황 시 이웃의 도움제공에 대한 기대감이 점차 감소되고 있는 것을 알 수 있다. 이러한 '관계의 단절' 현상이 지속화된다면 위급한 상황이 생겼을 때 도움을 받을 수 있는 일이 없어지며 서로를 배려하는 지역공동체 의식이 사라지게 된다. 이는 자연스럽게 현재 살고 있는 동네에 무관심을 야기하며, 지역공동의 이익을 위한 헌신보다는 개인의 목적과 이익만을 우선시하는 현상이 나타난다.

본 기관이 위치하고 있는 00동에 살고있는 주민과의 인터뷰를 진행한 사례를 보면 '지역공동체 의식의 부재'는 이웃 간의 다양한 사회문제를 야기한다. 하지만 이러한 문제들은 단순한 민원제기나 법적인 조치로 쉽게 해결되지 않는다. 주민들이 개인주의에서 벗어나 지역공동의 이익을 위한 지역공동체 의식을 갖는 것이 중요하다. 그러기 위해서는 이웃 간의 관계 개선과 교류가 활발히 이루어져야 하며, 이웃이 이웃을 돕는 '이웃사촌', '이웃 공동체'의 필요성을 인식하고 지역공동체 의식을 확산시키는 활동이 우선 되어야 한다.

(2) 마을 공동체 형성을 통한 저소득층의 기본권(의 · 식 · 주) 존중

본 기관의 관할구역인 00동에는 8,468가구가 살고 있는데 이 중 기초생활수급자는 2,538가구로 전체 가구의 30%를 차지한다. 이는 00동에 살고 있는 주민 3~4명 중 1명이 기초생활수급자인 것을 의미한다. 또한 00구 전체 기초생활수급자 15,113가구 중 2,538가구(16.8%)가 00동에 거주하고 있어 00구 22개동 중 수급자 최다 밀집지역에 속한다. 본 기관이 위치한 00단지 아파트는 영구임대아파트이며 2,364세대의 저소득 가구가 살고 있다. 수급자가 많이 거주하고 있기 때문에 의 · 식 · 주를 포함한 일반적인 생활이 어렵거나 경제적인 상황이 어려운 주민들이 많다. 특히 의 · 식 · 주는 인간으로서 마땅히 누려야 할 기본권이기 때문에 복지관에서는 주민들의 의 · 식 · 주(=인권)를 보장하기 위한 책무성을 지녀야한다. 하지만 본 기관에서는 의(衣)와 관련된 서비스는 별도로 제공되고 있지 않으며, 식(食)과 주(住)와 관련된 서비스를 제공하고는 있지만 외식서비스나 방역서비스와 같이 단순 지원 또는 1회성 지원에 국한되어 있다. 이마저도 서비스 대상이 한정적이기 때문에 모

든 주민들이 서비스를 제공받지 못하고 있는 실정이다.

본 사업은 복지관에서 의 · 식 · 주와 관련된 단순 서비스를 추가로 더 제공하자는 것이 아니라 마을 공동체 활동에 관심 있는 주민들을 의 · 식 · 주 각 모임에 구성하여 지역조직화 활동을 통해 마을 내 모든 주민 들의 기본권이 존중받을 수 있는 구조적 · 환경적인 체계를 마련하고자 한다.

2) 기존 유사사업과의 차별성

(1) 이웃이 이웃을 돕는 나눔공동체 문화 확산

지역 공동체를 만들기 위해서는 마을의 주인인 주민들의 역할이 무엇보다 중요하다. 자발성을 토대로 자신의 삶과 터를 변화시켜 나갈 주민들의 노력 없이는 사실상 불가능하기 때문이다. 주민의 참여를 이끌어내기 위해서는 지역사회에서의 공동체적 역량을 높이고 구성원들 간의 관계 형성과 역량강화 등이 필요하다. 하지만 00동에 속한 기존의 조직과 단체들의 경우 구성원들 간의 만남이 이루어지곤 있지만 지역문제를 스스로 해결하기 위한 역량 개발과 활동의 지속적인 참여가 이루어지지 않고 있다.

본 기관은 이러한 조직과 단체들을 재조직화해 지역공동체의 정체성을 확립하고 지속적인 참여를 확대하고자 한다. 여기서 중요한 것은 구성원들이 만나서 서로 소통하고 배우는 것에서만 그치는 것이 아니라 지역사회 나눔을 통해 마을주민 모두가 함께 교류하고 화합할 수 있는 나눔공동체 문화를 확산 시키는 것이다.

(2) 자기결정권을 통한 지속적 참여 유도

주민들의 적극적이고 지속적인 참여를 유도하기 위해서는 주민들의 흥미를 유발하는 것이 중요하다. 기존의 조직과 단체들을 보면 활동에 대한 체계적인 계획이나 정체성이 없어 단기적 · 1회성 참여에 그치거나 단순모임으로 이어지는 경우가 많았다. 그렇기 때문에 주민들 스스로가 원하는 활동을 직접 선택해 공동체에 속한다면 소속감과 흥미를 갖고 공동체 활동의 지속적 참여가 가능할 것이다.

3) 신청기관의 강점

(1) 공동체 활동이 가능한 다양한 인적 자원 보유

마을공동체를 형성하기 위해서는 마을에서 활동할 의지가 있거나 활동을 하고 있는 많은 주민들이 필요하다. 하지만 본 기관은 오랫동안 지역조직사업을 진행해오면서 이미 주민활동가로 활동할 수 있는 다양한 인적 자원들을 보유하고 있다. 앞서 언급했듯이 주부 새활용 모임 '00자원순환공동체'를 통해 '의복공동체' 활동 참여를 유도할 수 있고, 00단지 입주민 모임 '살기좋은동네만들기 추진위원회'를 통해 '주거 공동체' 활동 참여를 유도할 수 있다. 또한 식사공동체의 경우 복지관 P/G을 이용하는 주민들이나 수강생을 대상으로 활동 참여를 유도할 수 있다. 그 외에도 00단지 통우회, 행복지킴이, 부녀회의 경우 주민들과 밀접한 관계를 맺고 있기 때문에 의 · 식 · 주 공동체에 관심 있는 주민 발굴에 도움이 될 수 있다.

(2) 정기적인 모임 · 활동이 가능한 공간 확보

각 공동체가 모임을 갖고 정기적인 활동을 진행하기 위해서는 물리적인 공간이 필요하지만 사회교육이나 문화강좌 수업으로 인해 상시적으로 사용할 수 있는 공간이 많지는 않다. 하지만 본 사업을 위해 각 공동체가 상시적으로 모임을 갖거나 활동준비를 위해 상주할 수 있는 공간 3곳을 마련할 수 있었다.

이를 통해 의복 공동체는 업사이클링 연습과 마을수선소를 진행할 수 있으며, 식사 공동체는 집밥 교육과 집밥 나눔 시 조리를 할 수 있으며, 주거 공동체는 정기회의와 주민특강 준비 등을 진행할 수 있다.

5. 목표 및 평가

1) 산출목표

세부 사업명	산출목표	모니터링 방법
의복 공동체	• 새활용 교육 : 의복 공동체 모임 6명, 월2회/총14회 실시 • 마을 수선소 : 수거/수선 의류 개수 총 15개 이상 • 정기 모임 : 의복 공동체 모임 6명, 월2회/총14회 실시 • 새활용 나눔교육 : 월1회/총5회 실시 • 새활용 프리마켓 : 연2회 실시	• 출석부 • 실시 · 결과보고 • 수선 의류 목록표 • P · G 활동일지
식사 공동체	• 집밥 교육 : 식사 공동체 모임 8명, 월2회/총14회 실시 • 집밥 모임 : 식사 공동체 모임 8명, 월1회/총8회 실시 • 집밥 나눔 : 지역 내 소외된 이웃 12명 대상, 연3회 실시 • 텃밭 가꿈 : 월1회/총8회 실시	• 출석부 • 실시 · 결과보고 • P · G 활동일지 • 평가회의록
주거 공동체	• 정리 · 수납 교육 : 주거 공동체 모임 10명, 주1회/총14회 실시, 정리 · 수납 자격증 취득 50% 이상 • 정기 회의 : 주거 공동체 모임 10명, 월1회/총7회 실시, 저장강박세대 7세대 발굴 • 마을 청소 : 주거 공동체 모임 10명, 연3회 실시 • 정리 · 수납 컨설팅 : 저장강박세대 3가구 대상, 연3회 실시 • 주민 교육 : 지역주민 50명 대상, 연1회 실시	• 출석부 • 실시 · 결과보고 • 정리 · 수납 자격증 • P · G 활동일지

2) 성과목표 및 평가 방법

성과목표	평가 도구 및 방법	측정 시기
의 · 식 · 주 공동체 조직 및 역량 강화	• 성과지표 : 사전 · 사후 마을만들기 참여 점수 8점 이상 향상 • 평가도구 : 마을만들기 참여 척도 (60점 만점) • 평가방법 : 참여자 대상 사전 · 사후 척도검사	사전(3월) 사후(12월)
이웃과의 교류 및 유대감 증진	• 성과지표 : 사전 · 사후 동네응집력 점수 10점 이상 향상 • 평가도구 : 동네응집력 척도 (72점 만점) • 평가방법 : 참여자 대상 사전 · 사후 척도검사	사전(3월) 사후(12월)
나눔문화 확산 및 공동체 의식 함양	• 성과지표 : 사전 · 사후 공동체 의식 점수 10점 이상 향상 • 평가도구 : 공동체 의식 척도 (80점 만점) • 평가방법 : 참여자 대상 사전 · 사후 척도검사	사전(3월) 사후(12월)

6. 사업종료 후 지향점

1) 사업 수행으로 인한 기대 효과

(1) 참여자 개인의 긍정적인 변화

구 분	변화내용	비 고
의(衣)	• 수선 및 업사이클링 전문기술 습득 • 재능나눔을 통한 사회적 자존감 형성	–
식(食)	• 올바른 식습관 형성 및 안정된 영양 섭취 • 요리실력 및 식생활 해결능력 향상	–
주(住)	• 체계적 · 표준화된 정리 · 수납 기술 습득 • 마을문제 해결을 위한 능동적 태도 향상	정리 · 수납 자격증 취득

(2) 지역사회의 긍정적인 변화

구 분	변화내용	비 고
의(衣)	• 자원선순환에 대한 긍정적 인식 형성 • 재능나눔을 통한 나눔문화 확산	–
식(食)	• 소외계층의 안부확인 및 결식문제 해결 • 지역주민과의 긍정적 유대감 형성	–
주(住)	• 저장강박세대 발굴 및 주거환경 개선 • 마을정화활동을 통한 지역주민 인식개선	정리 · 수납 팜플렛 제작

2) 사업 결과의 활용 계획

- 공동체 모임별 참여자 증원 및 소통 강화 : 지역사회에 사업의 효과성을 알린 후 각 공동체별로 활동에 관심 있는 주민들을 추가로 모집해 공동체를 확장시키고 활동의 범위를 증대할 계획이며 구성원 간 관심사항을 함께 공유하고 논의하여 함께 활동을 계획하고 진행하고자 함.
- 연계사업 활성화 도모 : 공동체별로 나눔 · 공유 활동을 강화하여 지역사회 공헌 및 나눔문화 확산을 위해 노력할 계획임. 그러기 위해서는 다양한 기관 및 단체와의 연계를 통해 지역사회의 한정된 자원을 효율적으로 활용해 지역사회에 더 큰 시너지효과를 가져올 수 있도록 하겠음.

부록 7. 사회복지공동모금회 프로그램_성과확산형 사업계획서 표준 양식(2024)

〈성과확산형〉 3개년 사업계획서

1. 사업명: 대상 목적 방법

- 대상, 목적, 방법과 관련된 정보를 담은 사업명을 적어 주십시오.
  (슬로건은 부제(副題)로 병기해 주세요.)

2. 사업 내용 및 추진 전략

1) 사업참여자 모집 전략

구분	1차년도	2차년도	3차년도
핵심 참여자			
주변 참여자			

- 누가 이 사업에 참여합니까?
  – (핵심 참여자) 성과를 측정하게 되는 대상은 누구이며, 인원은 몇 명입니까?
  (이 사업에 참여하게 함으로써 누구의 변화를 이끌어 내려고 하는 것입니까?)
  – (주변 참여자) 성과측정 대상은 아니지만 핵심 참여자의 변화를 이끌어 내는데 중요한 역할을 하는 사람은 누구이며, 인원은 몇 명입니까?

※ '시스템 구축', '지역사회 수준 변화' 등과 같이 '사람'의 변화에 일차적인 초점이 있지 않은 경우가 있을 수 있습니다. 이런 때에는 사업참여자에 대한 기술 내용 및 방식이 달라질 수 있을 것이므로 사업내용에 따라 적절하게 기술해 주시기 바랍니다.

2) 연차별 사업내용

1차년도	
특징	
핵심 내용	
2차년도	
특징	
핵심 내용	
3차년도	
특징	
핵심 내용	

- (특징) 각 연차별 인과 관계 등을 포함하여 연차별 특징(주요 초점)에 대해 제시하여 주십시오.
- (핵심 내용) 연차별 주요 사업 등 핵심 내용을 작성하여 주십시오.

3) 기관 연계협력 전략

- 위의 사업 내용과 관련하여, 지역사회 내(또는 그 범위를 넘어서) 어떤 기관들과 유기적인 협조관계를 가질 것인지에 대하여 아래 내용을 포함하여 기술해 주시기 바랍니다.
  - 협력 기관이 세부 사업에서 어떤 역할을 담당하게 되는지, 그 때 신청기관의 역할은 무엇인지, 이러한 협력체계는 어떤 절차를 통해 진행되는지 등
- 연차별 네트워크의 확대 혹은 축소가 있는 경우 변화에 대한 확인이 가능하도록 기재해 주십시오.

3. 예산 편성

(단위: 천 원)

구분	1차년도			2차년도			3차년도		
목	세목	신청금액	자부담	세목	신청금액	자부담	세목	신청금액	자부담
총계				총계			총계		
인건비									
	소계			소계			소계		
사업비									
	소계			소계			소계		
관리 운영비									
	소계			소계			소계		

- 사업에 직접 투입되는 예산 내 주요 세목(세부 사업별)의 금액과 비중이 사업 연차별로 어느 정도 차지하는지에 대해 작성해주시기 바랍니다.

4. 문제의식(사업 필요성)

1) 사업 계획 배경

- 왜 이 사업을 기획하게 되었습니까?
  - 귀 기관이 관심을 가지기 전에는 어떤 상태에 있었는지, 인근 다른 지역에도 유사한 상황이 있다면 어떻게 대응하고 있는지에 대해서도 서술해 주시기 바랍니다.

2) 기존 유사 사업과의 차별성

• 기존의 시각이나 접근방식과 다른 점은 무엇입니까?

3) 신청기관의 강점

• 이 사업을 신청기관에서 수행해야 하는 이유에 대해 사전조사 내용, 관련분야 수행 경험 등을 포함하여 기재해주시기 바랍니다.

5. 목표 및 평가

1) 성과평가

성과목표	평가 도구 및 방법	측정 시기

(성과목표) 3년 뒤 핵심참여자의 어떤 부분을 어느 수준까지 변화시킬 목표를 가지고 있습니까?
- 성과목표가 '사람'이 아닌 경우에는 그와 관련되는 성과목표를 제시하여 주십시오.
- (성과라고 강조하고 싶은데) 양적으로 드러내기(수치화하기) 어려운 성과목표가 있다면 무엇입니까?
- 앞서 기술하신 사업내용과 성과목표를 논리적으로 연결하여 작성해 주십시오.

• (평가 도구 및 방법 / 측정 시기) 성과목표 달성 여부와 정도를 어떻게 평가하실 건가요?
- 성과목표 달성 여부와 정도를 판단하기 위해 어떤 성과지표를 설정하실 건가요?
- 제시된 성과목표에 대한 평가계획(자료수집방법 등을 포함)은 어떠한가요?
- 달성된 성과가 사업참여자에게 (나아가서는 지역사회에) 주는 의미를 어떻게 드러내실 계획입니까?

2) 과정평가(선택)

평가대상 내용	평가 방법	측정 시기

- '어떤 과정을 통해 성과를 거두게 되었는지'에 대한 내용을 어떻게 보여 주시겠습니까?

6. 사업종료 후 지향점

1) 사업 수행으로 인한 기대 효과

- 이 사업이 성공적으로 수행된다면 기대되는 효과는 무엇입니까?

2) 사업 결과의 활용 계획

- 사업의 효과로 나타난 결과를 어떻게 활용할 계획입니까?
- 사업 결과를 통해 유사 기관이나 지역사회에 꼭 알리고 싶은 이야기가 있다면 무엇입니까?

3) 사업 지속 유지 전략

- 모금회로부터 이 사업 소요예산에 대한 지원이 종료된 후 후속적인 사업추진을 위한 재원 마련 등의 전략은 무엇입니까?
- 후속 사업 추진을 구현하기 위한 노력을 각 연도별로 어떻게 반영하였습니까?

〈성과확산형〉 연차별(1차년도) 사업계획서

1. 사업명: 대상 목적 방법

- 3개년 사업계획서와 동일한 사업명을 적어주십시오.

2. 사업 내용 및 추진 전략

1) 사업참여자 모집 전략

(1) 참여 대상 및 인원

핵심 참여자	
주변 참여자	

- 1차년도에는 누가 이 사업에 참여합니까?
  - (핵심 참여자) 성과를 측정하게 되는 대상은 누구이며, 인원은 몇 명입니까?
    (이 사업에 참여하게 함으로써 누구의 변화를 이끌어내려고 하는 것입니까?)
  - (주변 참여자) 성과측정 대상은 아니지만 핵심 참여자의 변화를 이끌어내는데 중요한 역할을 하는 사람은 누구이며, 인원은 몇 명입니까?

(2) 참여자 선정 기준

- 어떤 기준을 세워서 참여자를 모집하게 됩니까?

(3) 참여자 모집 방안

- 기준에 적합한 참여자를 어떻게 모집할 예정입니까? 그 방법이 적합하다고 생각하는 이유가 무엇입니까?

2) 사업 내용 및 사업 집행 전략

(1) 세부 사업 내용

세부 사업명	활동 내용(수행방법)
	(시행방법, 시행 시기, 참여인원, 횟수 등 포함하여 작성)

- 아래 내용을 모두 포괄하되, 자유롭게 (질문순서에 상관없이) 표현해 주시기 바랍니다.
  - 1차년도 사업을 몇 개의 세부 사업으로 분류한다면 어떻게 구성될 수 있습니까?
  - 3개년 사업계획서에 기반하여 1차년도 사업을 어떻게 추진할 것인지에 대하여 세부 사업별 시행방법, 시행시기 및 횟수, 참여인원, 사업 진행 일정 등 구체적인 정보를 담아서 기술해 주시기 바랍니다.

  ※ 표는 예시이며, 사업에 맞게 양식 변경 가능

(1) 세부 사업 내용

주요내용 \ 기간		1월	2월	3월	4월	5월	6월	7월	8월	9월	10월	11월	12월
(세부 사업명)	(활동내용)												

3) 기관 연계협력 전략

- 위의 사업 집행 전략과 관련하여, 지역사회 내(또는 그 범위를 넘어서) 어떤 기관들과 유기적인 협조관계를 가질 것인지에 대해 아래 내용을 포함하여 기술해 주시기 바랍니다.
  - 협력 기관이 세부 사업에서 어떤 역할을 담당하게 되는지, 그 때 신청기관의 역할은 무엇인지, 이러한 협력체계는 어떤 절차를 통해 진행되는지 등

3. 예산 편성

(단위: 원)

<table>
<tr><th rowspan="2">목</th><th rowspan="2">세목</th><th rowspan="2">세세목</th><th rowspan="2">계</th><th rowspan="2">산출근거</th><th colspan="5">예산조달 계획</th></tr>
<tr><th>신청금액</th><th>비율
(%)</th><th>자부담</th><th>비율
(%)</th><th>자부담
재원</th></tr>
<tr><td colspan="3">총계</td><td></td><td></td><td></td><td></td><td></td><td></td><td></td></tr>
<tr><td rowspan="3">인건비</td><td rowspan="2"></td><td></td><td></td><td></td><td></td><td></td><td></td><td></td><td></td></tr>
<tr><td></td><td></td><td></td><td></td><td></td><td></td><td></td><td></td></tr>
<tr><td colspan="2">소계</td><td></td><td></td><td></td><td></td><td></td><td></td><td></td></tr>
<tr><td rowspan="3">사업비</td><td></td><td></td><td></td><td></td><td></td><td></td><td></td><td></td><td></td></tr>
<tr><td></td><td></td><td></td><td></td><td></td><td></td><td></td><td></td><td></td></tr>
<tr><td colspan="2">소계</td><td></td><td></td><td></td><td></td><td></td><td></td><td></td></tr>
<tr><td rowspan="3">관리
운영비</td><td rowspan="2"></td><td></td><td></td><td></td><td></td><td></td><td></td><td></td><td></td></tr>
<tr><td></td><td></td><td></td><td></td><td></td><td></td><td></td><td></td></tr>
<tr><td colspan="2">소계</td><td></td><td></td><td></td><td></td><td></td><td></td><td></td></tr>
</table>

- 1차년도 사업에 직접 투입되는 비용을 인건비, 사업비, 관리운영비로 구분하여 작성해주시기 바랍니다.
  - (인건비) 해당 사업을 직접적으로 수행하는 인력에게 투입되는 비용
  - (사업비) 프로그램 수행에 필요한 직접비용
  - (관리운영비) 프로그램의 수행에 필요한 간접비용(사업관리에 필요한 비용)
  - 예산 수립 시 '별첨 3. 예산 편성 기준표'(p. 105)를 참고하여 주시기 바랍니다.
- 세목은 세부 사업별로 구분하고 단위가 큰 경우 세세목으로 구분하여 작성하시기 바랍니다.
- 산출근거는 실제 단가, 수량, 인원수, 건수, 횟수 등을 구체적으로 기록해 주시기 바랍니다.

4. 목표 및 평가

1) 산출목표

세부 사업명	산출목표	모니터링 방법

- 성과목표를 달성하기 위해 이끌어 내야 하고 모니터링해야 하는 산출목표는 무엇입니까?

2) 성과목표 및 평가 방법

성과목표	평가 도구 및 방법	측정 시기

- (성과목표) (3차년도에 달성할 성과목표가 아니라) 1차년도 사업을 추진함으로써 달성하려고 하는 중간 목표 성격의 성과목표는 무엇입니까?
  - 앞서 기술하신 1차년도 사업 내용과 성과목표를 논리적으로 연결하여 작성해 주십시오.
  - (성과라고 강조하고 싶은데) 양적으로 드러내기(수치화하기) 어려운 성과목표도 포함하여 작성해 주시기 바랍니다.
- (평가 도구 및 방법 / 측정 시기) 성과목표 달성 여부와 정도를 어떻게 평가하실 건가요?
  - 성과목표 달성 여부와 정도를 판단하기 위해 어떤 성과지표를 설정하실 건가요?
  - 제시된 성과목표에 대한 평가계획(자료수집방법 등을 포함)은 어떠한가요?
  - 수치화하기 어려운 성과목표가 있다면 어떤 평가방법을 통해 변화의 수준과 의미를 드러내실 건가요?

3) 과정평가(선택)

성과목표	평가 도구 및 방법	측정 시기

- 1차년도 사업에서 '어떤 과정을 통해 성과를 거두게 되었는지'에 대한 내용을 어떻게 보여 주시겠습니까?

부록 8. 사회복지공동모금회 프로그램_성과확산형 사업계획서 작성 예시

※ 배분신청서, 기관현황을 포함하여 총 30매 이내로 작성하여 주십시오.
※ 사업계획서 작성 예시는 온라인 배분신청 사이트(http://proposal.chest.or.kr)-프로포절 자료실 참고

〈성과확산형〉 3개년 사업계획서

1. 마을 공동체 활성화를 통한 청년 니트(NEET) 자립역량강화 지원사업 「청년 비상(飛上)플랫폼」[4)]

2. 사업 내용 및 추진 전략

1) 사업참여자 모집 전략

구분	1차년도	2차년도	3차년도
핵심 참여자	• 00지역에 거주하는 청년(만 19세~34세) 40명	• 00지역에 거주하는 청년(만 19세~34세) 50명	• 00지역에 거주하는 청년(만 19세~34세) 50명
주변 참여자	• 청년참여자의 가족 20가족 • 지역사회 유관기관(지자체, • 복지기관, 청년관련 기관, 청년활동가) 15곳(명) • 자문위원(청년 및 지역사회 네트워크 전문가) 3명 • 지역주민 네트워크 (마을 활동가) 10명	• 청년참여자의 가족 20가족 • 지역사회 유관기관(지자체, • 복지기관, 청년관련 기관, 청년활동가) 20곳(명) • 청년자치네트워크 3곳(청년정책 네트워크 구성원) • 마을멘토기업 10곳 • 자문위원(청년 및 지역사회 네트워크 전문가) 3명 • 지역주민 네트워크 (마을 활동가)10명	• 청년참여자의 가족 20가족 • 지역사회 유관기관(지자체, • 복지기관, 청년관련 기관, 청년활동가) 20곳(명) • 청년자치네트워크 3곳(청년정책 네트워크 구성원) • 마을멘토기업 10곳 • 자문위원(청년 및 지역사회 네트워크 전문가) 3명 • 지역주민 네트워크 (마을 활동가)10명

4) 본 예시는 2019년 전국기획사업-부산진구종합사회복지관 사업계획서 일부를 발췌·요약하여 작성되었으며 전체 사업계획서의 내용은 http://proposal.chest.or.kr에서 확인 할 수 있음.

2) 연차별 사업내용

1차년도	
특징	"청년 복지의 시작, 청년의 마음에 공감하기" "청년 지원에 대한 지역사회의 공감대 형성하기" • 청년NEET 발굴 및 지원을 위한 지역사회 체계 구축 • 청년의 자결(自決) 역량 강화를 위한 욕구중심 지원 • 청년 관계망 육성을 통한 청년주도형 공동체 기반 마련
핵심 내용	• 지역사회 체계 구축 : 청년NEET 아웃리치, 지역사회 네트워크 그룹 형성(유관기관/마을 활동가) • 청년자립역량강화 : 자립컨설팅, 자립소양교육, 배움 지원, 마음두드림, 청년NEET자문회의 • 청년주도공동체 : 이루다공동체 활동(온라인 활동 포함)
2차년도	
특징	"청년 개개인의 진로 · 자립 역량 성장하기" "청년 공동체가 활성화되며, 지역사회 중심의 시각으로 확장되는 성장 과정" "지역사회가 청년 지원에 협력하며 마을이 함께 성장하기"
핵심 내용	• 지역사회 체계 구축 : 지역사회 청년 지원의 마을 협력 독려를 위한 청년 포럼 · 토론회 개최, 청년NEET 연구조사, 청년의 활동이 지역으로 확장되는 지역사회 네트워크 • 청년자립역량강화 : 자립컨설팅, 자립역량강화교육, 배움 지원, 마음두드림, 청년NEET자문회의 지속 진행, 청년 진로 · 자립욕구 및 유형별 개별 코칭 과정(각 분야 전문가 멘토 연계) • 청년주도공동체 : 이루다공동체 활동 확대 실시 • 가족지지체계 강화: 청년 지원에 디딤돌이 되는 가족그룹(부양자 공동체) 활동, 비전캠프 실시
3차년도	
특징	"청년의 자립 역량이 실제 자립 성과로 이어져 비상하기" "청년 참여자의 공동체 활동이 지역 내 청년에게 선한 영향력으로 확산되기" "청년의 지역사회 정착을 위한 마을의 다양한 제도적 기반 조성하기"
핵심 내용	• 지역사회 체계 구축 : 청년 정착 선순환 지원체계 확립–청년NEET매뉴얼, 청년의 활동이 지역으로 확장되는 지역사회 네트워크 구축 • 청년자립역량강화 : 자립컨설팅, 자립역량강화교육, 배움 지원, 마음두드림, 청년NEET자문회의 지속 진행, 마을 멘토기업 발굴, 직업 연수 및 정착 연계 • 청년주도공동체 : 이루다공동체 활동 확대 실시, 청년 공동체 활동의 선한 영향력 확산: 재능콘서트, 청년비상 성장여행 • 가족지지체계 강화: 청년 지원에 디딤돌이 되는 가족그룹(부양자 공동체) 활동, 비전캠프 실시

3) 기관 연계협력 전략

협력 기관명	세부 사업명	협력 계획
[지자체] • 00구청 • 00,00,00,00 주민센터	• 청년 NEET 아웃리치	• 지역사회 청년NEET, 사업 참여자 모집을 위한 공문 • 발송, 의뢰, 아웃리치활동 협조 • 지속적인 사각지대 발굴 연계
[지역 내 대학교] • 00대, 00대 사회복지학과	• 청년 NEET 아웃리치	• 지역사회 청년NEET, 사업 참여자 모집을 위한 • 연계, 아웃리치 활동 등 장소 협조 • MOU협약을 통한 청년 지원 상시 연계망
[지역 유관기관] • 00건강가정지원센터 • 00자원봉사센터 • 00여성인력개발센터 • 00사회적기업센터 • 00지역자활센터	• 청년 NEET 아웃리치 • 지역사회 네트워크 그룹 형성 • 비전캠프	• 지역사회 청년NEET, 사업 참여자 모집을 위한 연계 • MOU협약 및 실무자 네트워크 활동을 통한 상시 연계망 구축 • 전문프로그램 강사 연계 등
[전문가 그룹] • 00대학교 000 교수 (사업자문 교수) • 00연대 000 팀장 (청년 공동체 활동 자문)	• 청년NEET 자문회의	• 청년비상플랫폼 사업 진행에 따른 점검, 전문가 수퍼비전 수렴을 통한 사업의 질 향상, 방향성 모색 • 청년 공동체 네트워크 활동에 따른 자문
• 0000교육원	• 지역사회 네트워크 그룹 형성	• 청년 지원을 위한 마을활동가 그룹 양성, 활동에 있어 자문 및 교육 연계
• 전문 상담 기관	• 마음두드림	• 심리 · 정서적 문제를 겪고 있는 청년 대상 전문가 개별 심층 상담 연계
• 청년 진로 교육 기관	• 자립소양교육	• 청년 진로계획 수립, 동기강화, 비전 수립을 위한 전문 교육 연계
• 마을활동가 그룹	• 지역사회 네트워크 그룹 형성	• 마을활동가 네트워크 구축, 양성, 청년 옹호활동 진행
• 청년정책네트워크	• 이루다 공동체	• 청년 공동체 네트워크 활동에 따른 멘토 역할, 자문연계
• 청년 분야 전문가	• 청년 NEET 아웃리치	• 청년 공동체 네트워크 활동에 따른 자문, 참여 요청, 청년 공동체 멘토의 역할
• 마을멘토기업	• 지역사회 네트워크 그룹 형성 • 청년NEET 아웃리치	• 지역 내 기업을 '마을멘토기업'으로 연계, 청년들이 다양한 직업세계의 경험을 쌓을 수 있도록 멘토활동 연계 • 이후 청년이 마을에서 정착하도록 돕는 자립 연계

3. 예산 편성

(단위: 천 원)

구분	1차년도			2차년도			3차년도		
목	세목	신청금액	자부담	세목	신청금액	자부담	세목	신청금액	자부담
총계		84,910	5,145	총계	90,510	5,292	총계	90,225	5,451
인건비	전담인력	23,400	5,145	전담인력	25,400	5,292	전담인력	27,400	5,451
	소 계	23,400	5,145	소 계	25,400	5,292	소 계	27,400	5,451
사업비	청년NEET 아웃리치	3,800	–	청년NEET 연구조사	3,000	–	청년NEET 매뉴얼	3,000	–
	지역사회 네트워크	7,400	–	지역사회 네트워크	8,000	–	지역사회 네트워크	8,000	–
	자립컨설팅	800	–	자립컨설팅	800	–	자립컨설팅	800	–
	자립소양 교육	3,360	–	자립역량 강화교육	3,000	–	자립역량 강화교육	2,000	–
	배움지원	32,500	–	배움지원	32,500	–	배움지원	30,000	–
	마음두드림	250	–	마음두드림	1,500	–	마음두드림	1,725	–
	청년NEET 자문회의	400	–	청년NEET 자문회의	400	–	청년NEET 자문회의	300	–
	이루다 공동체	11,000	–	이루다 공동체	11,410	–	이루다 공동체	12,000	–
				비전캠프	2,5000	–	비전캠프	3,000	–
	소 계	59,510	–	소 계	63,110	–	소 계	60,825	–
관리 운영비	수용비 및 수수료	1,200	–	수용비 및 수수료	1,200	–	수용비 및 수수료	1,200	–
	교육출장비	800	–	교육출장비	800	–	교육출장비	800	–
	소 계	2,000	–	소 계	2,000	–	소 계	2,000	–

4. 문제의식(사업 필요성)

1) 사업 계획 배경

① 청년NEET 문제, 경제적 취약 계층일수록 더욱 심화

- 청년NEET족은 15~29세 청년 중 취업자와 학생, 주부 등을 제외한 계층으로 무급 가족봉사자, 실업자, 구직단념자, 취업준비자, 지금은 사정상 쉬고 있으나 장래에 취업 의사가 있는 자 등을 포함함.
- 통계개발원에 따르면 아무 것도 하지 않고 지내는 청년층이 2013년 처음으로 10%를 넘어선 이래 지속적으로 증가하고 있으며, 가구 소득이 적고, 부모의 학력이나 고용 수준이 낮을수록 NEET족이 될 확률이 높아지는 것으로 분석함.

② 청년의 심리 · 정서 문제의 심화 : 복지형 청년 네트워크 욕구 증가

- 청년 지원은 '단순 취업 연계'라는 단편적인 지원이 아니라 청년들의 '성장통', 즉 청년 세대 고유의 심리 · 정서 문제를 효과적으로 해소하는 과정을 통해 건강하게 자립할 수 있도록 지원해야 하며, 이 과정에서 지역이 함께 하는 '청년 복지'의 개념이 필요한 시점임.
- 이와 함께 사회 전반에 성과 · 경쟁주의가 팽배한 오늘날, 심리적으로 고립된 청년의 문제를 해소하고 효과적으로 자립을 지원하기 위해 '청년 공동체' 네트워크의 필요성이 대두됨.

2) 기존 유사 사업과의 차별성

① 복지적 시각에서 바라보는 통합적 청년 지원

- 본 사업은 청년을 복지 권리를 충분히 누리는 당사자로 인식하고 '개인역량강화-사례관리-사회참여'라는 통합적 차원으로 지원하고자 '청년공감 프로젝트', '청년성장 프로젝트', '청년비상 프로젝트'의 단계로 개입하고자 함.

② 마을 중심 공동체 활성화를 통한 청년 문제 개입 노력

- 본 사업은 지역사회복지관이 청년을 복지적 관점으로서 참여자로 포괄한다는 데 차별성을 두고 있으며, 이 과정에서 지역사회복지관의 통합적 지원체계(3대 기능) 및

공동체 형성의 방법으로 다양한 유형의 청년 문제에 효과적으로 개입하고자 함.

3) 신청기관의 강점

- 본 복지관은 2016년 4월부터 2018년까지 사회복지공동모금회가 지원하는 빈곤의제 사업인 '성인이행기 빈곤 아동 · 청소년 발달지원사업(이하 희망플랜)'을 수행함.
- 희망플랜사업을 수행하며 지역사회복지관 청년 지원의 선두주자로 다양한 지역자원과 연계, 청소년 · 청년의 건강한 성장 · 자립에 대한 질적 · 양적 성과를 도출 할 수 있었음.

5. 목표 및 평가

1) 성과평가

성과목표	평가 도구 및 방법	측정 시기
청년NEET 발굴	• 성과지표 : 발굴 목표 인원 100% 달성 • 평가도구 : 프로그램 참여 동의서	매년 사업 종료 후
청년NEET의 개별 욕구중심 진로 지원을 통한 긍정적 진로 태도 및 자립 역량 강화	• 성과지표 : 니트 상태 변화 (니트상태 탈출 20%이상, 구직의향 50%이상 향상) • 평가도구 : 니트판별 척도(활동상태 변화), 향후 진로 계획 및 구직의향, 프로그램 참여율 및 적극성 평가 • 평가방법 : 참여자 대상 사전-사후 설문조사	매 프로그램 시작/종료
청년 관계망 육성을 통한 청년주도형 공동체 활성화	• 성과지표 : 참여 청년 간 관계의 긍정적 변화, 청년의 지역사회에 대한 인식 변화 • 평가도구 – 공동체 활동 내용 분석, 참여자 소감문 및 인터뷰를 통한 질적 평가 – 공동체 참여자 대상 인터뷰 및 소감문 수렴으로 참여자 간 관계 변화 평가 • 평가방법 : 내용 분석, 인터뷰, 사전-사후 설문	분기별 1회

2) 과정평가(선택)

평가대상 내용	평가 방법	측정 시기
청년공동체(이루다) 활동 추진 과정	• 평가주체: 실무자, 구성원, 지역주민 • 평가내용: ① 청년의 욕구가 충분히 반영되었는가? ② 청년이 주도적(주체적)으로 참여하는가? ③ 다양한 지역사회활동 과정에서 청년의 마인드가 개인에서 지역으로 확장되었는가? • 평가방법: 참여자 활동기록 및 소감문, 실무자 질적 평가, 지역주민 인터뷰	수시
청년 친화형 마을 기반 조성 추진 과정	• 평가주체: 실무자, 네트워크 구성원, 마을멘토기업, 지역주민 • 평가내용: ① 청년의 욕구가 충분히 반영되었는가? ② 마을의 다양한 구성원들이 청년 지원을 위해 협력하였는가? ③ 청년에 대한 마을의 인식은 어떻게 변화되었는가? • 평가방법: 참여자 및 지역주민 인터뷰, 지역사회활동 과정 기록지 분석, 청년친화마을 매뉴얼 검토	2년차 이후 수시

6. 사업종료 후 지향점

1) 사업 수행으로 인한 기대 효과

- 청년NEET의 효과적인 발굴 및 지원
  - 본 사업을 통해 지자체 등 자원과 연계한 청년NEET 발굴을 진행함으로써 그동안 청년이라는 이유로 사각지대에 놓여 적절한 복지 서비스에 참여하지 못하고 있던 청년을 발굴, 지원할 수 있을것이라 기대함.
- 청년NEET의 자립역량강화 및 자립의 성과
  - 본 사업은 청년이 스스로의 진로 · 자립욕구, 성향 및 재능, 가족 욕구 등을 중심으로 다양한 자립 지원서비스를 제공하게 됨. 이에 '스펙'이라는 이름하에 획일화된 자립 준비만을 하고 있었거나, 혹은 이 과정이 스스로의 성향에 맞지 않아 포기하고 있던 청년들에게 동기부여가 될 것이며 '청년 자신이 정말 하고 싶은 일'이 무엇인지를 함께 고민하고 지원하는 장으로 활용될 것임.

- 스스로 돕는 청년 공동체 기반 조성
  - 본 사업에서는 '이루다 공동체'를 중심으로 하는 청년 공동체 지원을 진행함으로써, 개인주의 · 성과주의 · 경쟁주의가 만연한 오늘날, 청년들이 '함께 하는 즐거움'의 힘을 자연스레 깨우치게 될 것이라 기대함.

2) 사업 결과의 활용 계획

- 청년 친화형 종합사회복지관으로서 영역 개척
  - 지역복지관 사업은 그동안 지역특성에 의해 주로 성인 및 노인층 대상 서비스 제공 방식으로 운영되어옴.

    이에 본 복지관은 「청년비상플랫폼」 사업을 수행함으로써 얻은 경험을 토대로 청년 친화형 복지관 사업으로의 재편, 지역사회복지관으로써 청년을 포함한 모든 연령대를 포괄할 수 있는 기반이 마련되는 기회로 삼고자 함.

3) 사업 지속 유지 전략

- 지자체 연계 연계를 통한 청년 세대 장기적 지원의 실현: 이를 위해 본 사업 기간 3년간 지자체와 긴밀한 협력 관계를 구축하고 다양한 사업을 수행하며 신뢰관계를 구축하고자 하며, 이를 기반으로 지자체 연계(보조금)를 제도화 하고자 함.
- 지역사회보장계획 수립을 통한 사업의 제도적 기반 마련: 지역사회보장계획에 청년 지원에 관한 사항, 이를 수행하는 구체적인 계획이 수립되도록 노력하고자 함.

〈성과확산형〉 연차별(1차년도) 사업계획서

1. 사업명: 마을 공동체 활성화를 통한 청년 니트(NEET) 자립역량강화 지원사업 「청년 비상(飛上)플랫폼」[5)]

2. 사업 내용 및 추진 전략

1) 사업참여자 모집 전략

(1) 참여 대상 및 인원

핵심 참여자	• 00지역에 거주하는 청년(만19세~34세) 40명
주변 참여자	• 청년 참여자 가족(보호자) 20명 (건강한 가족관계를 기반으로 한 청년 성장 매개체) • 지역사회 유관기관(지자체, 복지기관, 청년관련 기관, 청년활동가) 15곳(명) (지역활동 활성화를 통한 지역사회 변화의 촉진자) • 자문위원(청년 및 지역사회네트워크 전문가) 3명 (NEET 청년 사례개입 및 맞춤형 자립지원 활성화를 위한 전문가 그룹) • 지역주민 네트워크(마을 활동가) 10명 (마을주민 지지체계로서 청년 옹호활동 수행)

(2) 참여자 선정 기준

- 공통 기준 : 00지역에 거주하는 만19세~34세 청년
- 우선 순위
  - 1순위) 사회적 지지기반 및 관계망이 미약한 청년NEET(현재 아무것도 하지 않는 청년)
  - 2순위) 정규학업과정에 속해있지 않으나 진로 · 자립 준비에 대한 욕구가 높은 청년
  - 3순위) 정보 부족으로 자립 · 취업에 어려움을 겪고 있는 청년

※ 우선 순위에서 동등할 경우 가계소득기준(중위소득 120% 이하)으로 가산점 부여

5) 본 예시는 2019년 전국기획사업-부산진구종합사회복지관 사업계획서 일부를 발췌·요약하여 작성되었으며 전체 사업계획서의 내용은 http://proposal.chest.or.kr에서 확인 할 수 있음.

(3) 참여자 모집 방안

- 청년NEET 아웃리치 활동을 통한 홍보 및 모집
- 마을활동가 사각지대 발굴을 통한 지역사회 청년 모집
- 사업지역 내 주민센터 홍보 및 청년 연계 의뢰
- 지역사회 연계기관(네트워크기관 등)

2) 사업 내용 및 사업 집행 전략

- 세부 사업 내용

세부 사업명		활동(수행방법) 내용	시행 시기	시행 횟수/시간
지역사회 체계 구축	청년 NEET 아웃리치	• 내용 : 지역사회 청년 현황 파악 및 실태조사를 통한 참여자 중심 서비스 기반 마련 • 수행인력 : 실무자 2명, 활동가 • 참여인원 : 지역 청년 200명 • 방법 : 지역 대학 및 시내 등을 중심으로 사업홍보(리플렛 2회 배포), 청년 실태 리서치 수행 • 모집 청년에 대한 욕구별 구분 : 학업중단 위기청년, 현실회피청년, 정보부족 청년	1~3월	3회/3h
	지역사화 네트워크 그룹 형성	[지역사회(실무자) 네트워크] • 내용 : 청년 인식개선 공동활동 협력방안 논의, 사업별 피드백 공유 • 수행인력 : 실무자 1명 • 참여인원 : 지역사회 유관기관 담당자 7명 • 방법 : 지역 내 연계 가능한 네트워크 조직 MOU 협약(15회) 등을 통한 체계 구축	3~11월	6회
		[마을활동가 네트워크] • 내용 : 마을이 함께 하는 청년 지원을 위한 활동에 참여하고자 하는 주민 그룹 구성 및 활동 • 수행인력 : 실무자 1명 • 참여인원 : 마을 주민 10명 • 방법 : 지역 사각지대 발굴, 청년NEET아웃리치, 마을멘토기업 발굴, 지역 상시연계체계 구축	2~4월 5~12월	20회/-

<table>
<tr><th colspan="2" rowspan="2">세부 사업명</th><th colspan="3">활동(수행방법)</th></tr>
<tr><th>내용</th><th>시행 시기</th><th>시행 횟수/ 시간</th></tr>
<tr><td rowspan="5">청년 자립 역량 강화</td><td>자립 컨설팅</td><td>• 내용 : 대상자별 지원 계획 수립, 지원 계획 설정, 우선순위에 의거한 개입
• 과정 검토를 위한 기초 컨설팅
• 수행인력 : 실무자 2명
• 참여인원 : 260명(실인원 40명)
• 방법 : 기초 컨설팅(참여자 당 2회), 수시 컨설팅(최소 분기별 2회)</td><td>2~4월
5~12월</td><td>160회/
–</td></tr>
<tr><td>자립소양 교육</td><td>• 내용: 청년 자립의 동기부여 및 긍정적인 진로 준비 태도 형성을 지지하기 위한 욕구 맞춤형 교육 지원
• 수행인력 : 실무자 1명, 전문강사
• 참여인원 : 140명(실인원 20명)
• 방법 : 동기부여 교육(동기 향상, 자기탐색, 목표수립, 비전수립 등), 자립역량강화교육(스피치특강, 면접교육, 이력서 및 자기소개서 작성법, 이미지메이킹 등)</td><td>3,5
7,9월</td><td>7회/
3h</td></tr>
<tr><td>배움 지원</td><td>• 내용: 청년이 자립에 필요한 다양한 배움의 기회에 참여할 수 있도록 실비 지원
• 수행인력 : 실무자 2명, 전문학원
• 참여인원 : 350명(실인원 35명)
• 방법 : 자립훈련비 지원(월 30명/연 10회), 자격시험 응시 지원(월 5명/연 10회)</td><td>3~12월</td><td>20회/–</td></tr>
<tr><td>마음 두드림</td><td>• 내용: 심리 · 정서적 문제 및 갈등으로 진로 준비에 내적 어려움을 겪고 있는 청년을 대상으로 전문가 개별 심층 상담 연계
• 수행인력 : 실무자 1명, 상담전문가
• 참여인원 : 20명(실인원 5명)
• 방법 : 청년 심리 · 정서지원을 위해 연계 할 전문 기관 발굴 및 협약 → 자립컨설팅 결과를 토대로 심리 · 정서지원이 필요한 청년 상담 의뢰 → 수시 모니터링 진행</td><td>연중</td><td>5회/–</td></tr>
<tr><td>청년 NEET 자문회의</td><td>• 내용: 청년 니트 발굴 및 자립컨설팅에서 심층 사례개입이 필요한 참여자에 대한 전문가 자문 진행
• 수행인력 : 실무자 2명, 자문위원
• 참여인원 : 8명(실인원 2명)
• 방법: 청년 사례관리, 청년 지원을 위한 전문가(교수, 상담센터 등) 그룹을 자문위원으로 위촉, 분기별 1회 case 자문 요청</td><td>4,7,9,
11월</td><td>4회/2h</td></tr>
</table>

세부 사업명		활동(수행방법)		
		내용	시행 시기	시행 횟수/시간
청년 주도 공동체	이루다 공동체	• 내용: 다양한 주제로 서로 소통하고, 공동의 재미난 활동을 스스로 기획하며 실천하는 청년 자치 공동체 네트워크 • 수행인력 : 실무자 1명, 멘토 활동가 • 참여인원 : 200명(실인원 20명) • 방법 – 참여를 희망하는 청년 모집(사전 욕구 수렴을 통한 2그룹 구성) – 청년들과 함께 할 멘토 모집(청년활동가) – 격월로 네트워크 모임에 참여하며 자유로운 소통과 기획의 장으로 활동(자율 주제 공동 활동 수행비 지급) – 진로, 자립에 관한 활동, 청년 이슈 및 탐색 및 논의 활동 진행 – 각 공동체별로 신규 참여자와 지속 참여자가 어울릴 수 있도록 구성 – 온라인 공동체 "청년비상플래닛" 운영 – 청년비상플랫폼 참여자 중 이루다공동체 구성원으로 활동하는 청년에 대하여 월별 '활동 장려비' 지급(월 2만원)	3~12월	10회/2h

• 사업 진행 일정

주요 내용		기간	1월	2월	3월	4월	5월	6월	7월	8월	9월	10월	11월	12월
지역사회 체계구축	청년 NEET 아웃리치													
	지역사회 네트워크 그룹 형성	실무자 네트워크												
		마을활동가 네트워크												
청년자립 역량강화	자립 컨설팅				기초컨설팅						수시 컨설팅			
	자립소양교육													
	배움 지원													
	마음 두드림													
	청년 NEET 자문회의													
청년주도 공동체	이루다 공동체													

3) 기관 연계협력 전략

협력 기관명	세부 사업명	협력 계획
[지자체] • 00구청 희망복지과 • 00지역 주민센터	• 청년 NEET 아웃리치	• 지역사회 청년NEET, 사업 참여자 모집을 위한 • 공문 발송, 의뢰, 아웃리치활동 협조 요청
[지역 내 대학교] • 00대, 00대 사회복지학과	• 청년 NEET 아웃리치	• 지역사회 청년NEET, 사업 참여자 모집을 위한 • 연계, 아웃리치 활동 등 장소 협조 • MOU협약을 통한 청년 지원 상시 연계망
[지역 유관기관] • 00건강가정지원센터 • 00자원봉사센터 • 00여성인력개발센터 • 00사회적기업센터 • 00지역자활센터	• 청년 NEET 아웃리치 • 지역사회 네트워크 그룹 형성	• 지역사회 청년NEET, 사업 참여자 모집을 위한 연계 • MOU협약 및 실무자 네트워크 활동을 통한 상시 연계망 구축 • 전문프로그램 강사 연계 등
[전문가 그룹] • 00대학교 000 교수 (사업자문 교수) • 00연대 000 팀장 (청년 공동체 활동 자문)	• 청년NEET 자문회의	• 청년비상플랫폼 사업 진행에 따른 점검, • 전문가 수퍼비전 수렴을 통한 사업의 질 향상, 방향성 모색 • 청년 공동체 네트워크 활동에 따른 자문, 참여요청, 청년 공동체 멘토의 역할
• 00운동교육원	• 지역사회 네트워크 그룹 형성	• 청년 지원을 위한 마을활동가 그룹 양성, 활동에 있어 자문 및 교육 연계
• 전문 상담 기관	• 마음두드림	• 심리 · 정서적 문제를 겪고 있는 청년 대상 전문가 개별 심층 상담 연계
• 청년 진로 교육 기관	• 자립소양교육	• 청년 진로계획 수립, 동기강화, 비전 수립을 위한 전문 교육 연계
• 마을활동가	• 지역사회 네트워크 그룹 형성 • 청년NEET 아웃리치	• 마을활동가 네트워크 구축, 양성, 청년 모니터링 및 옹호활동 수행

3. 예산 편성

(단위: 원)

목	세목	세세목	계	산출근거	예산조달 계획				
					신청금액	비율(%)	자부담	비율(%)	자부담 재원
총계			90,055,000		84,910,000	100	5,145,000	100	
인건비	전담인력	급여	23,400,000	급여 1,950,000원*12월	23,400,000	27.6			
		퇴직적립금	2,145,000	퇴직적립금 25,740,000원/12월	0		2,145,000	41.7	
		사회보험	3,000,00	사회보험 기관부담금 250,000원*12월	0		3,000,000	58.3	
	소계		28,545,000		23,400,000	27.6	5,145,000	100	
사업비	청년NEET 아웃리치	사업홍보 부스운영	3,800,000	- 부스 및 각종 물품구입비 1,000,000원*3회 - 리플릿 제작비 400,000원*2회	3,800,000	4.5			
	지역사회 네트워크 그룹형성	지역사회 실무자 네트워크	2,700,000	- 회의비 50,000원*7명*6회 =2,100,000원 - 회의진행비 100,000원*6회 =600,000원	2,700,000	3.2			
		마을활동가 네트워크	4,700,000	- 활동비 23,500원*10명*20회	4,700,000	5.5			
	자립 컨설팅	기초 및 수시컨설팅	800,000	- 상담비 5,000원*40명*4회	800,000	0.9			
	자립소양 교육	맞춤형 교육비	3,360,000	- 강사비 280,000원(3h)*7회*1명 - 교육진행비 200,000원*7회	3,360,000	4.0			
	배움지원	자립훈련	30,000,000	- 교육비 100,000원*30명*10회(월)	30,000,000	35.3			
		자격시험	2,500,000	- 시험응시료 50,000원*5명*10회(월)	2,500,000	2.9			
	마음 두드림	개별상담	250,000	- 상담연계 및 모니터링 등50,000원*5회	250,000	0.3			
	청년NEET 자문회의	자문회의	400,000	-회의비 100,000원*4회	400,000	0.5			
	이루다 공동체	공동체 활동	11,000,000	- 구성원 활동장려비 20,000원*20명*10회 - 공동활동수행비 1,000,000원*3회 - 물품구입 등 200,000원*10회*2그룹	11,000,000	13.0			
	소계		59,510,000		59,510,000	70.1			

목	세목	세세목	계	산출근거	예산조달 계획				
					신청금액	비율(%)	자부담	비율(%)	자부담 재원
관리 운영비	관리 운영비	수용비 및 수수료	1,200,000	– 수용비 및 수수료 100,000원*12월	1,200,000	1.4			
		교육 출장비	800,000	– 전담인력 교육 출장비 100,000원*2명*4회	800,000	0.9			
	소계		2,000,000		2,000,000	2.3			

4. 목표 및 평가

1) 산출목표

세부 사업명		산출목표	모니터링 방법
지역사회 체계 구축	청년NEET 아웃리치	• 연 3회 청년NEET 아웃리치 실시 • 연 40명 이상 참여자 발굴 · 등록 • 연 1회(300명) 마을청년 욕구조사 실시	• 아웃리치 결과보고서 • 참여신청서 및 케이스파일 확인 • 마을청년 욕구조사서 및 보고서
	지역사회 네트워크 그룹형성	• 연 15회(곳) 사업 MOU협약 실시 • 연 6회 유관기관 실무자 네트워크 실시 • 연 20회 마을활동가 네트워크 실시	• MOU 협약서 • 네트워크 과정기록지 모니터링 • 마을활동가 활동 과정기록지 모니터링
청년 자립 역량 강화	자립컨설팅	• 연 160명 자립컨설팅 지원	• 상담기록지 및 사례관리기록지
	자립소양교육	• 연 7회(140명) 자립소양교육 실시	• 자립소양교육 출석부, 과정기록지
	배움지원	• 연 20회(350명) 배움지원 실시	• 배움지원 출석부, 참여자 활동기록지
	마음두드림	• 연 20명 마음두드림 연계	• 기관연계의뢰서 모니터링
	청년NEET 자문회의	• 연 4회 청년NEET 지원 회의(자문) 실시	• 자문기록, 케이스파일 점검
청년 주도 공동체	이루다 공동체	• 연 10회 이루다 공동체 진행 • 이루다 공동체 참여자 20명 구성 • 온라인 공동체 "청년비상플래닛" 운영	• 이루다 공동체 참여신청서 검토 • 이루다 공동체 활동 기록 • 공동체 활동 보고서 모니터링 • 온라인공동체 게시글 기록 확인

2) 성과목표 및 평가 방법

성과목표	평가 도구 및 방법	측정 시기
청년NEET 발굴	• 성과지표 : 발굴 목표 인원 100% 달성 • 평가도구 : 프로그램 참여 동의서	사업 종료후
청년NEET의 개별 욕구중심 진로 지원을 통한 긍정적 진로 태도 및 자립 역량 강화	• 성과지표 : 니트 상태 변화(니트상태 탈출 10% 이상, 구직의향 30%이상 향상) • 평가도구 : 니트 판별 척도(활동상태 변화), 향후 진로 계획 및 구직의향, 프로그램 참여율 및 적극성 평가 • 평가방법 : 참여자 대상 사전–사후 설문조사	사전 2020.2 사후 2020.11
청년 관계망 육성을 통한 청년주도형 공동체 활성화	• 성과지표 : 참여 청년 간 관계의 긍정적 변화, 청년의 지역사회에 대한 인식 변화 • 평가도구 – 공동체 활동 내용 분석, 참여자 소감문 및 인터뷰를 통한 질적 평가 – 공동체 참여자 대상 인터뷰 및 소감문 수렴으로 참여자 간 관계 변화 평가 • 평가방법 : 내용 분석, 인터뷰, 사전–사후 설문	분기별 1회

3) 과정평가(선택)

성과목표	평가 도구 및 방법	측정 시기
청년공동체(이루다) 활동 추진 과정	• 평가주체: 실무자, 구성원, 지역주민 • 평가내용: ① 청년의 욕구가 충분히 반영되었는가? ② 청년이 주도적(주체적)으로 참여하는가? ③ 다양한 지역사회활동 과정에서 청년의 마인드가 개인에서 지역으로 확장되었는가? • 평가방법: 참여자 활동기록 및 소감문, 실무자 질적 평가, 지역주민 인터뷰	수시

부록 9. 사회복지공동모금회 프로그램_산출중심형 사업계획서 표준 양식(2024)

〈산출중심형〉 사업계획서

1. 사업명: 대상 목적 방법

- 대상, 목적, 방법과 관련된 정보를 담은 사업명을 적어 주십시오. (슬로건은 부제(副題)로 병기해 주세요.)

2. 사업 필요성

- 수행하려는 사업내용과 관련하여 지금 직면해 있는 현실적인 어려움은 무엇입니까?
- 무엇을 해소 또는 완화하려는 것입니까?

3. 사업 내용 및 추진방법

1) 사업참여자 및 인원

- 참여자는 누구이며, 몇 명입니까?
- 어떤 기준을 세워서 참여자를 결정하게 됩니까?

2) 사업내용 및 방법

세부 사업명	활동 내용(수행방법)	산출 목표
	(시행방법, 시행 시기, 참여인원, 횟수 등 포함하여 작성)	

- (세부 사업명) 전체 사업을 몇 개의 세부 사업으로 분류한다면 어떻게 구성될 수 있습니까?
- (활동 내용) 사업을 어떻게 추진할 것인지에 대하여 세부 사업별 시행방법, 시행 시기 및 횟수, 참여인원, 사업 진행 일정 등의 정보를 담아서 기술해 주시기 바랍니다.
- (산출 목표) 사업 시행의 결과로 발생하는 산출물은 무엇입니까?

2) 사업내용 및 방법

주요 내용 \ 기간	1월	2월	3월	4월	5월	6월	7월	8월	9월	10월	11월	12월
(세부 사업명)												

- 세부사업명을 작성하고, 사업 추진 일정을 음영으로 표시하여 주시기 바랍니다.

※ 표는 예시이며, 사업에 맞게 양식 변경 가능

4. 예산 편성

(단위: 원)

목	세목	세세목	계	산출근거	예산조달 계획				
					신청금액	비율 (%)	자부담	비율 (%)	자부담 재원
총계									
인건비									
	소계								
사업비									
	소계								
관리 운영비									
	소계								

- 사업에 직접 투입되는 비용을 인건비, 사업비, 관리운영비로 구분하여 작성해주시기 바랍니다.
  - (인건비) 해당사업을 직접적으로 수행하는 인력에게 투입되는 비용
  - (사업비) 프로그램 수행에 필요한 직접비용
  - (관리운영비) 프로그램의 수행에 필요한 간접비용(사업관리에 필요한 비용)
  - 예산 수립 시 "별첨3. 예산 편성 기준표"(p.105)를 참고하여 주시기 바랍니다.
- 세목은 세부 사업별로 구분하고 단위가 큰 경우 세세목으로 구분하여 작성하시기 바랍니다.
- 산출근거는 실제 단가, 수량, 인원수, 건수, 횟수 등을 구체적으로 기록해 주시기 바랍니다.

부록 10. 사회복지공동모금회 프로그램_산출중심형 사업계획서 작성 예시

※ 배분신청서, 기관현황을 포함하여 총 5매 이내로 작성하여 주십시오.
※ 사업계획서 작성 예시는 온라인 배분신청 사이트(http://proposal.chest.or.kr)–프로포절 자료실 참고

〈산출중심형〉 사업계획서

1. 사업명: 독거어르신 밑반찬 배달을 통한 식생활 개선 사업 ‘은빛 영양 지킴이’

2. 사업 필요성

OO시는 도농복합지역으로 농업에 종사하는 가구가 많으며, 농촌 저소득 독거노인은 경제 능력이 매우 취약하여 생활고와 더불어 결식 문제가 심각한 수준에 이르고 있다. 또한 식사는 하더라도 다양한 반찬을 섭취하지 못하여 영양불균형이 오는 경우도 많다. 20XX년 OO시 보건소에서 관내 65세 이상 300명을 대상으로 식습관과 음식 섭취를 분석한 결과 탄수화물, 단백질 등의 에너지원 섭취량이 필요량에 비해 약 17.5% 부족한 것으로 나타났다. 이러한 노인의 영양 불균형은 각종 질병에 노출되기 쉬운 환경으로 이어지고 있다.

위와 같은 문제를 개선하고자 OO노인복지관에서는 20△△년부터 무료 경로급식을 제공하고 있으나, 거동이 불편하거나 외부 활동이 적은 어르신은 서비스를 제공받지 못하는 한계점을 여전히 지니고 있다. 이에 본 복지관은 영양 밑반찬 배달을 통해 독거어르신의 식생활을 개선하고 건강 유지에 기여하고자 한다.

3. 사업 내용 및 추진방법

1) 사업참여자 및 인원

- 사업참여자: ○○시에 거주하는 독거어르신 30명
- 참여자 선정기준
  - ○○시 실태 조사를 통해 밑반찬을 제대로 드시지 못하는 어르신 가구 파악
  - 파악된 가구 중 신체적 · 경제적으로 밑반찬 조리가 어렵다고 판단되는 대상을 선정
  - 지자체 등 타 기관 지원 여부 확인 후 기관 내 회의를 통해 결정
  - 참여자 의사를 반영하여 최종 확정

2) 사업내용 및 방법

- 사업내용

세부 사업명	산출목표	모니터링 방법
밑반찬 제조	• 영양을 고려한 연간 식단 계획 수립(3찬 기준, 주2회, 44주) • 위생용기 및 소모품은 사업 초기 일괄 구매하고, 밑반찬 재료는 제조 시 구매 • 기존 경로 급식 봉사자 및 복지관 조리 시설을 활용하여 밑반찬 제조	주 2회 밑반찬 3종 제조
밑반찬 배달 및 식생활 모니터링	• 제조된 밑반찬 3종을 매주 월, 목요일에 참여자에게 배달(44주) • 기존 밑반찬은 상태를 확인하도록 하며, 부패 가능성이 있는 경우 회수	주 2회 30가구 밑반찬 배달 및 모니터링

- 추진 일정

주요 내용 \ 기간		1월	2월	3월	4월	5월	6월	7월	8월	9월	10월	11월	12월
밑반찬 제조	참여자 선정	■	■										
	식단 계획 수립/소모품 구입		■										
	밑반찬 제조/식재료 구입			■	■	■	■	■	■	■	■	■	■

<table>
<tr><th colspan="2">기간 / 주요 내용</th><th>1월</th><th>2월</th><th>3월</th><th>4월</th><th>5월</th><th>6월</th><th>7월</th><th>8월</th><th>9월</th><th>10월</th><th>11월</th><th>12월</th></tr>
<tr><td rowspan="2">밑반찬 배달 및 식생활 모니터링</td><td>밑반찬 배달</td><td></td><td></td><td></td><td></td><td></td><td></td><td></td><td></td><td></td><td></td><td></td><td></td></tr>
<tr><td>식생활 모니터링</td><td></td><td></td><td></td><td></td><td></td><td></td><td></td><td></td><td></td><td></td><td></td><td></td></tr>
</table>

4. 예산 편성

(단위: 원)

<table>
<tr><th rowspan="2">목</th><th rowspan="2">세목</th><th rowspan="2">세세목</th><th rowspan="2">계</th><th rowspan="2">산출근거</th><th colspan="5">예산조달 계획</th></tr>
<tr><th>신청금액</th><th>비율(%)</th><th>자부담</th><th>비율(%)</th><th>자부담 재원</th></tr>
<tr><td colspan="3">총계</td><td>14,146,000</td><td></td><td>11,946,000</td><td>100</td><td>2,200,000</td><td>100</td><td></td></tr>
<tr><td rowspan="4">사업비</td><td rowspan="2">밑반찬 제조</td><td>소모품 구입</td><td>1,386,000</td><td>– 위생용기 150원×30명×3개×44주×2회
– 스티커 25원 x 30명×3개×44주×2회</td><td>1,386,000</td><td>17.7</td><td></td><td></td><td></td></tr>
<tr><td>식재료 구입</td><td>10,560,000</td><td>– 재료구입비 4,000원×30명×44주×2회</td><td>10,560,000</td><td>88.3</td><td></td><td></td><td></td></tr>
<tr><td>밑반찬 배달 및 식생활 모니터링</td><td>밑반찬 배달</td><td>2,200,000</td><td>– 주유비 50,000원×44주</td><td></td><td></td><td>2,200,000</td><td>100</td><td>자체 예산</td></tr>
<tr><td colspan="2">소계</td><td>14,146,000</td><td></td><td>11,946,000</td><td>100</td><td>2,200,000</td><td>100</td><td></td></tr>
</table>

부록 11. 사회복지공동모금회 기능보강 사업계획서 표준 양식(2024)

〈기능보강〉 사업계획서

1. 사업명: 대상 목적 방법

- 대상, 목적, 방법과 관련된 정보를 담은 사업명을 적어 주십시오.
  (슬로건은 부제(副題)로 병기해 주세요.)

2. 지원 필요성

1) 주요 문제점

- 현재 어떤 어려움에 직면해 있습니까? 어떤 문제 때문에 기능보강을 신청하는지 설명해 주시기 바랍니다.
- 지원받지 못하면 어떤 상황이 벌어집니까?

2) 관련 현황(해당 사항만 기재)

〈장비〉

1	장비 교체 지원의 경우 기존 장비 사진	
전면사진	후면사진	측면(좌)사진

〈개보수〉

1	시설개보수의 경우 현 시설 사진	
사진 1	사진 2	사진 3

〈개보수〉

차종	연식	배기량	좌석 수	현재 사용 용도	지원 주체
	년	CC	명		자체구입
					OO모금회

- 앞서 기술한 어려움과 관련한 현황에 대해 작성해 주시기 바랍니다.
  - 장비, 개보수, 자동차 중 해당 사항만 기재하며, 관련 사진 첨부

3. 사업 내용

1) 이용 대상 및 인원

- 본 사업을 통해 생활이 개선되거나 수행할 사업에 참여하게 되는 이용자는 누구이며, 인원은 몇 명입니까?

2) 세부 사업 내용(해당 사항만 기재)

구입 장비명	용도	사용 횟수(또는 시간)	사용 연한	구입 수량	사용 장소

1	구입하고자 하는 장비사진 등 첨부	
전면사진 1	전면사진 2	전면사진 3

〈개보수〉

개보수 장소	개보수 내용

〈자동차 구입〉

차종	연식	배기량	좌석수	예상가액	비고
	년	CC	명	천 원	

- 진행하고자 하는 사업 내용은 무엇입니까? (장비, 개보수, 자동차 중 해당 사항만 기재)
- (필요 시) 공사, 용역 및 물품 제조 · 구매 견적서 제출 : 본 견적서 및 비교 견적서 각 1부
  - 거래실례가격, 유사거래실례가격, 감정가격, 통계작성 승인을 받은 기관이 조사/공표한 가격 등과 비교 검토하여 경제적인 가격으로 결정한 증빙자료(인터넷 가격비교, 비교견적서 등 포함)
  - 나라장터 종합쇼핑몰을 이용하는 경우 나라장터 견적서를 제출하고, 비교견적서 제출은 생략 가능

※ 모금회 배분사업 관련 구매 · 계약은 「지방자치단체를 당사자로 하는 법률」을 따르고 있으며, 계약대상자 선정 관련 세부 방법은 사업 선정 후 사업수행안내자료를 통해 별도 안내함(구매/계약 방법 참고)

3) 사업 진행 일정

일정	내용	비고

- 추진 내용별 일정을 기재하여 주시기 바랍니다.

※ 표는 예시이며, 사업에 맞게 양식 변경 가능

4. 예산 편성

(단위: 원)

목	세목	계	산출근거	예산조달 계획				
				신청금액	비율 (%)	자부담	비율 (%)	자부담 재원
총계								
사업비								
	소계							
관리 운영비								
	소계							

- 사업에 직접 투입되는 비용을 사업비, 관리운영비로 구분하여 작성해 주시기 바랍니다.
  - (사업비) 사업수행에 필요한 직접비용
  - (관리운영비) 사업수행에 필요한 간접비용(사업관리에 필요한 비용)
  - 예산 수립 시 '별첨 3. 예산 편성 기준표'(p. 105)를 참고하여 주시기 바랍니다.
- 세목은 세부 사업별로 구분하고 단위가 큰 경우 세세목으로 구분하여 작성하시기 바랍니다.
- 산출근거는 실제 단가, 수량, 인원수, 건수, 횟수 등을 구체적으로 기록해 주시기 바랍니다.

5. 향후 운영 계획

- 장비 구입, 개보수 또는 자동차 구입을 통해 향후 어떤 사업을 수행하고자 하는지 작성해 주시기 바랍니다.
  - 동 기능보강사업에 따른 장비나, 개보수 내용이나 구입한 자동차가 어떻게 활용될 것인지에 대해 사후 관리 및 유지보수 계획을 포함하여 작성해 주시기 바랍니다.

부록 12. 사회복지공동모금회 기능보강 사업계획서 작성 예시

※ 배분신청서, 기관현황을 포함하여 총 5매 이내로 작성하여 주십시오.
※ 사업계획서 작성 예시는 온라인 배분신청 사이트(http://proposal.chest.or.kr)-프로포절 자료실 참고

〈기능보강〉 사업계획서

1. 사업명: 지적 장애인 거주시설의 주거환경 개선을 위한 방수공사 사업

2. 사업 필요성

1) 주요 문제점

본 기관은 20XX년부터 지적장애인 보호를 목적으로 거주시설을 운영하고 있으나, 노후한 시설로 인해 누수가 발생하여 곰팡이가 발생하는 등 거주 장애인들의 건강을 위협하고 있다. 더욱이 여름철 장마와 폭우가 이어지는 경우 누수 현상이 수습 불가할 정도로 심해져 건물 계단을 폐쇄하는 등 장애인과 직원의 안전 문제로까지 이어지고 있다. 장마철이 시작되기 전 보수공사를 시급히 시행할 필요가 있으나, 본 기관의 운영비로 보수공사를 진행하기에는 예산이 부족하여 외부 지원이 절실한 상황이다.

2) 관련 현황

1	현 시설 사진	
사진 1	사진 2	사진 3

3. 사업 내용

1) 이용 대상 및 인원: ○○기관 내 거주하는 지적 장애인 25명

2) 세부 사업 내용

개보수 장소	개보수 내용
옥상	부식된 우레탄 제거 및 옥상 전체 방수 공사 진행
건물 외벽	건물 외벽 균열 보수 작업 및 방수제 처리

3) 사업 진행 일정

내용	일정	비고(담당 등)
공사업체 입찰 및 선정	20××. 3. 15. ~ 4. 20.	구매팀
계약 및 계약금 지급	20××. 4. 23. 예정	구매팀, 담당자
공사 시행	20××. 4. 25. ~ 6. 24.(약 2개월)	업체
검수 및 잔금 지급	20××. 6. 26	구매팀, 담당자

4. 예산 편성

(단위: 원)

목	세목	계	산출근거	예산조달 계획				
				신청금액	비율(%)	자부담	비율(%)	자부담 재원
총계		33,950,000		26,450,000	100	7,500,000	100	
사업비	보수 공사	7,500,000	옥상 방수 7,500,000원			7,500,000	100	외부지원 (○○도)
		26,000,000	외벽 보수 및 방수 26,000,000원	26,000,000	98			
	폐기물 처리	450,000	산업폐기물 처리비용 450,000원	450,000	2			
	소계	33,950,000		26,450,000	100	7,500,000	100	

5. 향후 운영 계획

누수 예방을 통해 거주 장애인의 안전하고 쾌적한 생활환경으로 개선 될 것으로 기대되며, 특히 장마철 실내 생활의 불편함이 해소 될 것으로 기대된다. 향후 정기적인 건물 안전진단을 통해 누수 등의 문제를 사전에 예방할 수 있도록 조치할 계획이다.

부록 13. 사회복지공동모금회 사업계획서 작성 매뉴얼(2024)

사업계획서 작성 매뉴얼

가. 사업명

1) 작성 가이드

- 1개년 사업이라면 1년 동안의, 3개년 사업이라면 3년의 전체 기간 동안에 추진할 사업의 제목을 적습니다.
- 사업명을 통해 그 사업이 누구에 대한 어떤한 목적으로 무엇을 하려는 사업인지 명확하게 알 수 있도록 합니다.
- 사업명을 인상 깊게 슬로건으로 표현하고자 하는 경우에라도 사업명을 먼저 적고 그 아래에 슬로건은 부제(副題)로 병기하는 것이 좋습니다.

좋은 예	대상, 목적, 방법을 파악할 수 있는 사업명
	• 성인 발달장애인의 자립생활을 지원하기 위한 식생활 개선 프로그램 – Rainbow 영양지원, 다양한 자립의 길! • 장애 · 비장애 청소년의 지역 네트워크 형성을 통한 또래통합 프로그램
피해야 할 예	제목만으로는 누구에게 어떤 프로그램을 진행하는지 알 수 없는 경우
	• 내 일을 잡(Job)아라! – 너의 손안에 펼쳐질 세계가 있다. • 색다른 문화공감, Rainbow • 빼앗긴 보금자리에서 새 희망을 안고 가는 'Happy Van'

2) 지혜로운 지피지기(知彼知己)

- 심사자는 제목을 보고 이후 서술될 사업내용의 전개방향에 대해 감(感)을 갖게 됩니다. 제목에서 관련 정보를 얻을 수 없다면 사업계획서를 보고서야 비로소 사업내용을 이해하게 됩니다.
- 여러 편의 배분신청서를 심사하는 심사자로서는 제목과 사업내용을 연결시키지 못하면 이후에 다시 제목을 보더라도 어떤 사업인지 기억하기 어렵습니다. 제목만으로도 심사자의 시선을 사로잡기 위해서는 '화려한 슬로건' 보다 '정확한 제목'을 작성하

는 것이 중요합니다.

- (성과확산형 사업) 다른 사업유형에 비해 규모나 지향하는 가치, 성과 면에서 차이가 있습니다. 보다 거시적이고 사회에 대한 울림을 가져올 수 있는 사업이라는 점을 염두에 두시고, 사업 전체를 아우를 수 있는 사업명을 제시하셔야 합니다.

심사자는 사업을 심사함에 있어서 자신의 선입견이나 부정적인 경험이 부적절하게 심사에 영향을 미치지 않고 최대한 객관적으로 심사하기 위해 노력합니다. 하지만 사업내용을 읽다보면 더 읽고 싶어지는 것이 있는가 하면, 보면 볼수록 '무슨 사업을 어떻게 하겠다는 것인지' 이해하기 어려울 때도 있습니다.
읽으면 읽을수록 그 다음에 어떤 내용이 펼쳐질까 궁금한 사업계획서와 읽으면 읽을수록 앞뒤가 맞지 않거나 내용이 분절적이고 연결이 되지 않는 사업계획서 어떤 것에 더 마음이 갈까요?
심사 여정의 처음이 사업명입니다.
이후의 내용을 가장 압축적으로 표현하면서 내용을 이끄는 제목 – 첫 인상의 시작입니다.

나. 사업 내용 및 추진 전략

1) 사업참여자 모집 전략

(1) 작성 가이드

[I] 사업참여자의 개념적 의의 및 종류

- 예전에는 사업참여자를 '사업대상자'라고 표기했습니다. 공급자가 일방적으로 서비스를 제공할 때는 사업대상자로 불리는 것이 맞지만 프로그램 사업에서의 참여자는 기관 직원의 권유에 의해 참여하기도 하지만 참여여부를 결정하는 것은 당사자입니다. 이제 그들을 피동적인 '대상'으로 간주하기 보다는 '주체적인 참여자'로 바라보고자 합니다.
- 사업참여자는 크게 두 종류로 구분됩니다.
  - 첫째는 '핵심 참여자(Main Participants, 핵참)'입니다. 핵심참여자는 성과목표 달성에의 주인공으로 성과목표 달성여부와 직결되는 사람을 말합니다.
  - 둘째는 '주변참여자(Sub Participants, 변참)'입니다. 성과목표를 달성하는데 또는 핵심참여자가 변화하는데 매우 밀접하게 관여되는 중요한 주변인입니다.

<table>
<tr><td rowspan="2">예시</td><td>사업참여자를 명확히 구분하여 제시</td></tr>
<tr><td>• 핵심 참여자: 손자녀를 양육하고 있는 조부모 10명
• 주변 참여자: 손자녀의 어머니 10명(손자녀 1명당 어머니 1명)</td></tr>
</table>

- "손자녀에 대한 조부모의 양육기술향상 프로그램'에서 참여자는 앞선 예와 같이 핵심 참여자는 '조부모'입니다. 그런데 이 때 손자녀 부모의 매개적 역할이 필요하다면 사업 내용 중에 손자녀 부모에 대한 세부 프로그램이 운영될 수 있고, 사업예산을 사용할 수 있습니다. 하지만 이 모든 것의 초점은 조부모에게 있습니다. 즉, 손자녀의 부모에 대한 프로그램 진행과 관련하여 산출목표가 설정될 수 있지만 성과목표는 최종적으로 「조부모의 양육기술이 향상되었는지」의 여부입니다.핵심 참여자와 주변 참여자를 구분함으로써 누가 주인공이며 성과목표 달성 여부를 점검하는 대상인지, 성과목표 달성 여부 측정 대상이 아니라도 이 사업에 참여하여 최종적인 목표 달성에 조력할 조연 역할은 누가 하게 되는지를 알 수 있도록 하고자 합니다.

• 핵심참여자와 주변참여자를 구분함으로써 누가 주인공이며 성과목표 달성여부를 점검하는 대상인지, 성과목표 달성여부 측정대상이 아니라도 이 사업에 참여하여 최종적인 목표달성에 조력할 조연 역할은 누가하게 되는지를 알 수 있도록 하고자 합니다.

2 참여자 선정 기준

• 흔히 참여자 선정방법에 대해 저소득층, 국민기초생활수급자 우선 등 소득 기준을 매우 중요하게 생각합니다. 하지만 사회서비스는 공적 부조 및 사회보험과 달리 욕구에 대한 대응이 중요합니다. 즉, 욕구에 대한 고려 없이 소득 기준을 획일적으로 적용하는 선정 방법은 적절하다고 볼 수 없습니다.

• 그러므로 사업의 성격을 고려하여 누구를 우선으로 이 사업에 참여시킬 것인지 생각해봐야 하며, 참여희망자 수가 모집 상한 규모를 넘어서는 경우 누구에게 기회를 줄 것인지 그 기준을 명확히 해야합니다.

- 모집 기준을 설정할 때 고려해야 할 요소들은 아래 예시와 같습니다. 어느 쪽에 방점을 두든 사업 내용이 분명하고 체계적으로 구성되어 있다면 의미 있는 사업으로 인정받게 됩니다.

- 욕구의 크기 우선인가, 저소득층 우선인가?
  - 저소득층의 욕구가 큰 경우가 많지만 반드시 일치하지 않는다는 점을 유의
    예) 도벽이 있는 아동에 대한 개입은 소득기준보다는 도벽 성향의 심각성에 초점
- 변화의 가능성이 어느 정도 엿보여야 하는가, 변화의 가능성을 발굴하는 쪽이어야 하는가?
  - 기관의 미션, 비전과 연계되는 요소로, 남들이 돌아보지 않는 심각한 경우에 초점을 둘 것인지, 개입을 통한 성과물로 사회적 환기를 통해 사업 확장을 의도하는 것인지를 판단
- 제도권에 있는가, 아니면 경계선급인가?
  - 제도권이라 하더라도 정부지원의 사각지대는 있고 급여 수준이 낮아서 이를 보충하는 개념인지, 아예 정부지원 대상은 아니지만 현실에서 어려움을 겪고 있는 자들에 대한 대응인지 판단
    예) 장애인 또는 장애인은 아니지만 경계선급인 아동 / 수용자 또는 수용자의 가족

[3] 참여자 모집 방안

- 참여자는 프로그램 기획자의 마음대로 움직여 주지 않을 때가 많습니다. 제일 경계해야 할 것은 '종전에 내가 해 오던 방식대로 하면 되겠지'라는 생각이나 '예전의 성공해 본 경험이 있기 때문에 이번에도 좋은 결과가 있을 것'이라는 막연한 기대감을 갖는 것입니다.그보다는 이번에 참여하게 될 사람들이 겪고 있는 어려움과 아픔, 살아가는 현실에 대한 보다 깊은 이해와 관심이 전제되어야 합니다. 예전의 경험에 비추어 일반화해서는 안 되며, 잠재적인 사업참여자를 발굴하여 사업에 적극적으로 참여하도록 하는 방안이 무엇인지에 대해 고민해야 합니다.
- 그 보다는 이번에 참여하게 될 분들이 겪고 있는 어려움과 아픔, 살아가는 현실에 대한 보다 깊은 이해와 관심이 전제되어야 합니다. 예전의 경험에 비추어 일반화해서는 안되며, 잠재적인 사업참여자를 발굴하여 사업에 적극적으로 참여하도록 하는 방안이 무엇인지에 대해 고민해야 합니다.

– ① 지역사회 내 어디에 잠재적인 사업참여자가 있는지, ② 어떤 매력을 제시해야 잠재적인 사업참여자가 실제 참여하겠는지, ③ 사업에 참여할 때 배려해야 할 부분은 무엇인지 등에 대한 고민들이 드러나야 합니다.

- 참여자 모집 방법은 사업의 성격과 지역에 따라 달라질 수 있습니다. 공개적으로 널리 홍보해야 할 때도 있고 때로는 눈덩이방식(Snowballing)으로 비슷한 처지에 있는 분들을 소개 받아 모집할 때도 있습니다. 또 서로간의 친밀감이 높은 지역사회와 익명성이 높은 지역사회에서의 접근방법이 달라집니다.

> - 흔히 작성자가 속한 기관을 이미 이용하고 있는 분들이 자연스럽게 참여하는 경우가 많은데 아래와 같은 장단점이 있으니 이에 대해 대안을 고민해 보면서 선택하시기 바랍니다.
> – (장점) 기관과 참여자 간에 어느 정도의 라포(Rapport)가 형성되어 있고, 일정 정도 경험을 공유하고 있어 사업착수에 용이하다는 점, 기관 실무자가 어느 정도 참여자의 욕구를 알고 있기 때문에 사업을 통한 개입지점 등을 상대적으로 잘 이해하고 있다는 점
> – (단점) 참여자 간의 기존의 영향력 관계가 그대로 적용되어 새로운 질서를 만드는데 어려움을 겪을 수 있다는 점, 준비 시점에서 기관이용자에게 우선순위 부여 시 기관을 이용하지 않는 사람은 일부 참여하지 못하게 되어 형평성 시비가 일어날 수 있다는 점, 기존 멤버가 대다수를 차지하고 배타성을 보일 때 신규 멤버들과 갈등이 생길 수 있다는 점 등

(2) 지혜로운 지피지기(知彼知己)

- 심사자는 사업제목과 핵심참여자가 일치하는지, 핵심참여자에 대한 성과목표, 성과지표, 평가방법이 잘 연결되어 있는지를 살펴보게 됩니다. 만약 이들 간의 연결이 매끄럽지 않을 경우 심사자는 사업체계에 일관성이 없다고 생각하여 완결도가 낮은 사업계획서라고 생각하게 됩니다.
- 심사자는 선정기준과 모집방안이 사업의 내용과 체계에 맞게 개별적으로 고민되어진 내용인지를 보게 됩니다. 사업 홍보의 첫 시작이 참여자 모집과정입니다. 작은 차이로 인해 홍보의 성패는 좌우될 수 있습니다. 심사자는 참여자 모집전략이 사업의 내용과 기관의 역사와 특성, 지역사회의 현실을 감안한 것인지를 살펴보게 됩니다.

- 사업이 선정되어 사업을 수행하는 기관에서 사업 초기에 겪는 어려움 중의 하나가 사업참여자를 예상과 달리 제 때에 모집하지 못하는 경우입니다.
  - 면접심사에서 사업참여자가 잘 모일 것이라고 생각하는 근거를 물어보면 의아해하며 자신감을 피력하는 경우가 있습니다. 하지만 실제 사업이 시작되면 고전을 면치 못하는 경우가 많습니다.
- 낙관적인 입장보다는 비관적인 입장에서 참여자를 모을 방법을 구체적으로 고민하신다면 좋은 결과가 있을 것이라 생각합니다.

2) 사업 내용 및 사업 집행 전략

(1) 작성 가이드

1 주요 요소

- 하고자 하는 사업이 무엇인지 자유롭고 창의적으로 표현하시되, 아래의 관점을 충족시킬 수 있도록 구성하여 주시기 바랍니다.
  - (충분성) 문제의식을 사업에 충분히 반영해서 소기의 목표를 달성하는데 충분하도록 내용을 구성되어야 합니다. 물론 예산과 시간의 제약이 있습니다. 주어진 예산과 시간 범위 내에서 사업을 수행해야 하기 때문에 한계를 지닐 수밖에 없습니다. 하지만 허용 가능한 범위 내에서 할 수 있는 핵심 사업을 포함시켜야 할 것입니다.
  - (세부 프로그램 간의 연계성) 사업내용은 몇 가지의 세부 프로그램으로 구성됩니다. 이러한 세부 프로그램은 상호 연결되어 있음을 설명해 줄 필요가 있습니다. 세부 프로그램들이 분절적이고, 마치 여러 가지를 단순히 나열한 것이라는 느낌을 주지 않도록 해야 합니다. 이 모든 세부 프로그램이 설정하는 목표를 달성하는데 유의미하게 기여할 수 있다고 설명해야 합니다.

2 사업 내용 작성 방법

- 무엇을, 언제, 누구에게, 언제부터 언제까지 몇 회를, 누가 수행하는지와 함께 홍보계획에 대해서는 적절한 방법으로 기술해 주시기 바랍니다.
  - 사업을 몇 개의 단위 사업으로 구분하여 주시고, 다음의 제시된 양식을 활용하여 표로 설명하셔도 되고 글로 표현하셔도 됩니다.

세부 사업명	활동 내용(수행방법)
	(시행방법, 시행 시기, 참여인원, 횟수 등 포함하여 작성)

– 사업 추진 일정은 아래 표를 참고하여 음영으로 표시해 주시기 바랍니다.

내용 \ 기간		1월	2월	3월	4월	5월	6월	7월	8월	9월	10월	11월	12월
(세부 사업명)	(활동 내용)												

- (성과확산형 사업) 3년치 계획 전부에 대한 활동 내용을 세부적으로 설계하기 어렵다는 점을 감안하여 3개년 사업 추진 일정 작성을 생략하고, 1차년도 사업계획서에서만 추진일정을 제시해 주시기 바랍니다.

(2) 지혜로운 지피지기(知彼知己)

- 사업내용은 몸통에 해당합니다. 사업명, 문제의식, 성과목표, 향후 계획 등이 모두 사업내용에서 파생됩니다. 사업내용이 바뀌면 이 모든 것들이 함께 연동해서 수정되어야 합니다.
- 추진하고자 하는 목표를 달성하기 위한 세부 사업내용은 작성자마다 다를 수 있습니다. 보는 관점과 갖고 있는 전문성이 각각 다르기 때문입니다. 발달장애인에 대한 미술치료와 모래치료 중에 어느 것이 더 적합한지는 사업내용과 작성자의 경험에 따라 달라질 수 있습니다.
- 그러므로 지금 선택한 세부프로그램들이 가장 적합하다는 것을 얼마나 논리적으로 설명되는지가 중요합니다. 뿐만 아니라 해당 세부 사업내용을 제시되는 것이 적절한

지, 세부사업내용들 간의 관계가 명확한지 등도 살펴보게 됩니다. 핵심은 심사자가 읽고 나서 '작성자가 어떤 내용의 사업을 어떤 방식으로 어떻게 전달하는지'를 명확하게 알 수 있어야 한다는 것입니다.

- (성과확산형 사업) 3개년 전체 사업의 구성과 흐름이 각 연도 간에 잘 연결되어 전체 사업의 구도를 잘 이해할 수 있도록 해야 합니다. 또한 각 연도 내에서도 세부사업내용들도 각각을 추진해서 종국적으로 달성하고자 하는 목표를 잘 성취할 수 있는 것인지도 살펴야 합니다.

3) 기관 연계협력 전략

(1) 작성 가이드

1 연계협력의 중요성

- 사업을 수행함에 있어 많은 경우에 적극적인 형태로 또는 소극적인 형태로 지역사회 내 유관기관들과 연계 · 협력하는 것이 필요합니다. 특히 사업의 아이디어는 좋은데 수행기관이 보유하고 있는 전문성이 부족한 경우에는 더불어 사업을 수행하는 방식을 강구하는 것이 좋습니다.
- 예컨대 종합사회복지관에서 재가장애인에게 영양교육사업을 하면서도 관내 장애인 관련 시설 내 영양사 또는 보건소 직원 영영사와 아무런 연계협력 없이 대학교의 영양 관련 학과 교육의 전문성만 빌어서 사업을 수행한다는 것은 한계를 지닐 수밖에 없습니다. 대학교의 관련 학과가 기여할 수 있는 방법도 유용하겠지만 기관들 간의 호혜협력 파트너십 정신은 결코 간과되어서는 안 될 것입니다.

2 연계협력 장안 제시 방법

- 연계 · 협력의 방식은 사업의 내용과 성격에 따라 매우 다양하게 나타날 것입니다. 사업수행기관이 중심을 잡되 여러 기관들이 컨소시엄으로 사업을 수행하는 경우에는 대등한 관계에서의 파트너십이 필요한 경우도 있을 것이며, 사업수행기관이 사업을 수행하는 과정에서 필요한 부분들에 대한 협조를 받는 형태도 가능할 것입니다.

- 네트워크가 구축된다는 것은 사업을 수행함에 있어서 우리 기관이 할 일이 무엇이고, 협력 기관이 해야 할 일이 무엇인지, 그러한 순환적 관계를 어떻게 이루어나갈 것인지를 명확하게 한다는 것을 의미합니다.
- 네트워크를 구축할 기관 · 단체가 많은 경우에는 어떤 기관들이 네트워크 구축 대상인지 간단하게 적어 주시고 네트워크 구축에서 핵심 파트너 기관 2~4개 기관에 대한 내용만 작성하도록 하며, 아래의 예시를 참고하여 작성해 주시기 바랍니다.

	협력 기관명	세부 사업명	협력 계획	비고
예시	☆☆장애인 종합사회복지관	재가장애인 영양교육	• 본 기관: 참여자 발굴 협조 요청, 사업수행 관련 자문 요청 • 협력 기관: 참여자 의뢰 및 정보 제공 사업수행 관련 자문 제공 본 기관과 공동 모니터링	
	☆☆구 복지행정팀	긴급지원 기금 모금	• 본 기관: 사업 홍보 콘텐츠 제공 기금 및 후원자 관리 • 협력 기관: 본 기관과 공동모금행사 주관 ○○단지 입주기업 대상 사업 홍보	MOU 체결 예정

(2) 지혜로운 지피지기(知彼知己)

- 심사자는 작성자가 수행하고자 하는 사업에 있어 자신이 갖는 장점이 무엇이고 한계가 무엇인지, 협력을 통해 사업수행의 효율성이나 효과성을 높일 수 있는 방안이 무엇인지에 대해 깊이 있게 고민을 했는지를 살펴보게 됩니다. 만약 전문성과 관련하여 기관이 갖는 아킬레스건이 있음에도 관련 유관기관 간의 연계를 도모하지 않는다면 현실에 기반한 사업수행방식을 찾지 못하고 아이디어 차원에서 머물고 있는 것은 아닌지에 대해 의구심을 가질 수밖에 없습니다.
- 결국은 필요한 네트워크는 구축되어야 하며 연계협력기관과 사업수행기관 간에 어떻게 협력할 것인지의 역할이 구체적으로 드러날 때 높은 점수를 받을 수 있게 됩니다. 중요하지 않은 것까지 모두 나열하여 양적으로 과시하려는 욕구는 자제되어야 하며, 스스로도 중요도에 대한 우선순위를 어떻게 가져갈 것인지를 생각해 보아야 할 것입니다.

다. 예산 편성

1) 작성 가이드

(1) 예산 편성 시 고려 사항

- (사업내용과의 연계성) 제시하신 사업내용을 실제 구현하는데 투입되는 자원을 돈으로 표현한 것이 예산이기 때문에 사업내용과 예산편성은 불가분의 관계에 있습니다. 작성한 사업을 충실히 이행하는데 소요되는 예산을 빠짐없이 적어주시기 바랍니다.
- (과대포장 금지) 제시해 드린 편성기준에 따라 작성해 주시고 예산 삭감 등을 감안하여 처음부터 예산을 부풀려서 편성한다면 신청기관을 신뢰하지 못하게 되고 나아가 신청한 사업 전체에 대한 신뢰를 흔드는 결과를 초래하게 됩니다.
- (세부 사업 이해 도모) 편성된 예산을 보면 구성하신 세부 사업의 얼개와 흐름을 쉽게 알 수 있습니다. 물론 세부 사업을 어려움 없이 이해할 수 있도록 산출근거나 총량을 쉽게 알 수 있도록 작성해야합니다.

(2) 예산 편성 방법

- (목) 아래의 항목을 참고하여 인건비, 사업비, 관리운영비를 분류하여 편성합니다.

목	설명	해당 항목
인건비	해당 사업을 직접적으로 수행하는 인력에 투입되는 비용	프로그램 담당자/보조담당자 인건비
사업비	프로그램의 수행에 필요한 직접비용 (실인원수에게 제공되는 서비스에 필요한 비용)	강사비, 자원봉사자 관리비, 자문비, 회의비, 행사진행비, 홍보물품 구입, 프로그램 준비물 구입, 사업결과보고서/ 결과물 제작 등
관리운영비	프로그램의 수행에 필요한 간접비용 (사업관리에 필요한 비용)	사무용품, 냉난방비, 우편료, 사업 담당자 교통비 등

- (세목/세세목) 세목은 사업 내용 작성 시 분류한 '세부 사업명' 단위로 기재하고 항목이 다양하거나 단위가 큰 경우에는 세세목으로 구분하여 작성합니다.
- (산출근거) 구체적으로 어떠한 내역으로 예산을 지출할 것인지 실제 단가, 수량, 인원수, 건수, 횟수 등을 구체적으로 기록해야 합니다. 예산 편성 기준표 예시('별첨 3' p. 105)를 참고하여 기재하여 주시기 바랍니다.
- (예산조달계획) 모금회에 신청하는 금액 및 자부담 금액을 기입합니다. 자부담이 없는 경우에는 공란으로 비워둡니다. 신청 금액에 대한 비율은 신청금액 대비 각 항목이 차지하는 비율을, 자부담의 경우, 전체 자부담 대비 해당 자부담의 비율을 산출하여 기입합니다. 자부담 재원은 자체예산/외부지원(지원처)/수익금(참가비 등) 등으로 구분하도록 합니다.
- (비품/장비 구입 시) 프로그램 수행을 위해 직접적으로 필요한 비품/장비인 경우(장애인작업장 생산장비 구입, 컴퓨터 교실 운영을 위한 컴퓨터 구입 등) 사업비에 편성합니다. 프로그램 사업에서는 간접적으로 필요한 비품/장비 지원은 지양하도록 하며, 그럼에도 불구하고 간접적으로 사업 운영에 도움이 되는 비품/장비는 관리운영비에 편성 가능합니다.
- (성과확산형 사업) 3개년 예산서는 큰 흐름만 알 수 있도록 세목(세부 사업) 단위로 금액을 기재하시고, 1차년도 사업계획서에서는 위의 내용을 참고하여 상세히 작성하시면 됩니다.
  - 3개년 예산 편성표를 통해서 어떤 단위사업에 얼마의 예산을 사용할 예정이며, 각 목간에 상대적인 비중이 어느 정도인지를 가늠할 수 있습니다. 또 크게는 사업비 내에서도 어떤 사업에서 어떤 사업으로 중심축이 이동하는지 등에 대해 파악하게 됩니다. 정확하게 기재하시되, 전체적인 예산흐름을 한 눈에 알아보기 쉽도록 작성해 주시면 됩니다.

– 아래의 3개년 사업 예산 편성표 예시를 참고하여 작성해 주시기 바랍니다.

(단위: 천 원)

구분	1차년도			2차년도			3차년도		
목	세목	신청금액	자부담	세목	신청금액	자부담	세목	신청금액	자부담
총계		90,668	20,000	총계	171,953	10,000	총계	141,690	20,000
인건비	담당자급여	23,000		담당자급여	25,000		담당자급여	20,000	5,000
	소계	23,000		소계	25,000		소계	20,000	5,000
사업비	심리정서 지원	8,820		심리정서 지원	6,780		심리정서 지원	7,530	
	직업 역량강화	52,128		직업 역량강화	56,438		직업 역량강화	60,350	
	인턴십 센터 운영	2,100	20,000	인턴십 센터 운영	80,815	10,000	인턴십 센터 운영	50,890	15,000
	소계	63,048	20,000	소계	144,033	10,000	소계	118,770	15,000
관리 운영비	사무용품	1,900		사무용품	1,900		사무용품	1,900	
	출장비	720		출장비	1,020		출장비	1,020	
	집기비품	2,000		–			–		
	소계	4,620		소계	2,920		소계	2,920	

2) 지혜로운 지피지기(知彼知己)

- 심사자는 작성가이드에서 제시되어 있는 기준들이 잘 준수한 예산편성표인지를 보게 됩니다. 특히 심사자는 사업내용을 읽을 때 실제 소요될 예산이 잘 편성되어 있는지를 한꺼번에 보는 경우가 많습니다. 이때 사업내용을 실제 추진할 때 소요될 것으로 예상되는 예산이 편성되어 있지 않거나, 사업내용에 기재되어 있지 않은 항목이 예산으로 편성되어 있다면 심사자는 배분신청 전체 내용의 일관성 및 상호연계성이 부족하다고 판단하게 됩니다. 그러므로 사업내용과 예산편성 간의 연계가 잘 되어 있는지 점검하는 것이 필요합니다.

- 자부담을 하는 것은 기관이 신청하는 사업을 하고자 하는 의지와 연결된다고 볼 수 있습니다. 그렇지만 집행할 의도가 없음에도 선정이 되기 위해 사업계획서에 자부담 예산을 기재한다거나 다른 사업에 집행할 예산을 억지로 짜집기하여 편성하는 것은 사업 선정에 도움이 되지 않습니다. 실제 집행할 의도가 있고, 직접 투입되는 비용에 대해서만 작성하여 주시기 바랍니다.

라. 문제의식(사업 필요성)

1) 작성 가이드

- '이 사업이 왜 필요한가?'라는 질문에 대한 대답은 결국 그 사업이 해결되면 당면하고 있는 현실이 '어떤상태가 되기를 바라는가?'와 결과적으로는 동일한 지점에 이르게 됩니다. '사업의 필요성'은 결국 '사업목적'과 크게 다르지 않습니다. 전자는 사업을 시작하기 전의 이야기라면, 후자는 사업을 수행해서 정해진 목표가 달성되면 어떤 상태에 이르고 싶은지에 대한 이야기입니다.
- 그렇다면 '문제의식'은 사업내용과도 연결되어 있고, 또 이 사업이 지향하는 종국적인 목적과도 닿아있음을 알 수 있습니다. '문제의식'과 '목적'이 실제 연결되도록 작성하는 것은 사업계획서의 일관성과 논리성을 담보하는 지름길입니다.
- (성과확산형 사업) 성과확산형 사업은 타 사업 유형에 비해 좀 더 근본적인 변화를 꿈꾸면서 3년 뒤에 나타날 성과를 성취할 것임을 명확하게 인식하고 도전하는 취지가 드러나는 것이 좋습니다. 1차년도에는 무엇을 할 것이며, 2차년도에는 어떻게 연결시켜서 종국적인 성과와 사회적 영향력을 거둘 것인지를 깊이 있게 고민하여 '사업 필요성'에 대한 내용을 적시해 주시기 바랍니다. 아울러 왜 다년도 사업이어야 하는지에 대한 작성자의 명확한 인식이 논리에 묻어나야 합니다.

(1) 사업 계획 배경

- '무엇을 어떻게 하겠다'라고 하는 사업 아이디어와 내용은 작성자나 신청기관의 문제의식에서 출발합니다. 왜 이 사업을 기획하여 배분을 신청하는지에 대한 스토리(story)를 들려주시기 바랍니다.
- 비슷한 스토리라 하더라도 문제 상황을 어떤 시각에서 어떻게 바라보는가에 따라 접근방식이 달라집니다. 그러므로 변화시키고자 하는 개입지점에 대해 작성자(기관)가 어떤 관점에서 바라보는지를 적어주시기 바랍니다.

'장애인에게 이런 교육을 받게 하면 훨씬 더 역량이 강화되고 취업이 쉬울텐데...' 라고 생각하게 되면 그 교육과정을 잘 구성하는데 초점을 맞추어야 하고, '장애인이 아무리 노력해도 사회의 부정적인 인식과 태도 때문에 실업상태에 머물 수밖에 없다' 고 생각하면 대안은 자연스럽게 '사회와 기업의 장애인에 대한 이해와 수용 정도가 높아지도록 하는' 사업에 몰입하게 되듯이, 보는 시각에 따라 사업내용이 달라집니다.

(2) 기존 유사 사업과의 차별성

- 작성자가 기획하는 사업이 해당 지역사회에서 발생하는 특수한 여건 때문인지, 아니면 보편적인 상황에서 신청기관이 좀 더 발 빠르게 대응하려고 하는 것인지에 대해 적어 주시기 바랍니다.
- 뿐만 아니라 다른 지역이나 기관에서 이미 충분히 해당 주제에 대하여 동일한 또는 유사한 사업을 많이 해 오고 있다면 그러한 경험치가 축적되어 있는데도 불구하고 배분신청을 하는 이유에 대해서 적어 주시기 바랍니다.
- 이 항목을 작성하는 이유는 다른 기관이 수행해 본 사업을 선정하지 않겠다는 취지가 아니라 동일한 또는 유사한 사업이 진행되었지만 신청기관이 처한 지역 여건이 동일하지 않다는 점과 유사한 주제라도 작성자에 따라서 얼마든지 달라질 수 있다는 점 때문에 작성자가 구성한 사업 내용의 구체적인 배경이 타당한지에 대해 보다 깊이 살펴보기 위함입니다.
- 그러므로 다른 기관의 사업을 그냥 벤치마킹하기보다는 그 사업의 장점과 성공적인 면, 그리고 감춰진 시행착오, 상황의 상이성 등을 고려하시고 아울러 새로운 관점 등

을 생각하셔서 기관 여건과 기획의도에 맞게 반영할 필요가 있습니다.

신청기관이 사업을 수행함으로써 새로운 사각지대를 메울 수 있는 좋은 기회인지, 기존의 접근방식과는 달리 새로운 시각에서 문제해결방안을 모색해 볼 수 있다든지, 최근 강조되고 있는 시각 또는 접근방법을 동원한 것이라든지 등등 이 사업에 대한 결과보고서가 나왔을 때 타 기관에게 귀감이 될 수 있는 부분이 나타나도록 적시해 주시면 좋겠습니다.

(3) 신청기관의 강점

- 신청하는 사업이 아이디어 차원에서 구상 · 제시된 것이 아니라 치밀한 조사와 관련 분야 수행 경험에 근거해서 구성되었으며, 신청기관이 이 사업을 수행함에 있어 갖는 또 다른 장점이 있다면 보다 설득력 있게 그 논거를 제시하여 주시기 바랍니다.

2) 지혜로운 지피지기(知彼知己)

- 심사자는 신청기관 내 전문기획자에 의해 작성된 사업계획서에 대해서 그리 호의적이지 않습니다. 기관으로서는 재원을 유치해야 하므로 기획능력이 뛰어난 분들을 전략적으로 배치할 수 있을 것입니다. 하지만 그런 경우 '기획자 따로, 선정 이후 담당자 따로'라는 결과를 초래하게 될 가능성이 큽니다. 이후 사업을 담당하게 되는 직원은 대부분의 경우 사업에 대한 이해와 사업추진의 속도가 느릴 수밖에 없습니다. 결국 사업이 지연되고, 사업의도를 살리기 어려운 위기에 처하기도 합니다. 그러므로 심사자는 기획을 위한 사업인지, 사업을 추진하기 위해 배분 신청한 것인지를 구분하기 위해 이 사업을 기획하게 된 연유를 확인하게 됩니다.
- 또 이 사업이 이미 충분히 여러 지역에서 검증된 프로그램이라면 굳이 왜 그 기관에 다시 사업을 추진할 기회를 주어야 하는지에 대해서도 심사자 스스로 납득이 되어야 합니다. 물론 현실을 변화시키는데 필요한 재원이 없어 안타까운 현실을 목도하고 있는 기관의 입장도 이해합니다. 하지만 제한된 자원으로 배분사업을 선정해야하는 심사자로서는 '단순히 열악하다'는 이유만으로 지원근거의 충분성을 확보했다고 보기는 어렵습니다.

- 아울러 심사자가 안심하고 지원할 수 있도록 관련 내용을 마련하는 것이 필요합니다. 최선을 다한 후의 실패나 아쉬운 부분은 아름답지만, 시작부터 성공가능성이 낮은 사업을 지원할 수는 없습니다. 그렇기때문에 접수된 많은 사업계획을 심사하면서 사업 아이템의 매력이 비슷하다면 보다 성공가능성이 높은 기관이 선정될 확률이 높아집니다. 그러므로 귀 기관이 이 사업을 수행해야 하는 이유와 그렇게 지원하면 사업을 성공적으로 수행할 수 있다고 판단하는 근거를 제시해 주시기 바랍니다.

마. 목표 및 평가

1) 작성 가이드

(1) 산출목표

- 산출목표는 성과목표 달성에 기여하는데 필요한 수단적 성격의 목표를 말합니다. 산출목표로 설정될수 있는 것은 ① 활동(Activities)에서 기재한 사업내용을 실제로 수행한 것이거나, ② 활동(Activities) 결과, 프로그램 공급자(기획자)가 마음대로 하기는 어렵지만 실제 성과목표를 달성하는데 반드시 필요한 목표치인 경우를 말합니다. 이 두 가지 중에 보다 집중해야 할 것은 실제 수행한 활동보다는 성과목표 달성에 반드시 필요한 목표치입니다.
- 산출목표는 아래의 요소를 고려하여 작성하며, 산출목표에 따른 모니터링 방법은 산출 목표 달성여부에 대한 확인 또는 달성을 위한 관리 방법을 기재하여 주시기 바랍니다.
  - (과대 설정 금지) 선정되기 위해서 과도하게 산출목표를 잡기 보다는 사업의 규모와 성격에 맞게 필요한 것을 적정 수준으로 적어야 합니다.
  - (측정 가능성) 산출목표는 달성 여부를 알 수 있도록 측정 가능해야 합니다.

예시	세부 사업명	산출 목표	모니터링 방법
	맹학교 학생에 대한 미술교육	3개 학교 6개 학급 총 30명에게 각 학급당 24회 미술교육 실시	• 교육 계획안, 결과보고 작성 • 출석부 확인

(2) 성과목표 및 평가 방법

Ⅰ 성과목표

- 성과목표란 인적 · 물적 노력과 시간을 조직 · 투여하여 최종적으로 달성하고자 하는 목표를 말합니다. 성과목표의 차원과 초점은 매우 다양하게 설정될 수 있습니다. 예를 들어 소년원에 있는 청소년들에게 코딩(coding) 교육을 시킨다고 한다면 코딩 실력의 향상이 성과가 될 수도 있고, 자살 시도 경험이있는 사업참여자와 상담프로그램을 진행한다면 우울감 감소가 성과가 될 수도 있습니다.
- 성과목표는 사업참여자, 사업내용, 성과지표 등과 연결되어 있습니다. 사업을 수행한다는 것은 "누구를 어떤 개입을 통해서 어디까지 변화를 이끌어 낼 것인가"를 구체적으로 실행하는 것입니다. 변화의 목표치는 변화의 대상, 변화의 수단을 함축하고 있습니다. 특히 성과목표는 사업참여자 중에서 핵심참여자에 대한 내용입니다.
- 성과목표는 일반적으로 측정 가능해야 합니다. 그렇기 때문에 성과지표와 연결되어 있다고 이야기하는 것입니다. 하지만 성과목표가 반드시 측정 가능해야 하는 것은 아닙니다. 양적으로 측정하기 어려운 질적인 변화도 성과가 될 수 있기 때문입니다. 너무 가시적인 성과에 편중되어 있으면, 감추어진 성과를 드러내는데 관심을 덜 두게 되거나 의미 있는 변화를 드러내지 못하는 잘못을 범하게 됩니다.
- 그러나 양적으로 측정하지 못하면서 아울러 질적인 성과평가로도 연결되지 못하는 내용으로 성과목표를 기술해서는 안 됩니다. 또 양적으로 분명히 측정가능하고 또 의미도 있는 성과목표가 설정될 수 있음에도 이를 간과하고 질적 성과평가를 염두에 둔 성과목표 진술이어서도 곤란합니다. 보다 자세한 내용은 "별첨5. 목표 설정 방법 안내"(p.111)를 참고하여 주시기 바랍니다.
- (성과확산형 사업) 3개년 사업계획서에서는 3년 동안의 사업을 추진한 이후에 달성할 목표를, 1차년도 사업계획서에서는 1차년도 사업 범위 내에서 고려할 수 있는 중간 과정의 성과목표를 제시하시면 됩니다.

<table>
<tr><td rowspan="2">좋은 예</td><td>사업 내용에 따른 궁극적인 성과가 제시되는 경우</td></tr>
<tr><td>• 장애 자녀에 대한 이해 증진 및 부모 관계 개선 프로그램
– 장애자녀에 대한 부모의 이해도 증진
– 장애 자녀의 부, 모 상호 간 관계 개선도 향상</td></tr>
<tr><td rowspan="2">피해야 할 예</td><td>산출목표를 성과목표로 기재하는 경우</td></tr>
<tr><td>• 장애 자녀에 대한 이해 증진 및 부모 관계 개선 프로그램
– 이해증진 프로그램 탈락률 5% 미만
– 상호관계 개선 프로그램 출석률 90% 이상</td></tr>
</table>

2 평가 방법

- 평가 계획은 어떻게 성과를 평가할 것인지에 대한 틀(Framework)을 말합니다. 평가 도구 및 방법에는 성과목표의 달성여부를 측정할 수 있는 성과지표와 누구에게서 어떤 도구를 활용하여 자료를 수집할 것인지에 대해 기재하여 주시고, 측정 시기는 언제 평가를 실시한 것인지에 대한 내용을 적어주시면 됩니다.
- 평가방법은 양적 평가방법과 질적 평가방법으로 나뉩니다.
  - 양적 평가방법은 양적인 측정이 가능한 지표나 척도를 사용하여 설문조사를 하거나, 양적인 참여관찰을 하게 됩니다.
  - 질적 평가방법은 양적 측정이 어려운 경우에 질적인 변화 수준과 그 변화의 의미를 드러내는 것을 말합니다. 주로 질적인 참여관찰이나 인터뷰를 통해 자료를 수집합니다. 보다 자세한 내용은 평가방법 작성 안내('별첨 6' p. 117)를 참고하여 주시기 바랍니다.
- (성과확산형 사업) 3개년 사업계획서에서는 3년차에 완성될 성과목표에 대하여 이를 어떻게 평가할 것인지를 작성하고, 1차년도 사업계획서에서는 1차년도 사업 성과목표의 평가 방법을 작성해 주시기 바랍니다. 질적인 성과평가 또한 3차년도 사업계획서에서는 최종적인 사업참여자에 대한 질적인 인터뷰, 참여관찰, 문헌조사를 통해 이루어지도록 해야 합니다.

	성과 목표	평가 도구 및 방법	측정 시기
양적 평가 예시	장애 자녀에 대한 부모의 이해도 증진	• 성과지표: 자녀 이해도 10% 증진 • 평가도구: 자녀 인식 척도 • 평가방법: 자녀-부모 중 주 양육자에게 자녀이해 설문지를 작성하도록 하여 사전, 사후 증진 정도 확인	• 사업 시행 전(3월) • 사업 종료 후(9월)
질적 평가 예시	성과 목표	평가 도구 및 방법	측정 시기
	장애 자녀에 대한 이해 증진 및 상호 관계 개선	• 평가주체: 사업 담당자 • 평가방법: 자녀-부모 대상 인터뷰를 통해 성과목표 달성 여부와 삶의 질 개선 정도 확인	• 사업 종료 후(9월)

(3) 성과목표 및 평가 방법

- 과정평가는 성과확산형 사업의 경우에만 해당하는 항목으로 성과확산형 사업일지라도 필수 항목은 아니며, 작성자의 필요에 따라 선택하시면 됩니다.
- 성과확산형 사업은 단년도에 그치는 것이 아니고 시계열적으로 장기간에 걸쳐서 수행되며, 최종적인 성과는 3년차가 종결될 시점에 나타나게 됩니다. 이런 점에서 어떤 과정을 통해 그러한 성과에 이르게 되었는지를 상세하게 기술하는 것이 필요할 수 있습니다. 그 이유는 타 기관에 사례를 전파하기 위해서는 단순한 사업 틀과 결과만으로는 부족할 수 있기 때문입니다.
- 과정평가에 대한 자세한 내용은 평가방법 작성 안내('별첨 6' p. 117)를 참고하여 주시고 아래 사항을 충분히 고려하시기 바랍니다.

– 과정평가에서 중요한 것은 ① 어떠한 과정을 통해 사업이 진행되었는지, ② 당초 계획과 시행이 달라졌다면 그 이유가 무엇인지, ③ 주요과정별로 얻은 교훈이 무엇인지, 다시 사업을 추진한다면 어떻게 할 것인지 등에 대해 가능한 한 자세하게 기록해야 합니다. 이러한 내용을 어떻게 담아낼 것인지에 대한 계획을 적으시면 됩니다. 이는 '전체 사업흐름 중에 어느 부분에 대해 보다 집중하여 과정평가를 할 것인지, 그 이유가 무엇인지, 어떻게 자료를 수집 · 관리 · 분석할 것인지' 등에 관한 내용이라고 할 수 있습니다.

예시	평가대상 내용	평가 방법	측정 시기
	자녀 이해 교육 추진 과정	• 평가주체: 외부 평가위원 • 평가방법: 교육 참여관찰 및 사업 담당자 인터뷰	• 교육 계획안, 결과보고 작성 • 출석부 확인

2) 지혜로운 지피지기(知彼知己)

- 성과목표는 앞서 설명한 바대로 사업명, 사업내용, 성과지표 등과 모두 연결되어 있기 때문에 성과목표의 정확성을 검토할 때 반드시 관련 내용들을 찾아보게 됩니다. 이때 성과목표로 제시된 내용이 이후 평가방법에서 설정한 성과지표로 평가하기 어렵다면 감점될 수밖에 없습니다.
- 아울러 산출목표를 성과목표로 제시하여 산출목표와 성과목표에 대한 기본적인 이해를 결여하고 있는 것은 아닌지 의심을 들게 하는 경우, 제시한 성과목표를 달성하는데 적절한 사업내용인지에 대해 의문이 제기되는 경우 등은 아무래도 관련 내용이 분명한 배분신청기관보다 낮은 평가를 받을 수밖에 없습니다.
- 평가 방법은 기관실무자들이 어려워하는 부분이면서 또 실제 심사해 보면 가장 오류가 많은 부분이기도 합니다. 산출목표를 성과목표로 적는 경우, 목표를 추상적으로 적어서 목표로서 가치가 없는 경우, 성과목표와 핵심 참여자 등 목표와 관련 정보 간의 관계에 일관성이 없는 경우가 많습니다.

– 그러므로 설정한 성과목표가 과연 이 사업을 통해서 종국적으로 변화를 지향하는 지점이 맞는지, 주변 정보와 잘 조응하는지를 최종적으로 배분신청서의 앞뒤를 오가며 검토하는 것이 필요합니다.

- (성과확산형 사업) 과정평가는 3년 동안 최종적인 성과목표 달성을 위해 노력하는 과정에 대한 평가입니다. 사업은 아무런 수정 없이 계획대로 집행되는 것은 거의 불가능합니다. 오히려 상황에 맞게, 사업진행과정에서 생기는 여러 가지 변수를 고려하여 수정될 필요가 있습니다. 하지만 이러한 수정 외에도 예상치 못한 위험요인(Risk factors)을 만나 수정이 불가피해지기도 하고, 당초 사업계획 수립 시에 예측하지 못했던 요인 때문에 변경되기도 합니다. 여기서 우리가 주목해야 할 것은 이러한 변화

과정에서 어떤 교훈을 얻을 수 있고, 이 사업을 해 보겠다고 하는 타 기관 실무자에게 어떤 조언을 줄 수 있을지에 대한 내용을 잘 담아내야 하는데 어떻게 이를 담아낼 것인지에 대해 자세하게 기술해주시면 됩니다.

사. 사업 종료 후 지향점

1) 작성 가이드

(1) 기대 효과 및 사업결과의 활용 계획

- 여기에서는 신청하신 사업이 선정되어 지원금을 받은 후 신청사업을 성공적으로 수행한다면 기대되는 효과는 무엇인지 작성하시면 됩니다. 기대 효과는 '사업의 목적'과 연계된다고 이해하시면 됩니다.
- 또한 사업 수행을 통해 얻게 되는 지식과 지혜, 경험을 토대로 무엇을 앞으로 계획하고 있는지, 수행한 사업결과를 어떻게 활용할 것인지에 대한 내용을 적어주시기 바랍니다. 사업결과 활용계획은 종국적으로 이 사업이 지향하는 방향 및 가치와 연결되어 있습니다.

(2) 사업 지속 유지 전략

- 사업 지속 유지 전략은 성과확산형 사업의 경우에만 해당하는 항목으로, 신청 사업에 대한 지원이 종료된 이후에 재정적인 부분을 포함하여 계속 사업을 수행할 수 있는 능력을 어떻게 갖출 것인지에 대한 전략을 말합니다.
- 재정 확보를 위한 전략은 내부전략과 외부전략이 있습니다.

– 내부적인 전략은 사업수행기관이 운영주체(법인, 단체, 조합 등)로부터 안정적인 예산을 지원받거나 수익사업을 통해 안정적인 수입원을 확보하는 것입니다.

– 외부전략은 크게 3가지로 나뉩니다. ① 국가 또는 지방자치단체 사업으로 설정되고 정부보조금을 받는 경우, ② 사업 지속추진의 필요성 및 우수성을 인정받아 다른 민간재단으로부터 지원을 받아 사업을 계속 수행하는 경우, ③ 불특정 다수로부터 후원을 받아 사업소요재원을 확보하는 경우 등이 있습니다.

- 여러 방법 중에 사업신청기관이 가장 적합하다고 생각하는 전략을 정하고 이에 대한 추진방법을 적어 주시기 바랍니다.

- 사업 지속 유지 전략은 기재 의무사항은 아닙니다. 또한, 사업을 지속해야할 필요가 있는 사업임에도 지속 유지전략을 수립하고 실현시키기 어려운 경우도 있습니다. 다만, 동일한 규모로 유지할 수 없더라도 지속 유지하기 위한 기관의 노력은 긍정적인 평가로 이어질 수 있습니다.
- 지속 유지 전략 마련이 어려운 경우에는 왜 어려운지 또는 적용되기 어려운 경우에는 왜 그러한지를 적어 주시기 바랍니다.
  - 예를 들어, 3개년에 걸쳐 지표를 개발하는 사업의 경우 굳이 지속 유지 전략이 필요한 것은 아닐 수 있습니다.

2) 지혜로운 지피지기(知彼知己)

(1) 기대 효과 및 사업결과의 활용 계획

- 사업결과 활용계획을 통해 알아보고자 하는 것은 신청기관이 사업내용을 시계열적으로 어떻게 확대 · 확산시켜 나갈 것인지에 대한 전망을 알고 싶어서입니다. 또한 사업내용과 사업종료 후 지향점은 한 맥락 속에 위치한다고 볼 수 있으며 이 들 간의 연결도 중요한 관전 포인트가 될 것입니다.
- 어떤 사업이든지 그 자체로서 최종적인 종착지점이라고 하기에는 아쉬운 점이 많습니다. 예산상의 제약, 수행인력의 제약 등으로 인해 어떤 부분에 집중해서 사업을 수행하게 됩니다. 하지만 삶이라는 것은 동시다발적인 여러 사회관계망 속에서 이루어집니다. 그렇기 때문에 이번 사업에서 어떤 부분에 특정하여 사업을 수행했지만 당사자의 실질적인 변화를 위해 다른 각도에서 보다 더 넓은 관계자를 포함시켜서 사업을 수행해야 할 필요가 있게 됩니다.
- 뿐만 아니라 수행사업을 통해 얻어진 다양한 결과물을 기반으로 전혀 다른 사업에 활용할 계획을 가질수도 있습니다. 예를 들어 아동에 대한 학대예방 프로그램을 실시했다면, 이를 기반으로 장애아동에 대한 학대예방사업에 기초로서 활용될 수도 있습니다.
- 이러한 활용계획은 신청기관이 이 사업을 왜 구상했고, 또 이를 어떤 관점에서 바라

보고 있으며, 전체 사업 조감도에서 어느 지점에 두고 이해하고 있는지를 보여 주게 되며, 심사자는 신청사업이 신청기관의 전체 사업수행에 어떤 의미를 가지는지를 보게 됩니다. 이러한 이해는 이 사업의 필요성에 대해 공감하는 데 도움이 될 것입니다.

- (성과확산형 사업) 성과확산형 사업은 더 나아가 사업 종료 후 우리 사회의 변화 방향에 초점을 두게 됩니다. 사업내용을 구성하고 연차별로 사업추진을 가속화하면 어떤 변화가 나타나며 그러한 변화들을 모아서 만들어 가고자 하는 우리 사회의 모습이 무엇인지를 전망하게 함으로써 작성자가 구성한 3년간의 사업을 다시 돌아보게 하는 역할도 하게 됩니다.

(2) 사업 지속 유지 전략

- 심사자는 제시되어 있는 전략을 목표설정의 적절성, 구현방법의 타당성 등을 세부적으로 살펴보게 됩니다.

— 목표치도 중요하지만 실제 그러한 목표치를 달성하기 위해서 적어도 2년 차부터는 어떤 노력을 할 것인지 그 로드맵이 구체적으로 제시되어야 합니다.

— 전략 수립이 어려운 경우에도 어려운 사유가 타당한지를 살펴보게 됩니다.

참고문헌

김상곤 · 최승희 · 안정선 (2014). 사회복지 프로그램 개발과 평가. 서울: 학지사.

김상아 · 김장권 · 이원지 · 정현태 (2013). 사회복지 프로그램 개발과 평가. 경기: 공동체.

김영종 (2013). 사회복지 프로그램 개발과 평가. 서울: 학지사.

김종명 · 구재관 · 김성철 · 김재원 · 신기원 · 윤춘모 (2013). 사회복지 프로그램 개발과 평가. 서울: 양서원.

문수열 · 김병 · 이창희 · 정정란 · 정창훈 (2013). 사회복지 프로그램 개발과 평가. 경기: 정민사.

사회복지공동모금회 (2013). 변화를 위한 나눔: 2013 사회복지공동모금회 배분 사례집. 사회복지공동모금회.

사회복지공동모금회(2018). 변화를 위한 나눔: 2018 사회복지공동모금회 배분 사례집. 사회복지공동모금회.

사회복지공동모금회(2019). 2020 배분사업 안내. 사회복지공동모금회.

사회복지공동모금회(2023). 2024 배분사업 안내. 사회복지공동모금회.

양정하 · 임광수 · 김치영 · 황인옥 · 이종운 · 박남철 (2011). 사회복지 프로그램 개발과 평가. 경기: 정민사.

여성가족부(2012). 인터넷 중독 청소년 가족치유캠프 프로그램 개발 연구. 여성가족부 청소년매체 환경과.

유종해 (1993). 행정학 대사전. 고시원. 인터넷: http://terms.naver.com/ entry.nhn?docId=76765&cid=42155&categoryId=42155

이철수 (2009). 사회복지학 사전. Blue Fish 출판사. 인터넷: http://terms.naver.com/entry.nhn?docId=470512&cid=472&categoryId=472

정무성 (2010). 사회복지 프로그램 개발론. 경기: 학현사.

정무성 (2014). 사회복지 프로그램 개발과 평가. 경기: 정민사.

최일섭 (1993). 지역사회복지론. 서울대학교 출판부.

최호윤 (2007). 사회복지 프로그램 개발과 평가. 경기: 21세기사.

표갑수 · 이재완 · 유옥현 · 이화정 · 김현진 (2013). 사회복지 프로그램 개발과 평가. 서울: 양서원.

한국심리학회 (2014). 심리학용어사전. 인터넷: http://terms.naver.com/entry.nhn?docId=2070239&cid=41991&categoryId=41991

한국임상사회사업학회, 한국치매케어연구소 공동추계 학술대회 자료집(2004). 치매노인의 사회적응력 강화를 위한 집단사회사업 사례연구. 한국임상사회사업학회.

한국청소년상담복지개발원(2012). 북한이탈청소년 대상 상담개입 프로그램 개발: 대인관계 증진을 중심으로. 한국청소년상담복지개원.

American Psychological Association. (2002). *Publication manual of the american psychological association*. Washington, DC: American Psychological Association.

Anastas, J. W. (2004). Quality in qualitative evaluation: issues and possible answers. *Research on Social Work Practice*, *14*(1), 57-65.

Bagley, C. & Pritchard, C. (1998). The reduction of problem behaviours and school exclusion in at-risk youth: an experimental study of school social work with cost-benefit analyses. *Child and Family Social Work*, *3*, 219-226.

Barker, R. (1999). *The social work dictionary* (4th ed.). Washington, DC: NASW Press.

Bradshaw J. (1972). A taxonomy of social need. In G. McLachlan(Ed.), *Problems and progress in medical care*. Seventh series. Open University Press.

Bureau of Justice Assistance. (1997). *Urban Street Gang Enforcement*. Washington, DC: Prepared for the U.S. Department of Justice, Bureau of Justice Assistance by the Institute for Law and Justice, Inc.

Buttell, F. P. & Carney, M. M. (2002). Client satisfaction among parents attending a mandatory divorce education program: results from a five-year study. *Arete*, *26*(1), 12-20.

Caldwell, B. E., Woolley, S. R., & Caldwell, C. J. (2007). Preliminary estimates of cost-effectiveness for marital therapy. *Journal of Marital and Family Therapy*, *33*(3), 392-405.

Chou, S., Boldy, D. P., & Lee, A. H. (2001). Measuring resident satisfaction in residential aged care. *The Gerontologist*, *41*(5), 623-631.

Clark, K. A., Biddle, A. K., & Martin, S. L. (2002). Cost-benefit analiysis of violence against women act of 1994, *Violence Against Woment*, *8*(4), 417-428.

Crabtree, B. F. & Miller, W. L. (Eds.). (1992). *Doing qualitative research*. Newbury Park, CA: Sage.

Creswell, J. W. (1998). *Qualitative inquiry and research design: Choosing among five traditions*. Thousand Oaks, CA: Sage Publications, Inc.

Farrington, D. P., Petrosino, A., Welsh, B. C. (2001). Systematic reviews and cost benefit analyses of correctional interventions. *The Prison Journal*, *81*(3), 339-359.

Fitzpatrick, J. L., Sanders, J. R., & Worthen, B. R. (2004). *Program evaluation: alternative approaches and practical guidelines (3rd ed.)*. Boston, MA: Pearson Education, Inc.

Forsetlund, L., Talseth, K. O., Bradley, P., Nordheim, L., & Bjorndal, A. (2003). Many a slip between cup and lip: process evaluation of a program to promote and support evidence-based public health practice. *Evaluation Review*, *27*(2), 179-209.

Fries, B. E., James M., Hammer S. S., Shugarman, L. R., & Morris, J. N. (2004). Is telephone screening feasible? Accuracy and cost-effectiveness of identifying people medically eligible for home-and-community-based services. *The Gerontologist*, *44*(5), 680-688.

Gilman, R. & Huebner, E. S. (2004). The importance of client-satisfaction ratings in residential treatment outcome measurement: a response. *Residential Treatment for Children & Youth*, *21*(4), 8-17.

Harkness, D. & Hensley, H. (1991). Changing the focus of social work supervision: Effects on client satisfaction and generalized contentment. *Social Work*, *36*(6), 506-512.

Hong, Y., Mitchell, S. G., Peterson, J. A., Latkin, C. A., Tobin, K., & Gann, D. (2005). Ethnographic process evaluation: piloting an HIV prevention intervention program among injection drug users. International Journal of *Qualitative Methods*, *4*(1), 2-10.

Hsieh, C. (2006). Using client satisfaction to improve case management services for the elderly. *Research on Social Work Practice*, *16*(6), 605-612.

Jordan, C. & Franklin, C. (1995). *Clinical assessment for social workers: Quantitative and qualitative methods*. Chicago, IL: Lyceum Books, Inc.

Kapp, S. A. & Propp, J. (2002). Client satisfaction methods: input from parents with children in foster care. *Child and Adolescent Social Work Journal*, *19*(3), 227-245.

Kolt, G. S., Oliver, M., Schofield, G. M., Kerse, N., Garrett, N., & Latham, N. K. (2006). An overview and process evaluation of TeleWalk: a telephone-based counseling intervention to encourage walking in older adults. *Health Promotion International*, *21*(3), 201-208.

LaSala, M. C. (1997). Client satisfaction: consideration of correlates and response bias. *Families in Society*, *78*(1), 54-64.

Leung, A. C., Liu, C., Chow, N. W., & Chi, I. (2004). Cost-benefit analysis of a case management project for the community-dwelling frail elderly in Hong Kong. *The Journal of Applied Gerontology*, *23*(1), 70-85.

Lewis, J. A., Lewis, M. D., Packard, T., & Souflee, Jr., F. (2001). *Mangement of human service programs(3rd ed.)*. Belmont, CA: Wadsworth.

Locke, L. F., Spirduso, W. W., & Silverman, S. J. (1993). *Proposals that work: a guide for planning dissertations and grant proposals*. Newbury Park: Sage Publications.

Massat, C. R., & Lundy, M. (1997). Empowering research populations. *Affilia: Journal of Women and Social Work*, *12*(1), 33-56.

Maslow, A. H. (1965). *Eupsychian management: a journal*. Homewood, IL: Irwin and Dorsey Press.

Mays, G. D. (1999). Male caregivers of mentally ill relatives. *Perspectives in Psychiatric Care*, *35*(2), 19-28.

McDavid, J. C. & Hawthorn, L. R. L. (2006). *Program evaluation & performance measurement: an introduction to practice*. Thousand Oaks, CA: Sage Publication.

O'Neil, J. M., Davison, D., Mutchler, M. S., & Trachtenberg, J. (2005). Process evaluation of teaching forgiveness in a workshop and classroom setting. *Marriage & Family Review*, *38*(4), 59-77.

Padgett, D. K. (1998). *Qualitative methods in social work research: Challenges and rewards*. Thousand Oaks, CA: Sage Publications, Inc.

Pan Ameriacn Health Organization. (2002). *Guide for writing a research protocol*. Washington, DC: World Health Organization.

Paris, W., Hutkin-Slade, L., Calhoun-Wilson, G., Slentz, B., & Oehlert, W. (1999). Social work services on an organ transplantation program: a preliminary cost-benefit analysis. *Research on Social Work Practice*, *9*(2), 201-212.

Perlman, R. & Gurin, A. (1972). Community organization and social planning. New York,

NY: Wiley.

Pietrzak, J., Ramler, M., Renner, T. Ford, l., & Gilbert, N. (1990). *Practical program evaluation: examples form child abuse prevention*. Thousand Oaks. CA: Sage Publication, Inc.

Posavac, E. J. & Carey, R. G. (2007). Program evaluation: methods and case studies(7th ed.). Upper Saddle River, NJ: Pearson Education, Inc.

Punch, M. (1994). Politics and ethics in qualitative research. In N. K. Denzin & Y. S. Lincoln (Eds.), *Handbook of qualitative research* (pp. 83-97). Thousand Oaks, CA: Sage.

Rizzo, V. M. & Rowe, J. M. (2006). Studies of the cost-effectiveness of social work services in aging: a review of the literature. *Research on Social Work Practice*, *16*(1) 67-73.

Ross, C. K., Steward, C. A., & Sinacore, J. M. (1995). A comparative study of seven measures of patient satisfaction. *Medical Care*, *33*(4), 392-406.

Rossi, P. H. (1985). *Evaluation: a systematic approach (3rd ed.)*. Beverly Hills, CA: Sage Publication.

Rossi, P. H., Lipsey, M. W., & Freeman, H. E. (2004). *Evaluation: a systematic approach (7th ed.)*. Thousand Oaks, CA: Sage Publication.

Royse, D. (1999). *Research methods in social work (3rd ed.)*. Belmont, CA: Brooks/Cole.

Royse, D., Thyer, B. A., Padgett, D. K., & Logan TK. (2006). *Program evaluation: An Introduction (4th ed.)*. Belmont, CA: Thompson Brooks/Cole.

Royse, D., Thyer, B. A., Padgett, D. K. (2010). *Program evaluation: An Introduction (5th ed.)*. Belmont, CA: Wadsworth.

Rubin, A. & Babbie, E. (1997). *Research methods for social work (3rd ed.)*. Pacific Grove, CA: Brooks/Cole Publishing Company.

Saleh, S. S., Vaughn, T., Levey, S., Fuortes, L., Uden-Holmen, T., & Hall, J. (2006). Cost-effectiveness of case management in substance abuse treatment. *Research on Social Work Practice*, *16*(1), 38-47.

Sanders, J. R (Chair) (1994). *The program evaluation standards (2nd ed.): how to assess evaluations of eduactional programs*. Thousand Oaks, CA: Sage Publication.

Schneider, B. (1991). Service quality and profits: can you have your cake and eat it, too? *Human Resource Planning*, *14*(2), 151-157.

Schreiner, M., Tin Ng, G., & Sherraden, M. (2006). Cost-effectiveness in individual development accounts. *Research on Social Work Practice*, *16*(1), 28-37.

Shamai, M. (2003). Therapeutic effects of qualitative research: reconstructing the experience of treatment as a by-product of qualitative evaluation. *The Social Service Review*, *77*(3), 455-467.

Smith, M. J. (2010). *Handbook of program evaluation for social work and health professionals*. New York, NY: Oxford University Press.

Soliman, H. H. & Poulin, J. (1997). Client satisfaction with crisis outreach services: the development of an index. *Journal of Social Service Research*, *23*(2), 55-74.

Spaulding, D. T. (2008). *Program evaluation in practice: core concepts and examples for discussion and analysis*. San Francisco, CA: Jossey-Bass.

Spergel, I. A. (1969). *Community problem solving, The delinguency example*. Chicago, IL: The University of Chicago Press.

Spoth, R. L., Guyll, M., Day, S. X. (2002). Universal family-focused interventions in alcohol-use disorder prevention: cost-effectiveness and cost-benefit analyses of two interventions. *Journal of Studies on Alcohol and Drugs*, *63*(2), 219-228.

Strug, D., Ottman, R., Kaye, J., Saltzberg, S., Walker, J., & Mendez, H. (2003). Client satisfaction and staff empathy at pediatric HIV/AIDS programs. *Journal of Social Service Research*, *29*(4), 1-22.

Townsend, D. & Kosloski, K. (2002). Factors related to client satisfaction with community-based respite services. *Home Health Care Services Quarterly*, *21*(3/4), 89-106.

Tripodi, T. (1987). Program evaluation. In A. Minahan (Ed.), *Encyclopedia of social work* (pp. 366-379). Silver Spring, MD: NASW.

Walsh, T. & Lord, B. (2004). Client satisfaction and empowerment through social work intervention. *Social Work in Health Care*, *38*(4), 37-56.

Waters, H. R., Penny, M. E., Creed-Kanashiro, H. M., Robert, R. C., Narro, R., Willis, J., Caulfield, L. E., & Black, R. E. (2006). The cost-effectiveness of a child nutrition education programme in Peru. *Health Policy and Planning*, *21*(4), 257-264.

Wong, S. E. (1999). Treatment of antisocial behavior in adolescent inpatients: behavioral changes and client satisfaction. *Research on Social Work Practice*, *9*(1), 25-44.

Yuen, F. K. O. & Terao, K. L. (2003). *Practical grant writing & program evaluation*. Pacific Grove, CA: Brooks/Cole Publishing Company.

저자소개

김 예 랑

서울여자대학교 사회복지학 학사
(미) The University of Texas at Austin 사회복지학 석사 (M.S.S.W.)
(미) The University of Texas at Austin 사회복지학 박사 (Ph.D.)
한신대학교 사회복지학과 교수
(현) 오산시 아동보호전문기관 운영위원장
(현) 오산시 무한돌봄센터 운영위원
(현) 오산종합사회복지관 자문위원

[주요 저서]
슈퍼바이저를 위한 사회복지 슈퍼비전의 적용 (공역)
휴먼서비스 전문가를 위한 상담의 기초 (공역)
영유아의 마음을 여는 보육학개론 (공저)

제3판)

사회복지 프로그램 개발과 평가

초 판 1쇄 발행 2016년 7월 14일
초 판 2쇄 발행 2017년 3월 8일
개 정 2쇄 발행 2021년 8월 23일
제3판 1쇄 발행 2024년 2월 27일

지 은 이 | 김예랑
펴 낸 이 | 김기섭
편 집 인 | 이혜란 · 오선율
펴 낸 곳 | 창지사 www.changjisa.com
08589 서울시 금천구 가산디지털 1로 83 파트너스타워1차 9층
전화 (02) 719-2211~3
팩스 (02) 701-9386
등 록 | 1977년 4월 28일 · 제1-421호

ⓒ 김예랑, 2016, 2019, 2024

- 이 책 내용의 전부 또는 일부를 재사용하려면 반드시 저작권자와 창지사 양측의 동의를 받아야 합니다.
- 저자와 협의하여 인지는 생략합니다.
- 출판물 불법 복사, 불법 북스캔은 저작권 위반으로 처벌받을 수 있습니다. 불법 제본으로 처벌될 경우(전과기록 됨) 취업 불이익이나 해외유학과 이민 등 비자발급이 거부되는 불이익이 발생할 수 있습니다.

ISBN 978-89-426-1877-4 (93330)

값 25,000 원